牟宗三先生全集㉜

五十自述

牟宗三　著

《五十自述》全集本編校說明

曾昭旭

　　本書撰於1956至1957年，即牟先生四十八至四十九歲之時。當時牟先生任教於東海大學，課餘執筆作此生活之憶述。全書共分六章：第一章〈在混沌中成長〉，第二章〈生命之離其自己的發展〉，第三章〈直覺的解悟〉，第四章〈架構的思辨〉，第五章〈客觀的悲情〉，第六章〈文殊問疾〉。

　　此書之第三、四章曾以「直覺的解悟與架構的思辨」為題，先後刊載於《自由學人》第2卷第5期（1957年5月）及《鵝湖月刊》第2卷第5／6期（1976年11／12月），並收入藍吉富所編的《當代中國十位哲人及其文章》一書（臺北：正文出版社，1969年11月）。第五章之前半部曾以「我與熊十力先生」為題，刊載於《中國學人》創刊號（1970年3月），後收入《生命的學問》一書（臺北：三民書局，1970年9月），承三民書局同意本文收入《五十自述》，納入全集。第五章之後半部曾以「客觀的悲情」為題，刊載於《鵝湖學誌》創刊號（1988年5月），並由《聯合報副刊》（1988年6月10-12日）轉載。第六章曾以「我的存在感受」為題，收入李達生所編的《存在主義與人生問題》一書（香港：大學生活社，1971年12月）。

本書於1989年1月由鵝湖出版社出版單行本，1993年10月再版。本書之編輯工作即以再版本爲依據，間亦根據舊版校刊。

本書第三、四章在《自由學人》、《鵝湖》及《當代中國十位哲人及其文章》刊出時，文前均有牟先生原序，於結集成書時被刪除。今錄之如下，以存原貌：

　　來大度山後，教書之餘，欲將半生之生活發展從頭作一反省。本文是其中之兩章。前面還有兩章，是敘述兒時及大學以前兩階段的。此後復有兩章，則言〈客觀的悲情〉與〈文殊問疾〉。此皆從具體生活説，亦與時人有關涉，多忌諱不便公世。本文兩章是接續上面下來的，故略有牽連處。然只言讀書經過，無所妨礙。現拙著《認識心之批判》已全部由友聯出版社印出。本文後一章〈架構的思辨〉即對應此書而寫的，至前一章〈直覺的解悟〉則敘述吾讀哲學的初階。兩章相連而生，既可表明吾哲學思想的發展，又可使有讀《認識心之批判》的興趣者得一具體之線索。故此兩章可爲此書之長序。非取宣揚，只道甘苦。

序

　　此書為吾五十時之自述。當時意趣消沉，感觸良多，並以此感印證許多真理，故願記之以識不忘。書中後四章曾發表於各雜誌，唯首二章則未曾發表。諸同學皆願將此全文集於一起付印，以便讀者之通覽。此或可為一學思生命之發展之一實例也。

　　五十而後，吾之生命集中於往學之表述，如是，遂有詮表中國各期思想之專著之寫成。如《才性與玄理》乃寫魏晉期者也，《佛性與般若》乃寫隋唐佛教者也，《心體與性體》乃寫宋明期者也。同時譯注康德之第一、第二兩批判以資對照，並著《現象與物自身》以及《圓善論》以明對於康德前兩批判之消化。今後將擬寫〈真美善之分別說與合一說〉以明對於康德第三批判之消化。

　　學術生命之暢通象徵文化生命之順適，文化生命之順適象徵民族生命之健旺，民族生命之健旺象徵民族魔難之化解。無施不報，無往不復，世事寧有偶發者乎？

　　吾今忽忽不覺已八十矣。近三十年來之發展即是此自述中實感之發皇。聖人云：「學不厭，教不倦」，學思實感寧有已時耶？

民國七十七年十二月　牟宗三　序於台北青田街

目　次

第一章
在混沌中長成

　　生命原是混沌的。只是每一人衝破其混沌，透露其靈光，表露其性情，各有其特殊的途徑與形態。這在當時是不自覺的。惟不自覺，乃見真情，事後反省，有足述焉。生命之秘，於此可窺。

　　我生長在山東膠東半島的棲霞，那是一個多山的小縣，四季氣候分明。邱長春當年說：「走遍天下，不如小小棲霞。大亂不亂，大儉不儉。」我的村莊是處在環山的一塊平原裡。村後是我們牟氏的祖塋，周圍砌以磚牆，範圍相當大，在鄉間，也算是一個有名的風景區。白楊蕭蕭，松柏長青。豐碑華表，綠草如茵。苔痕點點，寒鴉長鳴。我對這地方常有神秘之感，兒時即已如此，一到那裡，便覺清爽舒適，那氣氛好像與自己的生命有自然的契合。我那時自不知其所以然，亦不知其是何種感覺。這暗示著我生命中的指向是什麼呢？夏天炎熱鬱悶，那裡卻清涼寂靜，幽深邃遠，那不是蒼茫寥廓的荒漠，也不是森林的濃密，所以那幽深邃遠也不是自然宇宙的，而是另一種意味。

　　清明掃墓，塋春花趁早先開了，黃的花，綠的長條，叢集在墳墓上。紙灰化作蝴蝶。奠一杯酒在墳前，墳中人的子孫們前後有序

地排著在膜拜。那生命是不隔的，通著祖宗，通著神明，也通著天地。這不是死亡安葬時的生離死別。這時沒有嚎哭，沒有啜泣。生離死別那種突然來的情感上的激動，因著年月的悠久，而進入永恆，化作一種超越的順適與親和。人在此時似乎是安息了，因著祖宗的安息而安息；也似乎是永恆了，因著通於祖宗之神明一起在生命之長流中而永恆 。齋明肅穆之中，也有眼前的春光愉悅。那春光是配合著白楊松柏的肅穆之春光，是通著祖宗神明的春光，是一種聖潔的春光，而不是那鬱悶懊惱的春光。那愉悅是通著思古幽情的愉悅，想著祖宗如何如何，道古說今，也有一番閒適恬靜。在兒時我總是興會地跟著大人去掃墓，也總是這樣愉悅地掃畢而歸來。

　　掃墓歸來，我復進入自然的春光，純屬人世的春光。在自然的春光裡，純屬人世的春光裡，我的自然生命在蠢動，我從那聖潔的春光裡之安息永恆的生命而落於那純然塵世的自然生命。這個是混沌，純然的混沌。

　　清明前一天是寒食，寒食是紀念介之推的。這也是頗有情味的一個節日，我不說那紀念的確定意義，我只說我兒時的感覺。鄉間人過清明、過寒食、甚至過任何節，總是那樣隨時即事湊風光，如是如是盡人事，牽古通今諧情趣。所以總是那麼嘉祥、喜氣、而又輕鬆。我也只是這樣感覺著，而這樣感覺著卻更富情味，比那孤注於確定意義的情味更豐富、更疏朗。就是說：那意義也只是當故事說。說著故事湊風光，諧情趣。這裡就蕩漾著一種嘉氣與喜氣。我常是神往這種情味，特別易於感受這種情味，只是如是如是的情味。我也只是如是如是地感，沒有其他任何紛歧，只是這樣感，就覺著很舒暢。

　　清明寒食的春光是那麼清美。村前是一道寬闊的乾河，夏天暑
雨連綿，山洪暴發，河水漲滿，不幾日也就清淺了。在春天，只是
溪水清流。兩岸平沙細軟，楊柳依依，綠桑成行，布穀聲催。養蠶
時節我常伴著兄弟姊妹去採桑。也在沙灘上翻筋斗，或橫臥著。陽
光普照，萬里無雲，仰視天空飛鳥，喜不自勝。那是生命最暢亮最
開放的時節。無任何拘束，無任何禮法。那時也不感覺到拘束不拘
束，禮法不禮法，只是一個混沌的暢亮，混沌暢亮中一個混沌的男
孩。這混沌是自然的，那風光也是自然的，呼吸天地之氣，舒展混
沌的生命。鳥之鳴，沙之軟，桑之綠，水之流，白雲飄來飄去，這
一切都成了催眠的天籟。不知不覺睡著了，復返於寂靜的混沌。這
暢亮，這開放，這自然的混沌，動盪的或寂靜的，能保持到什麼時
候呢？發展到某時候，也可令人有這種感覺：其去放縱癱軟墮落又
有幾何呢？這當然不是我那時之所知。我那時只感覺到配置於那種
境況裡是最舒暢的，而且有一種說不出的荒漠寥廓，落寞而不落寞
的渾處之感。我是最欣賞那「落寞而不落寞」的境況的，因為那是
混沌。落寞，但個體的我並沒有凸顯出來，因此那不是「就是孤
獨」的落寞。但畢竟沒有所親在眼前，眼前不是所親所習的人世，
而是另一個世界，因此也不免有點落寞。但這落寞並不可傷，當然
更說不到虛無可怖。因為個體的我並沒有凸顯，雖無所親在眼前，
然亦不覺其生疏，不覺其不親，所以不落寞。這不落寞似乎是消極
的，只因個體我不顯而然。我當時沒有詩人所說的花鳥有情，山川
含笑來陪伴著我（恐終生我無這感覺）。我沒有這感覺，這感覺是
積極的。我沒有這福分，我也沒有這幻想。我的不落寞只是因為個
體我之不顯。個體我不顯，所以那些不同於所親的另樣物事，也不

覺其扞隔，這就是充實飽滿了，這就是不落寞，這是一個混沌的落
寞而不落寞。這是在親與不親，疏與不疏以外的落寞而不落寞。
（我這裡並不說超越了親與不親，疏與不疏，因爲這裡並沒有發
展。）

　　在清美的豔陽天中，鄉村人都爭著打鞦韆。或全村搭一個比較
講究的鞦韆，或每一家搭一個簡陋的鞦韆。我家裡的人對於這些玩
藝都不甚有興趣，因爲先父比較嚴肅，對於遊戲湊熱鬧的事，兒童
婦女的事，不甚在意。所以家裡的人，也都心懶了。大人不給我們
搭，我們自己搭。我合幾個小孩，自己去扛幾根木柱，找幾條破爛
繩子，拿幾把鐵鍬，掘土挖坑，豎立柱子，搭上橫木，兩邊撐挂起
來，居然也是個自己可用的鞦韆。打時雖不能起得很高，而自己構
造自己用，卻別有一番親切滋味在心頭。我那時即對於獨自運思，
親手去製造，有一種獨立自足的內在興趣。我不是一個有巧慧的
人，十分技巧精緻的玩藝兒，我並不感興趣，亦並不行。被擺布著
指揮著，把著手去教我學點什麼事，我全然不能適應，儼若癡呆。
那時我的生命被閉住了，靈感塞住了，我全成被動，好像是塊木
頭，左也不是，右也不是，手腳無措處。這表示我適應環境的本事
很差，乖巧對應的聰明一點也沒有，隨機應變，捨己從人，根本不
行。這氣質到現在還是如此。我一生只應考過兩次，考中學是馬虎
地考了進去，考大學，數學題目把我悶住了，在急悶中一下子被我
冒出來了，其實是並沒有在意識中，平常練習時，也並沒有學習
過。此外，我從未想著任何應考的事，而且後來我漸覺著受考是一
種可恥的事，簡直是一種侮辱。我常想，我若在科舉時代，連個秀
才也考不取。對對作詩，油腔滑調說白話，根本不行。這表示我在

普通的巧思巧慧上，實在很低能。但我在兒時，我即喜歡獨自運思
親手去製造。我這個興趣是內在的構造興趣，沒有任何實用上的目
的。在無拘無束，沒有任何指使或暗示中，自己從頭到尾，終始條
理地去運作一個東西或一件事，有莫名其妙的喜悅。那時既洒脫又
凝聚。這完全是一種自足的內在興趣。我之運作一件事，構造一個
東西，所憑藉的材料常是隨手拈來的廢物利用。我常能就著極不相
干的物事湊合它們的適應性，這表示我對於一切工具性、資料性的
身外之物之不講究。蓋我的興趣是在一種獨立自主的運思以成形，
這是一種形構的美學興趣。因為是形構，所以不能飄忽漫蕩，而須
是終始條理。我從頭到尾獨立自足地一步一步作去趨向於成形，這
在我是有衷心的實感與喜悅的。這步步經歷的實感是只有自己才知
道的，這是一個獨立的內在系統，這足以引發滲透的深入與浸潤的
浹洽。所以在形構過程中常常因內在的貫注而神往，而對於別的事
則常視而不見，聽而不聞。我因此挨了打。大概是六、七歲的時
候，正在中夏麥忙之時。母親病了，父親急著從麥場上回來照顧，
並叫我趕快送一件東西到麥場上去。我當時正在莫名其妙地沉溺地
玩著什麼玩藝，父親的吩咐只是隨口答應了，可是一轉眼全忘記
了，好像根本沒有這回事。父親在屋裡又囑咐了一聲，仍根本沒有
聽進去。只聽得一個聲音，聲音的意義與內容也都聽見了，可是逐
聽見，逐忘記。麥場上急的不得了，差人來家取。父親心緒不好，
一時大怒，照著屁股狠狠地打了幾掌。（這是很少有的，因為父親
對於子女們是很少發怒的，不要說打罵。）我本能地感著父親的威
嚴而哭了。這一下子才驚醒了我的沉溺。我那個獨立的內在的終始
系統，是沒有人知道的，只有我心裡清楚。後來父親以為我的耳朵

有毛病，就試我是不是耳聾，試的結果並不聾，父親就放了心，可是我並沒有詳告其中的原委。其實我都聽見了，但一霎時全忘了。忘的原因當然是在沉溺地玩一個什麼玩藝，我常常會把我內外都明白的事藏在心裡而不說出來，遂形成一種明知他人誤會而卻不說的委曲。這情形一直到現在還是有，這也許是我自己的一種自信，但也表示一種自白勇氣之不足。

我那種沉溺於一種獨立自足的形構之興趣，是表示一種強度的直覺力，這強度的直覺力那時是混沌的，常有種種不同的表現。

初夏時節，小麥覆隴黃，一切都顯得穠華馥郁，豐盛壯大，比起清明寒食的清美，又自不同，那氣候是令人昏沉迷離的。大人們午飯後，吸菸休息或晒著太陽打盹。小孩們不知道休息，不知道疲倦，但也隨著那昏沉迷離而混沌下去，東鑽西跑，挖土坑，攀樹木，穿牆角，捉迷藏。我村中有一灣池塘，一群一群小魚浮在水面晒太陽。我拿著一塊肉骨頭，放在竹籃裡，沉下水去，不一會一大堆小魚活蹦亂跳，被我拖上來。那時高興極了，從竹籃裡倒在水桶裡。鮮明皎潔跳動的小魚，在寂靜打盹的氣氛裡，更顯得活潑。一而再、再而三，肉味沒有了，小魚也不上來了。從池塘到村外，四五里遙，有一片梨樹林子。花正開，葉正茂。密不通風，陽光從枝葉微隙中射進。我順著梨樹行列所成的蹊徑，穿來穿去，信步而走。看不透邊際，見不到出口，葉之茂盛，花之潔白，蜂蟲嗡嗡，彩蝶翩翩，把小魚跳動的景象又給迷糊了。那是靜謐，又是蠢動；那是幽深，又有點窒息。那是生命之蘊蓄，混沌而迷離。岑參詩云：「忽如一夜春風來，千樹萬樹梨花開。」那是說的塞上風光。因為「北風捲地白草折，胡天八月即飛雪。」這表示的是寒冷、荒

漠、壯闊，而以文心賦之的嫵媚。塞上放眼一觀，蒼茫寥廓，而又是飛飛揚揚，洒下滿天大雪。雖是寒氣逼人，顯得自家渺小，然吞吐宇宙，卷舒六合，亦足以昂首天外，頡頏八荒。而我所深藏於其中的梨樹林子，卻眞是花，眞是嫵媚，不，這不是嫵媚，而是茂密。那是生命之絪縕、濃郁、豐盛，而我之生命則是鬱而不發，昏沉迷離。是熱不是冷，是悶不是揚，是混沌不是壯闊。在這迷離之中，我走出來了，仍是疏朗的鄉村。我舒了一口氣，覺得清醒了。

　　清醒，暮春初夏是不容易清醒的 。一方面詩人說：「春色惱人眠不得」，一方面又說「春日遲遲正好眠」。正好眠，眠不得，這正是所謂「春情」。說到春情，再沒有比中國的香艷文學體會得更深入的了。那春夏秋冬四季分明的氣候，那江南的風光，在在都使中國的才子文學家們對於春情感覺得特別深入而又蘊藉。《牡丹亭・遊園驚夢》中那些清秀美麗的句子，如：「原來姹紫嫣紅開遍，似這般都付與斷井頹垣。良辰美景奈何天，賞心樂事誰家院？如花美眷，似水流年，煙波畫船，雨絲風片，錦屏人忒看得這韶光賤。」正是對於這春情著意地寫，加工地寫，正是寫得登峰造極，恰如春情之爲春情了。而《紅樓夢》復以連續好幾回的筆墨，藉大觀園的春光，小兒女的詬誶，把這意境烘托得更纏綿、更細膩、更具體、更美麗。「鳳尾森森，龍吟細細，正是瀟湘館」，這是春情中的春光。「儘日價情思睡昏昏」，這是春光中的春情，只這一句便道盡了春情的全幅義蘊，說不盡的風流，說不盡的蘊藉。這是生命之「在其自己」之感受。由感而傷，只一「傷」字便道盡了春情的全幅義蘊，故曰「傷春」。

　　傷春的「春情」不是「愛情」。「愛情」是有對象的，是生命

之越離其自己而投身於另一生命，是向著一定方向而歧出，因此一定有所撲著，有其著處，各獻身於對方，而在對方中找得其自己，止息其自己；但是「春情」卻正是「無著處」。「閨中女兒惜春暮，愁緒滿懷無著處」，這「無著處」正是春情。愛情是春情之亨而利，有著處；結婚是利而貞，有止處。春情則是生命之洄漩，欲歧而不歧，欲著而無著，是內在其自己的「亨」，是個混沌洄漩的「元」。中國的才子文學家最敏感於這混沌洄漩的元，向這最原初處表示這傷感的美。這裡的傷感是無端的，愁緒滿懷而不知傷在何處。無任何指向，這傷感不是悲哀的，我們說悲秋，卻不能說悲春，而只能說「傷春」。秋之可悲是因萬物之漸趨向於衰殺與淒涼，這已是有了過程中的指向了。但是春情卻只是個混沌洄漩的元，所以春情之傷無何指向，傷春之傷也不是悲傷。歐陽修〈秋聲賦〉云：「夷，戮也，物過盛而當殺；商，傷也，人既老而悲傷。」這悲傷也是有歷程中之指向的。但是春情之傷卻只是混沌無著處之寂寞，是生命內在於其自己之洋溢洄漩而不得通，千頭萬緒放射不出，即不成其為直線條，每一頭緒欲鑽出來而又鑽不出，乃蜷伏回去而成一圓圈的曲線。重重疊疊，無窮的圓曲，盤錯於一起，乃形成生命內在於其自己之洋溢與洄漩，這混沌的洄漩。所以這傷的背景是生命之內在的喜悅，是生命之活躍之內在的鬱結，故曰春情。春光是萬物發育生長的時候，是生之最活躍最柔嫩的時候。它的生長不是直線的，而是洄漩絪縕的，這就是春情。若是直線的，便一洩無餘了，便無所謂情。洄漩絪縕，鬱而不發，便是春情之傷，春生如此，小兒女的生命也正在生長發育之時，故適逢春光而有春情，敏感者乃有春情之傷。春情之為春是恰如其字，只象

徵著混沌的洄漩，並無其他意義，而這也就是最豐富的意義。

這無著處無指向的春情（混沌的洄漩），這無端的春情之傷，是喜悅的、豐富的，蘊蓄一切，而又什麼都不是。「雷雨之動滿盈，天造草昧，宜建侯而不寧。」（《易·屯卦》）洋溢就是「雷雨之動滿盈」。這混沌洄漩的元就是「天造草昧」。「宜建侯」是說需要亨通之利，而不寧則是無端的傷。「雷雨之動滿盈」是春情，「紛紛落紅成陣」是春情，「如花美眷，似水流年」是春情，「睡昏昏」是春情。這傷是滿盈無著之傷。至如想到轉瞬即逝，好景不常，那是額外的，那是觀念的歧出，那是依據一觀念而來的悲傷，是外在於生命而附加的，不是春情之傷。「春情之傷」只是生命內在其自己滿盈無著之感傷。普通說結婚是墳墓，其實愛情也是墳墓。惟這春情才是生命，才是最美麗的。這是最原始的生命之美、混沌之美。可是這蘊蓄一切，滿盈無著，什麼也不是的春情之傷，可以一轉而為存在主義者所說的一無所有，撤離一切，生命無掛搭的虛無怖慄之感。滿盈無著是春情，虛無怖慄是「覺情」（覺悟向道之情）。

以上是對於混沌而迷離的昏沉之感之事後的說明，我當時自然不知道這些。我現在所以說這滿盈無著之春情，一方面是在表明這混沌洄漩的生命之蘊在我的生活發展上的意義，一方面也旨在由之以對顯那虛無怖慄的「覺情」。這當是存在的人生，生命之內在其自己之最富意義的兩種感受，人若不能了解生命之「離其自己」與「在其自己」是不能真切知道人生之艱苦與全幅真意義的。

我當時混沌而迷離的昏沉之感，尚沒有達到春情之傷的程度，我沒有那樣敏感，也沒有那樣嬌嫩與文雅。但是一個潑皮而又富強

度直覺力的孩子，混沌而洄漩之生命之蘊總是有的，對於他也總有
其特殊意義的。由這生命之蘊是可以引發一種無著處的春情之傷
的，雖在一個村野的男孩，因其與曠野相處，常衝散其春情之傷，
而轉為昏沉與胡鬧。傷春轉為昏沉與胡鬧，秋來了，卻決不會悲
秋，傷春之恰當的意義是不函有悲秋的。傷春而函有悲秋，必其生
命之蘊是虛弱而又有流走意味的，生命之蘊之凝聚性不足，轉為一
種流逝。這流逝使他或她的敏感之心靈容易凸顯，遂於秋來之時，
其生命若虛脫而飄浮（因敏感的心靈凸顯而虛脫而飄浮），而有悲
秋之感。傷春是滿盈的，悲秋是虛脫的。假若生命之蘊是堅實的、
強韌的，凝聚性夠，強度力亦夠，則其心靈仍與其生命混融而相貼
合，則即不會有悲秋；秋來了，天高氣爽，熱悶退了，穠華減了，
倒轉而為清爽。心靈不是由流逝之生命而凸顯，卻轉而為凝聚，而
生命亦不因心靈之凸顯而虛脫與飄浮，而卻轉而為更堅實。在心靈
凝聚，生命堅實的情形下，滿盈無著之春情轉而為工作力。

　　秋天是農家最忙之時，所謂秋收冬藏是也。「秋收」可指農作
物之收穫言，亦可指生命（個人的、宇宙的）之收斂方面言，則無
所謂悲秋，生命之收斂使悲秋轉而為「秋收」。在農家，以生命之
收斂忙於農作物之收穫，此即是生命之工作。在秋收農忙之時，人
人都是辛勞而愉快的，我的身體在那時是很壯健的。十五六歲時，
我記得我能背負一百廿斤重的糧米走一里多路，就是那秋收時鍛煉
出來的。鄉下人，認為這是成人之力。扛、抬、挑、負我都得作。
父親常背後誇獎我的潑皮，能彎下腰，水裡土裡都能去，以為是一
把好莊稼手。我當時感覺著勞作收穫是一種趣味，作起來很愉快。
事後我知道這不是執著與貪得，粘著於物上，乃是一種構造的自我

滿足。農人由春耕而秋收，這也是一種終始條理的運作過程。運作
而有成，便是一種圓足。農人只有秋收，而不會悲秋，因爲他們的
生命是堅實的，心靈是凝聚的。他們在運作過程之完成中自得自
足，這個成字反顯他們的生命之持續，而不是一個流逝，生命惟賴
秋成秋收始能轉爲「自持其自己」。若傷春而再悲秋，則生命必虛
脫而流逝。有春情之滿漲，必經過秋收，始見生命能回歸於其自己
而自持得住。生命自持得住，故到冬藏之時，靈明歸來，宿根深
植，由此則可進而說由靈明作主，而不復再由強度的自然生命之自
然膨脹作主。此即由生命而進入精神之境界，此即冬藏之意義。

　　冬天來了，溜冰、踢毽、拍球、打瓦，一切潑皮的玩藝我都
來。夜晚向火取暖，聽長工們說故事。我又愛看那老頭們在荒村野
店裡吃寡酒，我家裡那時正開著一個驛馬店。是祖父時留下來的，
我父親繼續經營著。南來北往運貨的驛馬，在斜陽殘照，牛羊下來
的時候，一群一群吆喝而來。我當時十分欣賞那馬蹄雜沓之聲，又
有氣、又有勢，而又受著時近黃昏的限制，行走了一天，急忙歸槽
求安息的蒼茫意味。人困馬乏，人要求安息，驛馬也要求安息，那
雜沓之聲，那氣勢、那吆喝，正是疲困之中望見了休止之光所顯的
興奮與喜悅，然而是急促的、忙迫的，蓋急於奔歸宿求安息也。人
生總是西風、古道、瘦馬，總是野店裡求安息。這安息雖是一時
的，也是永恆的。縱然是小橋流水人家，其安息好像是永恆，然而
亦是短暫的。當我看見那些爲生活而忙迫的趕馬者，進了野店，坐
著吃酒，簡單的菜餚，閒適的意味，說著天南地北，也好像是得著
了永恆的安息，天路歷程也不過如此。

　　數九冬臘，正是農閒的時候，鄉村常演戲酬神自娛，正合張弛

之道。說到戲，在鄉下野台上出演，其技術自不會好，粗俗自所難免。然有傳統的風範，有它的體統，有它的行規，這又是一種江湖人物。他們演戲總是貼合著人情人性，不失人倫教化之正，自然離不開悲歡離合、忠孝節義。演長本戲，有頭有尾，總得有個結束，那結束必是殺奸臣，大團圓。不殺奸臣，心有憾，不團圓，人心不足。這雖是原始的人情，也是永恆的人情。每場戲開始時，正戲未出場以前，總有一個出來坐在那裡無精打彩的瞎數念。從前三皇後五帝，直在背歷史，一般都討厭，沒人聽他，但我對他一直發生興趣。直至正戲裝扮好了，他就停止歷史背誦，唱著「我在此處沒久站，回到後台去請安」下去了，這簡直是既莊亦諧，遊戲三昧地道古說今，幽默極了。他們喜演關雲長、包文正的戲。我則特別喜歡那戲裝的關雲長以及短打武生如林冲、武松、黃天霸、羊香五之類。戲裝的關雲長，那夫子盔，那紅臉譜，那長鬚綠袍，那青龍刀，那配笛的歌唱，那威武正大的氣象，那不同凡響的舉動（關公戲的舉動都有一定的特殊安排），一出台，必使人精神嚴肅，眼睛一亮。舊戲中最使人乾淨無邪而無憾的就是這關公戲。那原人不必是如此，《三國志》的記述不能及此，任何其他方式的表演，如電影如話劇，皆無法表達這形態，只有舊劇能表現這形態，這是舊劇的一個獨一的特色，即此一點即足千古。我在兒時一見關公戲，便神往。常持刀拿杖學關公的身段與姿態。至於短打武生，如：林冲、武松之類，則喜其矯健俊逸之姿。矯健則洒脫利落，沒有寬袍大袖，拖泥帶水的排場與架子以及人世富貴的人文裝飾。俊逸則山顛水涯江湖原野，不為人世的任何圈套所圈住。矯健則靈活，俊逸則清新，這象徵著生命的風姿、人格的光彩。這是最直接的人格，

最直接的生命。

有一次，來了一個馬戲團，正在天氣嚴冷，風雪飄零之時，他們圈了一個廣場，先是鳴鑼開場，繼之一個十三、四歲的小女孩騎在馬上，繞場一周。矯健的身段，風吹雪凍得紅紅的皮色，清秀朴健的面孔，正合著上面所說的清新俊逸的風姿，但是可憐楚楚的，是女性的，不是男性的，我直如醉如癡地對她有著莫名其妙的感覺。先父嚴肅，不准小孩常去看這類江湖賣藝的把戲，我不知不覺地偷去了好幾次，我一看見了她，就有著異樣的感覺，既喜悅又憐惜。事後我每想起，這大概就是我那時的戀情。一霎就過去了，這是我一生唯一的一次愛情之流露，此後再也沒有那種乾淨無邪而又是戀情的愛憐心境了。

以上是我自然生命在混沌中所放射出來的一道一道的清光，那光源是一個神秘莫測的深淵。每一道清光代表一種意境，是了解我的生活形態之線索，是決定我的意識生活之緣由與背景。順這些一縷一縷的清光或線索，亦可以追溯那神秘莫測的深淵，把那些清光或線索一齊退捲到那深淵中，進窺那生命之奧秘，那奧秘之混沌。這些清光是象徵的符號，是與外境相接時所激起的一些浪花，一些感應的音調。爲什麼凸顯出這些音調，這不是環境決定所能解析的。這是生命之奧秘，性情之奧秘。

這些感應音調總不外是相反的兩面：一面是清明的、聖潔的、安息恬靜的，嚮往秩序的；一面是迷離的、荒漠的、懊惱不安的，企向於混沌的。這兩面造成我生命中的矛盾。我若是順這些音調直接地自然地發展下去，我可以是個野人，是個誠樸的農夫，是個開店者，是個走江湖的趕馬者，是個浪蕩子，但是我沒有直接地自然

地發展下去，我經過了一曲。

依傳統的慣例，作父母的對於子女總得安排一個讀書者。老大管家，老二經商，老三就得讀書。那時我的家庭，經過先父的經營，漸趨佳境，還可以過得去，如是就教我從學。我當時對於讀書，並不見得是衷心的喜悅，所以也不一定要從學，要升學。我心中所親切喜悅的實在是與土接近的農夫，與蒼茫寥廓接近的趕馬者。在我的生活中，沒有「萬般皆下品，惟有讀書高」的意識。我對於穿長衫的秀才們，三家村的學究們，並不見得有好感。兒時我即感覺到他們有點別扭。九歲入學，讀的是私塾。在那二、三年間我雖然也好好讀書，也怕先生，但我對於這些先生、秀才們，總覺著異樣，不自在、不自然。我當時不知道討厭，後來我才知道那實在是討厭，我討厭的是他們的那寒傖氣、酸氣。他們不酣暢淋漓，不充沛，所以我不喜歡他們的那長衫。農夫的短棉襖、扎腰帶，倒比較樸實穩健。趕馬者把衣服向右一抿，腰裡扎上帶子，也比較有氣象。那浪蕩者「不衫不履，褐裘而來」，也更有風采，我當時實衷心歡喜這一些情調。讀書固然重要，但我當時似乎總感到有在讀書以外超越了讀書涵蓋了讀書的氣氛。讀書不是唯一凸顯的生活，這意識一直維持到現在。我現在可勉強算是個讀書人。但我一直就討厭那些沾沾自喜總忘不了他那教授身分的一些教授們，一直就討厭那些以智識分子自居自矜，而其實一竅不通的近代秀才們之酸氣、腐氣與驕氣，他們的心思膠著而且固定於他們的職業（咬文嚼字）。他們總忘不了他自己，他們鄙視一切其他生活形態。他們不能正視廣大的生活之海，不能正視生命之奧秘、人性的豐富、價值的豐富。他們僵化了他那乾枯的理智以自封、以自傲，然而實在是

枯窘的、貧乏的。吊在半空中，脫離了土、脫離了水、脫離了風與火。他們四大皆空，而封於其乾枯的瑣碎的理智中以自矜，相譽為權威以自娛，此之謂相濡以沫，近死不遠。

然而，我畢竟也走上了讀書的路。

讀書從學使我混沌的自然生命之直接的自然的發展，受了一曲，成為間接的發展。孔子說吾十有五而志於學，依我的生活發展說，學就是自然生命之一曲。這一曲使生命不在其自己，而要使用其自己於「非存在」的領域中，即普通所謂追求真理。追求真理，或用之於非存在的領域中，即投射其自己於抽離的、掛空的概念關係中，這也就是虛空中。這是生命之外在化，因吊掛而外在化，生命不斷的吊掛，即不斷的投注。在其不斷的投注中，其所投注的事物之理即不斷的抽離，不斷的凸顯。生命之不斷的吊掛與投注即是不斷的遠離其自己而成為「非存在的」，而其所投注的事物之理之不斷的抽離凸顯亦即是不斷的遠離「具體的真實」而成為形式的、非存在的真理。

從混沌的自然生命中所放射出來的一道一道的清光，每道都在曲折的間接發展中。而那些清光之曲折的發展也決定我的學的生活所注意的領域與境界，以及其路數途徑與形態。這些都要經過那些清光之一曲來了解。通過這一曲，即成為非存在的，轉到普通所謂學問與真理。那些清光在自然的直接發展中，只是生命之「在其自己」之強度的膨脹，直接地不離其根而向外膨脹，亦直接地為其根所牽引而隨時歸其根。此其所以始終為存在的。這裡沒有遠離，沒有吊掛，沒有曲折。這是原始人、自然人、野人的生命，這裡沒有所謂學問，以及通過學問而凸顯的形式真理，但是卻有性情，亦有

光彩，然亦都是自然的強度膨脹所呈現的，這裡的一切都只是「展示」或「呈現」，沒有「如何」和「爲何」。

學是在曲中發展，不斷地學即不斷地曲。在不斷的曲與「曲之曲」中來使一個人的生命遠離其自己而復回歸於其自己，從其「非存在的」消融而爲「存在的」，以完成其自己。這個道理說來只是一句話，然而現實發展上，卻是一長期的旅行，下面我要叙述我那由曲而成的間接發展。

第二章
生命之離其自己的發展

　　十五歲，我離開了家鄉，進入縣城的縣立中學。縣城也與家鄉差不多，人們的風俗習慣以及自然的風光也都一樣。但我當時則覺得這已是離開家鄉了，已經走得很遠了。生活已由家庭的生活進到學校的共同生活了。這當然是一種大變化。這感覺是不錯的。我現在則想那是離開家鄉的第一步，從此以後，我再沒有與父母兄弟姊妹相處的家庭生活了，再沒有鄉居的自然生活了。家庭、鄉村、鄉村的地理環境、自然風光、風俗習慣，這諧和的根深蒂固的一套，一年三百六十日，一共十五年，我一直生活在那裡，在那裡生，在那裡長，沒有時間上的間隔，沒有空間上的睽離，所以沒有逆旅之感，也沒有過客之感。那諧和的一套是定常的主，我渾然中處，與它合而為一，也是主。與那定常的合而為一，一起為定常。但我之為主，是遊離的可變者，我之在那裡為定常是暫時的。我離開了，我開始作旅客，我的定常沒有了，我開始作遊蕩。我回想，只有在那諧合的一套裡，始可說有生活。小孩是小孩的生活，成人是成人的生活，老年是老年的生活。我現在想，我只有一段少年孩童的生活。所以我進縣城入學校，是開始離開生活的第一步。

　　你說「沒有生活」，但廣義地說，畢竟是生活。這生活是什麼呢？我說這是耗費生命的生活。在所追求或所撲著的一個對象上生活，不是在生命中生活。眞正恰當意義的生活，生活如其爲生活，當該是在生命中生活。唯農民的生活是在生命中生活，是生命「在其自己」之生活。而我們則是在對象上生活，是生命「離其自己」之生活。所以是耗費生命的生活，不是保聚生命引發生命的生活。「蓬桑弧矢，男兒志在四方」，這話是不錯。人人都是這麼想。但不知這已指向到耗費生命的生活上去了。但人世不能只是農民，生命不能只是在其自己，也當離其自己。但生命在其自己究竟是生活的本義。生命離其自己，過一種非生活的生活，究竟是生活之自相矛盾，就是不說這表面的矛盾，究竟也是人生悲慘痛苦之所在。這番痛苦，其價值究何所在呢？如何能順這非生活的生活扭轉之使生命再回歸於「在其自己」呢？除農民的「生命之在其自己」，是否還可以有另一種方式或意義的「在其自己」呢？這是正視人生的究極問題之所在。這問題不是外在的觀解思辨所能了解的，所以也不能由外在的觀解思辨來解答。這不是憑空的理論，也不是聰明的慧解。這是由存在的生活過程所開出來的實感，所以也必須由存在的踐履來解答。

　　我初入中學，功課都很平常，但也頗用功。每門都可勉強接得上。尤其是英文、數學，我算是好的了。其實我對此兩門並不行。只因下縣風氣初開，一般人都隔的甚遠，根本不發生興趣，而我還勉強能接得上，所以倒顯得我行了。其實我旣不是文學的氣質，無論中文或英文（至於作工具看的中、英文或語言文字的技巧天才，我更不行），亦不是數學的氣質。我對於數學雖能勉強接得上，也

覺得有足以引人入勝處，但我畢竟不是那純然理智的、隔離的清明之靈魂。我之學中、英文根本不是文學的，只因既要讀書，便須讀進去。所謂讀進去就是透過那些語言符號，把握其中的內容，這些語言符號便是文了。我之讀中、英文，就是在這種心境下讀的，我對於中、英文的掌握與運用所達到的那點程度，也是在那種讀法下被拖帶出來的，所以根本不是文學的。我對於詩文之美也很能欣賞，但我之欣賞詩文之美是在一較廣泛的美感氣質之氣氛下欣賞的，不是內在於文學本身去欣賞的。能內在於文學本身去欣賞，便是生命內在於文學。生命內在於文學，文學亦內在於生命，那便是文學的靈魂了，但我不是有這種靈魂的人。

　　我在中學時讀國文，學作文，都是相當吃力的，勉強不甚落人後而已。這一方面因爲我不是文學的靈魂，我沒有文學的技巧；同時，另一方面，不管是本國文或是外國文，都是一套符號系統。雖說是自然語言，但在國文，口說語言與文字語言是有很大距離的。文字語言既是一符號系統，有它自身的一套結構，因而它自身亦是一套機括。從文字語言再進到文章（中國文章）又有一段距離。文章本身有它的文法、章法，有筆有調，因此它又是一套機括。從我那原始的自然生命，鄉村的自然生活，進入每一套機括，我自覺都是要費大力氣的。鄉下人是土話，詞不成詞，句不成句。它能表示單純誠朴而完整的意義是靠口說時聲調神情姿態這一整套來烘托的。單是孤離的語言本身，在鄉下土話中，是沒有完整而一定的句法的。但是寫在紙上，那是孤離的符號系統，聲調神情姿態都脫掉了。因此那文字語句本身不能不自身圓足。要自身圓足，不能不有一定的句法，這就成了一套機括了。我進入這套機括，我感覺要費

力，再進入文章的文法章法，不管是古文或語體文，也都是些機括，更要費力。我要把我那混沌的生命，一層一層往機括裡套。這點在我的生命史中給我的印象非常深。我那縣立中學，還是老式的。一位拔貢先生教我們國文。我們是在背誦古文中，大體是《古文觀止》那類的文章，簡單說，我要學習《古文觀止》那類古文機括。但我始終沒學會。對於文章的巧妙與訣竅，可以說是一竅不通，一點沒有進到我的生命中。直到如今，我沒有這印象這觀念。此後我之所以有時也能來兩句文言，那都是在讀書中拖帶出來的，自然的，不是立於文學法度上作文章。我一直不會作文章，也無心作文章，而且對於那些單就文章尋章摘句，推敲聲調，褒貶贊嘆的人之秀才氣、酸氣，我一直在厭惡。

我不但學古文機括，而且要學說話。鄉下人是土話，一個小孩就是土話也沒有成套。尤其鄉下孩子見人說話面紅，喃喃不能出口，出門在外，要學一套說話的語言機括。後來我到北平，又要學語體文這一套機括。因為在中學時，人都能看小說，我獨不能。我覺得看小說也要費力。至於高級小說如《紅樓夢》、《水滸傳》之類，我進北大預科始能看得懂。我初到北平，報紙也看不懂，也覺得是陌生的。任何一樣東西我覺得都要費力方能進入，因為混沌裡原是一無所有的。我沒有現在都市兒童由自然薰習而來的常識。在我的生命中，常識是不佔地位的。我生命中沒有那粘合性、諧和性的常識。我所有的都是費力學來的，都是通過意識而用生命貫注到了的，因此每一個都是凸起來的。因為凸起來所以都是限定的一套。有凸就有不凸，有貫注到，就有未貫注到，或者全有，或者全沒有。這不能免支解破裂之病，所以沒有粘合諧和的常識。因為意

識所及是不能周匝的，因此我感覺到，如果一切都要靠意識所及、生命貫注，那必是凸起而破裂的，這裡後來必函蘊著一種痛苦。直到現在，我總覺得我的常識不夠；有時很行，有時一無所知。我再回來說說我中學時的學古文。我總是摸不著訣竅。先生出題作文，我總是很吃力，常是一辭不贊，悶不出來。

但是我心中似乎總有一股鬱悶勁。有一次，先生出了一個遊記之類的題目。這是沒有什麼限定的。我那鬱悶勁在這裡得了表現。但是先生卻站在「文」的立場上無法欣賞我這鬱悶勁，結果批了「隱晦」兩個字。因為他站在文的立場上，這個題目是要寫景抒情，要有些顯豁的點綴，要開門見山。但是我沒有具體的點綴，也沒有開門見山那麼醒目。我是一直在沈悶中寫下去，那自然是「隱晦」。我當時不知在那裡看了「倩疏林掛住斜暉」之句，我覺得這句子美極了。（後來我才知道這是《西廂記》「倩疏林，你與我掛住斜暉」一句的略微變換。）我在那文裡就用了這個句子。先生批的是不通。我當時心中覺得很通而且很美，很有自信。因為我懂了那個句子，我心中也有那個意境。我說這故事是什麼意思呢？先生批的不通當然是不對。但「隱晦」是可以說的。可是這隱晦就是我那混沌的強度直覺力之滲透，這點是在文章以外的，也不是一般人所都能具有的。直到如今，我寫的東西還是「隱晦」兩個字，一般人看不懂。看不懂當然不免要引起怨恨。因為讀者看東西都是想馬上要懂的。不懂，無所得，當然不免怨尤，所以「不通」、「無意義」等類的批評，所在多有。但是我勸天下人，也當虛心一點，我們不知道的東西多得很，不要以先生自居，直以自己為尺度。

十九歲我到了北京，政治文化的中心地。離家更遠了，正式投

入了大都市。暑期考進北大預科。那年秋國民革命軍打到了北京，改名爲北平。中華民國進入一個新時代。結束了李鴻章、袁世凱留下來的北洋軍人的統治，換上了自南方興起的黃埔軍人的統治。一個新的時代開始，一個更多難的時代也開始。

那時是民國十七年，我春天到北平，混沌懵懂，一無所知，我只隱隱約約聽說王國維於初夏跳頤和園昆明池自殺了，梁任公隱身於天津，藏起來了。王國維是一代國學大師，晚年鑽研甲骨文、殷周史，於考古學上有貢獻。然沒有進入中國文化生命的底蘊，於西方文化生命的來龍去脈亦未能抓住其綱要。自己生命的途徑，中國文化生命的途徑，皆未能知之確，信之堅，逐鬱悶以終，自殺了事。他不會贊成從廣州來的那一道風。清末民初留下的學人就是那樣清客式的典雅，而於天人之際，古今之變，則一無器識。梁任公是一代的風雲人物。戊戌政變，以及與蔡松坡合力討袁，都見他的風力，與風雲中恢廓得開的才氣，然他的見識亦只是時代中橫剖面的政治變法之意識、立憲之意識，無論是就滿清帝國以立憲或是改中華民國後就五族共和以立憲。這自然是民主政治的意識，這是不錯的，然在中國要實現這個新政體，是要費大力的。這就要牽涉到文化生命的問題。他晚年感覺到徒政治之不足，要從講學起。因此他也成了一位國學大師，然因他的意識受滿清三百年的影響太深。光緒皇帝的知遇進入他的生命中，乾嘉的考據學風，他不知是中華民族民族生命歪曲後而來的文化生命之歪曲，他把它當作一個正面的統緒承繼於其生命中。他簡別不出這其中的委曲。這就使他的學問與意識蒙上了一層雲翳而封住了他。他接不上中國的學統，他通不了中國文化生命的底蘊。還是那考據的興趣，爭博雅的清客學人

之意識，三代漢唐宋明儒的大業，他根本接不上。結果是一部清淺而庸俗的《歷史研究法》。他的講學與他的政治事業中所養成的政治意識根本通不起。由他的學問見他的器識，是卑下了，他的政治意識因此也孤離了。只能說他有抓住屬於政體的時代現象之聰明。他的天資以及聰明才智都是被動的發洩在時代的圈套中。他自己生命的途徑，中國文化生命的途徑，他根本無所知。

　　十七年的革命事業結束了北洋軍人的統治，也結束了清末民初的清客學風，同時也結束了清末民初的那浮淺的孤離的政治意識、民主共和的意識，康、梁、嚴復以及孫中山先生和那時所都具備的意識。

　　革命軍要打到北平的前夕，那景象就好像卅七年共黨要打到南京的前夕。時隔廿年，以暴易暴，依樣畫葫蘆，但是畫法不一樣，卻都不是開太平。在十七年時，我是青年人，卅七年時，我是中年人。主觀方面，我的感覺心境有不同，十七年時我是混沌的感受，卅七年時我是痛苦。但在客觀方面，我所感受的，總是不對。十七年的北伐，本是國共合作的結果，其本身是駁雜的。不是純然國民黨的業績。辛亥革命是純然國民黨（革命黨）的業績。那時的國民黨較為純淨。十三年改組後的國民黨是聯俄容共的國民黨。十五年開始北伐，十七年打到北平。它因容共生發了力量，也因容共駁雜了它自己。自此以後，國民黨是八字駁雜的國民黨，其本質從未純淨過。以後雖清共、剿共、戡亂，以及來台的反共抗俄，然卻從未達到澄清它的本質、認識它的本質、確定它的本質的階段，它依然是個駁雜。難道真地命運注定它就是一個駁雜，一個過渡的流逝？

　　一個混沌的青年在當時是被爭取的對象，黨人大肆活動。我感

覺他們的意識、他們的觀念、他們的行動以及生活形態，好像很異
樣。其中有足以吸引我的地方，使我有從未有的開擴、解放、向上
的感覺。但另一方面也總使我覺得有點不對勁。他們那時的意識大
體是共產黨的意識；以唯物論爲眞理，什麼是唯物論他們也不懂，
只是那現實的、實際的意識之唯物論。這是共黨對政治經濟社會全
革命的唯物論。這意識沾染了那時的國民黨，而且沾染得很深。有
一次，一位黨人同學和另一人討論什麼問題，我只聽他說你的觀點
是唯心論的，所以你還是錯的。我當時，就有異樣的感覺，爲什麼
唯心論就是先天地錯誤呢？這使我有個不能像他們那樣斷然肯定的
迷惑。除唯物論外，階級意識也很強。吸收黨員時，先看他家裡有
多少財產，有幾畝田。小農、貧農才是合格的。這純是經濟決定的
意識，不能平正地視人。人品、人格的觀念，流行了幾千年，天天
掛在人口上的，現在是被抹去了，以另一個凸出的不自然的觀念來
代替了。這在我也有異樣的感覺。大家都是來自田間，平常沒有以
三十畝二十畝之差來分別人品的。中國讀書人都同情農民，尊重農
民。因爲他們都來自田間，他們的生命之根就是與農民渾處。他們
的父兄就是農民，他們的親戚骨肉也是農民。不但讀書人是如此，
其他工人、商人也都是如此。平常沒有人拿著一個非人的經濟觀念
在這裡平白地起風波，妄生分別。平常在這裡是生活，不是觀念。
旣是生活，這裡當然也有人情世故、世情冷暖，但沒有一個客觀的
政治鬥爭上的非人的經濟觀念光顧到這裡，現在我覺得他們有了一
個非人的觀念。他們會生活在非人的觀念中了，而且很新奇，這使
我有點贊嘆。不僅此也。他們的觀念還光顧到鄉村的農民身上，貫
注到中華民族的生命之根上，這在以前是沒有的。以前打天下，也

有名號。但只是申大義於天下，拯人民於水火。沒有以外在的非人觀念來在農民身上妄生分別。這裡仍是生活，不是觀念。拯人民於水火，當然是表示人民的生活受了騷動，但這騷動是天災人禍，不是觀念。天災是大荒年，人禍是政治腐敗，影響了人民的生活，使他們陷於水深火熱之中。所以有人出來打倒那腐敗的政治，剷除那貪污的官吏，仍使人民歸於生活。天災是自然的，人禍也不是觀念的，那只是一部分人的腐敗生活影響了農民的自然生活。水火與拯於水火都是生活上的事。申大義於天下，那大義很簡單，就只是使人民歸於生活。現在則是以意識上的非人的觀念來刺激農民的生活。這觀念是來自近代西方的新玩藝，對於中國是外來的，是新奇的，但也是不貼切的。這不是自然的天災，老式的人禍。窺其初衷也是為好，也是申大義於天下，但這大義不是自然的，不是簡易的、迳直的，而是引曲於直，所以弄成複雜的、造作的。因此那觀念的刺激也成了騷動，成了災害。這是新式的人禍，這才是真正的人禍。這人禍不是老式的政治腐敗、貪官污吏，而是青年、黨人、知識分子，總之是新式的秀才。他們在意識上接受了西方近代的新玩藝，他們會在意識的觀念上出花樣，起風波。我當時很贊嘆他們，但一方也覺得不對勁，覺得與我生長於其中的那諧和的一套全相違背。不但是與那生活違背，而且與那生活中的意義真理也全相違背。這點使我直接地感到不對勁，感到天下從此多事，感到民生之多艱，禍亂之末已。我不能贊成他們。

　　他們要極端、要激烈、要衝動、要冒險犯難。這些是普通的字眼，也是常有的行徑。但在當時的特殊形態，則是要極端的左傾，這樣才是革命的性格。儘管不是這種性格，口頭上也要如此。當時

我常聽說某某人穩健。穩健是諷刺的字眼，可見其所尚是在不穩健。革命是要如此。但我想革命是有其主要的客觀課題，有其固定的客觀對象，不是與人為仇。但是他們當時的意識好像把革命的主要課題、客觀對象，下散而為「與人為仇」，那極端的左傾是內心的仇恨心理。我當時矇矓中隱約有個客觀的意識，而在他們身上發現不出來。我也說不出其所以然，但只覺得不對勁。我看他們也不知道革命的主要課題、固定對象在那裡。他們口頭的激烈、內心的仇恨無所施，這因為國民黨畢竟不是共產黨，沒有在農民身上展開清算鬥爭，迅速地自其在農民身上出花樣撤回，自己先投降於商人以及都市的紳士，所以連帶也把鄉村的農民以及下縣的紳士饒恕了，一切照舊。這樣一來，黨人的左傾意識無用武之地，迅速的轉向腐敗，成為特殊的旗人階級，人人側目，成為最醜惡的存在。而一般智識分子、青年、新秀才，從那時所熏習的左傾、仇恨，則轉向而為氾濫與浪漫，還有一部分則本這氾濫浪漫而轉入地下的共產黨。

　　我當時也沾染了那氾濫浪漫的精神，但我沒有仇恨的心理，我也沒有仇恨的對象。我前面已說，他們有足以吸引我的地方，使我有從未有的開擴、解放、向上的感覺。這是由我那在鄉村的自然生活所蘊蓄的混沌而開放。他們吸引了我，我也接近了他們一點。他們把我列為預備黨員。我暑期回家，團聚農民，成立農民協會，每夜招集他們開會講習，訓練民權初步。在夜間也跑到十幾里外的別村去開會。夜深了，人都關門了，我隨便找個什麼地方也可以睡一夜。我本我那鄉村中所養成的潑皮精神去作這種活動。我發覺我很有鼓舞的力量，也有團聚人的能力。這原因很簡單，誠朴、潑皮、

肝膽，沒有矜持的架子，還有，那是因為讀了幾句書，畢竟是知識分子。知識分子從北京大學回鄉，鄉下人心中也是另眼相看的。但我迅速地感到在父老兄弟面前，在親友面前，於開會時，很嚴肅地擺起面孔稱同志，那意味總不對。那是太客觀了，太政治了，太形式化了。頓然覺得我自己的生命被吊在半空裡，抽離而乾枯了。我也覺得父老兄弟親友的生命也吊在半空裡，抽離而乾枯了，那太冷酷，太無情。事後，我有說不出的難過。直到如今，我一想起便有無限的慚愧、疚仄，好像是我生命中最大的污點，好像是作了極端罪惡的事情。我迅速的撤退，我讓那預備黨員永遠停在「預備」中吧！我不要這黨員。再加上他們從上到下一起在迅速地轉向，我和他們的距離愈來愈遠。他們那氣味我受不了，那些不對勁的感覺一起發作，我不入流。

　　丟開開會時在父老兄弟面前稱同志的那慚愧不論，那氾濫浪漫的精神也給我另一種感覺，這就是開擴、解放、向上的感覺本身之意義。他們在同志間，以忠實坦白相號召，使人有「忘我」的感覺、獻身於黨的感覺，在一個客觀的現實的集團面前，在一個客觀的超越的理想面前，獻身，客觀化一個人的生命。這感覺給我的印象很深，這是我從前混沌的自然生活中所沒有的。我忽然在這一道風裡有了這感覺，這是神性的一面。我以前從聖賢書中所讀的那聖賢教訓，所知的聖賢境界、聖賢人品，在以前認為是一個可望而不可即的遼遠的影子，甚至連可望亦不敢夢想到，可是我現在得了一個現實的印證。我當時以為像他們所說的，那簡直就是聖人了，一個獻身於黨的革命鬥士是有點聖人的影子。從這一面說，那一陣風不純是外在的政治的，而實能打進人的生命上予以內在的錘煉。於

個人的性情、個人的生命，實有一種強度的振拔，內在的翻騰。但
這內在的忘我的志氣之錘煉，實在是有夾雜。我當時不甚能知其所
以然，但是事後我很容易看出，這是神魔混雜的局面。那內在的忘
我的志氣之錘煉，實是在氾濫浪漫的生活情調下進行的，在東倒西
歪一切不在乎（不是一切都放下）的氣氛下進行。這是一種絕對的
粗獷的放縱恣肆，唯物論所促成的放縱恣肆，一切矜持、面紅、拘
謹、虛驕，後來共黨所說的小資產階級的毛病，都摔掉了的放縱恣
肆。普通小資產階級的矜持、面紅、拘謹、虛驕，其表現處之最現
實的層面便是女人與財產。而在當時沾染了共黨理論的風氣下，這
兩面在他們是極不在乎的。雖然事實上未必能，但在口頭上、思想
上確是如此。普通在這層面上，在自然的不自覺的習慣中，能維持
著一般人的不自覺的道德意義本身的禮義廉恥心。但是現在把這兩
面的拘謹都摔掉了，連帶連道德意義本身的禮義廉恥也摔掉了，這
是絕對的粗獷的唯物論所促成的放縱恣肆。我名此為大浪漫的精
神，那時代為大浪漫的時代。那內在的忘我的志氣之錘煉是在這樣
一種大浪漫精神下進行的，那錘煉自始即不是個人的道德自覺的，
而是由政治的理想與黨的行動所逼成的，所以也不是自道德意義本
身的立場而來的內在覺悟，而是由外在的目的把生命套在集體行動
中而逼出的，這是被攜帶出的貌似的道德，因此也是工具意義的道
德，盜亦有道的道德。當然一個人可以為其所信的客觀理想而獻
身，但是這必需發自內在的不容已之心願，這就不能是唯物論的放
縱恣肆，先須從個人自己內在生命處護住道德意義的本身，然後再
說獻身忘我，那方是真正的道德、聖賢的心腸。但是那大浪漫時代
的形態卻不是如此，所以那內在的忘我的志氣之錘煉根本就是非道

德的。那是道德的影子，那忘我無私的貌似聖人而實非聖人，也只是聖人的影子。這就是神魔混雜的忘我。我因我當時的那開擴解放向上的感覺，我了解了這神魔混雜的貌似聖人的境界。《水滸傳》裡面那些好漢也是這種境界。這當然也是一種開擴解放向上，但卻是向下墮的向上，封閉的開擴，窒悶的解放，最後是一個全體的物化，臭屎一堆，那也有一種風力與風姿，卻是陽焰迷鹿趨向混沌的風力與風姿。我生命中也原有這混沌的一面。所以由我鄉村中自然生活所蘊蓄的混沌，很容易向這氾濫浪漫而趨。但這只是表面的契合，其來源與根據都不同。在他們是由觀念、唯物論造成的，在我則是性情中那蒼茫的傾向，「落寞而不落寞」的欣趣。我只是以我的生命來契合，我沒有跟他們滾下去。我不能承受它，把我置定在它那裡。所以我也容易照察出那氾濫與浪漫的意義。

　　這大浪漫時代尚沒有完，那是剛開始。其發端是共產黨。國民黨在十五、六、七年的表現是沾染得來的，是八字駁雜的。沾染得來的，總貼不上身，總不當行。國民黨迅速地脫離這大浪漫的精神，然而不幸地是它並沒有另一種積極而健康的精神。所以它不能建國，它成了虛脫，它只有現實生活的唯物論、腐敗的唯物論，它沒有理論的唯物論、信仰的唯物論。因此社會上仍以大浪漫的精神為主流，而因國民黨浮在上面，成了虛脫，那精神更浸潤於下面成了真理的標準。共產黨把這精神繼承過來，以歸於其自己（因為原是由它放出的），它要很當行地本分地重新來表現這一套，來完成這一套。這就是後來共黨得勢的根據。這是後話。

　　我雖不入流，遠離了國民黨，然而我的氾濫浪漫的企向尚沒有完。我從十七年國民黨所帶來的革命運動中的氾濫浪漫轉向而為一

般思想觀念的氾濫與浪漫。

　　我那時初能看課外的書。我忽然覺得生命開了，悟解也開了。可是那開是順那混沌直接地向外膨脹，並沒有簡別，並沒有迴環曲折，是生命力的直接向外撲。這撲是撲在吳稚暉的「漆黑一團的宇宙觀」上，撲在廚川白村的「出了象牙之塔」上。五四運動後那幾年出的那些新文化運動人物的書我都找來看。直吸引我的乃是「科學與人生觀論戰」。裡面的文章，其內容我雖不能全掌握得住，但我總覺得它們是平庸的，就是丁文江與張君勱先生直接對立的文章也是平庸的，其餘的文章都是平庸的，沒有光彩，沒有風姿，也沒有什麼壯闊與新奇。惟看到一篇最長的〈一個新信仰的人生觀與宇宙觀〉，我才見到了光彩，見到了風姿，見到了波瀾壯闊與滑稽突梯的新奇；那真夠勁，夠刺激。那也是吳稚暉個人自己的浩瀚生命縱橫才氣的直接向外膨脹，沒有簡別，沒有迴環曲折，只是一個大氣滔滔在那裡滾。若說那也有迴環曲折，則那迴環只是嘲笑的揶揄的，那曲折只是文字的技巧的。吳氏的浩瀚生命縱橫才氣的直接向外膨脹正投合了我這個青年的混沌生命之直接向外膨脹向外撲，他那浩瀚縱橫壓倒了淹蓋了那一切平庸之聲，也使我跨過了俯視了那一切平庸之聲。那一切平庸之聲中所牽涉的觀念內容理論曲折，我雖不能全解盡透（其實他們自己也並沒有全解盡透），但我此後卻一直跨過了他們，並沒有在我生命中成一條承續線。不過縱使是吳氏之氣勢，我之感到它壓倒一切，橫掃一切，也只是一時的，因為他文中的觀念內容，以後沒有一個是我贊同的。他壓倒那些平庸之聲，只是他的生命之浩瀚，才氣之縱橫，這是力，不是理。他那光彩、風姿與壯闊也只是那生命那才氣之直接膨脹之所顯，他那漆黑

一團的宇宙觀，也只是那生命那才氣之直接膨脹所撲向的混沌。我
之欣賞他，也只是我的混沌生命之直接向外膨脹，向外撲，和他接
了頭。這也是力的，不是理的。我事後覺得，我之直接膨脹是我青
年發展中之一階段，而他依其身分地位年齡，那時也是如此，則是
他之淺薄，他之不成材。而他之淺薄、不成材則象徵那時代之淺薄
不成材。這也表示中華民族苦難之未已，尚未達到自覺其自己，建
立其自己的時候。

　　我那時思想之受他的影響最深，可謂達氾濫浪漫之至極，粗野
放蕩，幾不可收拾。文字荒謬，不避骯髒，全為他所開啓。有一
次，先父看見了，大為震怒，責斥何以如此。我當時極為羞愧，答
以外面風氣如何如何。先父則曰：擇其善者而從之，不善者而改
之。何可如此不分好歹？外面那些風氣算得了什麼？我當時肅然驚
醒，心思頓覺凝聚，痛悔無地。大哉父言，一口範住吳氏的浩瀚與
縱橫，赤手搏住那奔馳的野馬，使我頓時從漆黑一團的混沌中超
拔。那些光彩，那些風姿，那些波瀾壯闊，頓時收煞、降伏、止
息，轉向而為另一種境界之來臨。我在前常提到先父之嚴肅。他是
白手起家的人。剛毅嚴整，守正不阿；有本有根，終始條理。祖父
棄世時，薄田不過七、八畝，安葬時只是土壤，並無磚砌。伯父含
混，不理家業。叔父年幼，體弱多病。他一手承擔起家庭的重擔。
十八歲即輟學，應世謀生。祖父留下來的驛馬店，他繼續經營了若
干年。神強體壯，目光四射。指揮酬對，絲毫不爽。每當傍晚，驛
馬成群歸來，他都要幫著扛抬。那是很緊張的時候，很繁重的工
作。無論人或馬都是急著要安息，他安排照應，賓至如歸。當時二
掌櫃之名是遠近皆知的。後來他常對我們說：開始原也是糊塗的，

後不久忽然眼睛亮了，事理也明白了。人總須親身在承當艱苦中磨練，這話給我的印象非常深。他看人教子弟，總說要撲下身彎下腰，手腳都要落實，不要輕飄飄，像個浪蕩者。他最厭那些浮華乖巧，從外面學來的時髦玩藝。他是典型的中國文化陶養者。他常看《曾文正公家書》，晚上也常諷誦古文，聲音韵節穩練從容。我常在旁邊聽，心中隨之極為清淨純潔。寫字整齊不苟，墨潤而筆秀。常教我們不要了草，不要有荒筆敗筆，墨要潤澤，不要乾黃，因為這關乎一個人的福澤。他是有堅定的義理信念的人。我覺得中國文化中的那些義理教訓，在他身上是生了根的，由他在治家謀生的事業中生了根，在與鄉村、農業、自然地理、風俗習慣那諧和的一套融而為一中生了根。「安土敦乎仁」是不錯。那些義理教訓都在這「安土敦乎仁」中生根，一起隨之為真實的，存在的。因此他的生命是生命之在其自己的生命。那些義理教訓也隨他的生命之在其自己而亦內在化於他的生命中。所以他的信念貞常、堅定，而不搖動。在他的生命中，你可以見到宇宙間有定理、有綱維。這是建構的、積極的，同時也是創造的、保聚的生命。他從不方便討巧，隨和那些一陣一陣的邪風。十七年左右膠東地方非常混亂，種種道門藉口保身家，蠱惑愚眾，他從不理會它們，招惹它們。「君子居易以俟命，小人行險以徼幸」，這真理在他身上得到了印證。十七年黨軍打到北平，膠東地方黨人也招惹土匪號稱革命軍，來糜爛地方。我家裡也因而受了塗炭，我叔父在他們被城裡保安隊下來圍剿時，亂闖民宅，任意開槍，中彈而死。後來黨人雖有撫卹之議，然我心中的愴痛是難以形容的。我對於那些黨人之厭惡是無法挽轉的。我決不藉他們來爭什麼。我父親決不讓我去投他們的機。我一

見他們就討厭。他們趾高氣揚在鄉下作新劣紳欺壓人。每逢趕集，他們便聚在集上，令人側目。我自從從預備黨員迅速地撤退後，我從不與他們敷衍，所受的一切荼毒全忍受了。我從我父親身上，親切地覺得這時代的浮薄，知識分子妄逞聰明，全不濟事。沒有一個是有根的，沒有一個能對他自己的生命負責，對民族生命負責，對國家負責，對文化負責，來說幾句有本有根的話。他們全是無守的，亦全是無堅定的生根的義理信念的，只是浮薄的投機取巧，互相耍著玩，來踐踏斲喪民族的生命。這就是我前面所說的新式的人禍。像吳稚暉那種人物就是禍首之一。像他那無根無本的浩瀚與縱橫，真是算得了什麼！以我父親那樣一個鄉村的農夫，義理敎訓之存在的見證者，就可以立地把它籠罩住，赤手把它掌握住，使他那一切光彩、風姿、花腔頓時紛紛落地，收拾頭面，原來是臭屎一堆，癡呆的狂夫。我願天下人都當到農村裡看看什麼是生根的生命，什麼是在其自己的生命，什麼是真理的見證者，仔細印證一番，對照一番，從頭想想，重新作一個有本有根的人，從這裡建立自己為一個有本有根的政治家、思想家與事業家。如是，中國方算上了路。

第三章

直覺的解悟

　　氾濫浪漫的階段很快地過去：生命的直接向外膨脹，向外撲，很快地過去。

　　我考入北大預科時，即決定讀哲學。這是我那企向于混沌的氣質，對於「落寞而不落寞」的欣趣，強度的直覺力，所天然決定的。氾濫浪漫階段過去，我即收攝精神，從事讀書。第一階段表現我的「直覺解悟力」。生命的直接向外膨脹，向外撲，也表示一種直覺力。但那直覺力是生命的膨脹所帶出來的，也是直接淹沒於生命的膨脹中，所以是混濁的，同時也是重濁的，結果是個氾濫，其所直覺的也是一個清一色的（同質的）物質的混沌。現在我的直覺力則不是順生命的膨脹直接向外撲，而是收攝了一下，凝聚了一下，直接向外照。因為收攝了一下，凝聚了一下，所以靈覺浮上來，原始的生命沉下去。暫時是靈覺用事，不是生命用事。而靈覺用事，其形態是直接向外照。這便是所謂「直覺的解悟」。在這裡，我照察了一些觀念，一些玄理。因為靈覺浮上來，外在的理文脈絡也浮上來。

　　靈覺之浮上來，開始去湊泊一些觀念，一些玄理，也是很費力

的。記得預科二年級時（相當於高中三年級），在圖書館看《朱子
語錄》，一方覺得很有意味，一方又不知其說些什麼，但我一直天
天去看。直到一個月後，我忽然開了，摸到了他說話的層面，他所
說的道理之線索。我覺得很舒暢，很容易。他說著這句，我常能知
道他下句是什麼。這表示我自己也能主動地順著他的線索走。我知
道他所說的是形而上之道，而且我感到這道是在越過了現實物的差
別對待障隔之氣氛下而烘托出來的。我感到它是一種通化的渾一，
是生化萬物的「理」之一，是儒家式的，不是道家式的──這點我
在當時也感到，雖然我那時並不能比較地知道，而只是一面地感到
它是如此。這感到，從思想上說，從觀念之解悟上說，只是想像
的、模糊的，並說不上是思想，亦說不上有確定的了解，但那感受
卻是親切的。我之感到這氣氛下的道理，使我的生命，我的心覺，
有一種超越的超曠，越過現實的感觸的塵世之拘繫，而直通萬化之
源。雖然只是外在的、想像式的直覺解悟，說不上內在地體之於自
家生命中以為自己之本根（說到這一步，難而又難，遠而又遠，不
知要經過幾許曲折，始能轉到此），然而這種外在的、想像式的直
覺解悟所達之超曠，在我的意識生活中，也實在起了很大的作用。
理想主義的情調始終是離不開我的，因為這超越的超曠是一切理
想、靈感、光輝之源，也是一切理想主義之源。落在我個人的受用
上，我那時的想像非常豐富，慧解也非常強，常覺馳騁縱橫，游刃
有餘。稍為玄遠一點，抽象一點的義理，不管是那一方面的，旁人
摸不著邊，我一見便覺容易通得過。同時，對於西方所正在流行的
觀念系統，夾七雜八，也學得了一些，如柏格森的創化論、杜里舒
的生機哲學、杜威的實用主義、達爾文的《進化論》等等。這些都

助長或引發我的想像之興會，不在它們的內容，而在它們之成套，成套之角度。這些觀念、角度，對於我們是新奇的。然而這些畢竟是隔。因為我那時並不能知其文化上、學術上的來歷，只如隔岸觀火，望見了一些奇采。對於朱子所講的那一些，我當然也不知其文化上、學術上的來歷。但我之想像這些，可以不必通過那歷史之來歷，可以直下在永恆方式下去照面，而不覺其隔，這因為畢竟是中國的。我個人與朱子都是在同一民族生命文化生命中生長出來的，不過他是先覺而已。剛才提到的那些西方流行的觀念，我本也可以不必通過歷史的來歷去和它們照面，依我的氣質，本也可以直從真理上和它們照面。然而它們成套之角度、它們的內容，並不是我的氣質之所好，所以後來它們也並沒有吸引我，我對它們也並沒有多深的印象。

　　預科過去了，我直接升入哲學系。除自由地散漫地聽課外，我自己仍有我個人專屬的興趣。那四年中，給我幫助與影響最大的，在校內是張申府與金岳霖兩先生，在校外是張東蓀先生。張申府先生先給我們講羅素哲學，繼之給我們開「數理邏輯」一課。這課程在國內是首先在北大開的，雖然講的很簡單，但我對之很有興趣。金岳霖先生是兼課，給我們講授他所精思自得的哲學問題，大體是以那時正在盛行的新實在論為底子。那時金先生與張東蓀先生對於哲學思考非常努力，文章亦最多。那時的《哲學評論》，國內唯一的哲學雜誌，幾乎每期都有他們的文章，我都找來看。這對於我的學知歷程是很有助益的。我對於這些比較能接得上。他們所思之有得的問題，所牽涉的觀念，也正是我的興趣之所欲而亦能接之以企及的觀念與問題。當時我對於西方傳統哲學並接不上，隔的很：對

於柏拉圖、亞里士多德，隔；對於笛卡兒、斯頻諾薩、來布尼茲，隔；對於康德、黑格爾，則尤隔。對於這些，有些只是字面的了解，根本無親切之感；有些則根本不懂，無法接得上。我現在覺得，這些本不是一個青年大學生所能懂，所能接得上的。就是有這氣質與靈魂，學力上也不是那階段所能接得上的。若無這氣質與靈魂，則終生不能入。尤其對於康德、黑格爾，更須有學力與精神生活的轉進，方能相契。這根本是上達天德的根器問題，不是什麼軟心腸、硬心腸的浮說所表示的只是對等的氣質不同之分類。

我那時所能親切接得上的是羅素的哲學、數理邏輯、新實在論等。但我只是聽，並不能主動地作獨立的思考。我個人自修，則興趣集中在《易經》與懷悌海的哲學，這在學校是沒人講的。當時治國學的人，沒有人注意及《易經》，讀哲學的人也沒有人從《易經》講義理。當時治西方哲學的，實在淺陋得很，沒有人能有那宇宙論的玄思，能有那挺拔而有光輝的形而上的靈魂。對於中國哲學更是接不上，因此沒有人能欣賞懷悌海，也沒有人能正視《易經》。當時因相對論的風靡一世，大家正趨於科學底哲學。同時也流行著那淺近的知識論，大體是經驗主義與實在論的，再就是漸漸透露一點邏輯的興趣。若對於邏輯與數學沒有精湛的認識，對於西方理性主義的傳統是不能接得上的。當時學西方哲學的，對於這方面的深入，根本談不上，至於我個人更是尚未入門。但我個人卻私下有一個獨立的興趣，那就是愛好《易經》與懷悌海，這是我個人從生命深處所獨闢的領域。我因此感到當時學哲學的人實在於中國文化生命之根以及西方文化生命之根皆未接得上，只是漂浮在橫面的時尚中，在口耳之間襲取一些零碎浮辭。他們的生命只是現實

的、片段的，並沒有通於文化生命之大流而植根於其中。他們的聰明尚只在感覺狀態中，庸俗而平面的知解狀態中，並沒有接上中西學術道術的慧命。此不但學哲學的人如此，一般知識分子大抵皆然。所以一切皆是游離飄蕩，毫無生命途徑可言。（中國之失其學術的慧命由來已久，我這裡暫不說。）

我之愛好《易經》，是在預科讀《朱子語錄》時所開發出來的。中國的文化生命、慧命，不能不說是集中在《易經》與《春秋》。這實在是兩部大經。《春秋》彰仁著義，我當時實不能接上。於《論》、《孟》、《大學》、《中庸》，亦不能了解；於宋明儒者心性之學亦不能契接。總之，於道德心性一面的學問、仁一面的學問，我不能有悱惻的悟入。說到《易經》，當然也是仁的擴大。「顯諸仁，藏諸用」，當然要就天地萬物普遍地指點仁體。可是這指點不是人生哲學的，而是偏於宇宙論的。宇宙論地指點仁體，是較容易彰顯「智之慧照」一面的。我之愛好《易經》，也正是以「智之慧照」與它照面，這表現了我的想像式的直覺的解悟。這是一種在「智及」之光輝中呈現，不是在「仁守」之悱惻中呈現。我讀著《易經》，是直想著伏羲畫八卦是在宇宙洪荒原始混沌中靈光之爆破。那是一種生命之光輝，智及之風姿。全部〈繫辭傳〉是智慧之光輝，是靈感之周流。那光輝更潤澤、更嘉祥；那靈感更清潔、更晶瑩。無絲毫烟火氣。正投著我那年輕時之單純，想像之開擴，原始生命從原始混沌中之向外覺照，向四面八方湧現那直覺的解悟。我也想到「文王囚羑里而演周易」，「作《易》者其有憂患乎」，但我當時對這方面並無深切悱惻之感。我只喜悅那「鼓萬物而不與聖人同憂」的坦然明白，「天地無心而成化」的自

然洒脫，而不能感知「聖人有憂患」的嚴肅義，「吉凶與民同患」的悱惻心。我只欣賞那「雷雨之動滿盈」，欣賞那「乾知大始，坤作成物」，欣賞那「元亨利貞」之終始過程，欣賞那「保合太和乃利貞，各正性命」，欣賞那「範圍天地之化而不過，曲成萬物而不遺」，欣賞那「鼓之舞之以盡神」，「神也者妙萬物而爲言」。這些旣是美感的，又是智及的。從美感方面，說「欣趣」；從智及方面，說「覺照」。這欣趣，這覺照，乃是生命之光輝、靈感之鼓舞。美之欣趣、智之覺照，皆有其風姿，有其神采。這兩面甚凸出。而惟仁心之悱惻、道德之義理方面，則隱而不顯。這是因爲靑年涉世不深故，於人生之艱難尙無感知故。朱子雖盛講道體，然伏羲畫八卦，孔子贊《周易》，所表現的那原始的風姿、神采、靈感、光輝、淸潔、晶瑩、潤澤、嘉祥，卻並不凸顯，而爲其道德的嚴肅，學聖人氣象之轉爲沉潛所掩蓋，不直接、不透靈、不朗現。然朱子之「智及」是有的，其「直覺的滲透」亦甚強。惟美之欣趣、智之覺照所流露的那自然的風姿與神采，卻都被他磨平了，在困勉沉潛中磨平了。我當然不能及朱子於萬一，更不能仰望伏羲、孔子那「天縱之聖」之淸光。我只是欣賞贊嘆。我的生命根本不能企及那光輝、那神采、那潤澤、那嘉祥、那淸潔、那晶瑩。因爲我的生命中有濁氣、有荒氣。因此，我之讀《易經》並不是很簡易地直下在那淸光處幽贊神明（這裡本也不是可以多說的，只可默識心通），而是被那濁氣、荒氣拖下來鋪排而爲一個宇宙論的系統。那時尤特喜那數學的秩序，特喜那納數學秩序於生化神明之中。生化神明無可多說，數學秩序乃可著力。我當然沒有墮落到唯物論的自然哲學。生化神明常常提撕在心中，數學秩序則是自覺地要彰顯。

這點我得感謝懷悌海。當然我那時之讀《易經》，是在物理的、數學的（懷氏所神解的物理與數學）、生化神明的（美之欣趣、智之覺照）之氣氛下去讀，是有點比較偏於自然哲學，但是卻是在這氣氛下的自然哲學，不是唯物論的自然哲學。後來我感覺到雖即如此，但亦有點提不住，有駁雜，不瑩徹。那只是因爲我那時對於道德心性、仁心悱惻一面，尚無感知故，對於價值之源尚無接觸故。這不足，亦同樣適用於懷氏的哲學。

我之讀《易經》是大規模的。初不知從何書讀起。偶見宋人《誠齋易傳》，覺其中有些精粹語，遂取而讀之。一日，遇林宰平先生，渠問讀何書，答以楊氏（誠齋）《易傳》。渠曰：讀《易經》不能從楊氏入。渠亦未告當從何書入。遂退而從頭起，到圖書館遍查易書目錄。覺漢人象數易甚煩瑣，亦覺有趣味。直取李道平《周易集解纂疏》（李鼎祚集解）逐字逐句讀下去。若干卷後，摸得其頭緒，遂將漢人所講卦例，如互體、半象等，全弄熟。以此書爲基礎，進而整理爬梳全部各家漢《易》，如京氏《易》、孟氏《易》、虞氏《易》等，每家鈎玄撮要，由其象數途徑整理其宇宙論方面之靈感與間架，提練出許多有意義之宇宙論的概念。漢人之超越的宇宙論精神，吾胥由此部整理工作中而得見，而中國思想中宇宙論的概念由荒蕪潛隱伏處蓁莽而凸顯，亦自此始。中國先哲並非無構思之概念。後人庸陋，學術失傳，遂全傾塌而疲軟矣。吾當時想像豐富，隨抄隨案，便成條理。文字雖蕪雜欠剪裁，而神不可掩。

漢《易》理訖，進講晉宋《易》。吾當時對於魏晉玄理、生活情調，智解不深，對於宋明儒心性之學亦無深知，故於晉《易》只

就王弼〈周易略例〉而略言之，於宋《易》，則就朱子之言陰陽太極與理氣而略言之，非吾當時注意重心之所在也。

　　清人考據訓詁，於學術、道術無足稱，而惟於易學，則得兩人焉：一曰胡煦，一曰焦循。此兩人確是不凡，都可以說是易學專家。焦循號里堂，畢生精力在於周易。他在江都（揚州）雕菰樓，數十年精思巧構，寫成《易學三書》（《易圖略》、《易通釋》、《易章句》）。這是他的真才實學之所在。胡煦號曉滄，河南光山人。他比焦循早，康熙時人。精於卜，至今猶多神話留傳。其著作名曰《周易函書》。此兩人的易學都可以說是學人專家的易學，皆以象數為出發點，但不是漢人的象數。漢人的象數，於解經則嫌瑣碎著迹，不成條貫；又於經外有一底子，由陰陽、讖緯、災異一整套而成者。他們兩人對於這些都能蕩滌廓清，獨闢蹊徑。不是王弼的以老莊玄理來廓清，亦不是程朱的以道體性理來廓清。他們是直就《易經》本身來立例。（通例、原則，非事例之例。）胡煦以體卦說注解經文，極為恰當，不見斧鑿之痕。其發明體卦說，於自然生成之理，極有悟解。因此對於初、上、九、六、二、三、四、五、八字命爻之義，解之極精極諦，古所未有。由此而引申出時位、生成、終始、內外、往來，等宇宙論的概念，而以河圖洛書之圖像總表生成之理，故吾名之曰「生成哲學」。內生外成是一宇宙論的發展概念，《中庸》所謂位育化育也，而與「乾知大始，坤作成物」、「元亨利貞」之終始過程，亦不背也。故胡煦是方法學地由象以悟客觀的生成之理與數學之序，能穿過象而直悟天地生化之妙，而知象皆是主觀的方便假立。故曰：「圖非實有是圖，象非實有是象，皆自然生化之妙也。」然彼畢竟只是一學人，其《易》學

亦只是學人專家之易學，於伏羲、孔子那原始的光輝、神采、潤澤、嘉祥、清潔、晶瑩，大聖人混沌中之靈光爆破（伏羲），道德心性、悱惻悲憫之懷（孔子），皆不能仰望於萬一，亦無眞切之感。故亦只表現一點清涼平庸的美之欣趣與智之悟解。所謂清涼平庸，言其光輝、神采、生命、靈感之風姿不足也。總覺得有術人智士之小家相。我當時一方極喜歡他，一方亦總覺其有所不足。喜歡他，是喜歡其條理。此點亦須表彰，蓋中國學術於此不足故也。

　　至於焦循，精思巧構，可謂一等之才，然不免於鑿與隔。此則又不及胡煦。他就《易經》本文勾稽出五個關於卦象關係之通例，此即《易圖略》，以此注解全經，此即《易章句》。以爲聖人作《易》，無一字無來歷，皆定然而必然。他復根據其《易圖略》而作《易通釋》，以表通例之應用，亦引發出許多極有意義之概念。若不先讀《易通釋》，即無法懂其《易章句》。他復極精於中國之算學。解「大衍之數五十，其用四十有九」一章，即完全根據一套算學來解析，亦可說此章完全是算學之應用。我當時讀其書實在費了極大的精力。時在青年，神足體壯，故能強探力索，得其條貫。若那時穿不過，現在再讀，若不下大決心，擯棄一切，拿出相當時日，即無法得入。其書亦實在無幾人能讀。今之青年，旣無時間，亦無精力，時風日趨於苟偷，只想討便宜，耳剽目竊，隨便一觀，便想有得，不得則棄之，眞根本說不上也。然而焦循之精思巧構，亦實由強探力索而成，故旣鑿亦隔。其鑿不是間歇的、零碎的，乃是整個的，成了一個整套的機括，是一個大鑿。其隔亦不是一時的、斷續的，乃是一個整個的虛構，是一個大隔。彼不能如胡煦之直湊眞實，而於道德心性又根本不入，以戴東原爲宗主。是故彼之

費如許精神，精思巧構，成此結果，不能上企高明，實不免有令人
可惜之感。彼畢竟只是一巧慧之學人，其於易也，只是一巧慧學人
專家之易。此則爲乾嘉訓詁習氣下之小家相，枉費了精神，糟蹋了
《大易》。彼又本戴東原作《孟子正義》，亦是枉費了精神，糟蹋
了孟子。我常想，彼若生在西方，定然是有成的科學家。現在巧慧
之智無當行之用，又不安於徒然文字學的章句訓詁，乃向大聖人生
命靈感所在之經典施其穿鑿，豈不惜哉？豈不痛哉？

　　如上所述，我由漢《易》一直讀下來，遂寫成《從周易方面研
究中國之玄學及道德哲學》一書。內分五部：一、漢易之整理，
二、晉宋易，三、胡煦的生成哲學；四、焦循的易學；五、律曆數
之綜和。這五部實只表示宇宙論的興趣，而最後一部則是想由《易
經》本身所具的客觀的數學之序以及焦循解〈大衍〉章引用古算以
明「制曆明時」，向律曆數之形上的（宇宙論的）統一方面發展。
我那時對於這方面的引發甚感興趣。我於此確然見到中國文化之慧
命，除堯舜禹湯文武周公孔子歷聖相承之仁敎外，尚有羲、和之官
的智學傳統，古天文律曆數賅而存焉。後來陰陽家即繼承此線而發
展。王官失守，復轉而爲社會上之醫卜星相。天文律曆數於易學象
數之牽連中，亦可見其較爲有意義的形上學上的規模。此爲羲、和
之傳統，亦即中國之畢塔哥拉斯之傳統也。在此方面，中國古賢原
始生命智光所及之光輝，對於數學之形上的（宇宙觀的）意義，體
性學的特性，之認識與欣趣，並不亞於畢塔哥拉斯及柏拉圖。依懷
悌海，對於數學之如此認識，乃是古典的、傳統的看法，此看法直
維持至笛卡爾尙是如此。把數學看成純形式主義的套套邏輯，乃是
最近代的事。然則，就懷氏所說之古典觀點說，中國的慧命對於天

文律曆數之認識亦並不亞於他們。此方面的意義是相同的，這是數學之超越的意義。惜乎在中國，數學之內在的構成方面，並未進至「學」的地步，當然亦說不上近代化的發展了。我當時的興趣只能了解羲、和傳統之超越方面的意義，至於對古天文律曆數之內部整理，則有志焉，而學力不逮，這也是我的一憾事。甚望繼起者能以其智之所照，發羲、和之幽光。

　　我此書在北大畢業那年即已寫成。林宰平先生見之，大為贊賞。稍後沈有鼎先生則說是「化腐朽為神奇」。此書實無幾人能解，亦無書店願印。我自籌資出版，分送友好。後來我覺其蕪雜不精練，不再流行。將來要重新整理，彌縫使其純。

　　我在此階段特別表現了想像之豐富、直覺之解悟。我所以能有宇宙論之興趣，就《易經》而彰羲、和之傳統，全該歸功於懷悌海。我當時一方大規模讀《易經》，一方潛讀懷氏書。隨讀隨消化，隨消化隨觸發，故想像豐富，義解斐然。那時懷氏正在五、六十歲，正抒發其宇宙論之玄理之時。其書陸續而出，我躬逢其盛。其早出之《自然知識之原則》與《自然之概念》兩書（約在1914年後），精練簡要，是其觀念之發端。1930年左右出版《科學與近世》，是其思想由蘊蓄而發皇之時。不數年，即出版其莊嚴美麗之偉構《歷程與真實》，此是其宇宙論系統之大成。我當時讀之而嘆，愛不釋手。有畢塔哥拉斯、柏拉圖之傳統，有近代物理數學邏輯之發展，有這樣淵源流長之慧命，故能有懷氏植根深厚之玄思。

　　我現在要說說我之所以欣賞懷悌海，以及我之所以與他不同處。

　　懷氏美感強，直覺尤強。他的美感既是內容的（強度的），又

是外延的（廣度的）。他的直覺所悟入之事理，亦旣是內在的，又是外在的。客觀地說，他將生物、物理、數學融而爲一，自關係詞所表示的模式融而爲一，這是外延的、廣度的、外在的。主觀地說，他以其美感之欣趣，直覺之神解妙悟，浸潤滲透於那廣延外在的模式中，這是內容的、強度的、內在的。這內在的，是其美感與妙悟，而這美感與妙悟又依託在廣延的模式上，所以又是外在的，因廣延的模式展開而爲外在的。同時那廣延的模式之爲外在的，又因浸潤於美感與妙悟中而成爲內容的、強度的、內在的，因美感妙悟之無將迎，無瞻顧，恆自如如內歛而具體，而爲內在的。這廣延的模式旣是被思解的，又是被欣趣的，所以其本身就是旣是內容的，又是外延的。但懷氏的廣延的數學模式旣不是客觀地隔離的、懸掛的，又不是主觀地套套邏輯的、純形式的、非存在的，而是要宇宙論地、體性學地融於生物物理之具體事中，所以他的美感妙悟不但只涉及廣延的數學模式，而且亦涉及內容的具體事。如是這具體事亦旣是內在的，因美感妙悟而爲內在的，又是外在的，因廣延的數學模式之融入而爲外在的。這就是懷氏智慧之妙處。他這個儀態，我常想，是很帶有富貴氣的，是英人式的接上畢塔哥拉斯、柏拉圖之傳統的富貴氣，越過其盎格魯撒克遜的經驗論、唯名論的傳統而直接希臘傳統的富貴氣，有學養而慧命深遠的富貴氣。這是值得稱贊的一個靈魂。

但是他這個靈魂，他這個儀態，是很少有人能領悟的，不但在中國，就是在西方亦如此。他的書亦很少有人能了解。當其《歷程與眞實》剛出版時，張申府先生曾有一個簡單的介紹，深致贊嘆之辭。但是他又向我們說出一句令人洩氣的話：沒有人能懂，亦無懂

的必要。他這話也許不是很嚴肅地說，也許有「正言若反」的幽默意味。但自後來觀之，我知他確沒有讀這書的靈魂。我又曾問過金岳霖先生，他也說不懂，他說他隱晦模糊，他也不是讀這書的靈魂。後來我知道隱晦模糊是美國方面的流行評語。（懷氏於《科學與近世》出版後，即在美國哈佛任教。）抗戰勝利後，美人白特（Burtt）來中國，他也仍是這樣說。以今日美國哲學界風氣觀之，實根本不能有欣賞懷氏之靈魂，足見慧命之低落。羅素與他合著《數學原理》三卷，但後來兩人分了家。羅素根本不欣賞他那一套，說他投降了柏格森。羅素自是道地的盎格魯撒克遜的傳統，而懷氏則越過了這個傳統。

我讀其書，親切喜悅，歷歷可解，無隱晦處。其所用名詞都是極美而又平實。這其中大體有個訣竅，就是字如其字，脫落它的一切社會上、習慣上展轉孳乳的流行意義，人們所習以為常的牽連意義。字如其字，直作如是如是想。世人以社會流行意義為定常，遂覺其為反常，隱晦而不清，通常字而非通常義。實則非通常義，乃真其本義也。我讀其書，只作哲學讀，先嗅到他的義理之氣氛、他的觀念之層面、他的抒發義理之純理論的理路，直就其名言本身而如是如是想，沒有一切其他牽連，我也不知其他一切牽連，因為我沒有到外國，我不知他們的風俗習慣，我於他們的文學作品閱讀能力很差，於他們日常生活所使用的語言知之很少。我只作義理概念看，而懷氏書亦實在只是純哲學概念的，裡面並沒有世間相之生活語言。我處在純概念中。不但對於他們的世間相之生活語言，風俗習慣，知之很少，即對於我們自己的，也知之很少。所以我反能直從生命之原始氣質來了解他的名言，倍覺親切，並無隱晦。

　　事（event）、相（object）：事可攝受，不可重認；相可重認。可重認即表示其自身是持續常住，可爲認知之「對象」，此即是「對象」一詞之字如其字。如其義，譯爲「相」。事只有引展，不可再，亦不可說變：由事 E1引展而爲 E2引展而爲 E3……，E1不是 E2，E2不是 E3……，故皆是獨一無二，一瞬即逝。由此而言「自然之流轉」（passage of nature）。任一事皆是當體即如，故流轉而不遷：流轉是一引展過程，不遷則皆是如如。此與僧肇之〈物不遷論〉有類似。惟懷氏是客觀地分解說，而僧肇則是就心之寂照說。由事之引展而言「擴及」，由擴及而言擴延關係（relation of extension），由擴延關係而見時相與空相：由時相而言時動關係（temporal relation），由空相而言空擴關係（spatial relation）。由時動關係與空擴關係，使用「抽延法」（method of extensive abstraction）與「輻湊律」（law of convergence）而言抽象的時間與空間，如瞬、點、線、面、體、時間系、空間系，等。以上大體是《自然知識之原則》及《自然之概念》兩書中之基本概念，皆極美而又平實。納時空數學秩序於自然之流轉，既是內在的，又是外在的，既是內容的，又是外延的。

　　自《科學與近世》出，則「事」轉而爲「生起」（happening）、「現實的緣起」（actual occasion），「相」則轉而爲「永相」（eternal object）。極就事之過程、流轉，而言具體之真實。一片物質乃是一抽象，瞬、點、線、面、體，皆是抽象。對於科學知識的反省，要成就抽象，爲的追求簡單；亦要批判抽象，爲的顯露具體之真實。以抽象爲具體之真實，乃「錯置具體之謬誤」（fallacy of misplaced concrete）。將一物固定在一點上，乃

「單純之定位」（simple location）。亦是一抽象之固定，非是具體之眞實。

《歷程與眞實》，則復以動用的經驗過程而言「知覺兩式」（two modes of perception），此是其哲學系統（宇宙論系統）之問題的入路：一方批判休謨，一方批判康德。認前人分析經驗皆把知覺只限於「直接呈現式」（mode of presentational immediacy）。而忽視其「因果效應式」（mode of causal efficacy）。此皆是順休謨而來者。由休謨之只是直接呈現式之知覺，產生康德之主觀論。欲衝破康氏之主觀論，必先於知覺中能證成「因果效應式」。能證成因果效應，則經驗活動自身以及經驗所驗之「緣起事」始能恢復其有機的、動的、發展的關係，由此而進入宇宙論的滲透，亦復得言以宇宙論的生發觀點描述經驗活動的全幅歷程。由因果效應，將全宇宙勾連於一起；由直接呈現，而言時空之構造與全部幾何格局。數學秩序、永相、緣起事、攝受、主觀形式、創造、潛能、實現、眞實、現象、客觀化、滿足化、連續、不連續、個體性，等等，一起融組而爲一，成一莊嚴美麗之偉構。數學的、物理的、生物的，融洽而爲一，滲之以美感，故既爲內在的，又爲外在的，既爲內容的，又爲外延的。義如前述。

我這裡並不要講懷氏哲學。我略舉大概，表示這些名言都是極可理解的，極可欣賞的。懷氏美之欣趣強，智之直覺解悟強。直覺的、美感的，都是直說而中。表之於言辭，是描述的。爲何、如何之邏輯技巧，嚴格思辨，則不甚顯。可以有描述的鋪排，有數學的呈列，而不見邏輯思辨之工巧。此工巧，來布尼茲能之，康德能之，羅素能之，而懷氏則不於此見精采。其唯一言之而辨者，即在

知覺兩式。而此亦靠其具體之直感而穿入，衝破傳統哲學之抽象的、形式的、非具體的（亦可說「非存的」）之積習，故能造道（宇宙論的）而入微。此其美之欣趣，智之直覺強也。我當時能讀他，亦是在這美之欣趣、智之直覺上與之相遇。我只是直感而解。亦不甚能知何以必如此。我在美感與直覺特顯之時，我之為何、如何之工巧思辨實不見長。我沒有「為何」之疑問，亦不會有「如何」之思辨。只是直覺如此即如此耳。常是單刀直入，一語或無語而入微。但我同時亦訓練一些傳統哲學為何、如何之疑問，我卻不能答。我亦不能自覺地認定在理上或究竟上必歸於懷氏之途徑。這裡不免有了惶惑。光靠直感是零碎的。我無懷氏之學力，故亦鋪排不開。因此，我於西方哲學所啟之問題不能有獨立運思之解答。我不能卓然站得住。我不知懷氏不足處在那裡，但我心中亦總不能安於懷氏之所說。這就是惶惑之所在。我還是在發展中，在追求中。這逼迫我要從美之欣趣、想像式的直覺解悟，再作進一步之凝斂。這使我要轉入為何、如何之工巧的思辨、邏輯的架構之思辨。

　　我為何要轉至這一步？這不完全是客觀問題的逼迫。生命的自然衝動亦有關係。我所著重的，就是要說這一點。這是一個主觀的氣質傾向。我雖在美感與直覺上相契懷氏之靈魂，但我之內在靈魂究竟與他有不同。他的美感是數學的，他的直覺是物理的。而我的美感與直覺則是生命的，是那原始生命所蘊蓄的強度直覺力，是那「企向混沌」、「落寞而不落寞」的超越滲透力。我也有欣賞「形式之美」的一面，也有美感與直覺之廣度的、外延的、形式的一面，但這一面究竟不甚凸出。我的生命不能全內在於這一面，而這一面亦不能佔有了或浸潤到了我的生命之全部。我常常要橫溢，冒

出了這一面之上或之外。我在前章曾說：「我之欣賞詩文之美是在一較廣泛的美感氣質之氣氛下欣賞的，不是內在於文學本身去欣賞的。能內在於文學本身去欣賞，便是生命內在於文學。生命內在於文學，文學亦內在於生命，那便是文學的靈魂了。但我不是這靈魂。」現在同樣我也不是這數學物理的靈魂。懷氏是數學物理的靈魂：他的美感與直覺幾全內在於這一面，幾全為這一面所佔有、所浸遍。所以他的美感與直覺既是內在的，又是外在的，而以「外在的」為主，其「內在的」，只是美感與直覺之浸入；既是內容的，又是外延的，而以「外延的」為主，其「內容的」，亦只是美感與直覺之浸入。所以他是泛客觀主義、泛宇宙論的鋪排。

　　「生命」一詞，在他的系統中，並不佔有地位。他並不能正視生命，就生命之如其為生命，生命歸其自己，恰當地就之以言道德與宗教。他把生命轉成一個外在的「自然之流轉」，轉成緣起事之過程。他雖亦講創造，亦講動力，亦講潛能，但都亦轉成外在的、物理的、泛宇宙論的，至多是屬於亞里士多德型的，而不是生命的，精神生活的。他雖極稱賞柏拉圖（他不甚稱賞亞里士多德，因為他不喜他的主謂邏輯），但靈魂、心靈主體，在柏氏思想中，佔極顯著的地位，亦極凸出，雖是認知的、重智的，卻極彰顯：超越而先驗的認知心靈是與其所同在之理型同樣提高的。但在懷氏，則極不喜這太有顏色的心靈，這凸出的認知主體，而極力想往下拖，以泛宇宙論的客觀名詞、無色的名詞，描述之。這就是外在化了。他把生命外在化，把認知主體外在化，至於道德宗教的心靈主體，則根本未接觸得上。因此他系統中的上帝，亦只是在數學與物理的美感與直覺下泛宇宙論系統中的上帝，不是生命中的上帝，道德宗

教中的上帝。所以他是個有福的人，因為他的生命能全內在於數學物理的美感與直覺中，而數學物理的呈列與平穩亦全浸遍了他的生命之全部。他的心靈能在數學物理的呈列與平穩中得到安息與清淨，單純而無人世的煩惱。也見他的富貴氣，也見他的福氣。他好像是很樂觀的。他對於這個時代好像沒有什麼感覺。他為十七、八、九世紀的學術成就，物理的、數學的、邏輯的，所吸住。他講學術只限於這一面，他的文化意識也只限於這一面。嚴格講，他的歷史文化意識根本是很淡薄的，因為他的道德宗教意識很淡薄。所以他是不能講文化問題的。因為他不能正視生命。就在這點上，我當時雖極稱賞他，我以後漸漸感覺他不足。我稱賞他，是因為我的生命所冒出的較廣泛的美感氣質與強度的直覺力和他照了面，但所由以冒出的根源卻與他不同，因此我和那分了家。我所由以冒出美感與直覺的根源是那原始混沌生命之強度，而所冒出的美感與直覺是以「企向混沌」，「落寞而不落寞」的超越滲透為主的。至於欣賞他那外延的形式的數學秩序、宇宙論的鋪排，我事後回想，那只是生命膨脹直接向外撲，在稍為凝聚下，所拖帶出來的。我根本沒他那福氣，亦根本沒他那富貴氣。這樣說，我的美感與直覺是生命的，因此也容易正視生命，迴向於生命，使生命一概念凸出。

　　我當時是極討厭「生命」一詞的。凡關於生命、價值、主體、道德宗教、歷史文化的，我都討厭。我也曾極度外在化，我也曾喜歡那泛客觀論、泛事實論、泛物理數學的外延論。但是在我，那只是生命膨脹直接向外撲，在稍為凝聚下的外在化。我用生命而不自覺生命，這是「百姓日用而不知」。用久了，總會觸動心靈而回頭正視他。由生命而發的企向混沌，落寞而不落寞的超越滲透，總會

重歸於生命之自己，總會再落腳於生命分上的「混沌」與「落寞而不落寞」，而正視之。這將使我由那外在化再提升起來而向內轉。

　　我須從美之欣趣、想像式的直覺解悟，轉入為何、如何之「架構的思辨」；我也要從外在化提升起來而向內轉以正視生命。從三十到四十這十年間，這兩方面是同時並進的。

第四章
架構的思辨

　　我之對邏輯發生興趣，是由於講唯物辯證法的人對於形式邏輯之攻擊。他們攻擊形式邏輯，實不懂邏輯之本性，而只集中在思想律之應用上來攻擊。他們並沒有進入形式邏輯之內部，從頭到尾透澈明白一個形式系統之形成。假如他們能這樣透澈了解一番，他們也許可以知道一個形式邏輯由一緊嚴的形式推演而形成，就好像一個數學，並沒有什麼可反對的必要與理由。他們不這樣作，也根本無心去這樣作，也根本無力去這樣作。他們只是淺薄地、浮躁地、政治作用地不分層次與領域，只抓住思想律從其應用上去攻擊。他們當然不了解思想律。我說，如果他們能進入形式邏輯之內部全部，也許對於邏輯之本性更清楚，更確定，因而反上來對於思想律也可更清楚，更確定。可是他們無心無力這樣作。現在退一步說，即使不進入形式邏輯之內部全部，如果能平心靜氣地、無作用地來直視正視思想律本身，則思想律也無可反對之必要與理由。能這樣去直視正視，則思想律似乎也很簡單，也很容易把握其層面，了解其意義。很可以獨立地這樣去了解，不必先通曉形式邏輯之全部系統，雖然如果通了，更容易了解與把握。

我當時也未進入形式邏輯之內部推演系統之全部。我只覺得他們所說的似乎也很有理，因為他們是就事物之變化與關聯而說話，而事物之變化與關聯是事實。（這是不是辯證法的，當然是另一問題。他們在這裡說唯物辯證法，當然「唯物辯證法」一詞能否成立，也是另一問題。）同時，我也覺得思想律本身也很有理，因為人的思想言論不能自相矛盾：事物儘管有變化與關聯，而人之思想言論總不可有矛盾。兩方面都有理。這是什麼意思呢？我當時很困惑。但這困惑很易解除，我不久便想通了。這是我獨立面對問題，會獨立用思的第一步。這裡是對問題用思，不是美之欣趣與想像式的直覺解悟。這用思來解答一個問題，是須要接觸「為何」與「如何」的。這裡開啟了工巧的思辨。而工巧的思辨也是無窮無盡，亦函著工巧思辨之解答無窮無盡。我須要接上這工巧思辨之訓練。

民十八、九、二十年左右，國民黨的統治正在蒸蒸日上。共產黨政治上失敗，但思想宣傳上卻取得了壓倒的優勢。知識分子一般意識上的傾向都是為共產黨的思想所吸引。坊間書肆，滿坑滿谷，都是他們的小冊子。他們從思想上宣傳，不得不牽涉到哲學。他們挑起思想問題，所以首先和他們頂上去的，便當是學哲學的。但是他們挑起思想問題，不是客觀地從哲學上或其他學問上入，乃是從特定的馬克思主義入，而且攜帶著政治鬥爭的意識。他們牽涉到哲學：從他們的唯物論，他們要攻擊哲學主流的理性主義、理想主義（他們概括名之曰：唯心論）；從他們的唯物辯證法，他們既要攻擊黑格爾的唯心辯證法，又要攻擊形式邏輯；從他們的唯物史觀，他們既要建立歷史之經濟決定論、經濟決定的階級鬥爭的歷史觀，又要攻擊精神表現、價值實現的歷史觀。（當時他們對於黑格爾的

歷史哲學並不常提到，他們也根本不能理解，而社會上一般人對於歷史文化的哲學也並無多大的知識與意識，所以這方面並無真正的建樹與自覺可以作中流之砥柱，因此他們的唯物史觀似乎成了積極的、純建設性的。講到歷史，幾乎都是他們的觀點，無論政治立場是如何。足徵一般人心之陋。沒有人能對於人類的歷史與文化有深遠正大的透徹了解，歸於中國自己言之，沒有人能從文化生命上了悟中華民族之演進，認識中國問題之所在，替自己民族找出生命之途徑。）他們要進而講社會主義的文學論、藝術論，他們便不得不反對於人生的價值上、美學的價值上，有獨立意義永恆意義的文學論、藝術論。他們復以其階級的劃分，認為科學（不但是科學家）也有資產階級的科學與無產階級的科學：相對論、量子論都是資產階級的、唯心論的，所以他們也攻擊其對於物質的解析。他們復以階級為標準，衝破國家的真實性與真理性，他們認國家是有階級對立後才出現的，而且是階級壓迫的工具：因此國家是歷史階段中的東西，不是永恆的東西，是罪惡，不是真理。最後，他們不承認有普遍的人性，只有階級的私利性。這是根本罪惡之所在。他們這一切思想，這一切學術上的牽連，都是言偽而辯的，我都不能承認。當時我對於這一切自不能全透，但只覺得他們所說總有點不對。綜起來，我已覺得像他們那樣說法，天地間就不能有客觀的真理、普遍的真理，都是隸屬於階級的立場與偏見，都是隨經濟結構、社會形態之變而變的。這一點刺激我很深，在一個純潔無私的青年心靈上是絕難接受的。我們不要有牽連、有夾雜，只須直接面對各門學術看真理之是非。刊落一切，直下以真理是非為標準。這裡一步不對，即一步通不過，我即一步不能贊成。首先進入我的意識中的，

便是他們對於思想律的攻擊。我很客觀，我也能贊成他們所說的那一面事實，但我總不能見出他們攻擊思想律有任何可以站得住的理由。思想言論要自身同一，不能有矛盾，這無論如何，是天經地義，無法反對。你就是主張唯物辯證法，也須自身同一地主張，不矛盾地主張。然則你攻擊思想律，有何意義？這一點，我當時很快地把握住，意識得非常清楚。我能即時跳起來反顯出邏輯之不可反駁性，不再陷於他們歧出的葛藤中每每糾纏不清。這一步通不過，就是通不過，其餘的也不必往下說了。要革命，便從政治上的實踐與制度之好不好說就行了，何必這樣到處歪曲。從這一點，我看出他們的心術根本不正。這根本處有問題，截然分開。從此以後，真理是非便容易朗現。我在這裡，就是這樣一步一步地站住自己，照出邪祟，而把它罩住的。它永遠沾不到我上來。

　　我首先劃開了思想律與他們所說的事物之關聯與變化這兩個領域之不同。我要進而看看思想律所代表的這個領域是什麼意義。這引發了我治邏輯的興趣。這是須要有抽象的思想的：由抽象的思想來把握一個懸掛的「存有領域」（realm of being）。這「存有」，首先我這樣說：是邏輯的、數學的，不必往體性學方面想，說它是體性學的。這一步抽象，這一步懸掛，是把握西方希臘學術傳統的一個重要關鍵。這一關鍵打不通，無法接上西方的學術，無法學會他們的思考方式。而我們之打通這一關，要學會這一套，是很難的。因為我們的文化傳統、學術傳統，是不具備這一套的。其所以不具備，也必是由於我們的文化生命之氣質不擅長這一套，不表現這一套，也可以說是不及這一套，或是超過了這一套。因此，要學這一套是很難的。即以我個人而論，我讀《易經》，讀懷悌海的哲

學，表現我的直覺解悟，是很容易的。然而我學邏輯，訓練工巧的思辨，雖然有興趣，卻總是很吃力的。所以這須要私下慢慢一步一步往前進。

　　這引我到邏輯系統之內部。我直從羅素與懷悌海合著的《數學原理》入手。這是一部三大冊的鉅著，須要長期去讀。我先讀第一冊的第一部，即數理邏輯一部，這是有名的「眞值函蘊系統」之所在，這是一個典型的正宗系統。它的前身是「邏輯代數」。我一個一個命題去抄寫、演算。每一個符號進入意識中都須要高度的自覺，而且也是很費力的。我一方抄寫演算，一方體會它的意義：純形式推演方面無問題的意義以及定義與基本假定方面有問題的意義。純形式推演方面無問題的意義，經過維特根什坦《名理論》中「眞理圖表」的表示法，大家皆知其爲「或非 p 或 p」（「或 p 函 p」）式的套套邏輯，我即很愼審地體會這套套邏輯的意義。這裡必須把那些推演式子反覆弄熟。縱的是形式推演，橫的是眞理圖表。眞理圖表的展示法，由維特根什坦開其端，而當時張申府先生則予以相當的展開，我則繼之再予以充分的展開。凡此俱見吾《邏輯典範》一書。（此後傅成綸君於此方面貢獻甚多，且糾正吾錯誤不少。）至於定義與基本假定方面有問題的意義，大家皆知，《數學原理》雖是一直線的形式推演在貫穿著，然同時也具有一串定義與若干基本假定在關鍵著。第一個成問題的定義，便是關於函蘊的定義。這個定義，若直接從字面上看，直不易解其意義。而當時復有路易士的「嚴格函蘊系統」之造成。路易士對於函蘊的了解有不同，對於羅素的「眞值函蘊」有所批評。他自己重新把函蘊規定爲「嚴格函蘊」。我當時不甚了解路易士的嚴格函蘊之意義，也沒有

把邏輯代數那套符制弄熟,所以在吾《邏輯典範》中,對於這個問題是沒有弄清楚的。後來我在邏輯方面雖沒有繼續進步,然溫故知新,弄熟了,我也漸漸弄明白了。了解關於眞值函蘊的定義,首先必須先弄熟眞理圖表,次則必須弄熟邏輯代數。因爲眞值函蘊系統是以邏輯代數爲其前身,乃一脈相承而轉化過來的。最後則必須了解嚴格函蘊系統。這方面徹底了解了,眞值函蘊也可以徹底了解。兩相對校,意義顯豁。凡此俱見吾近出之《理則學》中,而在當時則是沒有弄清楚的。因爲自《邏輯典範》出版後,十餘年來,我一直在教邏輯一課,雖然我的工作主要用心不在此,然溫故知新,把這問題弄清楚了,也算是一點進步。

數學原理,除這個成問題的定義外,還有些基本假定,大體是三個,那就是還原公理、相乘公理、以及無窮公理,羅素亦總名之曰「存在公理」(existence-theorems)。《數學原理》的思想系統是以這三個存在公理來貫徹的。函蘊定義是貫著命題演算,這是屬於純邏輯的。然羅素講這一套,是想講數學的,而羅素對於「數」的想法,其最原始的心態傾向以及其意識中最原始的觀念,乃是類與關係。這是最首出的起點。因此在進入講「數」的工作中,主要心力是用在對於類與關係的解析與構造,藉之以定數。存在公理就是在由這個路數以定「數」上被逼迫著要假定的。由這存在公理的假定,在作類與關係的解析與構造過程中,當然隨時須要有定義。這些定義都是跟著那假定而來的,它們本身當然有問題。問題都是在那假定上。

關於那三個公理,相乘公理與無窮公理是容易了解的。我先了解了那兩個公理,心中愉快之至。因爲由此,我了解了羅素的《邏

輯原子論》之確定意義，了解了他的「多元論的形上學」之確定意
義。這是由堅實的工作而透出的。從這裡來了解，當然能把握其眞
實的來歷。但是關於「還原公理」（亦叫做「類之公理」），我初
次接觸它，簡直不得其意義。我好久不能懂。　眞是困惑之至。抗
戰前一年，我在北平。有一次，在金岳霖先生家裡，開了一次邏輯
討論會，就是討論這個題目。主講人是清華畢業的張遂五先生。他
講來講去，鬧不明白。後來突然沈有鼎先生出來冒了一句，說這個
公理就等於「全稱命題等於無窮數的個體命題之絜和〔乘積〕」。
他也沒有詳細講。當然他這句話是有來歷的（見《數學原理》引論
某頁論及此事之底注）。但是大家都不懂。金岳霖先生當時也說：
「你這句話，開始我好像很明白，一會又不明白了。」他照例縐縐
眉，搖搖頭，表示在疑惑中。我當時也不懂。無結果而散。沈先生
那句話，雖然有來歷，但卻不是那個公理的直接中肯的意義，而是
引申的遠一層的意義。若不通透了解，光說那一句，是沒有用的。
若能通透了解，則說那句話是不中肯的。翌年七七事變，抗戰爆
發，我播遷廣西。在南寧中學任教。那時南寧中學由南寧遷居鄉
間，地名馬村。（據云馬援征交趾所遺後人居此，故名。）我課餘
之暇，天天爲此問題困惑。每傍晚散步於阡陌間，小橋邊，流水
旁，默默沈思，忽然得著了一隙之明。從此以後，我漸漸才明白
了。還原公理的目的，一在避免全稱命題中的循環，一在表示由全
稱所示的綜體所成之類皆是「存在類」，沒有綜體包含其自己爲一
分子這種循環所成的蹈空的虛幻類、似是而非的假類。全稱所示的
綜體無理由限於有窮。若只有窮，還原公理亦不必要。所以邏輯上
必通於無窮。通於無窮，始有「可還原」的假定，即，可還原於與

之相應的指謂的存在謂詞，皆必有指謂的存在謂詞爲其底子。這個
存在的謂詞拖住了全稱使用而不使之漫蕩：使全稱所涉及的分子皆
化歸於存在的層面上。那麼，這很顯然，存在方面亦須要有無窮個
個體。然則存在方面是否無窮？這亦不得而知。無窮公理即假定有
無窮個個體存在。羅素從數學上認爲有種種理由須要肯定無窮。旣
假定無窮矣，那麼於無窮個個體中是否有一種關係可以作標準，讓
我們從那些個體中作選取而成類？這也不得而知。但旣肯定無窮
矣，就必須肯定有一種關係存在，此即爲「相乘公理」。這三個公
理是一線相穿的，都是在存在方面有所假定。故一起可名曰「存在
公理」。此即爲羅素的「實在論的數學論」。一方透示了一個多元
的形上學、邏輯原子論的多元論，一方奠定數學的存在方面的基
礎，使數學歸於一個多元的形上學，建基於邏輯原子論上。這個意
思，我旣弄明白了，我即開始有了懷疑。由懷疑，有了轉向。我斷
定這是「實在論的數學論」（維特根什坦亦如此斷定），也是雙線
的數學論：一線是邏輯的，一線是存在的。講數學，爲什麼要雙線
進行呢？數學要靠三個假定，建基於一個由假定而成的形上學上，
然則數學本身的自足獨立的必然性在那裡呢？這兩個疑問使我必須
扭轉羅素的數學論。

　　扭轉的過程必須從純形式推演之爲套套邏輯這方面的意義之愼
審了解起。一個表達邏輯自己的純形式的推演系統，自始即不牽涉
對象，全系統一無所說，與外界根本無關。然則它表示什麼呢？這
須愼審體會。我步步審識的結果，逐斷定它只是「純理之自己展
現」，它不表示任何東西，它只表示「純理自己」。「純理自己」
一詞之提出，一方保住了邏輯之自足獨立性，不依靠於任何外在的

形上學，一方保住了邏輯的必然性與超越性。因此，我既不贊成形式主義與約定主義，我亦不贊成共相潛存說與邏輯原子論。前者惟是就形式系統之技術的形成說，後者則是想從外在的存在上給形式系統以形而上的意義。前者違反邏輯的必然性與超越性，後者違反邏輯的自足獨立性，且亦與「一無所說，根本與外界無關」的套套邏輯義相違反。我就套套邏輯之事實，不增不減，一貫地想下去，很自然地得到這種結論。我以為這是定然而不可移的。

這還是消極的批評與提練。至於積極方面，則我從邏輯中的命題架子（邏輯句法，非有內容之命題）之認識起，進而了解造成命題架子之基本概念或規律之有定性與先驗性，再進而重新確定思想律之意義，確定其先驗性、必然性，與超越性。我指出思想三律根本是「肯定否定之對偶性」一原則之直接展現：由對偶性原則直開排中律、同一律、矛盾律。我這樣一步一步予以釐定，則「純理自己」之展現說即極成。西方那些講邏輯的人，實皆未能與套套邏輯之事實如如相應，而一貫地想下去，以通透邏輯之本性。他們都是歧出而陷於疑惑不定中，或增益減損中。（如形式主義、約定主義，即是減損，共相潛存說與邏輯原子論即是歧出而增益。）講唯物辯證法的人攻擊思想律，固無是處，布魯維之取消排中律，以及羅素之以「邏輯的相應說」（與「認識論的相應說」分開）救住排中律，都是不中肯而歧出的。（吾曾有〈評述羅素《意義與真理》〉一長文，即評述其論排中律與邏輯之構造的。見《理想與文化》第3、4合期。）他們若真能對套套邏輯之事實如如相應而一貫地想下去，通透邏輯之本性，則很容易涇渭分明，照察問題之分際，而歧出之疑，支蔓糾纏之辭，亦可以不作。講唯物辯證法的

人，從事物之變動與關聯方面反對思想律，此為領域混擾，而那些邏輯專家們，則以形式主義與約定主義搖動邏輯之命根，而共相潛存說與邏輯原子論，則復歧出而使邏輯依託於一外在的形上學之假定上。此皆義理不透，未識大常，故群言淆亂，使定然者成為不定，必然者成為無必，此時代虛脫飄蕩之象也。邏輯為大常，為定然，此決不可移，而專家們必欲扯拆而動搖之，則亦何怪乎講唯物辯證法者之無理取鬧。

「純理自己」之展現既成，則復大常而識定然。此大常而定然者歸宿何處乎？此問一起，直敲「認識主體」之門，而見「超越的邏輯我」之建立。於是，康德哲學之全體規模朗然在目矣。

復大常而識定然，歸宿於「知性主體」而見「超越的邏輯我」，則對於羅素之「實在論的數學論」之扭轉，亦可得而言矣。數學與幾何俱由純理之「外在化」而得明，純基於純理，而不基於邏輯原子論，由純理展現之外在化之「步位相」（明數學）與「布置相」（明幾何）入，不由有存在意義的「類」與「關係」入。如是，「存在公理」可以不要，使雙線歸於一線，救住數學自身的自足獨立之必然性。此義，維特根什坦（羅素的高足）已見及之。但他對於邏輯的了解，未提練至透徹境地，故其數學論亦只停在技術處理的形式主義上，而未至通透之境。不由類與關係以明數，不涉存在公理，杜威復有其「運用論」，亦有所見。但其說統，亦非吾所欲取。吾曾有〈評述杜威論邏輯〉一長文以明之（見《學原》第1卷第4期）。至於非羅素的邏輯主義之數學論，如布魯維之直覺主義、希爾伯之形式主義，雖皆有所當，然非完整通透之論。只是一義耳。

　　以上的提練與扭轉都是屬於邏輯與數學的。此一線索，在吾《邏輯典範》中已大體具備。惟該書所陳義理只是一規模，一開端，尚未至透徹、成熟、確定之境。有許多義理，消極的與積極的，在該書中，都有不明白處。我個人暫認為比較確定透徹的陳述，乃在近出之《理則學》與《認識心之批判》中。

　　對於邏輯與數學之解析之扭轉，與夫歸於「知性主體」，敲開「認識主體」之門，「超越的邏輯我」之建立，這使我真正地進入哲學之域。我得到了在哲學上獨立說話的思辨入路，我已確然湧現了安排名數，說明知識，進窺形上學的全部哲學系統之架構。這就是我所謂「架構的思辨」。這是一步積極的、真正的哲學工作。在這部工作上，我接近了康德。我不但接近他，還要進而了解他，去好好學習他那套架構的思辨。

　　康德的哲學是偉大靈魂的表現，也是哲學的寶庫。一般說來，是極不容易了解的。因為一般人並沒有他那器識，也沒有他那學力。一個學哲學的，在初階段，是很難接得上的，這固是年齡的關係。可是縱使年齡夠了，學力不及，你不知道那些領域與領域中的問題；器識不及，你達不到那種義理的程度。器識與學力都夠了，還有他那架構思辨的工巧方式，即由「為何」而「如何」的方式，也是須要長期學習的。我不相信一個學哲學的青年階段，譬如大學畢業前的階段，能夠了解他。這不完全是直覺穎悟所能接上的。有些青年是很有直覺的穎悟與想像的玄想的，但並不因此即能接得上，因為這是器識的問題。穎悟不夠，根器塵下，終生接不上。一個人開頭總是先表現他的直覺穎悟的（如其有之），也總是先順經驗，攜其固有的智力，直接外用，外在以趨物的。故容易先欣趣浪

漫的理想主義，如生命哲學一類，亦容易先接受經驗主義、實在
論、唯物論、唯用論那類的思想。這些都是直接順之以趨，尚沒有
經過「出入雲水幾度身」。所以，嚴格講，這些都只是哲學的初
步，尚不能算是眞正進入哲學的堂奧。就是羅素那種邏輯分析，也
只是在「順趨」方向上表現其精明與技巧，故只是消極的釐清，而
於哲學則無積極的建樹。蓋總是順趨，則翻不上來，是即不能進入
哲學之堂奧。其《數學原理》，固可云有積極之建樹，但其由類與
關係入手的「實在論的數學論」，如前所述，也是在順趨的方向
上。此雖燦然明備，理具條貫，言有法度，亦只表現外在的順趨之
精明與技巧，而於數學之究竟了義畢竟一間未達，故其所言之數學
原理以及其所表現之精明與技巧，皆是落在第二義上，非第一義上
之器識也。要想進入哲學之堂奧，進入第一義之數學原理，皆必須
由順趨而進至「逆反」，此則不能停於邏輯的分析，而須進至「超
越的分解」。蓋順趨之邏輯分析只停在呈現出的東西之「是什麼」
上，這大體還是科學的態度與層面。（大家以此爲自得，殊不知既
有科學矣，則哲學復停滯於此態度與層面，便成重複之廢辭，錦上
添花，於義境無所開闢，此不是眞正哲學領域之所在。）只停在
「是什麼」上，便不能就其「是什麼」而由爲何、如何，探本溯
源，以見先驗的原理。以超越的分解視邏輯分析，直無關緊要之清
楚而已。超越分解之架構思辨，其系統是立體的，而邏輯分析所成
立之系統則是平面的。故進至康德的超越分解，始眞進入哲學之堂
奧，而其架構思辨的爲何、如何之技巧方式，亦胥由此超越分解而
規定。此即所謂「批判的」也。

　　吾初極不解康德，必待對於邏輯數學之解析之扭轉，步步逼入

認識主體之門，發見「超越的邏輯我」之時，才洞然相契，而歡喜無量。

　　《純理批判》這一本五、六百頁的大著，要掌握其中的內容，實非如讀普通書那樣，可以一氣讀完，可以一時掌握。全書無一句是閒話，全是為何、如何的概念思辨，句子既長，而又緊嚴。依其器識與義理法度，對於每一領域的問題都不是隨便聯想說說的。枝枝相對，葉葉相當，極盡架構思辨之能事。讀起來，既須心思凝聚，精神沉斂，而又不期然地引起內心的緊張。讀一兩頁後，便須鬆一口氣。精力不及的，便頭昏眼花了。我因對於邏輯數學之解析之步步扭轉，認識了純理自己之展現，所以我首先了解了他的〈超越辯證〉一部。這是他對於「超越形上學」的批判，由如何不可能透露出如何可能。其中兩個關鍵性的名詞就是「軌約原則」與「構成原則」。這兩個為何、如何的批判思辨上的名詞，在康氏《純理批判》中非常重要。他在〈超越的分解〉一部中，言及程態範疇與其他三類範疇作用不同時，也使用到。這於了解他的思想有關鍵性的重要。在〈超越辯證〉中，他明純粹理性順經驗依據範疇向後追溯，以期超出經驗，提供超越理念，這種追溯與由提供而置定的超越理念，只是「軌約的」，而不能認為是「構成的」。依範疇以追溯，在提供超越理念上，只是軌約原則，而不是構成原則。以軌約為構成，這便形成超越辯證所示的虛幻性。這表示在純粹理性依據範疇以追溯上，並不能明超越理念之真實可能性，並不能獲得其真實的客觀妥實性。這裡即表現了純粹理性有效使用的範圍。劃開了「知識域」與「超越域」。在「超越域」上，即算開闢了價值域，此則必須另有根源以契之與實之。此另一根源即是「認識主

體」外之「道德主體」。此則必須正式正視各種「主體之能」。這引我重新回來再正式了解〈超越的感性〉部與〈超越的分解〉部。

超越的感性是講時空與數學的，超越的分解是講範疇與自然知識的。把時空從認知主體上講，雖自來布尼茲已開其端，然顯著鮮明的表示則始自康德。來氏所首先自覺到的是把時空看成是關係，是程態，不是外在的實體性的存有。這是來氏由對於時空本性的相應如如的邏輯解析而至的。這就開啓了「繫屬於心」的主張。但這主張在來氏是不顯豁的。但是就原子論者所預設的空間，從背後翻上來，從視之為實體性的存有，轉而為視之為關係，為程態，則是十分顯豁的。這一步認識與翻轉是非常重要的。邏輯一貫地說下來，進一步必是康德的主張。人類的思想發展，雖是在歷史因緣的啓發中，亦常有其自覺或不自覺的步步相逼引的邏輯理路。即如來氏的時空說，康德雖未了解，亦並不甚清楚，然問題發展到這個時代，適有如許精察照了的思想家出現，似乎已到了扭轉的地步。故來氏主張其是關係，是程態，而康氏則顯豁地主張其「屬心」，即視之為直覺之形式。（這是吾人看出的客觀的義理發展，康德並不是自覺地從來氏來。）來氏的精察照了是邏輯的，單知其本性是如此。而康德的精察照了，則是批判的，從認知主體方面而見其本性與作用，由「批判的」規定其本性。繫屬於心，則不是外在的存有（視時空為外在的存有，是很原始的素樸見地）；視為直覺之形式，則見其「超越的作用」，而且即於此處建立其落實性。此似乎是不可移的究竟了義。我了解這種時空主觀說，其因緣是在佛家的不相應行法，以及分位假法。原初是極不了解的，忽而看到佛家的不相應行法、分位假法，乃恍然大悟。這是很輕鬆的豁然貫通。若

沒有這一機緣，若只內在於康德的緊密辨解中，那是很難通透的。因爲他的緊密思辨，常會把人的心思塞滿而不活轉，又不能妥貼地見其所說何以必如此，實如此。只見其工巧的思辨甚嚴整，然而卻總有點隔。此亦有類於「服人之口，不足以服人之心」。佛家對於這些概念的如理的照察，輕鬆的指點，雖思辨嚴整不足，卻眞能使人心思落實，而契悟實際理地。我既親切契悟了時空之主觀說、時空爲直覺之形式說，則對於康德所說之時空之「超越的觀念性」與「經驗的實在性」，亦豁然明白而無疑。這些基本義理脈絡明白了，則對於認識心的本性與作用，亦可進而有更清楚的確定的了解，如此乃漸接上東方儒、釋、道三教對於心所說之一切。由此進入，可開闢出無窮之理境，此爲東方智慧之寶藏，爲西人所不能及者。然由他們對於認識心之批判之重視與解剖，亦可以補上中土學問所缺之一環，而充實之。吾《認識心之批判》，由西方哲學之路數與問題入手，而遙契中土心性之學，這些線索之引發是重要關鍵。

　　對於康德之時空說，雖無疑，然對其「時空與數學之關係」的主張，則不能無修改。此由於吾上文所述對於邏輯數學之解析之扭轉所必然察照出來的。吾由邏輯而認識純理自己，而印證「超越的邏輯我」，因而吾認數學與幾何俱是純理自己之外在化。此爲數學與幾何之第一義。再經過「時空之超越決定」，而言數學與幾何之第二義。吾不自「超越感性」上論數學，打斷了時空與「數學之第一義」上的關聯，衝破了康德對於時空所作的「超越解析」。一方扭轉了羅素的「實在論」，一方復活而修改了康德的「批判哲學」。這是吾《認識心之批判》中所最具匠心的一部分，是系統展

開的本質的關鍵。

　　〈超越的分解〉部講範疇與自然知識。一爲「概念底分析」，講範疇；二爲「原則底分析」，講範疇之應用。講範疇，復分兩部工作：一爲範疇之「形上的推述」（此類比於時空之形上的解析），一爲範疇之「超越的推述」（此類比於時空之超越的解析）。由此超越的推述，進而講原則底分析，以明範疇之應用；此亦分兩部：一爲規模論，一爲綜和原則之系統的表象。這一整套而繁富的工作，除開頭「形上的推述」外，其餘大都無問題。此即明，如其有問題，其問題皆在「形上的推述」中，而此步工作確實有問題。其問題即在康德由傳統邏輯中之十二判斷以爲發見範疇之線索。這裡表示出康德對於邏輯概念與體性學的概念，並未嚴加分別。由十二判斷底形式可以引出一些純粹先驗的邏輯概念，如全、偏、肯定、否定、如果—則、析取，等，但並不能引出一些體性學概念，如一、多、綜、實有、虛無、本體屬性、因果、交互，等。這裡康德並無愼審照察。此亦由於邏輯的發展與對於邏輯的認識，在康德時代中，尚未達到今日的程度。因此，十二判斷的完整性與先驗性，康德並未予以極成，對於「判斷底形式」之形成所依據的基本概念（即：邏輯句法所由以成之基本概念），康德並未能明其完整性與先驗性，他亦未正視這些基本的邏輯概念，他卻只正視了那不能由判斷而引出而卻引出了的範疇，即體性學的概念。因此，這是康德哲學中最不健全的一部。我在這裡，徹底予以改變。我嚴分了邏輯概念與體性學的概念之不同。由判斷底形式只能引出邏輯概念，不能引出體性學的概念。而講知識底形式條件，爲知性所自具者，只此邏輯概念即足夠，而且由考察知性本身，亦只能見出這

些邏輯概念，並不能見出有存在意義的體性學的概念。如是，我進而講那些形成「判斷形式」（邏輯句法）的基本邏輯概念之完整性與先驗性：一方表明了邏輯句法與邏輯系統之形成以及其先驗性、定然性，一方即於此發見了知性所自具的形式條件。這些形式條件，我不名曰範疇，而名曰：「格度」。格度有四：一為時空，由超越的想像所建立，而用之於直覺；二為因故格度，三為曲全格度，四為二用格度；此後三者俱為知性本身所自具，復由因故格度處建立當機詮表之範疇。此範疇取古典義，非康氏義。其數亦無定，然卻都是邏輯地先在的，在知性（認識心）依據格度以作「超越的運用」時所自動地當機設立的。格度之為先驗是現成的、本有的，數目有定，而範疇之為邏輯地先在，則不是現成的、本有的，乃是順因故格度詮表事象時所當機設立的。我於知性三格度處說「超越的運用」，於時空格度處說「超越的決定」。前者是軌約的，後者是構成的。康德無此分，俱說為「超越的決定」。因此遂有「經驗可能底條件即經驗對象可能底條件」一最高綜和原則之置定。我這樣分說，減輕了認識心的擔負；吸納了柏拉圖、亞里士多德之傳統的精神，透露了超越形上學之真實可能；由認識心所不能擔負者，歸之於形上的天心；解消了康德哲學中的生硬、不自然性。

　　綱領既開，規模既具，我即進而作四格度之推述，以明其所函攝。時空格度之推述（超越的決定），明數學與幾何之應用，即明其第二義。因故格度之推述（超越的運用），明一經驗知識完成之全幅歷程，說明了範疇之種種特性，並予柏拉圖之理型以「認識論之推述」。曲全格度之推述，則明滿類之滿證，透出超知性之「智

的直覺」，說明了「無窮」底種種意義，並對於羅素的「實在論的數學論」之爲第二義的，爲雙線並行的，有進一步的說明。二用格度之推述，則明「辯證」底各種意義，予認識心（知性的與超知性的）以充分的展現，看其有何成就，至於何極。此四步推述既經作訖，則認識心的全部相貌、本性及限度，俱昭顯而無遺。認識心既有其限度，它必順其理性的要求以超過其限度，滿足其缺陷。此即爲認識心向超越方面的邏輯構造：一爲本體論的構造，一爲宇宙論的構造。但亦只是邏輯的構造而已。認識心並不能眞實實現之。如知其只是邏輯的構造，則亦無所謂「超越的辯證」。如以虛爲實，則背反起焉。此爲認識心之「虛幻性」。若知其只是邏輯的構造，則即名曰認識心在超越方面之邏輯性，而不曰辯證的虛幻性。此則將康德〈超越辯證〉那一大部簡單化，而不必再有多說矣。然而康德之功不可泯也。

　　以上是我「架構思辨」的過程之叙述，其結果是《認識心之批判》之寫成。此書一成，中土心性之學朗然在目矣。此書於三十八年來台時，大體寫成，近由友聯出版社刊行。我很感謝友聯諸君子，在這亂離之時，沒有書局願印此書，而友聯卻願耗資來擔負這個責任，這也是斯世茫茫中表現一個凸出的心靈。我常私自慶幸，我能出入康德的《純理批判》以及羅素與懷悌海合著的《數學原理》。這是西方近世學問中的兩大骨幹。我經過了它們，得以認識人類智力之最高成就，得以窺見他們的廟堂之富。這是順希臘傳統下來的成就，我們的文化生命中沒有這個根。我在本章開頭就說，我們訓練這一套是很費力的，這要動心忍性，困勉以赴。我在蒼茫中，常額手稱慶，上天使我出入其中，得有所窺。藉他們的莊嚴成

就與廟堂之富來支持了我這書的分量，烘托了我這書的價值與地位。我之出入其中而抉要鉤玄，當然是哲學的。就《數學原理》說，其內在的結構與技巧，因為我們的學術傳統沒有這一套，所以一時尚產生不出這樣的偉構來。而我個人亦無此才與此學，所以常嘆自愧弗如。然而哲學器識，則無多讓。故吾能出入其中而抉要鉤玄。我扭轉其歧出，以究竟了義為歸，然並不輕忽其價值與分量。就《純理批判》說，這是由西方純哲學的傳統而來的成就。其工巧的架構思辨，雖極難能可貴，然就吾個人言，則私心亦覺無甚遺憾。吾常在蒼茫中含淚自慶，然亦決不敢驕矜自滿。「文章千古事，得失寸心知。」此固無須妄自菲薄，亦不可不識高低。我常想，康德的三大批判，羅素懷悌海的《數學原理》，聖多馬的《神學總論》，佛教的《成唯識論》，宋明儒者的「心性之學」，這些偉大的靈魂（從「學」方面說，不從「人格」方面說）實代表了人類學問的骨幹。人類原始的創造的靈魂，是靠著幾個大聖人：孔子、耶穌、釋迦。這些從人格方面說的偉大靈魂都是直接的、靈感的、神秘的，簡易明白，精誠肯斷，而又直下是生命，是道路，是光，又直下是通著天德的。他們都是在蒼茫中有「實感」的。他們沒有理論，沒有系統，沒有工巧的思辨。他們所有的只是一個實感，只是從生命深處發出的一個熱愛，一個悲憫：所以孔子講仁，耶穌講愛，釋迦講悲。這些字眼都不是問題中的名詞，亦不是理論思辨中的概念。它們是天地玄黃，首闢洪濛中的靈光、智慧。這靈光一出就永出了，一現就永現了。它永遠照耀著人間，溫暖著人間。這靈光是純一的，是直接呈現的，沒有問題可言，亦不容置疑置辯。它開出了學問，它本身不是學問，它開出了思辨，它本身不

是思辨。它是創造的根源，文化的動力。一切學問思辨都是第二義的。但是自從首闢洪濛，靈光爆破以後，第二義的學問磨練是必要的。而世愈降，去蒼茫愈遠，蒼茫中創造的靈魂不世出，亦只有通過學問的骨幹振拔自己了。大聖的風姿是無典要的，但學問的骨幹有典要，典要的豐富是可窺見的，骨幹的莊嚴是可企及的，但創造的靈感，大聖的風姿，其豐富是不可窺測的，其莊嚴是不可企及的。只有靠著「實感」來遙契。

　　我在訓練架構思辨的過程中，雖只是純理智的，與現實毫無關係，然而遭逢大難，家國多故，吾亦不能無動於衷。一方在純理智的思辨中，一方亦一直在家國天下歷史文化的感受中。一方訓練了邏輯的架構思辨，一方也磨練出了客觀的悲憫之情。

第五章
客觀的悲情

　　我從美的欣趣、想像式的直覺解悟，轉入「爲何」、「如何」的架構思辨。這架構的思辨是抽象的，是純理智的，是與現實無關的。這用存在主義的詞語說，是「非存在的」。這樣才能接上希臘傳統的「學」。但我在「非存在的」領域中，同時也常被打落在「存在的」領域中，正視著「存在的」現實。在時代的不斷的刺激中，我不斷的感受，不斷的默識。在不斷的默識中，我漸漸體會到時代的風氣、學術的風氣、知識分子的劣性、家國天下的多難、歷史文化的絕續。這一切引發了我的「客觀的悲情」。由這客觀的悲情引我進入「架構的思辨」以外的義理。由於對這義理的滲透，我始能明白這一切之所以如此與所以不如此之「精神上的根據」。

　　我之接觸到這一線，其最初的機緣是在遇見熊先生。我之得遇熊先生，是我生命中一件大事。所以我這一章必須從這裡說起。

　　在大學三年級的時候（民國廿一年，那時我廿四歲），有一多天晚上，我到鄧高鏡先生家裡去，他說我給你一部書看。拿出來，乃是《新唯識論》。署款爲「黃崗熊十力造」。這署款，在一般說來，是很奇特的，因爲普通沒有這樣。我當時就很震動。拿回宿

舍，我一晚上把它看完了。開頭幾章，語句是佛經體，又是接觸的佛學問題，我不懂。後面漸漸成為魏晉諸子的文章，看起來比較順適了。我感覺到一股清新俊逸之氣，文章義理俱美極了。當然這只是我匆匆讀過後的一霎之感，其內容的原委，非我當時所能知。第二天晚上，我即把這書送還，並問這人是誰。他說我們明天下午即約他在中央公園吃茶，你也可以去，我給你介紹。第二天下午，我準時而到。林宰平先生、湯用彤先生、李證剛先生俱在座。不一會看見一位鬍鬚飄飄，面帶病容，頭戴瓜皮帽，好像一位走方郎中，在寒氣瑟縮中，剛解完小手走進來，那便是熊先生。他那時身體不好，常有病。他們在那裡閒談，我在旁邊吃瓜子，也不甚注意他們談些什麼。忽然聽見他老先生把桌子一拍，很嚴肅地叫了起來：「當今之世，講晚周諸子，只有我熊某能講，其餘都是混扯。」在座諸位先生喝喝一笑，我當時耳目一振，心中想到，這先生的是不凡，直恁地不客氣，兇猛得很。我便注意起來，見他眼睛也瞪起來了，目光清而且銳，前額飽滿，口方大，顴骨端正，笑聲震屋宇，直從丹田發。清氣、奇氣、秀氣、逸氣：爽朗坦白。不無聊，能挑破沉悶。直對著那紛紛攘攘，卑陋塵凡，作獅子吼。我們在學校中，個個自命不凡，實則憧憧往來，昏沈無覺，實無所知。一般名流教授隨風氣，趨時式，恭維青年，笑面相迎。以為學人標格直如此耳。今見熊先生，正不復爾，顯然凸現出一鮮明之顏色，反照出那些名流教授皆是卑陋庸俗，始知人間尚有更高者、更大者。我在這裡始見了一個真人，始嗅到了學問與生命的意味。反觀平日心思所存只是些浮薄雜亂矜誇邀譽之知解，全說不上是學問。真性情、真生命，都還沒有透出來，只是在昏沉的習氣中滾。我當時好像直

從熊先生的獅子吼裡得到了一個當頭棒喝，使我的眼睛心思在浮泛的向外追逐中回光返照，照到了自己的「現實」之何所是，停滯在何層面。這是打落到「存在的」領域中之開始機緣。此後我常往晤熊先生。他有一次說道，你不要以為自己懂得了，實則差得遠。說到懂，談何容易。這話也對我是一棒喝。因為在北大的氣氛中，學生方面從來沒有能聽到這種教訓的，教授方面也從沒有肯說這種話的，也不能說，也不敢說。這也是一個很顯明的對照。我由此得知學問是有其深度的發展的，我有了一個未企及或不能企及須待努力向上企及的前途。我以前沒有這感覺，以為都可在我的意識涵蓋中，我只是未接觸而已，一接觸未有不可企及者，我只是在平面的廣度的涉獵追逐中。我現在有了一個超越而永待向上企及的前途。這是個深度發展的問題，時時有個超越前景在那裡，時時也使我返照到自己的生命現實之限度與層面。故我雖不輕易許可人，然亦知艱難與甘苦。我不許可人，因為我知道一般人的心思停在何層面上。這是一下子可以對照出來的。一般人只是停在平面的廣度的涉獵追逐的層面上。他們也知道學問無限，也知道自己有所不能，有所不知，但他們的這個知道只是屬於故實的、材料的、經驗的、知識的。這種知道實在不能說「前途」的，所以他們都是無所謂的，他們的有所謂只是炫博鬥富。他們不承認有德性義理的學問，他們也不知道人格價值是有層級的。他們也知道，但他們所知的，只是某人有多少考據知識，學問有多博，這和某人有錢，某人有權有位，是一樣，都是外在的、量的、平面的。所以他們可以看不起聖人，可以訛詆程朱陸王。這種卑陋無知，庸俗浮薄，實在是一種墮落。這癥結，我知道得很清楚。因為他們始終未感覺到有深度發展

的問題，他們只是廣度的增加或減少。只有德性義理的學問才有深度的發展。他們不承認這種學問，所以他們沒有深度發展的感覺。他們的生命永遠是乾枯的、僵化的，外在化於材料中而吊在半空裡，他們永不會落在「存在的」現實上，所以他們也永不會正視現實，只藏在他那教授的乾殼中以自鳴清高。實則是全無器識，全不知學問為何物。

有一次，馮友蘭往訪熊先生於二道橋。那時馮氏《中國哲學史》已出版。熊先生和他談這談那，並隨時指點說：「這當然是你所不贊同的。」最後又提到「你說良知是個假定。這怎麼可以說是假定。良知是真真實實的，而且是個呈現，這須要直下自覺，直下肯定。」馮氏木然，不置可否。這表示：你只講你的，我還是自有一套。良知是真實，是呈現，這在當時，是從所未聞的。這霹靂一聲，直是振聾發瞶，把人的覺悟提升到宋明儒者的層次。然而馮氏依舊聾依舊瞶。這表示那些僵化了的教授的心思只停在經驗層上、知識層上，只認經驗的為真實，只認理智所能推比的為真實。這一層真實形成一個界線，過此以往，便都是假定，便都是虛幻。人們只是在昏沉的習氣中滾，是無法契悟良知的。心思在昏沉的習氣中，以感覺經驗來膠著他的昏沉，以理智推比來固定他的習氣。自胡適以來，一般名流學者，只停在這層次上。大家亦只處在這層次上，來衡量學問之高低。實則無所謂高低，只有多少。實則亦不只自胡氏以來，自明亡後，滿清三百年以來，皆然。滔滔者天下皆是，人們的心思不復知有「向上一機」。由熊先生的霹靂一聲，直復活了中國的學脈。由「良知之為假定」，即可知馮氏的哲學史（其他不必說）全部不相應。他後來堅持他那「不相應」，造撰而

爲《新理學》，以及又後來之投共而無恥。良知由假定轉而爲泯滅，於以見他那一切知識學問全成爲黏牙嚼舌之工具，毫無靈魂可言。

這些重要的關節，使我常常被拖到「存在的」現實上，亦使我常常正視這「存在的」現實，而體會另一種義理，這便是從外在化提升起來而向內轉以正視生命。這另一種義理就是關於生命的學問。不打落到「存在的」領域上，是不能接觸這種學問的。存在的領域，一是個人的，一是民族的。這都是生命的事。西方的學問以「自然」爲首出。以「理智」把握自然；中國的學問以「生命」爲首出，以「德性」潤澤生命。從自然到生命，既須內轉，又須向上。因爲這樣才能由「存在的」現實而契悟關於生命的學問。我之正視生命不是文學家或生命哲學的謳歌讚嘆。因爲這樣只是生命之如其爲生命而平置之，這還是「自然的」。其所謳歌讚嘆的仍只是自然生命之自己。自然生命之衝動是無可讚嘆的。這生命當然有它一套的東西，須要正視，但不能就這樣「如其所如」而積極地肯定之。我之正視生命是由一種「悲情」而引起。國家何以如此？時代精神，學術風氣，何以如此？難道說這不是生命的表現？但何以表現成這個樣子？於以見生命本身是極沒把柄的，無保障，亦無定準。但它可以作孽，它自作孽，它自受苦，明知受苦而想轉，但又轉不過來。於以見生命本身有其自身的一套，好像一套機器，不由自主地要滾到底。它有它的限度，也有它的無可奈何處，這是可悲的。民族生命如此，個人生命亦如此。人類的生命史是可悲的，亦是可喜的。何以會如此？這不能只看生命本身，這須透到那潤澤生命的德性，那表現德性或不表現德性的心靈，這裡便有學問可講。

這裡是一切道德宗教的根源。我由世俗的外在涉獵追逐而得解放，是由於熊先生的教訓。這裡開啓了一種慧命。這慧命就是耶穌所說的「我就是生命」之生命，「我就是道路」之道路。而中土聖哲，則願叫做「慧命」。

抗戰軍興，這當該是個莊嚴的神聖戰爭。就連日本人也認爲民國以來無義戰，只有這次是「大義所在」，所以中國人都聯合起來了。義之所在，無論敵我，都要承認的，只是「各盡其義」而已。可是，如果我們的抗戰眞是大義所在，生死鬥爭，則他們的侵略便是不義的了。他們是以利爲義，這在開始就輸了一籌。我們眞是義之所在。可是黃帝的子孫，中國人哪！究竟對於這「義」，這神聖的戰爭，有多少覺悟呢？何以是義？義的根源在那裡呢？何以是神聖？神聖的根源又在那裡呢？朝野上下並沒有多大的了解，並沒有足夠的深度的覺悟。政府在此並沒有正視建國的意義，社會上一般人對於建國亦並無清楚的意識。大家對於抗戰有清楚的觀念，因爲是打日本。就是這點，還有共黨是例外，因爲他們的眞理標準別有所在，並不認爲這是不可搖動的大義所在。對於抗戰有清楚的觀念，而對於建國卻並沒有清楚的意識。建國是嚴肅而神聖的工作，是民族「盡其性」的工作。一個民族不能作到政體建國，便是未能盡其民族之性。亦如一個人之未能盡其性，便不可說是一個人格的存在。對於建國無清楚的意識，這表示黃帝的子孫在本源處已經提不住了，全落在物化的機械中了。大家都不痛切覺悟到何以是義，義的根源在那裡，何以是神聖，神聖的根源在那裡。所以政府一味泄沓，只是私利的佔有。知識分子認爲義、神聖，都是虛妄的名詞，因爲在他們的知識學問中，在他們的考據中，在他們的科學方

法中，都不見有義的地位，有神聖的地位。抗戰只是民族情感而已。他們跟著政府走，只是順俗，不好意思不走而已。若按照他們的理智推比，這根本沒有什麼道理的。這好像希臘的懷疑論者，當他的老師陷在泥坑裡，他卻在旁邊懷疑著，我究竟救他不救他呢？救他比不救他有多少好處呢？有甚麼堅強理由使我非救他不可呢？一疑兩疑，其老師死矣。中國的知識分子亦如此，他們的學問中沒有義，沒有神聖。因為他們都是理智主義者、科學一層論者。生命、情感、抗戰，在他們看來，都是漆黑一團的，沒有什麼道理的。如是只是順俗逃出來，讓它去，我還是我的那套意識觀念。有義而不能知其為義，有神聖而不能知其為神聖。不知，所以不能肯定，義與神聖都成了空名詞。共黨提出了唯物論，根本否定了義與神聖。他們是以階級為標準，他們只是想奪取政權。他們嚷抗戰，不是以其為義之所在，他們是想利用這機會，混水摸魚。所以毛澤東說：「抗戰十年，我們的力量就可以與國民黨等。」這是大家在不能正視義與神聖中，在不能正視建國中，一起物化，所必有的結論。毛澤東真有此聰明，他看清了這必有的結論。政府只在私利中防堵，是防不住的。如是，中國死矣。我為此而悲。黃帝子孫何以墮落到這種地步！

　　抗戰初期，生活艱困。我在廣西教中學一年。應友人張遵騮之邀，至昆明。無職業。租一小屋居住，生活費全由遵騮擔負。遵騮，張文襄公（之洞）之曾孫，廣交遊，美風儀，慷慨好義，彬彬有禮。家國天下之意識特強。好善惟恐不及，惡惡則疾首痛心。民廿六年春，吾在北平主編《再生》雜誌，彼藉買雜誌之名，親到社中相訪。相見之下，推誠相與，遂有往還。未幾，七七事變，北平

淪陷，彼走天津，吾亦旋到。彼言其父已去長沙，彼即將前往。留
一地址，囑有緩急，可相告。吾旋去南京，不半月，京滬撤退，吾
至長沙。常與其父忠蓀先生叙談。彼時北大、清華已遷衡山。遵騮
隨校從讀，來函相邀遊南嶽。當時局勢危殆，有瓦解之勢。學校朝
不保夕，政府無暇顧及。人情洶洶，學生多有走陝北從共黨者。敎
授亦多縱容之，無有爲立精神之主宰者。惟錢穆先生，因富歷史傳
統意識，慷慨陳辭，多有講述。吾至南嶽，因遵騮之介，多與諸生
相晤談。吾以「向上一機」向有志氣有血性之青年言。而敎授們則
阻撓之，以爲吾是爲某黨作活動。馮友蘭則大忌之，彼放出空氣，
嗾使在校學生不得與某言。賀麟、沈有鼎輩則譏笑之。吾見此種
種，大爲失望，於以知知識分子之自私，與無能爲。吾人微言輕，
徒有熱誠，而莫可如何。生活且不得飽，遂由長沙走桂林。遵騮資
助其路費。在廣西一年復去昆明。

　時昆明在大後方，人情恬嬉如故，無復有迫切之感。既無理
想，亦無憤發。民族之生死鬥爭，儼若與己無干焉。讓它去，拖著
混。事後，人或以爲此是中華民族之幽默，無論如何緊張，如何嚴
重，而總有輕鬆之閒情。此雖可如此妙說，而究非自立之道。

　吾在昆明，日處斗室之中，草寫《邏輯典範》。暇則散步於翠
湖公園。一日，遇一面熟之人，忘其姓名。彼迎面而謂曰：汝無職
業，狀頗自得，君其有辦法乎？吾曰然。其實吾毫無辦法，惟賴遵
騮資助耳。遵騮亦不充裕，寄居其姑丈家。吾內心甚急，遵騮亦
急。彼託人謀之於雲大，欲得一講席，終不成。蓋雲大本有此缺，
某系系主任某已推薦朱寶昌，寶昌燕大畢業，亦學哲學者，與熊先
生亦有關係。吾聞之，頗坦然。蓋既同道，又同是天涯淪落人，彼

得之，彼可稍安。吾不得，吾暫不得安，無關也。時熊先生在重慶，函湯錫予先生謂：「宗三出自北大，北大自有哲系以來，唯此一人爲可造，汝何得無一言，不留之於母校，而讓其飄流失所乎？」湯先生答以胡先生（案：即胡適之先生也）通不過。時胡氏在美，早離北大，猶遙控校事，而校中人亦懾服於其陰威下，而仰其鼻息。吾從不作回北大想，因吾根本厭惡其學風與士習。吾在流離之中，默察彼中人營營苟苟，妾婦之相，甚厭之，又深憐之。吾固爲學風士氣哀。胡氏只能阻吾於校門外，不使吾發北大之潛德幽光。除此以外，彼又有何能爲？此固不足縈吾懷。求仁而得仁，又何怨哉？惟吾所耿耿不能自已者，學風士習爲其所斲喪耳。北大以新文化運動聞名海內外，新文化運動，其目的當然是在復興或改革中國之文化生命，以建設近代化之新中國。這當然是中國自己的事。中國知識分子關心自己的文化與國家，無論其思想內容爲如何，這超越的形式的函義總是好的。這是北大唯一可取處。人於模糊中總認爲北大是中國的，而又有文化意識與學術意識的學府，不是殖民地的敎會學校，亦不是無顏色靈魂的技術敎育。一般人之所以有這樣認定，實在是不自覺地就那超越的形式的函義而如此認定。但此超越的形式的函義實在只是五四時新文化運動之原初動機之求中國好所膨脹成的一種氣氛。原初動機之求中國好，這只是一動機，太空洞無內容了。故這原初動機所膨脹成的那超越的形式的函義並不能爲人們所正視，相應如如而實現之，因此那超越的形式的函義只是留在腦後，飄蕩在半空裡。只能爲有感覺的人所感到所嗅到，而一般人則爲其思想內容所吸住，紛馳散亂，膠著於特殊之現實（內容）而滾下去。新文化運動之內容是消極的、負面的、破

壞的、不正常之反動的、怨天尤人的，因而與那原初動機適成背道
而馳，與那超越的形式的函義相違反。這裡並沒有積極的健康的思
想與義理，並沒有暢通自己的文化生命，本著自己的文化生命以新
生與建國。那對原初動機無成果，對那超越的形式的函義無成果的
一陣風過去了（因為其思想內容與這相違反，自然無成果），人們
也不講運動了，也不講文化了（亦根本無文化意識），而只隨那紛
馳散亂的特殊內容而膠著了，而僵化乾枯了，而轉為淺薄的乾枯的
理智主義，餖飣瑣碎的考據，轉而為反思想反義理。因為五四時的
新文化運動，本無在生命中生根的積極的思想與義理，只是一種情
感的氣機之鼓蕩。它只要求這，要求那，而並無實現「這」或
「那」的真實生命，與夫本真實生命而來的真實思想與義理。情感
的氣機鼓蕩不會久，自然是一陣風。而且無思想義理作支持的鼓蕩
亦必久而生厭，因為其中本無物事故。此所以新文化運動後一跤跌
入零碎的考據中，以為唯此考據方是真實而踏實之學問，以前之擾
攘只是造空氣之虛蕩，今空氣已成，自不需再有那種思想上的鼓
蕩了。他們認為思想義理只是空而無實之大話，只是造空氣之虛
蕩。他們說了大話，造了空氣，自收其墮落之果，所以再不准講思
想與義理了。他們對於思想與義理來一個反噬，對於「文化」與
「運動」來一個反噬。此即為學風士習之斲喪，吾所悲者即此耳。
北大之潛德幽光豈不應再有發皇乎？就那原初動機，就那超越的形
式的函義，相應如如，而以真實生命與夫本真實生命而來的真實思
想與真實義理以實現之，此是北大之真德與真光。這實現只有兩
義：一、在客觀實踐中復活創造的文化生命，二、本自本自根的創
造的文化生命以建設近代化的新中國。復活自本自根的創造的文化

生命，便不能不有暢通自己的文化生命之積極的真實思想與真實義理。如是，五四時的新文化運動之負面的破壞的思想內容便不能不再來一個否定而歸於撥亂反正之正面的與健康的思想內容。此則必需扭轉那淺薄的乾枯的理智主義。至於考據，則其餘事。考據本身，並無不是。單看其套於何種學風，是否能有考據以上的識度與雅量耳。如此而恢弘北大之真德與真光，方是承載中國文化生命之北大，方是有文化意識與學術意識之北大。彼等墮落而歪曲了北大，乃是北大之罪人，篡竊了北大。吾焉得不悲？當年蔡元培先生氣度恢弘，培養學術自由、思想自由，能容納有真性情、真生命之學人，藏龍臥虎，豪傑歸焉，雖駁而不純，蕩而無歸，然猶有真人存焉。而今胡氏輩排除異己，窒塞聰明，斲喪生命。依草附木，苟且以偷生之無恥無知之徒，竟謂北大當年何故請熊十力為教授。此喪心病狂之壞種，竟爾竊據學府，發此狂吠。殊不知北大之所以為北大，正在其能請熊先生與梁漱溟先生諸人耳。庶孽無知，不但北大之罪人，亦蔡氏之罪人也。而彼恬不知恥，猶假「北大」以偷生。彼區區者何足道，正為其謬種充塞，瞎卻天下人眼目耳。

　　昆明謀事無成，乃函重慶張君勱先生，告以生活無著之況。彼無回音。後彼與其弟張公權（時任交通部長）視察滇緬公路。過昆明，下榻翠湖旅店。彼事前無通知也。早晨閱報，遵韜告予曰：「君勱先生來矣。往見否？」吾頗怒。既而曰：「往見。」乃於晚飯後直至翠湖旅店，敲門而入。彼一見，頗驚訝，謂：「何以知之？」曰：「見報耳。」乃問：「前上函，收到否？」彼答以未收到。於以知是公之無誠也。乃告以生活狀況，並謂《再生》在昆明不流行，當有一負責人以推銷之。吾此議乃暗示吾只需要五十元

耳。吾有此要求之權利，彼亦有應此要求之義務。乃彼竟謂曰：
「汝去租房子，開好預算，即囑重慶寄款。」吾當時大怒曰：「謝
謝你。」即離去。出而即決心與此輩斷絕關係。念吾自參加國社
黨以來，在天津一年，在廣州一年，後返北平主編《再生》，皆與
黨有關。在廣西，彼寫《立國之道》，最後一章〈哲學根據〉亦吾
所寫。吾在廣西任敎一年，彼即由廣西返重慶。時距不及一年，吾
不知何以開罪於彼，竟使彼如此相待。吾在昆明寫信給他，云未收
到，此妄語耳。即吾信中有不妥處，依與彼之關係，彼亦應當明言
而敎之。而竟以「未收到」對。其誠何在？吾困阨於昆明，謀事不
成，無關係，吾不能回北大，吾亦無怨尤。惟此一不愉快之遭遇，
吾終生不能無憾恨。吾信賴遵騮之友情，如兄如弟，毫無距離之
感。彼解衣衣之，吾即衣之。彼推食食之，吾即食之。彼以誠相
待，我以誠相受。我自念，我生於天地之間，我有生存之權利。而
何況遵騮以誠相待，吾焉得再有矜持以撐門面？吾坦然受之而無
愧：彼無望報之心，吾亦無酬報之念。蓋吾與彼之心境已超過施與
報之對待，而進入一無人無我絕對法體之相契。遵騮誠有其不可及
之性情與肝膽，吾亦誠有其不可及之開朗與洒脫。吾當時有許多體
悟：吾自念我孑然一身，四無傍依，我脫落一切矜持；我獨來獨
往，我決不爲生存委曲自己之性情與好惡；我一無所有，一無所
恃，我黯然而自足，但我亦意氣奮發，我正視一切睥睨，我衝破一
切睥睨；我毫不委屈自己，我毫不饒恕醜惡；以眼還眼，以牙還
牙，惡聲至，必反之，甚至嘻笑怒罵，鄙視一切。我需要驕傲，驕
傲是人格之防線。我無饒恕醜惡之涵養與造詣。我在那階段與處
境，我若無照體獨立之傲骨，我直不能生存於天地間。在那處境

裡，無盡的屈辱、投降，不能換得一日之生存。我子然一身，我無屈辱之必要。我無任何事上的擔負，我亦無屈辱以求伸之必要。而吾之真性情、真好惡，反在那四無傍依中，純然呈現而無絲毫之繫絆；因此我不能忍受任何屈辱。是則是，非則非，如何能委曲絲毫。當時也許有意氣處，但大體是純潔的，向上的。由於我個人的遭遇，我正視我個人的存在的生命之艱難。由於國家的遭遇，我正視民族的存在的生命之艱難，我親切感到學風士習之墮落與鄙俗。我的生命的途徑必須暢達，民族生命的途徑必須暢達。

我雖對遵驎之友情坦然受之而無愧，然吾帶累朋友，吾心中不能無隱痛。彼之經濟並不充裕，彼為吾奔走著急，而不露聲色，吾雖不露聲色而受之，吾心中尤不能無隱痛。痛之至，即對於君勱先生憾之至。這是我一生最難堪最窩囊之處境。暑過秋至，遵驎須返滬一行。吾送之車站。彼即留下七八十元，並謂若有所需，可向其姑丈相借，吾即領而受之。吾並非一感傷型的人，然當時直覺天昏地暗，一切黯然無光。淡然無語而別。當時之慘淡直難以形容。我事後每一想及或敘及，輒不覺泣下。魯智深在野豬林救下林沖，臨起程時，林沖問曰：「兄長將何往？」魯智深曰：「殺人須見血，救人須救徹，愚兄放心不下，直送兄弟到滄州。」我每讀此，不覺廢書而嘆。這是人生，這是肝膽。我何不幸而遇之，我又何幸而遇之。事後每與友朋笑談，大家皆目我為林沖，目遵驎為柴大官人。

遵驎去後，我即函熊先生。時熊先生在重慶，正應馬一浮先生邀，共主講復性書院。熊先生力介吾進復性。馬一浮先生為山長，辭以無款。熊先生乃商之該時教育部長陳立夫，由教部支薪，以都講名義住書院。吾接熊先生函，考慮三日而應約。蓋吾向不與國民

黨要人接頭也。然那時處境實是逼上梁山，又因熊先生作主。吾信
熊先生可以作得主，遂決定前往而不辭。吾從熊先生，非就國民黨
也。如此，吾可以對得起張君勱，對得起國社黨。君子絕交不出惡
聲。吾已無參與任何現實政黨之興趣矣。然天下事並不如此之痛
快，蓋吾之困阨尙未走完。決定應約後，翌日即得君勱先生之秘書
馮今白來函，謂：「昆明聯大有詢問《立國之道》中之問題者，君
勱先生託兄就地代答。」吾見之，勃然大怒，立即將書拆碎，擲於
地而罵曰：「昏瞶無聊之匹夫，猶欲以貌似昏瞶掩其無誠而愚弄人
耶？」吾當時不該回信，只須直赴嘉定復性書院斯可耳。然思馮今
白乃熟人，與張某有憾，與馮氏無憾也。遂回信言不久即赴重慶轉
嘉定復性書院。屆時當相晤。到重慶，即赴「再生雜誌社」與諸熟
友晤面。（此著亦不斬截。吾常有順自然之情而來之拖泥帶水處。
然吾亦常順此而至乎「情至義盡」而休焉，而內心之原則性之是非
善惡以及應去應留，合與不合，則旣定而不可轉。惟須在一時間過
程中實現之。情至則不傷情，義盡則不違義。吾常以此自恨，亦常
以此自慰。）諸友曰：「君勱先生知汝欲到復性書院，過渝時，務
乞晤一面。」吾曰：「旣來此，自必往拜。」遂相偕往晤。至，則
君勱先生即曰：「汝不必去復性書院，現《再生》無人編。汝即可
留此，負此責。」吾曰：「此不可能，已允去，不可翻覆。」彼
曰：「吾當函馬一浮先生，允汝留此。」吾當時即不客氣相問曰：
「《再生》，以前誰編？」曰：「梁實秋。」「彼辭幾日？」曰：
「已兩月餘矣。」曰：「然則先生過矣。吾絕糧於昆明，汝不曾一
顧。梁實秋先生辭職已兩月，汝不即函相邀。今見吾去復性，又欲
留吾編《再生》。於情於理，無乃有虧乎？」言訖，遂僵。「汝終

不留乎？」曰：「不留。」遂退。翌日，彼託諸熟友相勸慰，望必留此。皆曰：「言理，汝對。現在不言理，望念多年相處之情耳。」吾曰：「既無理，焉有情？」言訖泣下。復相偕往晤。彼說許多，皆不中肯，小無親切語。彼始終不道彼之錯抑吾之錯。惟見吾意甚冷，心甚傷，辭氣堅決，彼此黯然淚下。吾亦終不能絕情，乃心軟。遂曰：「此中有許多牽連。」乃告以吾去復性，薪水由教部支。彼即應聲曰：「吾當晤陳立夫，取得諒解。教部薪多少，黨中即以多少相報。惟此無前例耳。」吾曰：「吾非要挾薪金也。吾現在向學心切，時論雜文已無興趣。吾終不能如此浮泛下去。先生既堅相留，吾暫維持一時，俟大理民族文化書院成立，吾即前往讀書。吾既以從事學問為主，嘉定可，大理亦可。唯長主《再生》，則不可。吾亦不欲求殊遇，黨中諸友嘉定多少，吾即多少耳。」彼一一答應，惟薪金仍如教部數相給。吾為此靈臺甚痛，精神壞極。吾知彼心中有芥蒂。芥蒂一成，無法相與。彼無挑破芥蒂之豪傑氣，亦無給人溫暖之長者風。此公直是一未能免俗之庸人耳。

　　時敵機狂炸重慶，以及四川各地。吾欲至嘉定拜熊先生，船至叙府，水淺不得達，乃返。適接熊先生函云：「汝勿來，吾已離去。」熊先生因日機炸嘉定，受傷，又與馬一浮先生相處不諧，遂毅然辭去，寄寓璧山獅子場國民小學校長劉冰若先生處。吾即由重慶往拜，薄暮始達。至則見師母補綴衣裳，並告以先生在裡屋，余即趨入，時先生正呻吟榻上，一燈如豆，狀至凄涼。問安畢，相對而泣，並言人情之險。時同門韓裕文兄隨侍，與先生共進退。（裕文兄抗戰勝利後去美，在美逝世，可傷。）晚間告以離嘉之故甚詳。翌日先生起床，精神稍佳，聚談甚樂。吾盤桓數日，返重慶，

主持《再生》出版事。翌年,大理民族文化書院成,吾即去大理。君勱先生意不愜也。以講師名義住院,無所事事。彼令吾給諸生補改英文,吾曰:「彼有英文先生,吾何爲?」曰:「汝不任乎?」曰「當然不任。」精神痛苦已極。該時,吾《邏輯典範》已在香港出版。吾即著手蘊釀《認識心之批判》。撰寫之餘,不免藉酒色以自娛。生命極蕭瑟。幸賴有此工作以凝聚內心之靈臺,否則全散矣。靈臺孤運,無陪襯,無滋潤,無外在之修飾,無禮法之整飾。現實自然生命一任其氾濫。人不理我,我不理人。心靈投於抽象之思考,自然生命則下墜而投於醇酒婦人。個體破裂之象由此開其端。普遍性與特殊性趨於兩極化,此之謂個體性之破裂。此是生命離其自己而以種種因緣促成之結果,亦是最痛苦之境地。整個時代在破裂,吾之個體生命亦破裂。此是時代之悲劇,亦是吾之悲劇。世人憧憧不能知也。惟友人君毅兄能知之。吾當時有云:「生我者父母,教我者熊師,知我者君毅兄也。」當時與熊師與君毅兄有許多論學之信件,亦有許多至情流露之信件。惟此爲足慰。惟此時所流露之生活之性情,以及吾生命之狀況,當時並不甚了解,即君毅兄之了解亦不及今日之透徹。蓋吾當時惟用心於抽象之思考,尚未至反照此生命病痛之本身。

大理民族文化書院不三年,因政治關係而解散。吾亦情至義盡,與國社黨之關係從此終止。(後改爲民社黨,吾即正式退出。)吾返重慶北碚金剛碑勉仁書院依熊師。勉仁書院爲梁漱溟先生所籌設,熊師處其中,吾則間接依附也。勉仁諸君子對熊師亦大都執弟子禮,然精神氣脈則親於梁而遠於熊。吾與梁先生始終不相諧。吾雖敬佩其人,而不相契。遠在民廿五年秋,吾由廣州返北

平。熊師商諸梁先生，欲其月供生活費。梁則答應而有條件：一、
須至山東鄒平住相當時日（其鄉村建設研究院在鄒平）；二、須讀
人生哲學；三、須不是政治利用。吾聞之反感立生，梁先生以聖哲
自居，何故出此鄙言？熊師勉以少忍，可去鄒平一看。吾即乘回家
之便，過鄒平。翌日晨，晤梁先生。問曰：「來此已參觀否？」
曰：「已參觀矣。」「汝見云何？」曰：「只此不夠。」彼勃然變
色，曰：「云何不夠？汝只觀表面事業，不足以知其底蘊。汝不虛
心也。」吾曰：「如事業不足為憑，則即無從判斷。」三問三答，
不辭而別。吾由此知此人之氣質與造詣。吾嘗以八字評之：「鍥入
有餘，透脫不足」。

　　自此睽隔，終無由得通。吾茲間接依附其中，精神亦極不安。
勉仁諸君子視梁若聖人，吾益起反感。彼等於梁五十生慶，集文頌
揚，吾以不解相辭，彼等函梁謂勉仁書院一切須待梁主持。熊師知
之，亦不樂。時梁在港從事政治活動，太平洋戰爭爆發，香港淪
陷，梁乘帆船於驚濤駭浪中渡至澳門。彼函其子述此段經過，甚自
負。有云：「吾不能死，吾若死，歷史必倒轉，尚有若干書，當世
無人能寫。」（大意如此，其語氣比此還甚。）熊師見之，移書讓
之，謂其發瘋。彼覆書謂：「狂則有之，瘋則未也。」種種不愉
快，釀成熊師脾氣爆發，大罵勉仁諸君子。然發後亦無事，即梁先
生究亦是克己守禮之君子，與俗輩不同也。其年秋，吾至成都華西
大學任哲史系講師。此為吾正式獨立講學之開始。時為民國卅一年
也。

　　念自廣西以來，昆明一年，重慶一年，大理二年，北碚一年，
此五年間為吾最困阨之時，亦為抗戰最艱苦之時。國家之艱苦，吾

個人之遭遇，在在皆足以使吾正視生命，從「非存在的」抽象領域，打落到「存在的」具體領域。熊師那原始生命之光輝與風姿，家國天下族類之感之強烈，實開吾生命之源而永有所嚮往而不至退墮之重大緣由。吾於此實體會了慧命之相續。熊師之生命實即一有光輝之慧命。當今之世，唯彼一人能直通黃帝堯舜以來之大生命而不隔。此大生命是民族生命與文化生命之合一。他是直頂著華族文化生命之觀念方向所開闢的人生宇宙之本源而抒發其義理與情感。他的學問直下是人生的，同時也是宇宙的。這兩者原是一下子衝破而不分。只有他那大才與生命之原始，始能如此透頂。這點倒更近乎《中庸》、《易傳》的思想。若順西方哲學的路數，自科學知識成立後，經過康德的批判哲學，則宇宙論即不能孤離地講。必須通過「如何可能」的追問，自「主體」以契之。如是，宇宙論必有認識論爲其根據，因而自宇宙論以至人生，與自人生論以通宇宙，遂判分而爲理路上之兩來往，而以「從宇宙論說下來」，爲非批判的。熊師的學問，在某義上，有「從宇宙論說下來」的傾向。故一方旣可使人想到爲「非批判的」，一方又可使人想到爲玄談爲光景。然吾仔細一想，此不是熊師學問的眞相。吾人看伏羲、孔子、孟子、《中庸》、《易傳》，可不經過科學知識之成立，批判哲學之出現那個路數，所分判的「從宇宙說下來」與「從人生說上去」那兩個來往的對立，而看之。這兩個來往，在原始儒家是一下子同時呈現的，旣不隔，亦不對立。無論從那一面說，都是通著彼面的，而且亦是了然於彼面的。旣不是外在猜測的，先隨意建立宇宙論，如希臘早期自然哲學家之所爲；亦不是從認識論上摸索著以前進，如經過科學知識之成立，批判哲學之出現者之所爲。摸索著以

前進，對於宇宙人生之本源是不透的；外在的、猜測的、隨意建立
的宇宙論，是無根的。這是西方的路數，中國儒家講學不是這樣。
它直下是人生的，同時也是宇宙的，所以本源是一，而且同是德性
意義價值意義的。因此，從宇宙方面說，這本源不是無根的、隨意
猜測的，這是直接由我的德性實踐作見證的。同時從人生方面說，
這德性意義價值意義的本源，也不是局限而通不出去的，故性與天
道一時同證。一透全透，真實而妄，無論從宇宙說下來，如《中
庸》與《易傳》，或是從人生說上去，如孟子，皆是兩面不隔的，
亦不是不接頭的。故不可像西方哲學那樣，視作對立的兩個途徑。
對於熊師的學問亦當如此觀。這只是有「原始生命」、「原始靈
感」的人，才能如此。這不是知解摸索的事，而是直下證悟感受的
事。若說證悟感受是主觀的，但在這裡，主觀的，亦是客觀的。這
是創造之源，價值之源，人生根柢的事，不是知識的事，熊師學問
最原始的意義還是在這一點。這是打開天窗，直透九霄的靈感。在
這一點上，說一句亦可，說許多句亦可。在說許多句上，牽涉時下
知識學問時，其所說容或有不甚妥貼處，但若不當作問題或技術上
的事看，則無論如何，皆足啓發。因他本不是由處理問題，理論辯
解，層層逼上去的。我所感受於熊師者唯此為親切，故我說他是一
個有光輝的慧命。這是最足以提撕人而使人昂首天外的，此之謂大
開大合。惟大開大合者，能通華族慧命而不隔。在以往孔孟能之，
王船山能之，在今日，則熊師能之。

　　何以說在今日，惟熊師能之？說起來，令人感慨萬端。吾豈獨
尊吾師哉？接通慧命是一縱貫的意識。但是只著眼於歷史之陳跡或
過往之事件者，則並接通不了慧命，甚至根本不知有慧命這會事，

他們也不承認「慧命」這個字有意義。如今之治歷史者，專以考據歷史之迹爲能事，而且專以考據爲史學，史學要排除任何程度的解析，如是者雖曰治歷史，而並無歷史意識，亦更無文化意識。如司馬遷所說「究天人之際，通古今之變」，這種縱貫，方始眞有歷史意識與文化意識者，如是方是眞能由歷史之考究而接通慧命者。然而如今之治史者，則根本視「天人之際」爲玄學，爲胡說，根本不在考慮中。旣不能究天人之際，當然亦不能通古今之變。因爲所謂「通」者，必是在「事件」以外，能滲透引發這事件與貫穿這事件的「精神實體」，而後可能，而此精神實體卻即在「天人之際」處顯。所謂究天人之際即在透顯精神實體而深明乎精神發展之脈絡，這就是接上慧命了。然而今之治史者，卻視此等事爲根本在其所謂史學以外者。所以今之治史者，其頭腦皆成無色者，其心靈皆成光板者，無性無情，無仁無義，只印上一些事件之黑點。此之謂科學方法之用於史。其結果是治史者不懂史，成爲歷史意識文化意識之斷滅，成爲慧命之斬絕。雖曰縱貫，實是橫列。他們把歷史事件化、量化、空間化，那裡還有縱貫？這是休謨哲學之用於史。

但是憤世疾俗，擇陳迹而固執之，雖亦是著眼於事件，然卻是有文化意識者，雖不必有歷史意識，亦不必能接通慧命。此種人只可說因憤世疾俗而流於固執不通，然狷介有守，亦是可貴。此如辜鴻銘之留髮辮，夏靈峰之服古衣冠。蓋固執陳迹亦有其象徵的意義，此與研究歷史者之只注意事件不同。故今之治史者無文化意識，而此等人卻有文化意識也。推之，韓愈之「不塞不流，不止不行，人其人，火其書，廬其居」，雖亦從迹上截斷，然確有很強烈的文化意識，雖並不眞能有歷史意識，亦並不眞能接通慧命。後來

孫泰山（明復）之闢佛亦主張只從衣冠上截斷，此亦是很強烈的文化意識。在此顯出風俗衣冠雖屬外部之末事，然亦具重大之防閑作用與象徵作用。故古國喬木，愛屋及烏，君子取焉。「蔽芾甘棠，勿翦勿伐，召伯所茇」，詩人詠焉。

　　不能通過歷史陳迹而直透華族文化生命之源，不得謂能接通華族之慧命。接不通慧命，不得謂爲有本之學，其學亦不能大，不得謂爲眞實之中國人，其爲中國人只是偶寄之習氣之存在。其偶寄之習氣之存在是中國的，而其意識觀念，即其義理之性情一面，則是非中國的。非中國的，中國不受。但他亦不能即是眞實之英國人、德國人、或美國人，是則英美德法等亦不受也。此爲不能作主之存在，夾縫中之存在，甚至爲國際之遊魂。不能接通慧命，不能爲眞實之中國人，吾華族即不能自盡其民族之性而創制建國。一個不能自盡其民族之性而創制建國的民族，是棄才也。不能爲眞實之中國人，不能創制而建其國，亦不得貿然謂爲天下人。或曰：何必爲中國人？我直作世界人耳。此言雖大，實則「蕩」耳。此是國際遊魂，何得謂爲世界人？未有割截其根而能大者，只是飄蕩耳。佛教徒，其爲中國人是偶寄之習氣之存在，而其義理之性情一面，則是非中國的。即使是中國的佛學，如：天臺、華嚴、禪，亦只是中國的心習之範疇，而究不是中國的慧命。彼只個人修習解脫而已耳，不能爲「作主之存在」。若反而薄孔孟，詆宋明儒，則其罪大矣。是必欲斬截中國人之根而皆令其飄蕩也。吾與內學院向無關係。吾前在重慶，見歐陽竟無先生一文大罵宋明儒，謂理學不滅，孔孟之道不彰。彼又有中庸大學解，以佛言曲聖教。是不敢公然罵孔孟，而割截宋明儒之紹述，塗抹聖教以篡奪。彼等演變爲一致之論調，

實不只罵宋明儒，孟子亦在詬詆之內。不敢罵孔子，然必貶抑其地位，視之爲儒童，安排之爲第七地菩薩。吾見此種種怪象，大起反感。試問孔孟何負於中國？何負於人類？宋明儒何負於中國？何負於人類？汝輩佛弟子此種作爲又何益於中國？何益於人類？挖其根而令炎黃子孫不得爲作主之存在，而轉爲夾縫中之存在，爲偶寄飄蕩之存在，此將有何功德之可言？故云其罪大矣。設眞如爾所願，炎黃子孫亦眞能悉令入無餘涅槃而滅度之，則該時汝遭遇盡倫盡制之問題否？遭遇設制建國以自存否？國亡族滅，爲奴爲役，吾想汝等亦不能安也。那時設若汝眞作主而正視之，則將無憾於孔孟矣，無憾於盡心盡性盡倫盡制之敎矣。將感謝之不暇，痛悔之不暇。今有孔孟作主，令汝等在旁有事可作，有風涼話可說，忘其所以，反噬此骨幹以自毀，此豈得爲眞有悲情者乎？亦肆無忌憚而已矣。

　　佛敎徒根本無歷史文化意識，亦根本不能正視人文世界。萬念俱灰，唯求出離。至耶敎徒，則亦過人間生活者。然衍至今日，仍不免予人以「二毛子」之印象。於此中亦求不出一眞實之中國人，彼等之爲中國人亦只是偶寄之習氣之存在。彼等之觀念是摩西、耶和華、彌賽亞、基督、約翰、耶穌。這些觀念塞滿心中，自不能通華族文化生命之源。彼之浮層意識已全成隔絕。其不隔絕者，只是不自覺之下意識習氣之餘波耳。彼等不得以「宗敎爲普世」以自解。科學無國界、無種色，宗敎不能無國界、無種色。宗敎是一民族文化生命之最深處，最根源處之表現，亦是一文化生命之慧命之最高表現。吾華族有最獨特最根源之慧命，不於此而討安身立命，立宗定敎，以自肯其大信，割截其根而從摩西耶和華猶太民族之歷史，以數人家珍，是自卑自賤而甘於爲國際遊魂隨風而飄蕩者也。

　　夫以中國知識分子皆歧出而乖離，眞可謂闃其室，無人矣。誰是炎黃之子孫？誰是眞實之中國人？誰來給華族與中原河山作主人？有誰能直通黃帝堯舜以來之大生命而不隔？皆陷落於軀殼、習氣，窒息以死，而爲行尸走肉，爲偶寄之存在。生命已不暢通矣。而自五四以來，復假借科學與民主以自毀其根，自塞其源，是則本窒息不通而益增其睽隔也。未有生命不通而可以有所建樹以自立者。歧出乖離，東倒西歪，顛倒久之，而有共黨之魔道。華族至是乃徹底死矣。絕途逢生，非直通文化生命之本源，不能立大信，昭慧命。夫如是，吾焉得不獨尊吾熊師。夫一民族衍變旣久，積習旣深，若復順其習而下委，則只成一團習氣之墮性。稍有文物度數之沾漑者，則又沾著於陳迹而玩物喪志，不能通文化生命之源也。呫嗶吟哦於詩詞典籍者，則又習焉而不察，徒爲其黏牙嚼舌之資具。有終生讀中國典籍而與其生命無交涉者。稍有穎悟者，亦能就眼前積習風光而略得旨趣，然而不能深入底蘊而通文化生命之源也。此爲感性之欣趣，而非思想慧命、德性光輝之遙契。又有較爲穎悟者，亦能稍通義理之源，然而淺嘗捷取，不能資之深而左右逢源也。此如淤滯麻木者，藥力不足，只略一開啓而復閉塞，未能周身暢通也。又如溯流而上者，只溯至半途而止，未能直通其源而綜覽在胸也。又如千條萬緒，百川歸海，然而淺嘗捷取者，則只理得一條半緒，未能洞澈光明之源，故不能「大德敦化」也。此皆爲積習所限，不能撥陳迹而通慧命，故不能開拓變化，爲民族生命立道路。此非有大才大智大信，強烈之原始生命，固難語於華族之慧命也。然則當今之世，未有如熊師者也。

　　在那困阨的五年間（民國廿六年至卅一年），除與熊師常相聚

外，還有一個最大的緣會，便是遇見了唐君毅先生。他是談學問與性情最相契的一位朋友。抗戰前，我並不認識他。但也曾見過他幾篇文章。我不喜歡他那文學性的體裁。他是中大出身，受宗白華、方東美諸先生的影響，他們都富有文學的情味。我是北大出身，認為哲學必以理論思辨為主。我那時對於西方形上學亦無所得，而君毅兄卻對於形上學有強烈的興趣。又是黑格爾式的，而我那時亦不懂黑格爾，而且有強烈的反感。因此，我意識中並不甚注意君毅兄。熊師常稱讚他，常對我說：「你不要看不起他，他是你的知己。《唯物辯證法論戰》中的文字，他認為你的為最有力量。」我說：「我也不是看不起他，我認為讀哲學，不能走文學的路。而他那無定準的形上學的思考，我也不感興趣。」熊師頷之，似亦以為然。我自昆明返重慶，編《再生》雜誌。他因李長之之介來訪，我覺得他有一股藹然溫和，純乎學人之象。我自北大那散漫無度的環境出來，又處於一政治團體中，所接友朋，流品混雜。我自己亦多放蕩胡鬧處，言行多不循禮。我見了他，我覺得他乾淨多了，純正多了，我因而亦起自慚形穢之感。然而那時多任性，我亦不欲約束自己，我願以散漫無度和他相接近。第一次相見，沒有談什麼。第二次相見，提到布拉得賴，我說：「我不懂他，亦不懂辯證法的真實意義究竟在那裡，若唯物辯證法實不可通，請你給我講一講，簡別一下。」他即約略講了幾句，雖然不多，但我感覺到他講時頗費吞吐之力，我知道這須要有強度的內在心力往外噴。我馬上感到他是一個哲學的氣質，有玄思的心力。這是我從來所未遇到的。我在北平所接觸的那些師友，談到哲學都是廣度的、外在的、不費力的、隨便說說的，從未像他這樣有思辨上的認真的。我從此馬上覺

得他所發表的文字並不能代表他。他確有理路，亦有理論的思辨力。我並且因著他，始懂得了辯證法的眞實意義以及其使用的層面。這在我的思想發展上有飛躍性的開關。我的《邏輯典範》那時已寫成，我已接近了康德。但對於形上學，我並無積極的認識，只是根據「知性」有一個形式的劃分。但自此以後，我感覺到只此形式的劃分並不夠。對於彼岸，我還差得遠。我知道裡面有豐富的內容，須要從只是形式的劃分，還要進到具體的精察。這就是黑格爾所開闢的領域，我因此對黑格爾也有了好感。這都是由君毅兄所給我的提撕而得的。我得感謝他，歸功於他。我那時當然還是朦朧的，因爲我的主要心思還不在此，我須要一步一步向前進。我的主要思想是在預備奮鬥《認識心之批判》。但自此以後，我常和他談。或談學問，或談性情。我並不知我的《邏輯典範》所函的「形上函義」是什麼，而他卻已知之。他有時問我，我常不能答。我知道他對於形上學裡面的問題確曾用過心，比我知道的多得多。

蓋吾邏輯書中所想予以釐淸者，惟是邏輯數學系統內部的問題，而此則純是技術的、形式的。由此再進而講其主體方面的先驗根據，一則弄妥此形式科學，一則建起純形式的知性主體。此則與外界實際內容，毫無關係。即論者使之有關係，如羅素等人，吾亦提練而淸之。故此單純形式主體之建立，即是撐開知識論之鎖鑰。而對於超越形上學問題，則順康德路數，予以形式的劃分，惟此形式劃分所分出的超越形上學問題乃都是實際人生上所要求的具體問題，亦可以說是精神生活上的問題、道德宗敎上的問題，旣非純形式的名數問題，亦非順知識對象方面而起的概念思辨問題。關於形上學，從知識對象方面去作概念的思辨與分解，乃是西方觀解的外

在形上學所從事，此爲希臘哲人所開啓，而由早期的自然哲學開其端。順對象或存在分解爲各種概念，因存在本有各種面相故，復順各種概念相順相違相融相抵而展開爲各種系統。這些分解與系統並非無價值，但非眞實形上學所以成立之本質的關鍵，亦非眞實形上學之所以得究竟了義而可以圓滿落實之所在。這些分解與系統不過是外部的枝葉，有待於被消化之零碎知解。如柏、亞而後，中世紀的神學，近代大陸的理性主義（經驗主義無形上學），當代受物理、生物、數理邏輯影響而出現的各種進化論、自然哲學、宇宙論、邏輯原子論等，俱不是眞實形上學之本源的義蘊，只不過是順關於對象的若干知識或觀察而來的些猜測性的知解或形式的推證。眞實形上學之本質的義蘊還是康德的進路爲能契入。使吾人了解這些形上學之不中肯，乃正是康德之功勞。而由康氏之路所契入的眞實形上學以及其究竟了義與究竟落實，卻根本是精神生活上的事。因此，由只見形式的劃分，必須進入具體的精察與感受。形式的釐清與劃分是康德的工作，而具體的精察與感受則是黑格爾的精神哲學之所展示。佛教的《成唯識論》（乃至大乘三系）有大貢獻，而宋儒者的「心性之學」則得到其最中肯的一環。那些觀解形上學中的些積極性的分解必須統攝於這一骨幹中才算有歸宿，有其落實而浹洽之意義與作用；而其分解的方式與技術亦可藉用之於精神哲學中之精察，如黑格爾之所爲。以此學爲骨幹，要分解，須先是「超越的分解」，如康德之所爲，其次是辯證法的綜和，而辯證的綜和即含有辯證的分解，如黑格爾之所爲，以及其哲學中抽象的普遍、具體的普遍、在其自己、對其自己等名詞之意義。而觀解形上學中的分解卻只是形式的或邏輯的。這個若統在超越分解、辯證綜和、

辯證分解中，亦有其預備、輔助以及被參照之價值。

　　吾對於精神哲學之契入，君毅兄啓我最多，因爲他自始即是黑氏的。熊師所給我的是向上開闢的文化生命之源。關於這一骨幹，光宋明儒亦不夠，佛學亦不夠。惟康德、黑格爾之建樹，足以接上東方「心性之學」，亦足以補其不足。而環觀海內，無有眞能了解黑氏學者。惟君毅兄能之。此其對於中國學術文化之所以有大功也。

　　說到黑氏學之所以難懂，並非因其對於特殊之知解問題有若何工巧之邏輯思辨，如來布尼茲之所爲，羅素之所爲，甚至康德之所爲，乃是因吾人精神根本不能相應故。吾人無精神生活，又不能當下收歸於自己之生命而精察此精神生活之發展與實現，徒仍處於散文式的知性立場，將一切推出去視爲外在的知解問題，而以知性猜測之，以習慣經驗考核之，以形式邏輯衡量之，宜其對於黑氏之所說根本不能相應也。黑氏學直下是精神發展的事，直下是生命表現的事。他不是自下而上，就特殊之知解問題，一一予以工巧的形成與解決，而是直下就生命之表現而觀其如何發展，如何實現。這不是技術的事、問題的事（如存在主義者馬賽爾之所說），而是超問題方面的直下肯定而予以展現的事。此中亦有問題，亦須要有智慧之技巧而予以暢通，但此問題不是知解上的技術問題，而是「夫乾，天下之至健也，德行恆易以知險」之「險」的問題，「夫坤，天下之至順也，德行恆簡以知阻」之「阻」的問題。險與阻須要克服而暢通之，但此暢通不是知解思辨的暢通，而是發展實現的暢通，予以說明亦是智慧之技巧，但不是形式邏輯之技巧，而是相應其發展實現而爲辯證的技巧。這點最是黑格爾之精采，亦可說是明

心見性的事。因為他要明心性之發展與實現，所以只要把亞里士多德之實現、潛能、特殊、普遍、個體諸詞眞切了解，則黑氏之所說即可一往無阻。亞氏是自然宇宙論的，黑氏則是精神哲學的。故順亞氏之邏輯分解的，提升而爲辯證之盡其曲，復進而益之以具體的普遍、在其自己、對其自己，以及「在而對其自己」、主觀精神、客觀精神以及絕對精神等似奇特而實如理之詞義。復次，這一套必須通過柏拉圖、亞里士多德之邏輯分解，尤其是康德之超越分解，而了解之，因爲他是順他們提升一步，收進一步，推進一步，而轉出，故既不可處於知性之分解而觀之，又不可拖而下之而泯其本源。其學是明心性之發展與實現而至全體透明之境，故絕對精神中以「哲學」爲最高，藝術宗敎猶不及也。（黑氏如此云。此則看從那面說，自某一面說，亦可以宗敎爲最高。又自某一面說，亦可以藝術爲最高。此不可鬧成滯碍。猶如良知之學爲全體透明之學，而劉戢山之「歸顯於密」亦是必然而不可移者。）

　　吾之初接觸黑氏是其《歷史哲學》之批評東方。吾亦終由其《歷史哲學》與《權限哲學》而進窺其學之大體。（其《邏輯學》並無多大意義，人亦多以此而起反感。）吾遠在抗戰前，見其《歷史哲學》謂東方（中國）無個性之自覺，無對其自己之「主觀自由」，只有在其自己之「實體的自由」、「潛存的自由」、「理上的自由」。這些名詞，那時我並不甚解。但其籠統大意覺其說得很對，又覺其似不對。說中國無個性之自覺活動，則孔孟以及宋明儒者所講者是何事？但從政治、社會，一般文化情況方面說，謂中國人只是一個偶寄之存在，不是一有個性自覺之眞實存在，則衡之家長式的專制政治，人民之如子女，之如羲皇上人，覺其所說亦很

對。此問題吾久久不能解決。吾當時讀書的氣氛與程度亦不能了解與正視這些問題。抗戰而後，國家與個人之遭遇，種種動心忍性，從「非存在的」領域打落到「存在的」領域，使我正視生命，個人的與民族的，遂能轉向「精神哲學」這一方面，如上所述。然吾之轉向這方面，亦並不是說：吾因而就去讀黑氏哲學。吾一直並未正式去仔細讀他，去一句一句研究他，乃是在師友之提撕與啓迪中漸漸雖未正式研究他而卻能知道他，嗅到他。吾在師友之提撕與啓迪中，一方主要之工作爲《認識心之批判》，一方熏習儒者之學與佛學，浸潤德性主體之了解與透露。直至抗戰末期，我還是浸潤在「德性主體」之了悟上，對於主體精神與絕對精神有相當的親切，這是「逆而反之」以上透的事。至於此作爲本源的德性主體在發展實現中之客觀的表現（所謂客觀精神），至抗戰勝利後，吾才漸漸接近了它，正視了它，而一直蘊蓄於心久久未能決的那個主觀自由與理上自由的問題，亦到解決的時候。這是中國的出路問題，政治問題；廣泛言之，文化問題；縱貫的深度言之，是儒學發展的問題，這是必須要解答的問題。吾的〈客觀的悲情〉就是要落在這問題的解答上。這便是來台後《歷史哲學》之寫成。我不是去研究黑格爾而了解他，而是在師友的提撕與啓迪中，自發用思而相契了他。學問的層面與領域是一層一層逼出來的。只要逼到那一層面那一領域，理路是一樣的。尤其在精神表現這一方面，或者全隔，或者全契，因爲這不是技術的知解問題，所謂前聖後聖，其揆一也。契爾克伽德說：「沒有一個世代的人能從前一代學知眞正的人生，由這方面來看，每一世代都是原始的。它所負的工作並無與前一代的有什麼不同，它亦不能勝過前一代而更進步。例如沒有一個世代

能從前一代學知如何去愛，除從頭做起外，也沒有一個世代能有任
何其他開始點。同樣，信仰亦是如此。沒有一個世代能從前一代不
同的一點做起，沒有一個世代能不從開頭做起，同時也沒有一個世
代能勝過前一代。」真正的人生都要從頭做起，前聖後聖，其揆一
也。這是人格完成的重複，而無所謂進步。這是「偉大本身之連
續」。這從頭做起的過程就是精神表現發展的過程。體悟而說明這
發展過程，亦是每一個人都是「原始的」：或者全隔，或者全契。
這裡沒有什麼交替，故我覺得黑格爾所說的本質上都是對的（稍有
偏差，過與不及，以及未能想到，未能透澈而如理的，須要改進補
充發展而使之如理，然於本質不生影響。）熊師所說的本質上都是
對的，君毅兄所說的本質上都是對的。孔孟以及宋明儒者所說的亦
都是對的。

　　以上所述，是那五年間困阨遭遇由良師益友所引發出來的開
關。茲回頭再說成都三年的悱啓憤發。

　　我初到華西大學是住在宿舍的三層樓的一個小房間裡。這實不
成為一房間，面積只容一床一桌，順屋脊之坡度而釘了一個天花
板，以我這身長不滿五尺的人，站起來還是頂著天花板。我藏在裡
面，寫《認識心之批判》。文學院院長羅忠恕先生曾到我那裡拜
候，深致歉意。謂不久即可遷至樓下。見我書桌上有羅、懷合著的
《數學原理》，那樣的房間，有那樣的書籍，我覺得他似乎深有所
感。我也是一個孤獨深藏的靈魂，對於周圍完全是陌生的，忽視
的，忘掉我自己，也忘掉世人。萬人睚眦，萬人側目，亦有人覺著
有趣，我全不知道。成都茶館多，酒館多，還有最足以引發人之幽
思的，便是賈瞎子之竹琴說書。我在撰述之暇，或是獨坐茶館，或

是獨往聽書。而吃酒則大都是在晚上十一點以後。賈瞎子之說書，聲音很低沈，開始有點乾澀，愈唱愈甜而潤，最富幽深沉鬱，低徊蒼涼，悠揚哀婉之情。其伯牙摔琴、李陵餞別、走馬薦諸葛等詞，最為絕唱。比北方劉寶全之打鼓說書格調高得多。劉之說書只是脆快，有時來一個嘎調，博得聽衆本能反應的滿堂彩。這殊無醇郁之味。凡北平的玩藝大都類此。乾淨、利落、漂亮，不免於油滑。淺夫莫之知也。只是旗人的習性，何嘗還是燕趙的慷慨悲歌？

我那時的道德感特別強，正氣特別高揚，純然是客觀的，不是個人的。意識完全注在家國天下、歷史文化上。那時抗戰將屆末期，英美正在苦鬥中。愈來愈艱難，亦愈近黎明，而共黨亦愈不成話。我衷心起反感。我以前的反共是反他們的思想與理論，因而亦只是思想的、理論的，我現在則是存在的、具體的。因而亦是悲情的、精神的。我目睹社會人心、青年的傾向，完全為其所吸引，這完全是塌散違離的時代精神。國民黨的政治愈來愈不成話，它完全收攝不住人心，吸引不住輿論。但人們不是左倒，就是右倒。我深惡痛絕共黨的無道與不義，但我亦無法替國民黨辯護。我在一般社會人心的左右顛倒塌散中站住自己而明朗出來，是須要很大的苦鬥的。我的依據不是現實的任何一面，而是自己的國家，華族的文化生命。一切都有不是，而這個不能有不是，一切都可放棄、反對，而這個不能放棄、反對，我能撥開一切現實的牽連而直頂著這個文化生命之大流。一切現實的污穢、禁忌、誣蔑、咒罵，都沾染不到我身上。我可以衝破共黨那一切威脅人的咒語。旁人說話皆有吞吐委曲，我可以理直氣壯地敎訓他們、指摘他們。國家、華族生命、文化生命、夷夏、人禽、義利之辨，是我那時的宗敎。我那時也確

有宗教的熱誠。凡違反這些而歧出的，凡否定這些而乖離的，凡不
能就此盡其責以建國以盡民族自己之性的，我必斷然予以反對。就
是內學院的佛弟子為護教而貶抑孔孟，咒罵宋明儒，我也不能原
諒。青年人的衝動左傾，我只有悲痛。中年人、老年人的昏庸趨
時，我只有痛恨。環視一世，無人為華族作主。在抗戰中不能提練
新生命以建國，只落得塌散崩解而轉出共黨之魔道，此為華族之大
悲，人間之大憾。我不能不痛責此時代炎黃子孫之不肖與背叛。

　　我的議論漸漸震動了人的耳目，有一位左傾之士，秘詢某人
說：「某某何以如此反共？想是他家裡吃了共黨的什麼虧。」某人
如此告吾，吾即正言請他轉達：「吾反共，正因為他那邪眼看天下
人。我家裡沒有吃共黨什麼虧，我個人與共黨亦無恩怨。我反它，
是因為它背叛了民族生命與文化生命；民族生命與文化生命吃了他
的虧。這是不容原諒饒恕的，除非它自己振拔覺悟。他認為天下人
都是經濟決定的，私利決定的，沒有客觀的真理，沒有獨立的靈
魂。我就是反對他這邪眼邪論。我現在就給他作見證，有一個不是
因吃共黨的虧而反共。」以後這位左傾之士頗受震動，要想和我
談。某次在茶館遇見了，頗顯忸怩說願要請教。我便從容懇切地與
他談了些。我知道他並不能因此而迴向。因為他的氣象是膠著閉塞
的，他的心靈也是在經濟決定的機括中的。這種人非等他自己在私
利上吃了虧，他是很難轉向的。他們的「習氣障」與「觀念障」膠
固得太深太死，是無法從理論上和他辯的。因此我常用棒喝，直下
從生命上指點。他們若一時不安了、臉紅了、語塞了，我就算種了
善因。時代風氣如此披靡，言下覺悟，談何容易，即使從理論上把
他們駁倒了，他們一看現實還是倒向那邊去。這個現實總是不行

的，那個未實現的未來吸引著他們。中心無主的人，總是隨風倒；甲不行，就向著非甲，這塊地方不好，就望著另一塊地方。這樣一搖兩擺，就把民族生命斷送了。有誰能直立在華族的文化生命上替華族作主呢？這便是炎黃子孫之不肖。

我的客觀悲情一直在昂揚著，我一方了解了耶穌，我一方以極大的忍耐接待青年與有性情有心願而因種種因緣與我有隔閡之志士。

我初完全不了解新、舊約，亦與基督教根本隔。《舊約》是摩西、耶和華猶太民族的歷史，亦如中國的堯舜禹湯文武。《新約》是耶穌的言行，亦如孔子之出世。但耶穌創教成為基督教，完全轉為普世的，從猶太民族史裡提了出來。雖然基督教以新、舊約為《聖經》，教徒們一起讀，但猶太人究竟還是不信耶穌，而信猶太教，他們還是要粘合著他們的歷史，所以耶穌創教，雖以猶太史為背景，但其因經過與法利賽人的戰鬥，與猶太傳統掌教者的戰鬥，而顯出的精神與顏色，我們卻可以獨立地看。他這一戰鬥，可以使他從猶太史的縛繫中凸出來，我們也可以丟掉其歷史而單看他的純精神之彰顯。我之相契耶穌之具體精神生活與智慧，進而了解父、子、靈三位一體之基督教的教義。就我自己方面說，是由于宇宙悲感之顯露；就文字媒介說，則是趙紫宸的《耶穌傳》；就哲學方面說，則是黑格爾的解析。

耶穌一方自稱為「人之子」，極度的謙卑，處於最低者，與罪人為伍（招罪人），絕對的愛（愛敵人）；一方亦自認為「神之子」，極度的犧牲、忍受，直線向上超越，凡現實的、感覺的，皆剝落淨盡，最後上十字架，而回歸於精神之自己，證實上帝之為

愛，之爲純精神，證實父、子、靈三位一體之全幅具體而豐富的意
義。前者是馬賽爾所稱爲水平線的，盡量表現人之所需求於「道成
人身」者，一般言之，道家所謂「和光同塵」，所謂「爲其脗合，
置其滑涽，以隸相尊」，佛家所謂「化身」，孔子所謂與人爲徒，
皆是同一意義之不同表現。凡聖者皆須有此精神，此爲內在的，同
時亦須有超越一面的，這在耶穌便是自稱爲「神之子」。馬賽爾
說：化身底神秘在基督之「道成肉身」中是最具莊嚴性之眞實的。
在他之化身（道成肉身）中，人之二種偉大的靈感得到了實現，即
對眞實的人的東西與對神聖的東西之渴望，得到了充分的滿足。在
他的人性中，基督是與人爲徒的，並且這樣在水平面上，依據極大
的人之尺度，滿足了所需要於「道成肉身」者。在他的神性中，基
督要求我們在一種超越性之運動中，即向著在垂直方向中一切人的
靈感之實現或滿足的一種運動中，去超越一切純粹人的度向。當我
們與我們之時間的、人的存在分開，我們就會被基督的道成肉身引
向超時間的神性的存在。

耶穌的道成肉身而爲「人之子」，實在只爲消融於「神之子」
而向超越方面直線而上升。他爲「人之子」，並不能本超越以內在
地肯定人，成就人，並不能把超越與內在打成一片，通於一而一起
肯定之。此其所以不同於孔子處。這個不同，也可以說超過，也可
以說不及。而如果孔子有超越的神性一面（亦實有之），則彼之一
於「神之子」，便是不及。其不及意即不及孔子之圓融而大成。但
是耶穌的直線向上升，我從成都時起便一直能欣賞。當約翰在約旦
河施洗時，人們就記起古人的預言：「曠野之中有人聲，修直主的
道，鋪平他的路。」這「曠野之中有人聲」，是蒼茫中最莊嚴的一

個靈感：人間有一個迫切的要求，要呼喚著一個偉大的精神之來臨。儀封人說：「二三子何患於喪乎？天將以夫子爲木鐸。」這都是蒼茫中最莊嚴的靈感；人間須要有一個大靈魂來作主，來安慰。我一直認爲「曠野之中有人聲」、「天將以夫子爲木鐸」，是人間最莊嚴最美的大塊文章、最莊嚴最美的呼聲。在這莊嚴的「呼聲」中，耶穌來了。看哪！贖罪的羔羊。這雖是後人的追記，然卻描述著一個溫柔、和順、慈愛、蒼茫、嚴肅，而又於無可奈何中，一直向著「超越的神聖」的純潔生命。這純潔的生命，經過約翰的施洗後，心靈全開，靈感全來，超曠、潔淨，上下與天地同流，天門開了，鴿子從天上飛下來。約翰說：「我今以水施洗，那後來者將以火施洗。」這象徵著要有一番熱烈的戰鬥，內心火燒的熱情，燒焦了那外在的僵化的現實，將全人間的罪惡擔負在自己身上；將有一番大騷動、大攪亂，讓人們不要停在那庸俗的習氣生活之安全中。「我不是來給大地以和平，而是給它以決鬥。在吾之家裡，三個人會對抗兩個人，兩個人會對抗三個人，我之到來，是在離間父母子女和婆媳。此後，一個人的仇敵就在他自己的家裡。」「我是到大地上來放火的，如果它已經燃燒了，那就更好了。」「誰來就我，而不恨惡他的父母妻子、兄弟姊妹，不恨惡自己的生命，便不能做我的弟子。」「不背著他的十字架的，便不配做我的弟子。」「誰想做我的弟子，讓他否認了自己而跟隨我吧！誰愛父母甚於愛我，是不配做我的弟子的；誰愛子女甚於愛我，是不配做我的弟子的。執著於生命便是自我之迷失；爲著我，爲著好消息，而犧牲生命，便是自救。一個人佔有了全世界，而卻喪失了靈魂，那又有什麼用？」「讓死者去埋葬死者罷。」「手扶著犁而目向後望，是不配

入上帝之國的。」勇往直前、義無反顧。脫落一切現實牽連，直線
上升。直至上十字架爲止。他內心溫柔謙卑，熱烈中有甘甜。他能
安息人，溫暖人。他來不是召義人，乃是招罪人。他與娼妓、稅吏
爲伍。「約翰不飲不食，你們說他是狂人。人之子來，也飲也食，
你們說他是饕餮，是酒徒，是稅吏、罪人之友。」這個時代是麻木
無覺的。「我可用什麼來比這一代的人物呢？他們好像什麼呢？孩
童們坐在街市上，彼此呼喚說：我們向你們吹笛子，你們不跳舞，
我們向你們舉哀，你們不啼哭。」「你們看見西邊起了雲，就說要
下雨，果然下了雨。南風一起，你們說天氣要燥熱，果然就燥熱。
你們知道分辨天氣的變化，爲何看不出時代時勢的變化呢？你們又
爲何不自己審量什麼是合理的呢？」他內心瑩徹，信念堅定。他勸
人決定要重生，從昏沉中喚醒自己的靈魂，重新從聖靈生。這一
切，我在當時極衷契，感覺的最眞切。我眼看著時代要橫決，劫難
要來臨，人心如癡如癲，全被魔住了，被拖下去了。我一直被客觀
的悲情所提著。一個人在直線上升向上昂揚而下與魔鬥時，他是可
以放棄一切、犧牲一切的。向上昂揚，必須內心瑩徹，於超越實體
方面有所肯定。客觀的悲情不只是情，也是智，也是仁，也是勇。
這是生命之源、價值之源的純精神王國。耶穌內心瑩徹，他所肯定
的，是他的天父，而我所肯定的，則是華族歷聖相承所表現的文化
生命。不是文化的遺跡，是「滿腔子是惻隱之心，通體是德慧」的
孔子所印證的既超越而又內在的生命之源、價值之源。我不能忍受
那一定要物化生命的唯物論與唯物史觀，以及共黨的生心害政，邪
僻泯滅，窒息人間而爲一物化機器的殘暴。我不是站在任何現實的
集團、現實的利益上，反對它。我是站在價值之源、生命之源的純

精神實體之肯定上，反對它。這就是向上昂揚客觀悲情的超越根據。而當下與魔鬥時，便是所謂「天下無道，以身殉道」。當「以身殉道」時，是應當放棄一切的，是應當無任何回顧的。「以身殉道」是否定一切，只肯定一個。但是還有「天下有道，以道殉身」。在「以道殉身」時，由肯定一個而肯定一切、成就一切。耶穌的放棄一切、否定一切，只讓人即時跟著他，這一個表現型態，是在「以身殉道」這個直線上升的契機上完成的。這意思是說，把他的表現型態看成是一個契機，一個動相，不是道之全。這從經驗意義上說，是可以的。但是他的肯定、他的心願，不是普通爲某一限定面而殉道，而是爲那超越的純精神的天父，爲成就永恆的宗教，而殉道。從這一點看，從經驗意義上說，他的放棄一切、否定一切，只是殉道契機上的一時權法，不是原則上不能肯定的。此譬如在忠孝不能兩全時，捨忠全孝，或捨孝全忠。這是在某一限定面上殉道而有所捨，不是原則上不能肯定忠和孝。但是若從先天的超越意義上說，則他之放棄一切、否定一切，不是某一限定面上的殉道之權法，而是原則上本質上就不能肯定的。因爲他所成就的是價值的最高一層，不是套在層級中的最高一層，而是層級外而爲價值之標準這個最高層，他所成就的是永恆的宗教，是一個抽象的普遍的肯定。他要顯示而印證這個普遍的肯定，他不得不來一個普遍的否定，這如要顯示幾何學中的方、圓，必須遮撥一切感覺界的方、圓。停滯於感覺界的方、圓，不能見眞方、見眞圓，感覺界的方、圓都不算數。此之謂原則上本質上不能肯定。這就是耶穌自動地上十字架爲贖罪而死的意義。死以回歸於上帝之自己，印證上帝之爲純愛、純精神，印證父、子、靈三位一體之豐富而具體的全幅意

義。但是，我們還可進一步想。你之如此印證，不是在顯「價值之標準」嗎？顯價值之標準，為的成就價值。如是，還須回來肯定一切、成就一切。這就是「天下有道，以道殉身」。如是就這來往之全講，你的如此印證還只是一個契機、一個動相。不過是一個最普遍、最高的動相，而且是必須的一個動相而已。這個直線上升往而不返的動相，它本身必須含著一個「反回來」。它不能在原則上排斥這個反回來，否定這個反回來。其為「往而不反」的動相，也只是因「人身」不能作無窮盡的表現，故也只是一個特殊的形態，一個權法。上帝要顯此一相，也要顯「反回來」一相。這「反回來」一相就是孔子所表現的形態。這一來往是一個大骨幹。上帝還要顯種種相。從根本處說，佛也是一相，道也是一相。次一級言，武訓也是一相。（惟有一點須注意，耶穌的形態應函著「反回來」，而佛則本質上不能函反回來，但在圓教上卻可藉賴著不捨不脫而為消極地保住。此其所以不能為骨幹，只能為旁枝。又，孔子所表現的「反回來」，不只是一相，而且是一綜和的相、圓成的相，通著往而貫著來，故顯圓成，不顯破裂。而耶穌則只是破裂。若只破裂而不圓，則破裂之精采亦枯萎。此孔子之所以為大而寬平也。）

　　法人雷南（Ernest Renan）著《耶穌傳》，其第十九章論〈耶穌熱情的激烈化〉，即就放棄一切，只讓人跟着他，而說。甚精采。但於經驗意義、超越意義，以及往來諸義，未能精透。引之如下，以證吾所說：

　　　　在這些過度的嚴肅裏，他甚至消滅了肉體的存在。他的苛求已成為無限制的。他忽視了人性之健全的界限，他要別人純

粹爲他而生活，他要別人除愛他以外，不得愛第二人。
〔……〕這時，他的說教包含着一種超人性的奇特的成分。
這好像是一陣在根上焚燒的生命之火，它使一切成爲可怕的
荒野。創始那種激烈的、悲哀的、厭世情感的，創始那種過
度的、自克的（這是基督教的完全人格的特點），不是初期
的那輕快和悦的倫理學家，而是這憂鬱的巨人──一種偉大
的預感漸漸地把他拋出人類之外。我們可以説：當他與内心
之合法的要求作戰時，他完全忘卻了生活、熱愛、觀賞和感
覺，這些快樂。〔……〕

這狂熱的道德體系既然用一種言過其實而強烈可怕的語句表
達着自己，它會產生一種威脅未來的大危險。它太使人脱離
大地，更擊碎了生活。〔案：一個直線上升的昂揚是耗費生
命的過程，不是生活。〕如果基督教徒爲着基督而反抗父
親，而出賣祖國，他這劣子叛賊，仍會受到贊頌。這樣，古
代的城市（一切之母的共和國）和國家，或是一切之通法，
都被放在上帝之國的敵方裏。一個神權政治之不祥的種子被
引入了世界。〔……〕

我們很快地想像得到：在耶穌一生中這段時期裏，不屬於上
帝之國的一切都已從他的目光裏消失。我們可以如是説：他
簡直整個地生活在大自然之外。家庭、友誼和祖國，對於
他，都不再有任何意義。無疑地，從這時候起，他已經就犧
牲了他的生命。有時候，我們幾乎相信：他認爲他自己的死
是建設天國之一種方法，而他故意地設計着使人殺他。有時
候（雖然這種思想到以後才被立爲教義），他覺得以身殉道

是一種祭禮，可以平息他的天父之怒而拯救人類。一種奇特的追求虐待與苦刑的興趣深浸着他。〔案：此即「自我毀滅之崇拜」之英雄的悲劇之情。〕他覺得他的血好像是他應當用以自浴的第二洗禮的水。一種奇特的焦急似乎佔有着他，使他匆遽地向前迎接這解渴的洗禮。〔……〕

耶穌爲這種可怕的狂熱之大潮所衝捲，爲日益狂熱的說教之要求所指揮，他不能再自主其自己，他已經隸屬於他的使命，在某種意義上說，隸屬於人類。有時候，我們幾乎可以說：他的理智已經迷亂起來。他好像忍受着內在的焦急與悸動。上帝之國的大幻象不斷地在他眼前燃燒着，使他昏眩。我們還須記得：親近他的人都常常相信他已發狂，而他的仇敵認爲他被魔祟。他的過於熱情的氣質，使他無時無刻不軼出人性之外。〔案：此即他的直線上升的神性一面〕。他的工作既然不是理智之工作，而兒戲着一切人性之法則，他所最迫切地苛求着的，便是信心。〔……〕急迫的傲岸的耶穌，不能忍受任何對抗：你們必得皈依——他就只等候着這個。他的本質上的溫柔似乎已經離棄了他。有時候，他是很粗魯而逞性的。弟子們不能再了解他，而在他面前感覺到畏懼。〔案：此所以令人傷心而無可如何者：孤獨寂寞。〕他對於任何最小反抗之不能忍受，使他做出一些不可解釋的表面上荒謬的行爲。

這不是他的德行之低落，而是他的爲著理想反抗現實之戰鬥，已成爲不可支持的，他因與大地之接觸而受傷，而生出強烈的反感。〔案：從經驗意義上說允許。〕阻礙使他惱

怒。他對於上帝之子的觀念混亂起來，誇誕起來。〔案：在直線上升上為上帝之子，固如此，不可說混亂，說誇誕。〕神性之意識也是間歇的。誰也不能終身地繼續地是上帝之子。〔案：此即他的直線上升很快地結束而完成其只為一「動相」之經驗的意義。〕他可以在某幾個時候，以突然的光明而成為上帝之子，接著便迷失在長期的黑暗裡。〔案：此非是。為上帝之子，不是突然的光明。若只是突然的光明，便只是激情，一時的靈感。為上帝之子是內心瑩徹。從經驗意義說，便是直線上升很快地自然結束，以完成其為一動相之使命。從超越意義說，便是直線上升自覺地自我毀滅以完成其為一動相之使命。若直線上升而未自然地結束，亦未自覺地自我毀滅，則峰迴路轉，以表現另一形態，此仍是內心瑩徹，此為「以道殉身」，還是上帝之子。〕這命定的法則（它判定當一個觀念設法去收服信徒的時候，這觀念的力量必會減低），可以適用於耶穌。〔案：雷南所了解的只是經驗意義的，而且是激情的。〕他與人們接觸把他低壓到人們的水平線上。他所採用的語氣不能再支持幾個月之久。這正是死神來得其時的時候；它來結束一個過度緊張的狀態，從不可能的絕路裡拯救他，免除他一個太曠日持久的試驗，而從此把他無懈可擊地引進天上的寧靜裡。〔案：此是從經驗意義上、激情上說的最佳的了解。惟只是經驗意義與激情恐不能盡耶穌之實。蓋若此，其無懈可擊亦只是偶然的幸運。〕

　　我以客觀的悲情契悟了耶穌，同時即以悲情動心忍性，以極大的耐力與忍受接待青年。我一見他們的唯物論的思想，迷迷糊糊地傾向於共產黨，我就難過、起反感。我和他們辯，我忍受他們的諷刺與詆詆。我反而以忍受痛苦，以忍辱波羅密，來開悟他們，以「立住自己」來勸他們，以立生命之根於文化生命，於超越理想，不要植根於任何現實集團上以縛住自己，陷溺自己，來鼓舞他們。然而他們是茫然無覺的。稍有微動者亦不能立地起信。他們只看著這一個現實不好，就嚮往那一個現實。結果仍是落下來，陷於無限的障隔中。我這裡眞實感覺到於物質習氣的糾結中開發「靈明」之難。我自覺地抑下自己壓下自己來打通這障隔。抗戰勝利，我由成都轉至重慶中央大學。人心更披靡，全不見有任何凝聚與開朗之象。一時的歡喜，轉眼即轉而爲渙散、放肆與墮落。人的目光不看外了，轉而看內，看自己的現實政局。共黨拚命地不顧一切地要搶奪，其他集團則結而爲民主同盟，向國民黨要民主。國民黨不能正視民主政體建國意義與莊嚴使命，是一大癥結，逼使非共的人士或集團向共黨靠攏以自重。講民主是很對的。但當時的民主同盟全沒有綜和的超越的自立意識，只落於現實上爭奪秋色。因此看不淸自己（只有現實的私利），也看不淸共黨（只認爲它是一個現實的有力集團），更看不淸華族的道路。紛紛攘攘，鬧的一塌糊塗。此誠如莊子所說：「其發若機括，其司是非之謂也。」全落於現實的機括中，而不能自拔。好像命定要在機括中促成共黨的來臨。這個歷史的悲劇，好像任何人不能挽。我當時曾以長函勸告梁漱溟與張東蓀兩先生，主要的意思只在明兩點：一、一個有思想、有責任感的思想家與政治家不可落於「激情的反動」（因爲他們兩人都是對於

國民黨某幾人衷心無好感的）；二、要為青年人作眼目，為華族作
主人，心思不可全落於現實，否則雖爭民主，而結果是罪人，民主
亦不可得。然而他們全不考慮這些，只在現實上團團轉，轉到這一
面，有一套系列串中的是非，轉到那一面亦有一套系列串中的是
非。他們好像只在這系列串中討興趣，耍精神。我悲憤極了。茫茫
大地，直無可與語。那時我的氣太盛，任何人我都不讓：中年人、
老年人的昏庸無聊，我尤其憎惡。我毫不顧惜地和他們決裂。此
時，蘇俄侵佔東北，遲不撤兵，阻碍接收，殘殺張莘夫，惹起青年
的憤怒。全國學生大遊行於焉暴發，我亦參與其中。共黨銷聲匿
迹，民盟無動於中。可見青年人是有良知的。然而無人為之作主，
不能就此提點義理，立定自己，則一現之後，復歸於昏迷，又為共
黨所拖引。從此以後，江河日下，局勢日非。中大遷南京，吾與友
朋數人，出版《歷史與文化》月刊，從頭疏解華族之文化生命、學
術命脈，如何發展而有今日，民族生命之途徑何在，凡此種種，期
有以徹底反省。然而經費無著，出四期而止。不二年而南京垮，共
黨渡江。吾由杭州浙大赴廣州。友人黃艮庸先生問將何往？曰：去
台灣。曰：去則不得復返矣。曰：未必然，且得返不得返，亦非吾
所注意。從此以後，浪迹天涯，皆無不可。反正地球是圓的，只有
前進，決無後退之理。只要有自由生存空間，吾即有立足地。吾之
生命依據不在現實。現實一無所有矣。試看國在那裡，家在那裡？
吾所依據者華族之文化生命，孔孟之文化理想耳。幸而尚有台灣一
生存空間。來台後，友人徐復觀先生倡辦《民主評論》。吾仍本吾
辦《歷史與文化》之精神，多有撰述。此已屆徹底反省之時。其結
果為《歷史哲學》之寫成。同時唐君毅先生、徐復觀先生皆有空前

之闡發。就吾個人言，從成都到共黨渡江，這五、六年間，是我的
「情感」（客觀的悲情）時期（純哲學思辨則是《認識心之批判》
之寫成）。來台後，則根據客觀悲情之所感而轉爲「具體的解
悟」，疏導華族文化生命之本性、發展、缺點，以及今日「所當
是」之形態，以決定民族生命之途徑，簡言之，由情感轉而爲理
解。這邪惡的時代，實須要有「大的情感」與「大的理解」。「大
的情感」恢弘開拓吾人之生命，展露價值之源與生命之源。「大的
理解」則疏導問題之何所是與其解答之道路。由此而來者，則將爲
「大的行動」。然而《歷史哲學》寫成之時，吾已憊矣。純理智思
辨之《認識心之批判》是客觀的，非存在的；《歷史哲學》雖爲
「具體的解悟」，然亦是就歷史文化而爲言，亦是客觀的。此兩部
工作，就吾個人言，皆是發揚的，生命之耗散太甚。吾實感於疲
憊。子貢曰：「賜倦於學矣。」吾實倦矣。倦而反照自己，無名的
荒涼空虛之感突然來襲。由客觀的轉而爲「主觀的」，由「非存在
的」轉而爲「存在的」，由客觀地存在的（「具體解悟」之用於歷
史文化）轉而爲主觀地、個人地存在的。這方面出了問題，吾實難
以爲情，吾實無以自遣。這裡不是任何發揚（思辨的或情感的）、
理解（抽象的或具體的），所能解答，所能安服。吾重起大悲，個
人的自悲，由客觀的悲情轉而爲「主觀的悲情」。客觀的悲情是悲
天憫人，是智、仁、勇之外用。主觀的悲情是自己痛苦之感受。
智、仁、勇是否能收回來安服我自己以解除這痛苦呢？吾實在掙扎
中。在此痛苦中，吾病矣。當子貢說「賜倦於學矣」，願息這，願
息那，而孔子告以皆不可息。子貢言下解悟，吾無子貢之根器。吾
將如何再主觀地恢復此「不息」以和悅調伏我自己，眞正地作到進

德修業？這將是「大的行動」能否來臨之生死關頭。吾爲此而病。
這是我現階段的心境。下章，我即以「文殊問疾」爲題來表示我現
階段的感受。

第六章
文殊問疾

一　孔子的指點

《荀子‧大略篇》：

> 子貢問於孔子曰：「賜倦於學矣。願息事君。」孔子曰：
> 「《詩》云：『溫恭朝夕，執事有恪。』事君難，事君焉可
> 息哉？」「然則賜願息事親。」孔子曰：「《詩》云：『孝
> 子不匱，永錫爾類。』事親難，事親焉可息哉？」「然則賜
> 願息於妻子。」孔子曰：「《詩》云：『刑於寡妻，至於兄
> 弟，以御於家邦。』妻子難，妻子焉可息哉？」「然則賜願
> 息於朋友。」孔子曰：「《詩》云：『朋友攸攝，攝以威
> 儀。』朋友難，朋友焉可息哉？」「然則賜願息耕。」孔子
> 曰：「《詩》云：『晝爾於茅，宵爾索綯，亟其乘屋，其始
> 播百穀。』耕難，耕焉可息哉？」「然則賜無息者乎？」孔
> 子曰：「望其壙，皋如也，嵮如也，鬲如也。此則知所息
> 矣。」子貢曰：「大哉死乎！君子息焉，小人休焉。」

　　子貢之倦是心倦，非身倦。如是身倦，則可因睡眠或休息而得恢復。蓋身體生理之蘊蓄與發用是一強度量，如發條然。發條之壓縮而蓄其力，是謂緊張。緊張至何度，其發散振動之波幅即至何度。這是成正比例的。發散完，則緊張轉而為鬆弛。此即所謂倦，所謂疲，所謂軟。發條之壓縮與發散，其重複亦不能無限，亦是強度的。重複久了，則損壞而歸於虛無。人之身體生理，其蘊蓄發散之重複亦不能無限，亦是強度的。重複久了，則力盡而無所蘊蓄，或蘊蓄不起，而至於病，則乾枯而漸滅。此即生老病死之強度過程。故身倦之因休息而得恢復，不是無限的。倦之極則病而死矣。病之可治亦不是永遠的。此所謂治好病，治不好命。及至力盡命歇，連病亦無。終歸虛空。此無可轉也。生理強度之有限性是人之「存在基礎」上之無可奈何者。無人能揮戈以駐日，亦無人能駐顏而不老。上帝亦無可如何。吾人可逆來順受，於此作順想，即：不想上帝亦無可如何，但想上帝就是讓日月輪轉不息的，就是讓有物質性的有限存在，人亦在內，遷流不住的。上帝依其本性造萬物就是這樣的，何可逆想？但於上帝處不可逆想（即只可順想，此所謂「順之則生天生地」），而在人的分上，則不能無大悲。人對於物質存在、生理強度之有限性，起無可奈何之大悲，便就是逆想。逆想而於另一根源上求一可奈何，即求得一解脫，不直接於物質存在上求奈何，即求其不變而常駐，但只於另一根源上求得一無限而永恆。此種於另一根源上求得無限而永恆，只有人會如此，此即所謂「人身難得」也。（人身難得，而既得矣，則佛法即無所謂難聞。蓋人本質上即會逆想而於另一根源上得解脫。）此種逆想而於另一

根源上求解脫，便是所謂「逆之則成聖成賢」也。此另一根源，便是心靈的活動。此心靈活動之方向，有各種形態。就已有者大體言之，耶穌是一形態，釋迦是一形態，老莊是一形態，孔孟是一形態。皆逆之而於心靈上得解脫，使吾人取得一無限而永恆之意義，使吾人有限之存在轉而爲一有無限性之存在。人必然會逆，亦必然會轉而爲一有無限性之存在。因此人必會成聖成賢。人之成聖成賢即以其能取得一無限而永恆之意義，轉而爲一有無限性之存在，來規定。只有人會在生命中起如此之波濤而轉化其自己。上帝不會，動植物不會。此人之所以波瀾壯闊，可歌可泣也。

　　但是心靈並不是很順適容易地一下子即可取得無限而永恆之意義，一下子即可使吾人轉爲有無限意義之存在而成聖成賢。於此而有心倦。請言心倦。

　　子貢之倦是心倦，此亦是一種心病。契爾克伽德（Kierkegaard）有「病至於死」之說。此病是一種虛無、怖慄之感，忽然墮於虛無之深淵，任何精神價值的事業掛搭不上。但是此種「病」可因信仰而得救。此就是因信仰而從虛無之深淵裡縱跳出來。從喪失一切而獲得一切。此是基督敎之形態。子貢之倦，其背後「存在之感受」不可得而詳。願息事君，願息事親，願息妻子，願息朋友，願息乎耕：此即示任何精神價值的事業皆掛搭不上，生命倦弛而脫節。孔子指點以事君難，事親難，妻子難，朋友難，耕難，皆不可息。此所謂「難」，是德業之鄭重，須有「仁者其言也訒」、「仁者先難而後獲」、「剛毅木訥近仁」的「肫肫其仁」之精神以赴之，焉可息而已哉？孔子說難是鄭重以勉之，不是沮喪以畏之。此是順德業之價值性而爲一箭雙鵰之表詮：既肯定了德業之

鄭重，復指點了其「於穆不已」之仁體。仁體呈露自無難而自能不息。故孔子不厭不倦是仁者精神，是「肫肫其仁」之表示。其生命純是一「於穆不已」之仁體。故吾人即由此不厭不倦契悟仁體，契悟孔子所說之「仁」。孔子之生命純是一「於穆不已」之仁體，故能淵淵其淵，浩浩其天，取得無限而永恆之意義，轉而為一有無限性之存在，而為大聖也。孔子對子貢只是根據其仁體而如此如此說，實亦除此並無妙法。而子貢便言下覺悟曰：「大哉死乎！君子息焉，小人休焉。」其覺悟只是理之當然之解悟乎？抑真能恢復其不息而順適條暢其生命乎？如只是解悟理之當然，則其心倦仍未治愈也。如真能恢復其不息，則非其病不深，即是上上根器。子貢亦不可及也。子貢心倦背後之「病至於死」之「存在的感受」究如何，不可得而詳。故「病至於死」之嚴重尚不能由此對話全幅暴露出。契爾克伽德於此言之可謂切矣。但吾在此不想說契氏的感受以及其表示其感受之觀念。吾想藉文殊問疾，以作更進一層的表露。

二　文殊問疾

> 是無垢稱，以如是等，不可思議，無量善巧，方便慧門，饒益有情。其以方便現身有疾。以其疾故，國王、大臣、長者、居士、婆羅門等及諸王子，並餘官屬，無數千人，皆往問疾。〔……〕
>
> 時無垢稱作是思維：我嬰斯疾，寢頓於床，世尊大悲，寧不垂憫，而不遣人來問我疾？爾時，世尊，知其所念，哀憫彼故，告舍利子：汝應往詣無垢稱所，問安其疾。時舍利子，

白言：世尊！我不堪任，詣彼問疾。〔……〕

爾時，佛告妙吉祥言：汝今應詣無垢稱所，慰問其疾。時妙吉祥，白言：世尊！彼大士者，難爲酬對。深入法門，善能辯說。住妙辯才，覺慧無礙。一切菩薩，所爲事業，皆已成辦。諸大菩薩，及諸如來，秘密之處，悉能隨入。善攝眾魔，巧辯無礙。已到最勝，無二無雜，法界所行，究竟彼岸。能於一相，莊嚴法界，說無邊相，莊嚴法門。了達一切，有情根行，善能遊戲，最勝神通，到大智慧，巧方便處。已得一切，問答抉擇，無畏自在，非諸下劣，言辯辭鋒，所能抗對。雖然，我當承佛威神，詣彼問疾。若當至彼，隨己能力，與其談論。於是眾中，有諸菩薩，及大弟子，釋梵護世，諸天子等，咸作是念：今二菩薩，皆具甚深廣大勝解。若相抗論，決定宣說，微妙法教。我等今者，爲聞法故，亦應相率，隨從詣彼。〔……〕

時無垢稱，心作是念：今妙吉祥與諸大眾，俱來問疾，我今應以己之神力，空其室內，除去一切，床座資具，及諸侍者，衛門人等。唯置一床，現疾而臥。時無垢稱，作是念已，應時即以，大神通力，令其室空，除諸所有，唯置一床，現疾而臥。

時妙吉祥，與諸大眾，俱入其舍，但見室空，無諸資具，門人侍者。唯無垢稱，獨寢一床。

時無垢稱，見妙吉祥，唱言：善來！不來而來，不見而見，不聞而聞。妙吉祥言：如是！居士！若已來者，不可復來！若已去者，不可復去。所以者何？非已來者，可施設來，非

已去者，可施設去。其已見者，不可復見，其已聞者，不可復聞。且置是事。居士所苦，寧可忍不？命可濟不？界可調不？病可療不？可令是疾，不至增乎？世尊殷勤，致問無量，居士此病，少得瘥不？動止氣力，稍得安不？今此病源，從何而起？其生久如？當云何滅？

無垢稱言：如諸有情，無明有愛，生來既久，我今此病，生亦復爾。遠從前際，生死以來，有情既病，我即隨病。有情若愈，我亦隨愈。所以者何？一切菩薩，依諸有情，久流生死，由依生死，便即有病。若諸有情，得離疾苦，則諸菩薩，無復有病。譬如世間，長者居士，唯有一子，心極愛憐，見常歡喜，無時暫捨。其子若病，父母亦病，若子病愈，父母亦愈。菩薩如是，憫諸有情，猶如一子。有情若病，菩薩亦病，有情病愈，菩薩亦愈。又言是病，何所因起？菩薩疾者，從大悲起。

妙吉祥言：居士此室，何以都空，無復侍者？無垢稱言：一切佛土，亦復皆空。問何以空？答以空空。又問此空，爲是誰空？答曰此空，無分別空。又問空性，可分別耶？答曰此能分別亦空。所以者何？空性不可分別爲空，又問此空當於何求？答曰：此空當於六十二見中求。又問：六十二見當於何求？答曰：當於諸佛解脫中求。又問：諸佛解脫當於何求？答曰：當於一切有情心行中求。又：仁所問，何無侍者？一切魔怨，及諸外道，皆吾侍也。所以者何？一切魔怨，欣讚生死；一切外道，欣讚諸見。菩薩於中，皆不厭棄。是故魔怨，及諸外道，皆吾侍者。

妙吉祥言：居士此病，爲何等相？答曰：我病，都無色相，亦不可見。又問：此病，爲身相應，心相應？答曰：我病非身相應，身相離故；亦身相應，如影像故。非心相應，心相離故；亦心相應，如幻化故。又問：地界、水火風界，於此四界，何界之病？答曰：諸有情身，皆四界起。以彼有病，是故我病。然此之病，非即四界，界性離故。

無垢稱言：菩薩應云何慰喻有疾菩薩，令其歡喜？妙吉祥言：示身無常，而不勸厭離於身；示身有苦，而不勸樂於涅槃；示身無我，而勸成熟有情；示身空寂，而不勸修畢竟寂滅；示悔先罪，而不說罪有移轉；勸以己疾，憫諸有情，令除彼疾；勸念前際所受眾苦，饒益有情；勸憶所修無量善本，令修淨命；勸勿驚怖，精勤堅勇；勸發弘願，作大醫王，療諸有情身心眾病，令永寂滅。菩薩應如是慰喻有疾菩薩，令其歡喜。

妙吉祥言，有疾菩薩云何調伏其心？無垢稱言，有疾菩薩應作是念：今我此病，皆從前際，虛妄顚倒，分別煩惱，所起業生。身中都無一法眞實，是誰可得而受此病？所以者何？四大和合，假名爲身。大中無主，身亦無我。此病若起，要由執我。是中不應妄生我執。當了此執，是病根本。由此因緣，應除一切有情我想，安住法想。應作是念：眾法和合，共成此身，生滅流轉，生唯法生，滅唯法滅。如是諸法，展轉相續，互不相知，竟無思念。生時不言我生，滅時不言我滅。有疾菩薩，應正了知，如是法想，我此法想，即是顚倒。夫法想者，即是大患。我應除滅，亦當除滅一切有情、

如是大患。云何能除如是大患？謂當除滅，我我所執。云何能除我我所執？謂離二法。云何離二法？謂內法外法，畢竟不行。云何二法畢竟不行？謂觀平等，無動無搖，無所觀察。云何平等？謂我、涅槃，二俱平等。所以者何？二性空故。此二既無，誰復爲空？但以名字，假說爲空。此二不實，平等見已，無有餘病，唯有空病。應觀如是空病亦空。所以者何？如是空病，畢竟空故。有疾菩薩，應無所受，而受諸受。若於佛法未得圓滿，不應滅受而有所證，應離能受所受諸法。若苦觸身，應愍險趣一切有情，發起大悲，除彼眾苦。有疾菩薩應作是念：既除己疾，亦當除去有情諸疾。如是除去自他疾時，無有少法而可除者。應正觀察疾起因緣，速令除滅，爲說正法。何等名爲疾之因緣？謂有緣慮，諸有緣慮，皆是疾因。有緣慮者，皆有疾故。何所緣慮？謂緣三界。云何應知如是緣慮？謂正了達此有緣慮都無所得。若無所得，則無緣慮。云何絕緣慮？謂不緣二見。何等二見？謂內見外見。若無二見，則無所得。既無所得，緣慮都絕。緣慮絕故，則無有疾。若自無疾，則能斷滅有情之疾。又妙吉祥，有疾菩薩，應如是調伏其心，唯菩薩菩提能斷一切老病死苦。若不如是，己所勤修，即爲虛棄。所以者何？譬如有人能勝怨敵，乃名勇健。若能如是永斷一切老病死苦，乃名菩薩。又妙吉祥，有疾菩薩，應自觀察，如我此病，非真非有。一切有情所有諸病，亦非真非有。如是觀時，不應以此愛見纏心，於諸有情，發起大悲。唯應爲斷客塵煩惱，於諸有情，發起大悲。所以者何？菩薩若以愛見纏

心，於諸有情，發起大悲，即於生死而有疲厭。若爲斷除客
塵煩惱，於諸有情，發起大悲，即於生死無有疲厭。菩薩如
是爲諸有情，處在生死，能無疲厭，不爲愛見纏繞其心。以
無愛見纏繞心故，即於生死無有繫縛。以於生死無繫縛故，
即得解脫。以於生死得解脫故，即便有力宣說妙法，令諸有
情，遠離繫縛，證得解脫。

　　案：無垢稱即維摩詰，妙吉祥即文殊師利。鳩摩羅什譯爲《維
摩詰經》，玄奘譯爲《說無垢稱經》。以上所抄，乃玄奘譯也。維
摩詰「現身有疾」，佛告文殊菩薩前往問疾，故曰文殊問疾。維摩
詰現身有疾，並非眞疾，欲藉此機宣說法敎。故云：「今二菩薩，
皆具甚深廣大勝解。若相抗論，決定宣說微妙法敎」。此中微妙法
敎，決定即在「遠從前際、生死以來，有情旣病，我即隨病」一
語。此在佛道，名曰「不舍衆生」；在儒者，名曰「吉凶與民同
患」。與民同患是仁者心腸，以仁爲本；不舍衆生是菩薩願力，以
悲爲本。由悲心，發願力，轉法輪，具有「不可思議無量善巧方便
慧門」，此是證得法身而現「化身」。故曰：

　　雖爲白衣，而具沙門威儀功德。雖處居家不著三界。示有妻
　　子，常修梵行。現有眷屬，常樂遠離。雖服寶飾，而以相好
　　莊嚴其身。雖現受食，而以靜慮等至爲味。雖同樂著博奕嬉
　　戲，而實恆爲成熟有情。雖稟一切外道軌儀，而於佛法，意
　　樂不壞。雖明一切世間書論，而於內苑賞玩法樂。雖現一切
　　邑會衆中，而恆爲最說法上首。爲隨世敎，於尊卑等所作事

業，示無與乖。雖不希求世間財寶，然於俗利，示有所習。
爲益含識，遊諸市衢。爲護群生，理諸王務。入講論處，導
以大乘。入諸學堂，誘開童蒙。入諸淫舍，示欲之過。爲令
建立正念正知，遊諸伎樂。若在長者，長者中尊，爲說勝
法。若在居士，居士中尊，斷其貪著。若在剎帝利，剎帝利
中尊，敎以忍辱。若在婆羅門，婆羅門中尊，除其我慢。若
在大臣，大臣中尊，敎以正法。若在王子，王子中尊，示以
忠孝。若在内官，内官中尊，化正宮女。若在庶人，庶人中
尊，修相似福，殊勝意樂。若在梵天，梵天中尊，示諸梵
衆，靜慮差別。若在帝釋，帝釋中尊，示現自在，悉皆無
常。若在護世，護世中尊，守護一切利益安樂。是無垢稱，
以如是等，不可思議，無量善巧，方便慧門，饒益有情。

其現身有疾，是方便之一。「有情旣病，我即隨病。有情若愈，我
亦隨愈。」此是菩薩心腸，亦是菩薩境界。已獲轉依，身心安暢，
或病或愈，方便自如。然有情淪於生死，實實是病，是一層。菩薩
已得解脫，現身有疾，又是一層。此兩層間欲轉未轉，而有虛脫之
苦，此是落於虛無之深淵。此又是一層。契爾克伽德所謂「病至於
死」，即是此層之病。我不知維摩詰經過此層否，我亦不知其如何
由此層（如其有之）而得轉出。我今但說我之陷於此層之苦。

三　「病至於死」──生命的兩極化

　　生命由混沌中之蘊蓄而直接向外撲，向外膨脹，成爲氾濫浪漫之階段，再稍爲收攝凝聚而直接向外照，成爲直覺的解悟，再凝聚提練而轉爲架構的思辨：這一切都是心力之外用，生命之離其自己。就是在客觀的悲情中，而進於具體的解悟，成就歷史哲學，也是心力之向外耗散，生命之離其自己。生命之蘊蓄，雷雨之動滿盈，膨脹耗散，而至其極，疲倦了，反而照察自己，生命由遊離而歸於其自己，忽而頓覺一無所有：由蘊蓄一切，一轉而爲撤離一切，生命無掛搭，頓覺爽然若失，即在此一霎，墮入「虛無之深淵」。心力之向外膨脹耗散，是在一定的矢向與途徑中使用，在此使用中，照察了外物，貞定了外物，此就是普通所謂學問或成就。我的心力與生命亦暫時在那一定矢向與途徑中得到貞定。但這貞定實在是吊掛在一定矢向與途徑中的貞定，亦實在是圈在一機括中的貞定，甚至尙可說是一種凍結與僵化的貞定。一方是吊掛，一方是凍結，那不是眞正貼體落實順適條暢的貞定。就是那照察外物，貞定外物，也是有限的、表面的、抽象的、吊掛的。凡在一定矢向的途徑中的照察總是有限的、表面的、抽象的、吊掛的。永不能達到具體、周匝、備天地之美、稱神明之容的境地（參看《認識心之批判》第3卷）。就是在客觀的悲情中，具體解悟之應用於歷史文化，那客觀的悲情也是生命外用之原始的表現，那悲情也是在一定矢向中表現，這是悲情之「他相」。他相的悲情是自外而起悲，故云客觀的，客觀的即函是外用的，是在一定矢向中的，是順其生命之根而直接外趨的，是落在好惡的判斷上的。所以也是一種耗散。尙不是那悲情之「自相」，不是那從「主」而觀的悲情，不是那超越了好惡的「無向大悲」之自己，不是回歸於自己而自悲自潤的重

新「在其自己」的「悲情三昧」。所以耗散的悲情亦是抽象的、吊掛的。我幾時能融化那凍結,懸解那吊掛,而歸於貼體落實順適條暢之貞定,達到具體、周匝、備天地之美、稱神明之容之境,並且達到歸於自己而自悲自潤的重新「在其自己」的「悲情三昧」呢?這消極的機緣即在吊掛抽象之極而疲倦,反照我自己,而頓覺爽然若失,一無所有。凡吊掛抽象之極必然要疲倦、要厭離,在厭離中,拆穿了那假的貞定,知道那是凍結,那是吊掛,那裡的一切都不足恃,都是身外之物,與自己毫不相干,無足輕重,自己處一無所有。充實滿盈的世界一變而為虛無星散的世界:一切全撤離了,我們的生命無交待處,無掛搭處。這就是存在主義者所說的從「非存在的」轉到「存在的」的第一步感受。

這一步存在的感受是個體性破裂之痛苦的感受。「我」原是一個統一的個體。但經過向外耗散、抽象、吊掛,生命寄託於「非存在的」抽象普遍性中,此是外的普遍性,外的普遍性不能作我生命寄託之所,而彼亦不能內在於我的生命中以統一我的生命,而我自己生命中本有之普遍性又未在「存在的踐履」中呈露而盡其統一之責,是則生命全投注於一外在抽象的非存在的普遍性中而吊掛,一旦反照自己之現實生命,則全剩下一些無交待之特殊零件,生理的特殊零件,這種種的特殊零件其本身不能圓融團聚,與其本身以外的現實世界亦不能相接相契,而全成陌生、障隔,每一零件需要交待而無交待,需要款待而無款待,全成孤零零的飄萍。此即為特殊與普遍性之破裂。自己生命中真實的普遍性沒有呈現,本說不上破裂。只是向外投注所撲著的外在普遍性本不能內在化,愈向外投注而趨於彼外在的普遍性之一極,則我之現實生命即愈下墮

而趨於純爲特殊零件之特殊性之一極。這兩極之極化，在向外投注的過程中，本已不自覺的早已形成，今忽而從抽象普遍性之一極被彈回來而反照，則遂全彰顯而暴露。此即爲兩極化所顯之普遍性與特殊性之外在的破裂。此破裂全由生命之向外膨脹、向外投注而拉成。由此破裂之拉成，遂使自己現實生命一無所有，全成特殊之零件，即使自己生命中本有之內在的眞實普遍性，原爲解悟所已悟及者，亦成外在化而不能消融於生命中以呈其統一之實用。此本有之眞實普遍性亦外在化而不能呈用，亦被推出去而不能消受，一如胃口不納，遂並養人之五穀亦被推出去，而不能消受之以自養，此方眞是普遍性與特殊性之內在的破裂。此眞是一種病，一切掛搭不上而只剩下特殊零件，而又眞眞感受到痛苦，這是「病至於死」之痛苦、虛無怖慄之痛苦，惟覺痛苦方是病。若不覺痛苦，則亦不知其爲病。此覺便是「存在的」痛苦、虛無、怖慄之感受。

　　我常對朋友說，我的情感生活是受傷的。我無家庭之溫暖。我的家庭是一個苦寒的大家庭，兄弟姊妹多，父母爲生活勞苦終日，無暇照拂子女，亦無暇給子女以情感上的培育，多在自然狀態中拖過。即使是如此，如我第一章所述，那也是「生命在其自己」之諧和的生活。自離家求學，我即過一種「生命離其自己」之非生活的生活。時在生命向外膨脹中，不覺其苦。然父親對於兄弟姊妹乃至子姪之命運之觀察與預感，給我很大的刺激，我每於寒暑假回家，他便縷述各人之生相、性情給我聽。他的結論是沒有一個是有福的，看來都要受苦，而付之以無可奈何之嘆。他只就各個人直接觀察。我當時不明其所以，心想吾人勤儉平正，雖無富貴，何至受苦？後來我才知道，那是一種共業，大家都要受苦，這是一種民族

的劫數，早就反映到每個人的相貌與心習上。浮動在社會上層的都是妖孽，鄉間的誠樸農民，則是無辜遭殃。毛澤東是地獄閻王。若依「遠從前際生死以來」說，則誠樸的農民本身固無罪，但生出這樣一些在都市讀書出洋留學的知識分子，便就是罪。在鄉間作父母的、作子女的、作兄弟的、作姊妹的，都要受果報的牽連。暴發即在緣由於八年的抗戰，而結果於在此抗戰中由共黨的坐大反而清算鬥爭，連根拔起，從南到北，從東到西，無一倖免。大地到處有啼痕，怨毒流遍於人間。我回想父親的縷述真是「山雨欲來風滿樓」的預感，象徵著共劫的即將來臨。我親身一一感受著、印證著。如上章開頭所說：「在時代的不斷的刺激中，我不斷的感受，不斷的默識中，我漸漸體會到時代的風氣、學術的風氣、知識分子的劣性、家國天下的多難、歷史文化的絕續。」同時我親身感受著我的家庭骨肉之遭難與受苦，我所識與不識的一切家庭骨肉之遭難與受苦。

　　民卅年秋，日寇擾及吾鄉。家人都逃。先父年老（七十）臥病（麻痺），不能動。日寇推置中庭，通宵達旦。是秋即含恨以歿。時吾在大理未得盡絲毫人子職。空間上的遠隔，造成時間上的永別。後來共黨邪惡，與民為仇。一日，在吾祠堂上午鬥爭吾蒙師，彼係吾族叔。吊在樑上打他的，即是他的親侄。下午即鬥爭吾大兄，把他屋中所有，雖一箸一碗亦不留，掃數拿走，惟未辱打。據云此是鬥爭中之最輕者。吾妹丈家，則掃地出門，而妹丈死焉。吾妹及子女無安身地，寄居大兄處，吾不知他們何以為生。共黨造惡，天理難容。然竟容之，非共劫而何？吾一身飄流海外，家破、國亡，一切崩解。社會的、禮俗的、精神的、物質的，一切崩解。

吾之生命亦因「離其自己」而破裂。此世界是一大病，我之一身即是此大病之反映。此世界是破裂的，我亦是破裂的；此世界是虛無的，我亦是虛無的。此世界人人失所受苦，我亦失所受苦。此亦是「有情既病，我即隨病」。但在我只是被動的反映，不是菩薩之「現身有疾」。世界病了，我亦病了。這客觀地說，我之「被動的反映」之真病，亦可以把這共劫之大病暴露給世人看，暴露給後世子孫看，讓今人、後人以及我自己，從速歸於順適條暢。

四　沉淪之途

在「被動的反映」之真病中，我　方感受著虛無、怖慄之痛苦，我一方又落於契爾克伽德所說之人生之「感性階段」。在這兩個起伏中，我痛苦極了。

白天，人生活於忙碌、紛馳、社交、庸眾中，「我」投入「非我」之中，全成為客觀的。個體的我投入群體中，成為非個體的我。存在的真個人、真個體、真主體、真主觀的獨自的感受，全隱蔽起來，而只是昏沉迷離地混拖過去。可是到了晚間，一切沉靜下來，我也在床上安息了。但是睡著睡著，我常下意識地不自覺地似睡非睡似夢非夢地想到了父親，想到了兄弟姊妹，覺得支解破裂，一無所有，全星散而撤離了，我猶如橫陳於無人煙的曠野，只是一具偶然飄萍的軀殼。如一塊瓦石，如一莖枯草，寂寞荒涼而愴痛，覺著覺著，忽然驚醒，猶淚洗雙頰，哀感宛轉，不由地發出深深一嘆。這一嘆的悲哀苦痛是難以形容的，無法用言語說出的。徹裡徹外，整個大地人間，全部氣氛，是浸在那一嘆的悲哀中。是真可謂

「悲嘆三昧」了。我躺在床上，一如夢中之橫陳於曠野。我那時的
心境深深浸潤於那悲嘆三昧中，全部浸潤於無所思而全是思的「悲
思」中，無所感而全是感的「悲感」中，無所覺無所解而全是覺全
是解的「悲覺寂照」中。這是虛無、怖慄、痛苦之感中的悲思自
身、悲感自身、悲覺寂照自身。「虛無」是一切「有」全撤了，足
以成全一切有的「良知本體」、「天命之性」亦皆掛空而外在化
了，我不能肯定之而潤吾身健吾行。怖慄就是對這「虛無」的無名
恐怖，無一定對象可懼而由虛無促成的怖感自身，怖慄三昧。這是
一種無名的啃嚙著吾心的痛苦。我無一種慰藉溫暖足以蘇醒吾之良
知本體、天命之性，以表現其主宰吾之「人的生活」之大用。我感
覺到我平時所講的良知本體、天命之性，全是理解之解悟的，全是
乾枯的、外在的，即在人間的關係上、家國天下上、歷史文化上，
我有良知的表現，而這表現也是乾枯的、客觀的、外在的。但這良
知不但要在這些客觀的外在的事上作乾枯的表現，且亦要在自家心
身上作主觀的、內在的、潤澤的表現。如果這裡挖了根，則良知就
掛了空而為客觀地、非存在地、非個人地抽象表現，而不是真正個
人地、踐履地具體表現。此仍是滿足理解之要求，即屬踐履，亦是
客觀的外在的踐履。外在地就客觀之事說，雖屬良知之理，而內在
地就個人生活之情說，全是情識之激蕩。外在地、客觀地說，好像
不是情識，而內在地主觀地說，則實是情識。此就是良知只顯為客
觀之理與客觀之情，靠內在的激蕩以解決某一問題、形成某一問
題，並實現某種客觀的外在的事業，而卻不顯其主觀之潤，以順適
條暢個人自己之生命，此即所謂「不是真正個人地踐履地具體表
現」。有了「主觀之潤」之具體表現，良知本體才算真正個人地、

存在地具體生根而落實，由此引生出客觀的表現，則亦是徹內外俱是良知之潤而為存在的，此方是真正的主客觀之統一，在個體的具體踐履中之統一，此是聖賢心腸，聖賢境界之所至。

　　然蘇醒良知本體以為「主觀之潤」之具體表現在個人踐履發展過程中，是需要人倫生活之憑藉的。故有子曰：「孝弟也者其為仁之本與！」而程伊川狀明道曰：「知盡性至命，必本乎孝弟，窮神知化，由通於禮樂。」離開孝弟，性之盡即無具體表現，而只能跨過個人向客觀事業上表現，而自己個人生活處反成虛脫忽略，而可漏過，此即盡性有缺憾，而非真正之盡性。非然者，即根本無盡性可言，而只停滯於捨離而乾枯之寂滅心境上，在此寂滅心境上，儘管說「即寂即照」，「無量善巧方便慧門」，吾亦仍說是停滯於捨離而乾枯之寂滅心境。至於「窮神知化，由通於禮樂」，即不能離開人文世界而空言神化。禮樂亦是本孝弟以盡性中的事。離開禮樂而言神，則是外在而隔絕的神，離開盡性而言化，則是機智而乾慧的化。要者皆缺「主觀之潤」之具體表現之一環。這一環之重要，我深深感覺到，而悲我自身之不能得。人倫生活是維持「生命在自己」之生活之基礎形態，亦是良知本體之具體表現而為主觀之潤之最直接而生根之憑藉。但是我在這裡全撤了。我未過過家庭生活。孝弟在我這裡成了不得具體表現的空概念。我自離家以後，父親所預感的受苦與崩解很快地到來。父親在苦難的老運中去世了。翌年，我那聾啞的叔弟又在廿歲左右亡故了。共黨的邪惡使我的兄弟姊妹子侄個個皆散離失所而受苦。我自念：父親在時，這些脆弱的生命，由父親的維繫、撫育、涵蓋，而得團聚與滋長。我雖在外過其耗散生命的抽象生活，然而在隔地不隔神的情形下，我亦得到依

止的憑藉與維繫。父親不在，這些脆弱生命都成爲孤苦星散的靈
魂，不得享受其天地之位育、人間之位育、家庭之位育，成爲顛連
而無告。這是大崩解、大虛無、大憾恨、大可悲而無可挽轉彌補的
痛苦。我亦失掉了依止的憑藉與維繫，而只剩下了橫陳於曠野的七
尺之軀。我一直在感受著這痛苦而發深深無端之悲嘆。我自念：我
現在只有以這浮現出的「悲嘆三昧」來照臨著潤育著我虛無荒涼的
自己以及我那些不得享受其位育以完成其各人自己的兄弟姐妹與子
侄，甚至那整個在崩解受苦中的中華民族的兒女。我不但是感受這
虛無的痛苦，我還爲悲嘆我自己的落於「感性沈淪」而痛苦。

　　我的生命之兩極化僵滯了我特殊性一極之特殊零件。我的一介
一塵一毛一髮，似乎都已僵滯而不活轉，乾枯而不潤澤。因爲向外
傾注之定向的、抽象的思考拖著我的現實生命而把它呆滯了。心思
愈向外傾注，現實生命愈向下頹墮，而且相應著那向上向外傾注之
定向而亦在定向中呆滯。一旦反照回來，覺得特殊性一極之無交待
無著處，一方固有虛無之感，一方亦隨著因虛無而對「存有」之渴
求而忽然觸動了那呆滯的一介一塵一毛一髮個個零件之感覺。這個
個零件好像都有靈感似的，亟須求活轉求申展以暢通其自己。於
是，我落於感性之追逐。

　　生命離其自己而投注於抽象的非存在的普遍之理，這種生活是
非實際的、非存在的生活。用著體力去操作製作的生活是實際的存
在的生活。農民、工人是實際的存在的生活，但不是自覺地能認定
這是盡性踐道之操作與製作，而是純爲著物質的生存，故其操作與
製作全落於「物質的接觸」之製作與操作。儒者盡性踐道，將良知
本體體之於心身而爲實際的踐履，則是聖賢境界的實際的存在的生

活,此是精神的實際存在的生活。我既沒有過農民工人的實際的存在生活,亦未能達到精神的實際存在的生活,如是,在兩極化中,我的現實生命被封閉起來而弄成呆滯了。但是你封閉不住它,它的一介一塵一毛一髮都要求慰藉、求潤澤、求所親,總之它也要求呈現、求實現。依柏克萊,一個存在,在依存於心覺的關係中,始能有具體而現實的存在,有具體的呈現。假定這依存於心覺,是依存於良知本體之朗照,則特殊性即不自成一機括,而消融於良知本體之具體普遍性中,吾即恢復其統一的個體性,虛無怖慄之痛苦即算過去了。但是現在這被封閉住的現實生命,在虛無痛苦中,它並找不到精神上的依止與潤澤。如是,它自成一機括。但你封不住它,它不能永遠呆滯。若是永遠呆滯而呈現不出來,則將乾枯而喪失其存在。可是它不得積極地依存於良知本體而呈現。當然它之要求呈現而蠢蠢欲動,亦是它的呈現相,這「呈現相」是依存於虛無的痛苦之感受中,這也是依存於心覺中。但這痛苦之感的心覺對於它是無能為力的,所以它之依存於這心覺而呈現是消極的,只現其蠢蠢欲動之呈現相。它要求積極的呈現。它要求「內在於其自己而滿足其欲動」之呈現。可是這積極的呈現又不是因依存於良知而引發其自身之伸展之呈現。如是,它完全頹墮於其自身而要靠另一個物質的存在之接引以為積極的呈現,即不是依存於心覺,而是依存於泛物質存在的泛關係中而呈現。這是個「平沉的呈現」,純屬平面的物質層的。(懷悌海不能真了徹柏克萊「依存於心覺而呈現」的奧義,他卻把「存在即被知」轉解為在無色的宇宙論的泛關係中呈現,此其系統所以為平面的而不悟道也。但我因他而了解「存在即被知」之切義,並轉而了解其轉解之不行。)孟子說這是「物交物

則引之而已矣」，契爾克伽德說這是「沉淪之途」、「無限的追逐」，停不下的。當眞是無限的、停不下嗎？我在這裡起大恐怖。

我在恐怖中，在哀憐中，亦在恐怖、哀憐的氣氛下靜靜地觀照著。我生命中原有「企向混沌」的氣質，又特別喜歡那「落寞而不落寞」的氣氛。我在第一、第二兩章裡已經敘述到。嗣後，我在工作之餘，要鬆弛我的緊張的心力時，我總是喜歡獨自跑那荒村野店、茶肆酒肆、戲場鬧市、幽僻小巷。現在我的現實生命之陷於「沉淪之途」又恰是順著那原有的氣質而往這些地方落，以求物質的接引，得到那「平沉的呈現」。那裡是污濁，亦是神秘；是腥臭，亦是馨香；是疲癃殘疾，顚連而無告，亦是奇形怪狀，誨淫以誨盜。那裡有暴風雨，有纏綿雨，龍蛇混雜，神魔交現。那裡沒有生活，只有悽慘的生存，爲生存而掙扎，爲生存而犧牲一切。那裡沒有眞美善，亦有眞美善；沒有光風霽月，亦有光風霽月；沒有人性，亦有人性；那裡沒有未來，沒有過去，只有當下：一會兒是眞，眞是當下；一會兒便是假，假亦是當下。美善等亦復如此。一會兒是人性，人性是當下，一轉便是獸性，獸性亦是當下。這裡是宇宙罪惡魔怨缺憾的大會萃，是修羅場，亦是道場。幽僻處可有人行？幽僻處是眞人行！這裡是「理義悅心」與「芻豢悅口」的混雜表現。他們也講理，也講義。明明告訴你這裡是欺騙，爲生存而欺騙，爲生存而裝笑臉，一分錢一分貨，以牙還牙，以眼還眼：是即不欺騙，即此是眞，即此是理，即此是義。沒有其他曲曲折折的理。「人生衣食眞難事，不及鴛鴦處處飛。」這是《水滸傳》「雷都頭枷打白秀英」中白玉喬的開場詩。他讓他的女兒白秀英「普天下服事看官」。白秀英唱畢，他又出來收場，說道：「雖無買馬博

金藝，要動聰明曉事人。看官喝采已畢，女兒下來，看官們待要賞你哩。」這明明是要錢。你若沒有錢，立地給你眼色看。儘管你家裡有千萬貫，身邊沒帶，他也不饒你。因爲他沒有過去，沒有未來，只有眼前。此所以雷橫以堂堂都頭，因爲沒帶錢，受了白玉喬的冷嘲熱罵。「眼見你分文也無，說什麼三五十兩。沒的叫我們望梅止渴，畫餅充饑。」說他不曉事，不懂得這子弟行裡事。要知他們爲生存犧牲色相，服事看官，你不能在這裡擺虛架子，撐空門面。要擺要撐，必需用錢來兌現。你不能在這裡要他們來原諒你，你要慷慨填補他。這樣，他便說你是曉事的漢子。此所以荣園子張青開黑店，賣人肉包子，卻單單不殺三種人：一是出家僧道，二是配軍囚徒，三是說書賣唱。不殺這第三種人的理由，便是省得叫他們到處演唱，說我們江湖上不好漢。水滸者，山巔水涯，社會圈外之謂也。這裡是有家難奔有國難投，亡命之徒的寄命所；故也是魔怨、罪惡、缺憾的大會萃。

我在這只爲著生存而掙扎的魔怨罪惡缺憾的大會萃處，體悟到業力的不可思議，體悟到不可彌補的缺憾，體悟到有不可克服的悲劇。我一直在恐怖哀憐的氣氛下靜靜地觀照著。

我觀照著我的一介一塵一毛一髮的要求舒展與呈現，我讓它全部得滿足，無一讓它窒塞乾枯而歸梏亡。我觀照著我的沉淪交引，看至於何極。我相信這種物質交引的呈現是強度的，它不能無限拉長，它不是廣度量，而是強度量。一旦到了鬆弛飽和，它會厭足，它會停止其獨立機械性的發作，而失其暴君性，而歸於聽命的地位。但是我也恐怖著：這種物質交引，雖可以使每一毛孔舒展呈現，然這種泛關係的交引究不是一種養生的潤澤，不是一種眞實呈

現真實舒展之原理，而實是一種消耗與磨損。它自獨成一機括，作了你的生命之暴君，很可以損之又損以至於梏亡。如是，呈現的過程即是梏亡的過程。那時，你的良知本體完全不能作主，不能盡其主觀之潤，你將漸滅於這沉淪中而悲劇以終，如一棵乾草，如一塊瓦石土塊，將隨自然生命之原則而歸於虛無。這悲劇之能否挽轉，是完全沒有必然的。陽焰迷鹿，燈蛾撲火，芸芸眾生，大體皆然。個人如此，一個民族亦然。這雖說是物質交引，然每一毛孔皆是一生命，無數的毛孔合成一有機體之大生命，無窮的複雜，無窮的奧秘，實有非你所能一一控制得住者。這久流生死的生命業力實不可思議。這業力不可思議引起無名的恐怖。能挽不能挽全看根器，似乎全是不可喻解的生命業力之命定論。我欲仁斯仁至矣，然而業力冲著你，可以叫你不欲仁。如此將奈何？實無可奈何也。這裡藏著人生最嚴肅的悲劇性。當心靈不能開拓變化，生命歸於其自身之機括，而失其途徑，這黑暗的深潭將步步旋轉直至捲吞了它自己而後已。這裡顯出慧根覺情之重要。然能否發出慧根覺情仍是沒有準的，這還仍是生命的事。原則上是能發的，因為人都有個「心」。然而「心」卻永是與生命為緣的：生命能助它亦能違它。因此心能發慧覺否是沒有先天保障的。這是心靈慧覺之「限定性」。這限定性是「形上地必然的」（我這裡只就消極而說，下面還要就積極而說）。它形成人生不可克服的悲劇性，我一直在哀憐著恐怖著。我這哀憐恐怖下的靜靜地觀照實亦即是一種戰鬥，同時也是一種慧根覺情的萌芽。然而根本不發這慧根覺情的，也比比皆是，我且奈之何哉？我今已發矣。然而發至何度，起何作用，我全不敢有決定。我又重自哀憐，深自慄懼。

五　內容眞理之存在的體證

　　生命雖是強度的，說來就來（其來也有自，但內在於任何生命自己說，它是一下子全來，它本身是一個整個的統一個體。雖說久流生死，它所自來的生命之業力作用可以宿於它自身中而起作用，然而它本身總是一個獨個的個體生命），說完就完（其業力作用仍可影響其他個體生命），飄忽得很，全無把柄，而且其本身根本是「非理性的」，不可思議的。然而就「生命相續」說，所謂「遠從前際，久流生死」，則每一生命實又通著祖宗生命，通著民族生命，再擴大之，實又通著宇宙生命。生命要有具體的接觸以潤澤它自己，以呈現而實現它自己，是以每一細胞不但受前際生命業力之熏發，亦受自然宇宙之具體物之熏發。是之謂生命之連綿不斷，息息相關，亦即其連綿性與感通性。浪漫的理想主義者、讚嘆生命者，大都能體此義。它一方是強度的、有限的，它一方又是緣起的、連綿無限的（不是廣度量的無限，亦不是良知本體之潤之無限）。心覺離不開生命，但生命助它，亦違它。此為心覺之限定性，如前所述。（如何從「生命」而至「心覺」，此則沒有解析。）每一「存在的生命」是有限亦是無限，而無限是緣起的、連綿的無限，總歸它本身是有限定的：由它的連綿性與感通性，旁的存在的東西雖熏發它，亦限制它；祖宗的生命助成它，亦限制它；民族的生命熏發它，亦限制它；宇宙的生命涵育它，亦限制它，這是存在主義者所說的存在之歷史性與限制境況性。它助成心覺亦限制心覺。心覺要在這樣的生命底子中翻上來表現它的作用，以順適

生命，條暢生命，潤澤而成全生命。然而它的作用是有限的。法力
不可思議，也總是無限而有限。首先，生命之來去、生命之存在，
並不是它所能掌握的。這就是存在主義者所說的存在之偶然性：人
是偶然被拋擲到世間來。人之存在並沒有得每人之同意，而卻來
了。雖說人以其心覺所發之意志力可以主宰他的生命，甚至可以自
動地放棄他的生命，他能主宰他的「去」，然而他並不能主宰他的
「來」。就是主宰他的去，而生命本身獨立之一套，也不是心覺所
造成的。生命是一個神秘，是一個獨立的實在。心覺是一個神秘，
是一個獨立實在（神秘，依馬賽爾的了解，為超問題）。心覺是無
限而有限的：其體無限，其相其用則有限。然而心覺如不翻上來以
呈用，只讓生命歸於其自身獨立之一套，只讓它在具體的物質的泛
關係中以呈現而實現其自己，則這種呈現即是消滅，實現即是梏
亡。此即所謂盲、爽、發狂。一切都順生命內在之法則而歸於星
散，歸於虛無，荒涼冷寞，重歸於混沌，其飄忽而來，將必拆散而
去。

　　「天生蒸民，有物有則，民之秉夷〔同彝〕，好是懿德。」這
是不錯的，這是點出「心覺」。孔子說：「為此詩者，其知道
乎？」蒸民即眾民。物，事也。有此事必有成此事之則。朱子注
云：「如有耳目，則有聰明之德，有父子，則有慈孝之心。」夷，
常也。言常性。秉夷言所秉受之「常性」。民所秉受之常性即好此
善德，言民有好此善德之常性。有此事即有此「則」，此則亦由常
性發，故順其常性而好之。此孟子所謂「理義之悅心」。故此「常
性」即心之「慧根覺情」也。點出此常性，則「有物有則」以成此
物，事事物物不歸於生命獨立自身一套之發作，而攝物歸心矣。

（攝物歸心即攝生命歸心覺。）有此生命，即有此生命牽連之事物，而心之慧根覺情則潤澤而成全之。此所以貞定生命者。生命貞定，則不爲紛馳之虛無流而爲「實有」，不爲星散之零件而爲統一之整全。此心覺之彰其用而生命亦在「存有」中而順適。人是要在「存有」中始能得貞定。「存有」必通著心覺始可能。然即此心覺之成全生命爲存有亦是有限的、有憾的，亦有不可克服之悲劇在。這是心覺翻上來後積極地說的心覺之限定性。

　　心覺之成全生命爲存有，最基本的是倫常生活。父母最直接、最親切。「有父子，則有慈孝之心」，然父子間亦有無涯之憾：或早失怙恃，或老而喪子，或顚連困苦，不得奉養；或不得團聚，抱恨終天！此皆無可如何者。如是，則父子處之存有意義，慈孝之心，即有缺憾。欲盡其爲存有而不得盡，欲充其慈孝之心而不得充，則是人生之大憾。其次是兄弟姊妹，亦多不齊，種種遭遇，最足傷心！兄不能助弟，不能盡其友，弟不能助兄，不能盡其恭。如是，則兄弟姊妹處之存有意義亦有缺憾。故孟子說：「父母俱存，兄弟無故，一樂也。」存有能充其爲存有，則樂；不能充其爲存有，即是憾，即是苦。其次是妻子：能不能得婚姻不可思議，得之而能不能有幸福，亦不可思議；能得子不能得子，不可思議，得之能不能充其爲存有亦不可思議。故司馬遷《史記》於〈外戚世家〉云：

　　　夫婦之際，人道之大倫也。禮之用，唯婚姻爲兢兢。夫樂調而四時和，陰陽之變，萬物之統也。可不愼與？人能弘道，無如命何。甚哉，妃匹之愛，君不能得之於臣，父不能得之

於子。況卑下乎？既驪合矣，或不能成子姓。能成子姓矣，
或不能要其終。豈非命也哉？孔子罕稱命，蓋難言之也。非
通幽明之變，惡能識乎性命哉？

此段話道盡心覺之限定性，生命之神秘性。非有存在之證悟者不能
知此中之甘苦。其次是師友。得一知己而可以無憾。可見若不得則
師友處之爲存有即有憾，而慧命亦不得相續矣。「人之相知，貴相
知心。」而知心則爲最難透出者。遇不遇其師，信不信其友，皆不
可思議。此與心覺能不能由生命底子中發其慧根覺情，同樣艱難，
同樣神秘，而不可思議。師友以道義合，而道義由心覺發，而個體
生命助之亦違之。此即師友之爲存有亦不可得而必。故師友亦有
緣。緣者神秘也。不能得此存有，得之而不能充其爲存有，不能盡
慧命之相啓與相續，則此存有之意義缺。其次是國家與事業，能不
能盡力於國家、國家能不能盡保護之責於個人，皆有人生之無可奈
何處。此古之忠臣義士每於天崩地圮乾綱解紐之時，輒呼號愴痛而
不能自已也。一個民族能否盡其性以建國，亦如一個人能否發其慧
根覺情以盡性，同其艱難，同其神秘，而不可思議。國家不能成其
爲存有，則人之此處之存有意義缺。猶太民族之不能盡其性以建
國，此猶太民族於道德價值方面之大缺。吾華族於此存有不能充其
爲存有，乃有今日之劫運。此皆心覺事，而亦命也夫。至於事業之
遇不遇、成不成，更有不可思議之緣會。不能有，有而不能充其
有，則此處之存有意義缺。最後是國與國間之諧和，全人類之命運
繫焉。人能否發其慧根覺情以致太和，一如個人之能否盡其性，一
民族之能否盡其性，同其艱難，同其神秘，而不可思議。不能致太

和，而致民族國家於淪亡者，何可勝數？黑格爾於此言訴諸世界史法庭之裁判，人間之悲劇乃存於上帝之永恆觀照中。此言之而痛也，有大悲存焉。人不能致太和，或致之而不能充其極，則此處之存有意義（客觀方面之最高層之存有意義）即成大缺憾。

　　故孟子總結說：「仁之於父子也，義之於君臣也，禮之於賓主也，智之於賢者也，聖人之於天道也，命也，有性焉，君子不謂命也。」朱子注云：「所稟者厚而清，則其仁之於父子也至，義之於君臣也盡，禮之於賓主也恭，智之於賢否也哲，聖人之於天道也無不脗合而純亦不已焉。薄而濁則反是。是皆所謂命也。」此言所稟者厚而清，或薄而濁，言氣稟也，即吾所謂個體生命之蘊也。父子處之仁，君臣處之義，賓主處之禮，賢者處之智，聖人處之天道，皆發於心之慧根覺情也。而有氣稟以助成之，亦以違限之，所謂「命」也。此言命顯自助違心覺之「氣化之生命」之溢出吾心覺之外而言之。仁在父子處表現為慈孝，能不能盡亦有生命之蘊以限之，命也。君臣處之義能不能盡，亦有氣化之生命以限之，亦命也。賢者之顯其智亦有及有不及，亦生命底子限之也，亦命也。此皆如吾上文所列舉以說者。即慧根覺情之上上而為聖人，其冥契天道也，雖「無不脗合，而純亦不已」，然通過個體生命之冥契，雖彰著之，亦限定之。天道不通過個體人格不能彰顯，然一通過個體人格，則又受限定。耶穌雖然為「道成肉身」，然由肉身以顯道，同時亦即限定道。上帝藉肉身以顯現其自己，同時即在一定形態下限定其自己。此即為贖罪羔羊之形態。顯然耶穌之再降臨，不必復是此形態。說實了，聖人契天道，亦不能不受生命底子之限制，故有耶穌之形態，有釋迦之形態，有孔子之形態，乃至無量聖人形

態。凡此皆是道成肉身，皆是肉身顯道而限道。此即所謂命也。莊
子言：「道惡乎隱而有是非？言惡乎隱而有眞僞？道惡乎往而不
存？言惡乎存而不可？道隱於小成，言隱於榮華。」善哉斯言。斯
眞知所以限定而又知所以破除限定，以期至乎大成者。通過個體，
契道顯道，甚至弘道，本有限定，若再固執而排他，則所謂「道隱
於小成」。破除固執而不排他，知我顯道，道不盡於我，知他亦顯
道，道亦不盡於他，知顯而不盡，則限定而不限定，圓通而化，是
之謂「大成」。「聖人之於天道，命也」，然此發之於心覺，故云
「有性存焉」，雖有命限，實應只須盡性以契之顯之，限定而不限
定，以期至乎大成，故「君子不謂命也」。仁義禮智之如分表現亦
如此。孟子言此，可謂「知命」矣。可謂「盡性而至命」矣。又
曰：「盡其心者，知其性也。知其性，則知天矣。」知天亦通於知
命也（見下）。又曰：「存其心，養其性，所以事天也。殀壽不
貳，修身以俟之，所以立命也。」存自己之心而充之，養自己之性
而盡之，即所以事天，事天亦通於立命（見下）。孔子「三十而
立，四十而不惑」，此猶屬心覺所能主宰而照察者。至「五十而知
天命」，始眞知心覺之限定，而「聖人之於天道」之工夫亦無有窮
盡也。「知天命」是最重要一關，前此許多工夫匯歸於此，後此許
多工夫由此開出。知天命即知心覺之有限，而亦惟因知天命，始開
出盡心盡性之無窮無盡的工夫。心覺工夫無盡，則生命業力不可思
議，心覺法力亦不可思議。此何謂也？

　　吾適就「氣化之生命」、「生命之蘊」、「生命底子」，以說
心覺之限制，說「命」。但是命若說爲「天命」，或通「天道」，
則不只是那赤裸的「氣化之生命」、「生命之蘊」或「生命底

子」。生命如其爲生命，雖不同於心，但心總離不開生命，而有生
命處，如不取生物學的意義，而取形上學的意義，則亦總可指點著
心。就吾人分上說，心要翻上來而潤澤生命，但生命亦總限制著
心。此似乎生命比心更廣大。但心性之充盡是無止境的，依此而漸
客觀化其自己，並絕對化其自己，是則心性亦全涵蓋乎生命：生命
業力不可思議，而心覺法力亦不可思議，總可朗潤生命而順適之，
此則原則上悲劇總可克服。即使心性充盡無有止境，而總爲個體生
命所限，總有超乎個體生命之宇宙生命，宇宙氣化，但吾人依心性
之客觀化與絕對化，吾人亦肯定與宇宙生命合一之宇宙心覺，與宇
宙氣化合一之宇宙性理，此即不是寡頭之生命、赤裸之氣化。此雖
爲無窮之神秘，非吾人知測所能及，然依吾人心性充盡之無止境，
可以冥契而通之。聖人之於天道雖命也，然知此命而不執，則雖限
而不限。吾人依心性充盡無止境之心願，終信而肯定宇宙心覺、宇
宙性理之順適而潤澤其生命。依心性充盡無止境言，吾人通而契
之。依吾終是一個體而受限言，則說超越之天命與天道。依此天
命、天道之自身處不是寡頭之生命、赤裸之氣化，吾人終信心覺法
力不可思議，終足以順適而潤澤其生命。此佛氏言「轉識成智」之
必成，儒者亦必言天心仁體潤遍萬物也。此是充極至盡，自「究竟
了義」而言之。若就實現過程而言，則衆生根器不一（此還是生命
限定事），其心覺透露有種種次第，在過程中，固事實上有不可克
服之悲劇。此佛氏有闡提之說，儒者有知命之教，而耶教亦有「人
不能自除其惡」之義也。（耶教原罪說，人不能自除其罪，然神恩
以除罪，則神即表宇宙心覺，而於究竟了義，罪惡終可克服。）此
皆有甚深之智慧，亦有無言之大悲。蓋實現過程中，有不可克服之

悲劇，此人之大可悲憐也。然悲憐之心即已涵蓋於生命之上而照察
以潤之矣。不可克服之悲劇永是在過程中，亦永是在悲心之觀照中
（永在神心之觀照中），觀照之即化除之。在永恆的觀照中，即永
恆地化除之。生命總在心潤中，亦總限定心之潤，因此亦總有溢出
之生命之事而爲心潤所不及。此所以悲心常潤（生生不息，肯定成
全一切人文價值），法輪常轉（不可思議，無窮無盡），罪惡常現
（總有溢出，非心所潤），悲劇常存也。

六　悲情三昧

　　我以上是就消極與積極兩面說心覺之限定，說人生之缺憾，說
命運，說天命，說業力不可思議、法力不可思議，說有不可克服之
悲劇，亦說過程上有而原則上終可克服之悲劇。積極面的是聖賢境
界，是心之慧根覺情之呈用，成就種種之存有。然而即使如此，眞
正仲尼，臨終亦不免一嘆。這嘆是聖賢境界中的嘆。消極面的，則
是心之慧根覺情並未達至呈用之境界，生命並未至順適條暢之境
界，心覺之「主觀之潤」並未轉出。當一個人生命破裂之時，家
庭、國家、社會一切都在瓦解之時，倫理生活不能成其爲「存有」
之時，生命之特殊性無交待而成爲零件之時，惶惑之時，則虛無怖
慄痛苦之感即必然要來臨。一旦來臨了，你可感覺到一切都是外
在，都成不相干的。而特殊零件又要伸展而呈現其自己，藉撲著外
在的物質存在而內在化之於與自己關係中以伸展呈現其自己，但此
物物交引是沉淪之途。一方在虛無之感中怖慄痛苦，一方在沉淪之
途或面對沉淪之途而恐懼哀憐。在這兩方面的交會中，是很難拔出

的。因此感到生命業力（負面的）不可思議，有不可克服之悲劇。
而當虛無之感來臨時，整個生命癱瘓軟罷了，只想下沉於感性。上
帝、良知、天命之性都成外在的、不相干的。你可忽然感到相信上
帝固然是歧出的吊掛，即肯認良知、天命之性，亦是一種外在的攀
援，而良知、天命之性本身亦成外在的停滯物，而六度萬行證眞如
涅槃，亦只是縛在繩索上做把戲，證得純熟無走作，亦只是做把戲
做得純熟無走作。這一切都是外在的歧出，都不過是靠著一種「習
氣的興會」來奔赴。生命癱瘓疲軟，無興會來奔赴這一切，亦無與
沉淪戰鬥之毅力。此時無任何「爲」，此謂「沉淪之無爲」。假定
你此時無悲憐之覺，便是完全沉淪。假定你有悲憐之覺，而又不能
轉，則你感覺到人生有不可克服之悲劇，感到生命業力在不助心而
違心方面之不可思議，且感到你完全爲負面的命運所支配，你體悟
到你自己的根器之可憐。根器亦是神秘的，不可思議的。有誰能窺
測到生命何以單助心而不違心限心，又何以單違心限心而不助心之
機竅，有誰能掌握住生命而必使之助心而不違心？此即示負面的生
命業力之不可思議。根器，不要單從心或生命著實地來了悟，而要
從生命之助心或違心限心之度處虛靈地來了悟。當你有悲憐之覺而
不能轉時，你將深深地悲嘆著你的根器之薄弱。可是你所有這一切
感覺、體悟、悲嘆，都是從你「悲憐之覺」而來。你的生命雖純在
負面中，純在「沉淪的無爲」中，但你卻猶有這「悲憐之覺」——
因「沉淪的無爲」而清澄出「悲憐之覺」。這「悲憐之覺」，完全
是自悲自憐，無任何矢向，完全是靜止的，這是悲憐之歸於其自
己，悲憐之在其自己，只是因虛無而悲，因沉淪而悲。

　　這悲自身就表示一種戰鬥，純消極地「在其自身」之戰鬥。它

不是「克服沉淪」之戰鬥，亦不是「實現良知天理」之戰鬥，而只是似無作用地「悲之在其自身」之戰鬥。「悲憐之覺」之「在其自身」是一好消息。一切都沒有了，你讓它虛無吧！不要奔赴，去找「這」找「那」，你只證這「悲憐之覺」之自身。這是「魂兮歸來」之消息。你在這「悲憐之覺」中靜靜地觀照、默會與體驗，你也許一時是無可奈何的。在這「悲覺」中一無內容：可以無所思而全是思的「悲思自身」，無所感而全是感的「悲感自身」，無所覺無所解而全是覺全是解的「悲覺寂照之自身」：這是「無可奈何三昧」、「悲思三昧」、「悲感三昧」、「悲覺寂照三昧」。總之是「悲情三昧」。在這三昧中，你可以甦醒你自己，安息你自己。在這三昧中，沒有任何「存有」可以安慰你，你也沒有任何「存有」可資憑依，只有這悲情自身來安慰你，你也只有憑依這悲情自身。你也不能向任何人傾訴，因為這「悲情自身」是無法道說的，你在這「悲情三昧」中所體證的只是內在於這三昧中的自感自受，沒有任何分化，沒有任何理路。你出離那三昧，那三昧中的感受，你自己也道說不出來。這是不可「印持而留之於記憶中」的。所留的只是那粗略的影子。一霎就模糊迷離了。俗世生活的「憧憧往來朋從爾思」，更足以使你全部忘記。我在這將近十年的長時期裡，因為時代是瓦解，是虛無，我個人亦是瓦解，是虛無，我不斷的感受，不斷的默識，亦不斷地在這悲情三昧的痛苦哀憐中。我讓我的心思、生命，乃至生命中的一塵一介一毛一髮，徹底暴露，徹底翻騰，徹底虛無，而浮露清澄出這「悲情三昧」。一夕，我住在旅店裡，半夜三更，忽梵音起自鄰舍。那樣的寂靜，那樣的抑揚低徊，那樣的低徊而搖蕩，直將遍宇宙徹裡徹外最深最深的抑鬱哀怨一起

搖拽而出，全宇宙的形形色色一切表面「自持其有」的存在，全渾化而爲低徊哀嘆無端無著是以無言之大悲。這勾引起我全幅的悲情三昧。此時只有這聲音。遍宇宙是否有哀怨有抑鬱藏於其中，這無人能知。但這聲音卻搖蕩出全幅的哀怨。也許就是這抑揚低徊，低徊搖蕩的聲音本身哀怨化了這宇宙。不是深藏定向的哀怨，乃是在低徊搖蕩中徹裡徹外，無裡無外，全渾化而爲一個哀怨。此即爲「悲情三昧」。這悲情三昧的梵音將一切吵鬧寂靜下來，將一切騷動平靜下來，將一切存在渾化而爲無有，只有這聲音，這哀怨。也不管它是作佛事的梵音，或是寄雅興者所奏的梵音，或是由其他什麼發出的梵音，反正就是這聲音，這哀怨。我直定在這聲音、這哀怨中而直證「悲情三昧」。那一夜，我所體悟的，其深微哀憐是難以形容的。我曾函告君毅兄。君毅兄覆函謂：「弟亦實由此契入佛教心情。弟在此間又曾參加一次水陸道場法會，乃專爲超渡一切衆生而設者。其中爲一切衆生，一切人間之英雄、帝王、才士、美人，及農工商諸界之平民、冤死橫死及老死者，一一遍致哀祭之心，而求其超渡，皆一一以梵音唱出，低徊慨嘆，愴涼無限，實足令人感動悲惻，勝讀佛經經論無數。」此言實異地同證，千聖同證。君毅兄已提到佛教。現在可即就我所證的「悲情三昧」以觀佛教之所說。

　　我之體證「悲情三昧」本是由一切崩解撤離而起，由虛無之痛苦感受而證。這原是我們的「清淨本心」，也就是這本心的「慧根覺情」。慧根言其徹視無間，通體透明；覺情言其悱惻傷痛，亦慈亦悲，亦仁亦愛。慧根朗現其覺情，覺情徹潤其慧根。悱惻、惻怛、惻隱，皆可相連爲詞。朱注：「惻者傷之切，隱者痛之深。」

又注：「悱者，口欲言而未能之貌。」此言覺蘊之深，欲吐而未達，欲暢而未遂。惻隱、悱惻、惻怛，皆內在於覺情之性而言之。「仁」者通內外而言其所蘊之理與表現之相。「慈」者外向而欲其樂，「悲」者外向而憐其苦。「愛」者（耶教普遍的愛）慧根覺情所發的「普遍的光熱」。這「慧根覺情」即是「最初」一步，更不必向父母未生前求本來面目。這慧根覺情即是本來面目，找向父母未生前，實是耍聰明的巧話，轉說轉遠。在這慧根覺情中消化一切，成就一切，一切從此覺情流（不要說法界），一切還歸此覺情。你在這「最初」一步，你不能截然劃定界限，說這一面是佛之悲，那一面是孔之仁，復這一面是耶之愛。你推向這最初一步，你可以消化儒、耶、佛之分判與爭論。而直相應此最初一步（慧根覺情）如如不着一點意思而展現的是儒，着了意由教論以限定那覺情而成為有定向意義之「悲」的是佛，順習而推出那覺情以自上帝處說「普遍之愛」的是耶。在這不能相應如如上，佛是「證如不證悲」，悲如判為二；耶是「證所不證能」，泯「能」而彰「所」。我直證這「悲情三昧」，直了這「慧根覺情」，當然還是消極的，我尚不能直體之於身以見其「主觀之潤」，以順適條暢吾之生命。所以我證這「悲情三昧」還是靜態的、後返的、隔離的。但是這悲情三昧，慧根覺情，它不顯則已，顯則一定要呈用。在它顯而呈用以「潤身」時，它便是「天心仁體」或「良知天理」。這就是由其消極相轉而為積極相。天心仁體或良知天理便即是「悲情三昧」或「慧根覺情」所必然要函蘊的光明紅輪。至於生命之助它或違它或限它，這要看個人之根器，但總擋不住它。因它本身也有其「必然要求伸展，要求實現」之願力。此願力名曰「悲願」或「法願」，

或天心仁體之「不容已」。我個人能受用多少，我總是在戒愼恐懼以將事。然在它之「必然要求伸展要求實現」中，一個人可以在此得到「潤身」之法樂，是斷然不容疑的。我今之說此，是在「存在的感受」中而徹至的，我確然領悟到前人所說的「知解邊事」之不濟事，之不相應，之屬於外在的，「非存在的」智巧之理論，觀念之播弄，是隔着好幾重的。

我在此「存在的感受」之證悟中，我確然悟到：此「慧根覺情」不但是亦慈亦悲，亦仁亦愛，而且是：

一、即是「無」同時即是「有」：「無」是言這裏着不上任何法（限定概念），消融任何法，一切從此覺情流，一切還歸此覺情。大乘佛敎所說的那一切遮撥的妙論玄談，實都可遮撥地消融於覺情中，亦都可遮撥地由此覺情而開出。但是此須要在「悲」中證，不要在智中玩。故我不說「從此法界流，還歸此法界」，因「法界」一詞猶屬「智念」，嫌不具體。這樣的「慧根覺情」就是「無」，而這「無」就是「無限的有」，故亦可說即是「有」（存有或實有）。

二、這「有」同時是「存有」，同時亦是「活動」。故此「存有」貫着「成爲」：它消融一切，亦成就一切。它使一切執着消融渾化而爲覺情之朗潤，它亦成就（非執着）一切事而使之爲一「有」，使一切「存在」不只是「事」之「存在」，而且是爲「天心仁體」一理之所貫而爲依「理」之「存有」。這是遮表雙彰相應如如而展現。遮是「復」，表是潤。潤是順適條暢吾人之生命以成就生命分上的事（如父子兄弟諸倫常生活以及一切人文價值之活動皆是事），如是生命不只是生死、緣起、幻化、無明觀，而是成德

過程之「終始觀」。（乾知大始，坤作成物。良知良能，使一切各正性命。）

三、這慧根覺情之為無限的有，同時是悲，同時亦是如，此為「覺情」之為「有」，「存有」之為「如」。離開此「悲有」而言「如」，是就緣起幻化之空性而言如，此是「證如不證悲」，「悲如判為二」。

四、這慧根覺情之為無限的有，同時是「能」，同時亦是「所」。個個有情，歸根復命，各歸自己證其天心仁體，朗現慧根覺情，此是「能」，而天心仁體、慧根覺情潤遍萬物，使之成為「有」，此是「所」。「能」是「萬法歸一」，真主觀性之所由立，「所」是散成萬有，真客觀性之所由立。離此覺情之為能而言所，則是耶教自上帝而言普遍的愛，此是「證所不證能，泯能而歸所」。

七　釋迦佛之存在的證悟

原佛教所以「證如不證悲，悲如判為二」，本由於釋迦觀生老病死無常苦，遂認生命只是流轉，緣起幻化，根由無明，體性本空，遂認萬法無自性，以空為性，即以「明」證空，空即真如，即寂滅，即涅槃，「明」證「真如」，即得解脫。而「悲」成緣起法、對待法、權法、作用法。意向在證「如」，以「所」之「空無」為宗極，不即就悲而證悲，證「悲情三昧」即為「無限的有」。故云「證如不證悲，悲如判為二」。不能至悲智為一，悲如為一，能所為一，消融一切，成就一切之仁教。釋迦觀生老病死無

常苦，實有存在的感受，實有存在的悲情。但其悲情只悲無常、無明，此是悲情之定向，由此悲情之定向遂欣趣緣起性空，而證空性之如，以得解脫。此則心思由悲情之「能」而轉向空性之所。只是以空之所代有之所。其爲捨能證所則一。此即著了一點意思。悲情本由定向而顯發。生命如其爲生命本即是「非理性」，亦是可悲的。然能反證「心覺悲情」之自身，由其因定向而顯發，反而即證悲情之自身，則因定向而發，卻不爲定向所限。如此證「心覺悲情」之自身，此悲情自身即是明，亦即是如，即是有，亦即是動，即是實，亦即是虛（無），即是能，亦即是所，此爲大常之仁體、誠體，順適條暢吾人之生命而爲眞實之生命，如是生命之事雖是存在，亦是「存有」，雖是緣起流轉，而實一理之所貫，而其性不爲空。不以空爲性，而以天心仁體所發之「天理」爲性。生死轉爲終始，生命不可悲而可樂。化無明爲一明之所貫。此則爲「心覺悲情」之解放，之如其性，由定向之限定而歸其自身之無限。非緣起法，非對待法，非權法，非作用法，乃實法、眞常法、絕對法。若如釋迦所說，則心覺悲情限於一特定之形態，由其所悲之對象而限定，由其所證之如而成爲權法、作用法。宗趣唯一，無餘涅槃。雖云發大悲心，轉大法輪，有一眾生不成佛，我誓不成佛，然一切眾生悉令入無餘涅槃而滅渡之，則其悲心之發原則上固是經驗的、有待的，而非超越的、無待的，是用非是體也，是權非是經也。此即是悲情之因定向而限定，故云著了一點意思，馴致背生命而逆轉，而與乾坤搏鬥也。此一點意思原不在「悲情三昧」中，乃習氣生活之興會所引定，非悲情三昧中之實理也。故此限定亦須爲「悲情三昧」所消化，而歸於大常與大順。

《長阿含經》記釋迦感苦，悟道，出家，說法經過如下：

於時菩薩，欲出遊觀。告敕御者，嚴駕寶車，詣彼園林，巡
行遊觀。御者即便嚴駕，訖已還白，今正是時。太子即乘寶
車，詣彼園觀。於其中路，見一老人，頭白齒落，面皺身
僂，拄杖羸步，喘息而行。太子顧問侍者，此為何人？答
曰：此是老人，又問何如為老？答曰：夫老者生壽向盡，餘
命無幾，故謂之老。太子又問：吾亦當爾，不免此悲也？答
曰：然。生必有老，無有貴賤。於是太子悵然不悅。即告侍
者，迴駕還宮。靜默思維，念此老苦，吾亦當然。

又於異時，太子復命御者，嚴駕出遊。於其中路，逢一病
人，身羸腹大，面目黧黑。獨臥糞穢，無人瞻視。病甚苦
毒，口不能言。顧問御者，此為何人？答曰：此是病人。
曰：何如為病？答曰：病者眾痛迫切，存亡無期，故曰病
也。又曰：吾亦當爾，不免此患耶？答曰：然。生則有病，
無有貴賤。於是太子，悵然不悅。即告御者，迴車還宮。靜
默思維，念此病苦，吾亦當然。

又於異時，太子復敕御者，嚴駕出遊。於其中路，逢一死
人，襍色繒幡，前後導引，宗族親里，悲號哭泣。送之出
城。太子復問，此為何人？答曰：此是死人。問曰：何如為
死？答曰：死者盡也。風先火次，諸根壞敗，存亡異趣，室
家離別，故謂之死。太子又問御者：吾亦當爾，不免此患
耶？答曰：然。生必有死，無有貴賤。於是太子悵然不悅。
即告御者，迴車還宮。靜默思維，念此死苦，吾亦當然。

　　釋迦身爲太子，長於深宮之中，百福齊備，衆樂畢具。不知稼
穡之艱難，未經人世之憂患。一切遂心，如爾所願。物質享受充斥
於前，亦不知其何所欲，亦不知其何所不欲。盈溢膩足，轉致木
然。其在人倫方面，所接觸者，有父有母，但父爲國王，母爲王
后。有兄有弟，亦有姊妹，但兄弟爲公子、王孫。姊妹爲公主、諸
姬（從中國習稱說）。此外則是文武百官，皆是臣下。再則侍者從
者，媒嬪伎樂，羅列在前，阿諛逢迎。其人倫生活，全爲政治與侍
從所客觀化，爲富與貴所客觀化。其所接觸之人，因此客觀化，而
爲泛泛的人，非是個性人格之人，非是眞實個體之人。父則非單純
地是父，而是父王，母則非單純地是母，而是母后（其實父應只是
父，母應只是母），兄弟姊妹非單純地是兄弟姐妹，而是侍從環繞
一群一群隔離的小集團。因此他本人是東宮，是太子，也是侍從環
繞的一個隔離的小集團，他的生命也完全泛稱化、群體化，非眞實
個體的生命（非人格的，無名的）。他的環境全是客觀的物化一層
面，他的生命也被拖陷而爲客觀的物化一層面。他有父母，但是父
母之爲父母之人倫上的特殊性被沖淡了，以及其與他之爲子之具體
的倫常關係被沖淡了。其兄弟姐妹亦復如此。「倫」隱而不彰，倫
中之道亦隱而不彰。其眼前全是物質聲色之充盈，全是泛稱客化之
泛人（海德格所謂 das man）。其個人生命也被拖陷而泛化，除
「物質的聲色」層面，「泛化的生命」層面，無任何其他意義。一
且出遊園林，中途感老、病、死之苦，遂觸目驚心，直下來一個截
然的逆轉。因爲在他一切都不成問題，只有隨生而來的老、病、死
卻是鐵面無私。儘管你是太子，也不客氣。此則大傷其尊貴之心。
因爲一切可如爾所願，順從殿下，殿下可是例外。惟獨生老病死，

殿下不能例外。未得我殿下同意，何故生殿下耶？我殿下不欲老病死，何故偏要來耶？此則大可驚異。故屢屢詢問：「吾亦當爾，不免此患耶」？侍者亦甚誠實，不說誑語，答曰：「然，生必有老，有病，有死，無有貴賤。」貴爲太子，悵然不悅。命駕還宮，靜默思維。「念此老苦，吾亦當然」。此「靜默思維」是獨自眞實的感受，是獨自存在的警覺。這是他自己「獨自的心靈」之呈現，「獨自的生命」之突出，非泛稱的心靈，非泛化的生命。這是他之爲眞實的獨自的人之開始，非泛稱的人，非群體客化的人。他數度靜默思維，念此老苦，吾亦當然，念此病苦，吾亦當然，念此死苦，吾亦當然。遂毅然從「物質聲色之充盈」、「泛稱客化之泛人」中，脫然躍出。其心覺從泛稱客化中，歸於其自己，而爲獨自的心靈，其木然之生命亦忽然觸動而助成此獨自的心靈，可謂上上根器，其利可知。然其父王，仍欲拖陷。「爾時父王，問彼侍者，太子出遊，歡樂不耶？答曰：不樂。又問其故。答曰：道逢老人，是以不樂。爾時父王默自思念。昔日相師，占相太子，言當出家。今者不悅，得無爾乎？當設方便使處深宮。五欲娛樂以悅其心，令不出家。即更嚴飾宮館，揀擇婇女，以娛樂之。」殊不知彼對此聲色充盈，已膩足而木，今復增飾，有何益乎？

　　又於異時，復敕御者，嚴駕出遊。於其中路，逢一沙門，法服持鉢，視地而行。即問御者，此爲何人？御者答曰：此是沙門。又問：何謂沙門？答曰：沙門者，捨離恩愛，出家修道。攝御諸根，不染外欲。慈心一切，無所傷害。逢苦不戚，遇樂不欣。能忍如地，故號沙門。太子曰：善哉！此道

真正，永絕塵累。微妙清虛，唯是爲快。即敕御者，迴車就
之。爾時太子問沙門曰：剃除鬚髮，法服持鉢，何所志求？
沙門答曰：夫出家者，欲調伏心意，永離塵垢；慈育群生，
無所侵擾；虛心靜默，唯道是務。太子曰：善哉！此道最
真！尋敕御者，齎吾寶衣，並及乘輦，還白大王：我即於
此，剃除鬚髮，服三法衣，出家修道。所以然者，欲調伏心
意，捨離塵垢，清淨自居，以求道術。於是御者，即以太子
所乘寶車，及與衣服，還歸父王。太子於後，即剃鬚髮，服
三法衣，出家修道。佛告比丘：太子見老病人，知世苦惱；
又見死人，戀世情滅；及見沙門，廓然大悟。下寶車時，步
步中間，轉遠縛著。是真出家，是真遠離。

　　以彼有真感受，故真出家，故真遠離。以真感受，而引出家遠
離，未能即就感受，還證悲情三昧。是則其悲情（感受）在定向
中，由此定向，引至出家，是謂歧出之曲。由此歧曲，復以教論引
向空性，證如不證悲，遂形成悲情之限定。（用一括弧將悲情圈在
定向中，而爲緣起、對待、作用之權法。）是即出離逆轉之教，而
與乾坤搏鬥也。

　　菩薩念言：吾與大眾，遊行諸國，人間憒鬧，此非我宜。何
時當得，離此群眾閒靜之處，以求其道，尋獲志願，於閒靜
處，專精修道？復作是念：眾生可愍，常處闇冥，身受危
脆，有生有老，有病有死。眾苦所集，死此生彼，從彼生
此。緣此苦陰，流轉無窮。我當何時，曉了苦陰滅生老死？

復作是念：生死何從？何緣而有？即以智慧觀察所由。從生
有老死，生是老死緣。生從有起，有是生緣。有從取起，取
是有緣。取從愛起，愛是取緣。愛從受起，受是愛緣。受從
觸起，觸是受緣。觸從六入起，六入是觸緣。六入從名色
起，名色是六入緣。名色從識起，識是名色緣。識從行起，
行是識緣。行從癡起，癡是行緣。是為緣癡有行，緣行有
識，緣識有名色，緣名色有六入，緣六入有觸，緣觸有受，
緣受有愛，緣愛有取，緣取有有，緣有有生，緣生有老病
死，憂悲苦惱。此苦盛陰，緣生而有。是為苦集。菩薩思
維，苦集滅時，生智生眼生覺，生明生通，生慧生證。於時
菩薩復自思維，何等無故，老死無？何等滅故，老死滅？即
以智慧觀察所由。生無，故老死無，生滅，故老死滅。有
無，故生無，有滅，故生滅。取無，故有無，取滅，故有
滅。愛無，故取無，愛滅，故取滅。受無，故愛無，受滅，
故愛滅。觸無，故受無，觸滅，故受滅。六入無，故觸無，
六入滅，故觸滅。名色無，故六入無，名色滅，故六入滅。
識無，故名色無，識滅，故名色滅。行無，故識無，行滅，
故識滅。癡無，故行無，癡滅，故行滅。是為癡滅故行滅，
行滅故識滅，識滅故名色滅，名色滅故六入滅，六入滅故觸
滅，觸滅故受滅，受滅故愛滅，愛滅故取滅，取滅故有滅，
有滅故生滅，生滅故老死憂悲苦惱滅。菩薩思維，苦陰滅
時，生智生眼生覺，生明生通，生慧生證。爾時菩薩逆順觀
十二因緣，如實知，如實見已，即於座上成阿耨多羅三藐三
菩提。

此十二因緣：癡（無明）→行→識→名色→六入→觸→受→愛→取→有→生→老死憂悲苦惱，是生死流轉之解剖，亦即自然生命或生物生命之解剖。

1.「癡」即無明：無明即是沒有明，言生命本身根本即是沒有明的。此是反面說。癡是正面說，言生命本身根本即是迷闇，或冥闇。生命自身，生命如其為生命，本即是「非理性的」。此生命是自然生命、生物生命，純是落在「材質」面上，故亦可云「材質生命」（material life）。

2.「行」即盲動：隨順生命本性之迷闇而機械地實然地冥動，動之相引，即謂之「行」。

3.「識」即了別：在冥動之行中機械地、實然地有分別了知之識。此是內在於冥動之行中的機械了別，或心靈純陷於癡迷之生命順之以現了別之用。此不可言覺識，因依佛教，覺與智俱是修證而得，此即後來所謂「轉識成智」。此了別之識雖是屬心之作用，然既陷溺，實是隨順冥動而來之自然分化。冥動而有歧出紛馳，陷溺之心即隨其歧出紛馳而印執之以成為了別。故此識完全是制約反應之心理學的經驗心態。此即今日行為主義心理學之所說。故行為主義心理學正好可明「緣行有識」。此識牽連著迷闇生命之欲而混雜表現，亦曰「情識」。

4.「名色」即後來所謂「根身器界」：色因名定，名以色起，然名色俱因識顯。故曰：「緣識有名色」。蓋識隨順冥動之歧出紛馳而印執之以成了別，則名色俱起。此雖言冥動中之情識，然名色俱識中呈現，亦重情識之能也。此開後來「境不離識」，「唯識所變」諸義，亦通「存在即被知」之義。

5.「六入」即耳、目、鼻、舌、身、意六根，有入六塵之用，故曰六入。緣名色而有六入之形成。

6.「觸」即根境相對，六根以觸境，故「緣六入有觸」。

7.「受」即「觸則有苦樂之感」，故「緣觸有受」。

8.「愛」即「因苦樂而有耽著」，故「緣受有愛」。

9.「取」即「耽著而不捨」，故「緣愛有取」。取「佔有不捨」義，「抓攝把住」義。

10.「有」兼賅「得有」、「存在」兩義，因抓攝把住而得有（主觀地），同時因得有而存在（客觀地），故「緣取而有有」。此即生命之蘊蓄糾結而成「有」。

11.「生」即有之滋長發展而成個體，故「緣有而有生」。

12.老死憂悲苦惱即「個體之生」之後果，兼身心兩行而為言，故「緣生有老死憂悲苦惱」。

因緣，因者循義，緣者順義。十二因緣，即此十二循順而起也。後來開為四緣：一、因緣，二、所緣緣，三、等無間緣，四、增上緣。此因緣即以「因」為緣，遂有「原因」之「因」義。

此十二緣中，識最重要，通過去現在未來三世，自覺不自覺，皆有識運行。此即開後來《成唯識論》之詳陳，所謂八識流轉是也。此逆順觀十二因緣為釋迦說法立教所定之規範。後來發展，無論空、有、禪、淨，無能外之。

逆順觀十二緣，明自然生命由癡起行，由行起識，等等，而成其為自然生命，是釋迦智慧之照察，深入自然生命之本相。智慧是「明」。如實照察自然生命是消極的明。如實照察訖，認定是無常，是苦，而即證其本性是空，以證空得解脫，此證空是積極的

「明」。故云：「菩薩思維，苦陰滅時，生智生眼生覺，生明生通，生慧生證。」此消極積極的明之生，由於對無常苦之「存在的真實感受」。此「存在的真實感受」是釋迦個體的真性情之透露，從泛化、客化、群化中歸於其自己而透露，此「個體的真性情」即是其「悲情」。由悲情生消極的明是天理決定：只就自然生命之為自然生命而如實照察，故為消極，然因如實照察，則其悲情之明是天理決定。雖是天理決定，然為自然生命之無常苦所引向而即固定於此向中，則其悲情之明有定向，而悲情亦為此定向所限定。悲情限定，是悲情不得解放。悲情不得解放，則其所生之消極的明之為天理只是一邊的天理。悲情不但生消極的明，而且即在悲情起時，心生轉無明為明之生命，而生命得肯定，此是悲情之明之為天理乃是全幅的天理。蓋悲情自身同時是明，同時亦即是真實生命。此即證悲而為體：此體是「活動」義，同時亦是「存有」義。它是「存有」，同時亦是不限定的有而為「無」。今悲情不得解放而為體，拖引在定向中，是即不能完成其明之全幅天理義。不能完成其明之全幅天理義，則悲情為權法，為對待法，而轉為悲情之否定。此悲情之否定，由其消極之明之定向引至證空證如不證悲而完成。此悲情，若恢復其明之全幅天理義，本不可得否定。若全順天理以活之，何由得否定？是以由消極的明而引至證空得解脫，證如不證悲，此積極的明是「氣質決定」，不是「天理決定」。蓋悲情之生照察自然生命之為癡之消極的明並不必然函著證空證如之定向，亦不必然函著「生之否定」之始為積極的明。既不必然函著，則引至此定向並無天理之理由，只是我要如此。此「我要」不是悲情之明之全幅天理意義所生之「天理之我要」，而是主觀的趣味之「我

要」。我喜歡吊在這個架子上，此即所謂「氣質決定」。離開悲情
之明之天理決定，而為無明之氣質決定，故亦得曰情識決定。孰知
證如證空之「積極的明」反植根於無明耶？悲情生照察自然生命之
為癡之消極的明，同時亦即生轉化癡而為明以潤生（不是「留惑潤
生」之潤）成生之「積極的明」。此積極的明不是證如證空的那
「植根於無明」之「積極的明」，而是潤生成生使生命「為『實
有』同時亦『生化』」之「積極的明」。（自然生命如其為自然生
命自是緣起性空，流轉可悲。然悲情解放以潤生而成生，則雖緣起
而有體，悲即其體，是即並非性空。是以由性空而證如為宗極，只
由於悲不得解放而在定向中。悲在定向停於證如，即為氣質決定，
而悲亦窒。）

　　此積極的明，轉化癡的生命而為明的生命，心不陷溺於癡行中
而為情識，以助長其癡迷，乃超拔而歸於其自己而為良知之天理，
此即悲情得解放，證悲而為體，所生之積極的明。生命不退滯於其
自身自成一機括，而是調適上遂，依順於良知天理之積極的明而為
明的生命，明的生命是真實生命。轉化癡而為明，即是肯定了生
命。此生命仍是個體的生命，而且是個體人格的生命，充滿了意義
價值的生命。吾人只依積極的明而肯定此充滿了意義與價值的個體
生命即可，不必順其材質的自然的一面而追溯至父母未生前的那生
長發展之流轉過程。順其材質的自然的一面（既是生命，總有此一
面）而追溯，自必有一生長發展的流轉過程，而且亦純是材質的自
然的生長過程。但此過程亦只是材質的自然的而已，不必有所增益
遽斷為「緣癡〔無明〕而有」。此癡對覺而言，俱屬心行。自然材
質的生命對癡與覺俱是中立，覺使其有意義而為實有，癡助長其迷

惑而只爲紛馳（即使其退滯而自成一機括）。覺是增益，潤澤生
命。癡亦是增益，消枯生命。若將癡與材質而自然的生命同一化，
則緣癡而有個體的生命，滅癡即滅個體的生命，即對於個體的生命
不能有肯定。此即喪失解脫的意義，而成爲氣質決定的慢性自殺。
而其證如證空之積極的明之爲覺，亦喪失其意義，而轉爲自身之否
定。（彼固曰「無衆生，亦無佛」，是則衆生與佛只在互爲緣起中
而僵持著：佛敎一切精采只在此僵持之局中呈現。）釋迦說法對此
材質而自然的生命未留餘地，即無交待，將癡與之同一化，拉長而
爲十二緣生，對於「個體生命」即未能正視。假若直下正視此個體
生命，不管其未生前（未成爲個體生命前），其材質而自然的生命
如何生長發展，亦不管其旣生後，其材質而自然的生命之必有老病
死（此是材質而自然的生命所必函），直下正視此個體生命，從心
上轉癡而爲明，以完成其爲個體，則生前之生長發展與生後之老病
死，便不是眞正問題之所在，而只成一生理之問題。個體生命是綜
和的，不只材質一面。當個體生命形成之時，心覺即同時存在。癡
是心覺之陷溺，而同時不陷溺之良知亦同時呈現而爲實有。就個體
生命言，一切德性人格上的修養工夫皆落在「心」上說，不落在材
質上說，今因材質生命必函老病死，故爲滅老病死，必先滅生。是
則因材質生命之老病死一面而牽及綜和的個體生命之否定。又將癡
與個體生命同一化，故欲滅生，必先滅癡，而滅癡即滅生命矣。實
則滅癡，不必滅個體生命。癡是心覺之陷溺而爲識，癡識助長個體
生命之迷惑，然轉癡識而爲良知之天理，則潤生而成生，生命有主
宰。個體生命旣不因癡而有，亦不因癡滅而滅。是即個體生命之形
成對癡與覺之中立性。（此中立性是對工夫上之癡與覺言，暫如此

說。若自本體性的覺言，則有覺無癡，覺所以化癡潤生，亦所以實現個體生命者，此即不能中立。此義深遠，此不能及。）釋迦說法不能正視個體生命，拉長爲十二緣而滅生，是其不諦。王龍溪說「佛氏從父母未生前著眼，儒者從赤子著眼」。赤子是一個體，是一人。而羅近溪指點良知亦重視赤子落地之啞啼一聲。此是個體形成之時，同時即是「心覺實有」呈現之時，個體是普遍性與特殊性之統一。普遍性從本體性的心覺說，特殊性從材質一面發。（抽象地看的材質本身並不是特殊性，同時心覺陷溺而爲情識亦是特殊的，此即經驗的、主觀的心。）正視個體生命從心上作工夫，同時即肯定了個體生命。個體生命可轉可潤，而不可滅。此是「證悲而爲本體」所生之積極的明，使生命爲實有亦生化也。此積極的明是天理決定，不是氣質決定。而佛氏「證如不證悲」，滅生以窒悲，是氣質決定，不是天理決定。

原釋迦說法所以不能正視個體，證如不證悲，亦有其現實之因緣。蓋如前所述，其在靜默思維老、病、死、苦以前，其現實生活本只是物質聲色之充盈，其爲一人的存在亦本只是一泛稱客化的泛人。在現實人生中，其「眞實的個體性」並無緣以呈現，亦並無緣使之正視此個體性之意義與價值，其尊嚴與擔負。因之，他亦無緣認識成就此眞實個體性之普遍性與特殊性之意義、作用以及價值。因此，他的現實人生，除「物質的聲色」與「泛化的生命」外，無任何意義。是以當他接觸老病死苦而呈現其獨自的心靈時，其獨自的心靈覺悟只成得一過渡，由泛化的無意義一轉而爲空的普遍性，由無意義的「泛化之有」轉而爲無意義的「普遍之空」。因此其個體性遂成虛脫，轉而爲個體性之否定。他保不住他的眞實個體性，

所以亦不能認識成就眞實個體性之普遍性與特殊性之意義、作用與
價值。因此他只能歧出而證空的如，不能反之於己證悲以爲主。成
就眞實個體性之特殊性是個體所生之事，由悲以發之實理成此事，
此事爲實事，反之，此事表現此實理，此事有意義與價值。詩曰：
「天生蒸民，有物有則，民之秉彝，好是懿德。」孔子曰：「爲此
詩者，其知道乎？」（解見前）此誠知道證道之詩也。在現實人生
中，誠能正視個體性以及普遍性（則、秉彝）與特殊性（物、事）
而一之也。今旣不能「證悲以見實理」，則生命純成爲無意義之虛
事，而個體性亦虛脫而星散，遂一轉而只爲「無意義的普遍之
空」。釋迦之心靈實是外延的、事的心靈，原來是糾結化不開的濃
郁之事（物質的聲色與泛化的生命），一呈現其獨自的心靈，遂轉
而爲化得開的、沖淡的緣起事，而仍只是事。他是一往不見理的。
在化不開的事上，是根本無理的；在化得開的事上，仍未呈現出理
（未能證悲以見理）。惟一往是事，才可以證空。惟一往是事，才
可以說一切是事之糾結幻化，如是個體性泯矣，而事亦虛矣。只從
事上看，「我」是執著，因本是幻結故。涅槃眞我只是一「虛的普
遍性」之眞我，並非由實理實事而成之「眞實個體性」之眞我。無
實事實理，亦無相應的眞實觀念：一切觀念皆是幻結的法執。由此
下去，有無盡的妙理玄談。然而不可爲其所眩惑，其大界限不可掩
也。由此觀之，釋迦之心靈爲外延的、事的心靈，非內容的、理的
心靈。故呂秋逸謂眞如爲「虛的共相」，而柏拉圖之理型則爲「實
的共相」。「虛的共相」爲零（空），而一切零皆一也。「實的共
相」爲「有」，相應個體而爲言，故多而非一，而可統於一也。惟
柏氏是由「所」而講「有」，「有」不攝於「能」，非究竟了義

也。然其為內容的、理的心靈則無疑。

凡真見道者，必須證「有」，而證有必為內容的、理的心靈也。而有之最後歸宿必由證悲而被攝於能，此能為大主，亦活動亦存有，此則普遍性、個體性、特殊性，一起成全而無遺，文化由此起，而解脫由此立。凡不能由內容的、理的心靈以證有，未有不歧出而為左道者：此則有各級之形態：最低者為唯物論，其次為泛科學的物理主義、形式主義，最高者為證如之空；要皆為外延的、事的心靈，而終為虛無主義之歸也。

我今「證悲以為體」，則佛教從「所」方面所說之一切皆可迴向而就「能」，亦皆活轉而得其實。一切從此悲情流，一切還歸此悲情。此則天理決定，坦然明白，大中至正之道也。若必趣而之所，惟此是好，則雖氣質決定，天地間亦容許有此姿態也。茲再就耶教之愛而言之。

八　耶穌之「證所不證能，泯能而歸所」

我前說耶教是「證所不證能，泯能而歸所」。此是耶穌順其歷史文化的傳統將其「全幅是慧根覺情」的生命推出去自上帝處說「普遍的愛」。此是順習決定，以權為實。我在前章末已將耶穌的「發展至高度的覺情生活」有所引述。他的全幅生命實只是一慧根覺情在燃燒，燃燒到不能忍受的境地，燒毀了俗世的一切（自事而言，把事中的理全提升而融於那慧根覺情的自身中），其內心燒灼到成了一個「憂鬱的巨人」。他的生命無任何分殊與散佈，他只內歛於這燃燒著的慧根覺情之自身，他只以「證這慧根覺情之自身」

為目的。但是，他在燃燒著不能自安的生命中證這「慧根覺情之自身」。他在這樣的生命中證，他的心靈是眩惑的，是混沌的，是迷離的。他的生命自然全幅就是那慧根覺情之自身，但是他的心靈卻全融於這慧根覺情之自身而至於迷醉。因此，他的全幅是慧根覺情的生命只弄成是「在其自己」，而不是「對其自己」。他把這慧根覺情推出去了，那傳統的「外在的上帝」正好是這慧根覺情的歸宿地。那外在的上帝是這慧根覺情燃燒著的生命之結晶，結晶而為一「普遍的愛」。他即以其全幅是慧根覺情的燃燒著的生命來證他自己之外在化而為上帝，他把在他自己處呈現的慧根覺情推到上帝身上而為「所」。此即所謂「證所不證能，泯能而歸所」。

　　但是就上帝言（即在上帝處說），上帝由他的全幅是慧根覺情的燃燒著的生命顯現而為一「普遍的愛」（其本質是愛），則上帝卻已不只是「在其自己」，而且是「對其自己」，實即是這「慧根覺情自身」之對其自己：通過他，上帝顯現出來，通過他，慧根覺情自身顯現出來。上帝「在其自己」是父，「對其自己」是子，「在而對其自己」是靈，而靈之所以為靈由「愛」定，而其本質之所以是愛，則是由他的全幅是慧根覺情的燃燒著的生命而彰顯。這樣他所證的「所」就是在他那裡呈現的這「慧根覺情之自身」，這本也是主、也是能。但這「慧根覺情自身」之為主為能（乃至主客為一，能所為一），卻被他順習外推而全泯。順習外推而成為「所」，遂人格化而為上帝，而為父，而為祈禱崇拜的對象。惟個體化而為父，成為客觀實在的父、本體性的父，始可崇拜祈禱，始可使我與他儼若在一具體的關係中，這就是基督教之為宗教的型態。這宗教型態也是順習決定，不是天理決定。經過這順習決定，

我生命中那客觀的本體性的慧根覺情之心靈（即我生命中那內在而
真實的普遍性），全跑出去而為「所」，而我之生命遂失其主而為
空虛的，而我之心靈遂只下落而為祈求的心靈、仰望紛馳的心靈、
後天的心靈、在激情中搖擺激盪的心靈，使眾生在這習慣決定中永
不得覺，那跑出去的慧根覺情之自身亦永不得回來而為主。不回來
而為主，我生命中即無真實的普遍性，只有激情的特殊性，因而亦
無真實的個體性，停得住、潤得下的個體性。基督教「證所不證
能」的個體性，乃至整個西洋人的個體性，是在激情激盪中的個體
性，懸空吊著的個體性，時而向上昂揚時而向下沉淪的個體性，這
個體性總在過程中而始終停不下的。這就表示個體性總無交待，生
命總無交待也。他們是想交待給那外在的個體的父，但是這父若不
能內在於生命中而為主，總是攀援不上的。因為這父根本就是那慧
根覺情之自身，你偏把他推出去，此之謂騎驢找驢，乃是永遠打旋
轉而找不著的，除非迴機就己，直下見得這驢原來是在自家身邊，
不在外邊。這父既只是慧根覺情之自身，並不真是倫常中的父，所
以你若不能把它內在於生命中而為主，無論你怎樣祈求它，它是無
能為力的，是永無回應的。平常有時好像有回應，那只是你的向上
祈求之情尚未枯竭，使你不自覺地在半途中得到了暫時的甦醒，那
只是你的作主的慧根覺情在你的激情中不自覺地暫時露了面。但是
你不覿面去認他，仍只是用你的習心激情去祈求，它亦只好暫露而
又退回去了。所以終局，你所祈求的，實在是無能為力的。那倫常
中的父，他是有血有肉的個體人格，而且是「我之為其子」的父，
所以當我顛連無告而失其主時，他真可以安慰你、溫暖你，所以你
可交待給他，不是真正交待給他，而是通過他的溫暖、他的安慰，

進一步通過他的教導，而甦醒了你自己，呈露了你生命中的眞實普遍性，重新恢復而站住了你的個體性，所以你所依待的仍只是你的生命中慧根覺情之自身。這覺情若永不甦醒，父親雖可有回應，給你溫暖與教導，結果也是無效的。（不過這倫常中的父，推之，全部倫理生活，對於你的個體性之恢復，內在普遍性之呈露，實在是有最大而且是本質的重要性，此所以儒者必肯定孝弟也。）

耶穌，這全幅是慧根覺情的燃燒著的生命，他是由燒毀俗世的一切，向上昂揚著（依托上帝而向上昂揚），而展現其自己的。這是一個上上的根器，但是他並沒有清靜下來，把他所展現的「慧根覺情」讓它在他的生命中「在其自己」，而且在他的生命中「對其自己」。讓它在他的生命中「在其自己」，這是肯定它爲自己生命的「體」，不是把它放出去。讓它在他的生命中「對其自己」，這是通過他的清靜下來的自覺（這自覺仍是那慧根覺情之流露），而具體地把它呈現出來，讓它眞地而且實現地爲自己生命之體。是以這「對其自己」始是實現那「慧根覺情之自身」爲在其生命中的「內在而眞實的普遍性」。這「對其自己」就是我們所謂「證」：證這「慧根覺情之自身」以爲主。這主旣是存有，亦是活動，旣是主亦是客，旣是能亦是所。證這「慧根覺情自身」以爲主，恢復其爲我生命中之「內在普遍性」，則彼卽潤澤統馭我的生命，潤澤了生命卽肯定了生命，因而成就了我的「眞實的個體性」，此卽所謂「德潤身」。這內在普遍性，雖是內在於我的生命而爲主，然並不爲「我的生命」所限定，在我這，亦在你那，遍宇宙只是這慧根覺情爲其體。由此你說天道，說外在，皆無不可。超越與內在通而爲一，能所爲一，主客爲一，存有與活動爲一。此則一切皆天理決

定，無往而不順適條暢，即無往而不坦然明白。無一是順習決定，亦無一是氣質決定。既不「滅生而窒悲」，亦不「激情而祈所」。惟是盡性至命，以上達天德，下開人文，此爲全幅價值之肯定。此仍是天理肯定，非氣質肯定也。然而耶穌則未能將其所呈現的慧根覺情內在於其生命中而爲主，而卻放出去以爲「所」，而其本人亦未以此主以潤身，成就眞實個體性，而卻燒毀一切，甚至燒毀其自己之個體生命，唯以反顯此「所」爲目的。此亦是「聖人之於天道也，命也」，他只負責成這一個形態。此形態既定，宗之而繼起者，遂只落於「激情之祈求」。這祈求的形態是不能恢復人之「眞實個體性」，而安身立命的。因爲他所證的「所」雖是「有」，但卻並沒有主體化而爲主。

　　契爾克伽德，這位丹麥哲人，存在主義底創始者，對於宗教生活有其存在地眞實的體驗。但當他感覺到虛無的痛苦與怖慄時，他卻只能說靠「縱跳」到信仰以挽救其下落之沉淪。在虛無的深淵中喪失一切，然在信仰中獲得一切。這還只是外部地說。一、信仰一外在的「有」，二、主體是虛位，三、未能就其虛無的痛苦與怖慄之情而證其「慧根覺情之自身」以爲主。我現在且從此第三點說起，略明基督教之爲「激情祈求」之形態。虛無的怖慄與痛苦之情是消極的「苦情」，然此「苦情」是一種內心的戰鬥。既因虛無而有痛苦怖慄之感，這必然就函著一種對於「有」的要求。什麼有，有在那裏，不必管。可是既感受到虛無了，則任何外在的有、現實的有，都已經破滅了。

　　我已說過，眞正虛無之感來臨時，甚至良知、天命之性，亦成不相干的。何況上帝？因此，這函著的對於有之要求眞成無著處的

絕境。內外全空，所以怖慄，但是不要緊。你就讓其「內外全空而痛苦怖慄」之感無罣絆地浮現著，你就讓他惶惑無著吧！你就讓他含淚深嘆吧！一無所有，只有此苦，只有此怖，只有此嘆。此之謂苦、怖、嘆之解放，亦得曰苦怖嘆三昧。你讓這苦怖嘆浮現著盪漾著，你在這裏，可慢慢滋生一種「悲情」：無所悲而自悲的悲情。此時一無所有，只有此悲，此謂悲情三昧。這悲情三昧之浮現也還是消極的，但仍表示一種內心之戰鬥：這函著對於我這可悲的情境之否定之要求。我如何能消除這可悲的情境？這悲情三昧是可貴的，它就是消除這情境的根芽。由這悲情三昧，你將慢慢轉生那滿腔子是悱惻惻隱的慧根覺情。到此方真是積極的，你所要求的「真有」即在這裏。這是你的真主體，也是你的真生命。由苦怖嘆之解放而成為「苦怖嘆三昧」必然函著「悲情三昧」，由悲情三昧必然函著「覺情三昧」，這本是一體三相。（只是引發這三相有主動被動之別。我這裏所述的，是由存在的虛無之感起，這機緣是被動的。亦有由主動地明察一切是空而起，這也許是所謂利根了。）你要從一體三相處得解脫，證實有。此之謂「證能不證所，彰能而貞所」，「證悲不證如，悲如而為一」。此時主體是實位，不是虛位。既有這主體之實，則客體之實也有了，上帝也有了，信主體之自信與信客體之他信是一。不由虛無感而證苦證覺，以為主體，反只言縱跳到信仰，這如何能「縱跳」？這只是外部地順習之一說。如果能縱跳上去，也還不至於真是虛無可怖。你內部還有那縱跳的激情，如果縱跳靠激情來支持，則跳上去還是要落下來的。所以到虛無怖慄來臨時，你只說縱跳是無用的。你只有回過頭來證苦證悲證覺自己！不能迴機證苦證悲證覺以為主，則生命仍陷於情識之激

情，主體是激情的主體，在過程吊掛中顯，在緊張中顯，這主體是個流逝，向那外在的上帝流，停不下，而真實的主體是虛位，因此亦無真實貞定的個體性。普遍性（主體）是虛位，個體性是流逝，那上帝也無用。你跳上去，覺得獲得了一切，一會便又摔下來，喪失了一切。此即耶穌「證所不證能，泯能而歸所」所開的宗教之所以終為「激情祈求」之故。

凡順習決定、氣質決定，皆是可化的。一切終歸於「天理決定」，此則只爭一機之轉。

凡我所述，皆由實感而來。我已證苦證悲，未敢言證覺。然我以上所述，皆由存在的實感確然見到是如此。一切歸「證」，無要歧出。一切歸「實」，不要虛戲。一切平平，無有精奇。證如窒悲，彰所泯能，皆幻奇彩，不脫習氣（習氣有奇彩，天理無奇彩）。千佛菩薩，大乘小乘，一切聖賢，俯就垂聽，各歸寂默，當下自證。證苦證悲證覺，無佛無耶無儒。消融一切，成就一切。一切從此覺情流，一切還歸此覺情。

牟宗三先生全集③

牟宗三先生學思年譜

蔡仁厚　撰

《牟宗三先生學思年譜》全集本編校說明

蔡仁厚

　　本書係先生門弟子蔡仁厚所撰。全書於1995年7月2日，即先生謝世百日之期完稿，次年2月由臺灣學生書局出版。唯此書之撰述，實始於1977年，其撰稿、審訂、發表之經過，以及譜稿之增訂、修改，皆已見於本書《全集》本書後之〈代跋〉，此處不再重述。

　　在臺灣學生書局初版之《年譜》中，其附錄三〈全集編目初擬〉乃仁厚於先生逝世時匆匆擬定，只供參考。如今《全集》編委會有通盤之計畫，故此初擬之編目即予刪除，而改列〈墓園記〉（內含墓表）。此外，1995年12月仁厚於「鵝湖論文討論會」所提之〈年譜撰述報告〉曾發表於《中國文化月刊》199期（1996年5月），現已編入本書爲〈代跋〉。相對於臺灣學生書局初版本，目前的《全集》本除了更換扉頁遺照之外，在內容上並有不少修訂和增補。

　　本年譜由於著手較早，故能在先生謝世之後隨即出版，看似效率快速，其實已經歷經十八年之細心蒐集和辛勤記述，始有如許之成績。本譜以〈學行紀要〉（編年）與〈學思歷程〉（六階段）爲

主幹，加上〈著作出版年次表〉與附錄之〈學行事略〉、〈喪
紀〉、〈墓園記〉，合而成書，對先生之生平行誼、學思歷程、著
作介述、學術貢獻，皆有如實之表述。唯師尊之學，義蘊精深，自
非此譜所能盡。爲此，敬望將來有體例更爲謹嚴、表述更爲精審之
年譜出現。此意在〈代跋〉中已有所表白，茲再鄭重致意，幸垂察
焉。

前序 (一)

　　民國六十七年，仁厚撰述〈牟宗三先生的學思歷程與著作〉一長文，載於《牟宗三先生七十壽慶論文集》中。十年之後，又撰〈學思的圓成〉一文以介述先生七十以後的學思與著作，發表於《鵝湖月刊》167／168期。同時，並發表〈牟宗三先生學行著述紀要〉於《鵝湖月刊》165至167期，以恭祝先生八十大壽。前年，先生壽登八五，再續八十一歲至八十五歲之學行紀要，發表於《鵝湖月刊》211期。

　　上述各篇，皆經　牟師過目。擬即再加增訂，合甲篇〈學行紀要〉與乙篇〈學思歷程〉為一冊，以學思年譜初稿之形式先行出版。一者敬以祝賀　牟師八十七歲令辰哲誕，二者期盼同門諸友與各界人士對此初稿不吝指正。

　　天生哲儒，人文之光。華族寬平正大、淵懿深美之文化慧命，終必貞下起元，發皇光大。茲值萬象回春之時，謹以至誠，恭祝

　　師尊遐齡嵩壽，道福帛縣長。

民國八十四年乙亥新正　蔡仁厚敬識

前序㈡

乙亥新正，本擬將此初稿交付出版，以祝賀先生八七嵩誕。友人以爲年譜無有印於生前者，事遂止。

竊思年譜何以未見作於生前、印於生前者？似無別由，蓋諱之也。實則，作於生前，可得譜主親加審訂，豈不更較信實？故自傳、自訂年譜之事，世亦有之。若謂人之生平未易言也，須待身後乃能得客觀之論定。此固常理，而亦未必盡然。

蓋哲學家之年譜，所重在思想學術，而不在人際之是非與事業之功過，實無所謂須待身後而論定之顧慮也。況且譜之佳否，不在作於生前或身後，而在於撰譜者之存心與器識。生前成譜，以初稿形式公之天下，正可得多方之印證訂正，以成定稿，豈不愈益善乎！

茲者，師尊既已謝世矣。梁木壞而泰山頹，哀慟何已！然哲儒萎謝，天地其果眞閉而不開，賢人其果眞潛隱不出耶？道有隱顯，理無斷滅；傳道弘道之責，端在後繼有人。今世濟濟多士，抑有不安不忍而憤悱不容已者乎？曷興乎來！

民國八十四年七月二十日

師尊謝世百日之期　仁厚再識

▲67年5月24日　師範大學唐君毅先生演講會
　牟宗三先生應師大國文學會之邀，主講「文化意識宇宙的巨人——唐君毅先生」。（周俊裕攝）

▲67年5月24日　師範大學唐君毅先生演講會
　牟宗三先生指出：時下青年應當細讀唐先生的不朽之作，藉以恢弘其志氣，提高其理想，敦篤其性情，勿得浸淫於邪僻奢靡之風，以代溝爲藉口，以迂闊視之也。　　　　（周俊裕攝）

▲68年8月2日　國立藝術教育館
牟先生應聯合報之邀，主講
「中國文化的斷續問題」。牟先
生指出，如何能使中國文化由
材料的身份轉成形式的身分
呢？大家要努力把這些非理性
的事情一步步的揭穿，恢復人
們的理性。演講後，牟先生在
老學生的陪同下步離會場。

▲73年3月15日行政院大禮堂
车先生獲頒發行政院文化獎，
正聆聽嚴家淦前總統發表賀
詞。

▲77年2月2日　政治大學公企中心

中央大學與中大學術基金會爲緬懷唐君毅先生，特舉辦「唐君毅先生逝世十週年紀念會」
紀念會上，牟先生從唐先生所展現的精神氣象，去點出民族文化命脈之所寄，並指出當前知
識份子應有的責任。

▲79年5月12日　鵝湖文化講堂

鵝湖文化講座，牟先生講康德美學時之神態。從牟先生身上，我們可看到儒者「學不厭、
教不倦」的精神。

▲73年3月15日行政院大禮堂
牟先生獲頒發行政院文化獎，
正聆聽嚴家淦前總統發表賀
詞。

▲73年3月15日　行政院大禮堂
　　牟先生在獲頒「行政院文化獎」後，在其公子及學生陪同下步離行政院會場。

▲74年11月24日　師大大禮堂
　　牟先生應鵝湖月刊社暨師範大學之邀，在熊十力先生百年誕辰紀念會作專題演講「熊十力先生的智慧方向」，吸引滿堂各界來賓。

77年6月9日　台北市南京東路彭園
牟先生八十歲生日，在祝壽會上，學生對老師敬禮表示祝賀與敬意。

▲78年5月21日　台北台北環亞大飯店
牟先生八秩晉——華誕。

▲77年2月2日　政治大學公企中心

　中央大學與中大學術基金會為緬懷唐君毅先生，特舉辦「唐君毅先生逝世十週年紀念會」
紀念會上，牟先生從唐先生所展現的精神氣象，去點出民族文化命脈之所寄，並指出當前知
識份子應有的責任。

▲79年5月12日　鵝湖文化講堂

　鵝湖文化講座，牟先生講康德美學時之神態。從牟先生身上，我們可看到儒者「學不厭
教不倦」的精神。

▲79年5月26日　鵝湖文化講堂

　牟先生指出：美學的判斷，一樣要有普遍性、與必然性，不是任意的、隨興的。講課後，牟先生解答佛門弟子所詢問之問題。　　　　　　　　　（以上圖文：周博裕、周俊裕）

汝奚不曰其為
人也發憤忘食
樂以忘憂不知
老之將至云尔
宗三題

▲牟宗三先生墨寶

目　次

甲　學行紀要

先生名宗三，字離中，姓牟氏。世居山東棲霞城南四十華里之牟家疃。棲霞牟氏，係明太祖洪武年間自湖北遷來，經數百年之繁衍，遂爲縣內最大姓族。而牟家疃即牟氏初遷之祖居。村後爲牟氏祖塋，白楊蕭蕭，松柏長青，豐碑華表，氣象闊大。先生糸出老八支中之第四支，世代耕讀相續，至先生祖父時，家道極爲衰微貧窘。先生尊翁蔭淸公，初承祖業營一驛馬店，後改營纊織業副助農耕，克勤克儉，始稍足溫飽。蔭淸公喜讀曾文正公家書，夜間亦常諷誦古文，聲調韻節，穩健而從容。爲人剛毅守正，有令譽於鄉里。德配杜氏，有懿德。生子三，長宗和，次宗德，先生其季也。

卷一　出生之年至四十歲

⊙民國前3年（1909年），清宣統元年，己酉，
先生生。

　。夏曆4月25日，先生生於山東棲霞牟家疃祖宅。

⊙民國6年（1917），丁巳，九歲。

　。是年，入私塾。

⊙民國8年（1919），己未，十一歲。

　。是年，改入新制小學。

⊙民國12年（1923），癸丑，十五歲。

　。是年，考入棲霞縣立中學。

⊙民國16年（1927），丁卯，十九歲。

　。是年，考入國立北京大學預科。

⊙民國17年（1928），戊辰，二十歲。

。是年，因讀《朱子語類》而引發想像式的直覺的解悟，對抽象
　玄遠之義理甚具慧解。而當時流行之西方觀念系統，如柏格森
　之創化論、杜里舒之生機哲學、杜威之實用主義、達爾文之進
　化論，亦皆引起先生之注意，而能助長其想像之興會。（唯此
　各系統之內容，則非先生之所喜。）

⊙民國18年（1929），己巳，二十一歲。

。是年，升入北大哲學系本科。
。先生一面隨課程而接上羅素哲學、數理邏輯、新實在論等，一
　面自闢途徑，遍讀易書與英哲懷悌海之著作。
。易學方面，先整理漢易（如京氏易、孟氏易、虞氏易），進而
　由晉、宋易而下及清易（著重胡煦之《周易函書》，與焦循之
　易學三書：《易圖略》、《易通釋》、《易章句》）。並於畢
　業之前，完成周易研究一書之初稿。
。懷悌海方面，則由其早年之《自然知識之原則》、《自然之概
　念》二書，進而讀《科學與近代世界》及其新巨著《歷程與真
　實》。先生以美的欣趣與直覺解悟契接懷氏，故能隨讀隨消
　化，隨消化隨引發，而想像豐富，義解斐然。（按：先生曾漢
　譯懷氏之《自然知識之原則》與《自然之概念》兩書。稿存於
　山東老家。後因大陸反右運動而橫遭焚燬。）

⊙民國21年（1932），壬申，二十四歲。

　○是年或稍前，王氏夫人來歸。

　○7月，發表《公孫龍子的知識論》於《百科知識》第1期。

　○冬月，熊十力先生自杭州返北京大學講學。先生因讀熊先生新
　　出之《新唯識論》文言本，經由鄧高鏡先生之介，初謁熊先生
　　於中央公園茶軒。自此從游，深受感發。

　○先生自謂：遇見熊先生，乃其生命中之大事。從此，先生之學
　　思工夫乃形成雙線並行之歷程：一是從美的欣趣與想像式的自
　　覺解悟，轉入如何為何之架構的思辨；以後撰著《邏輯典範》
　　與《認識心之批判》，皆順此線索而發展。二是從外在化提升
　　一步，而內轉以正視生命，契入儒聖之學，是即熊先生啓迪振
　　拔之功也。（按：明年，熊先生移住二道橋。某日，馮友蘭氏
　　來訪熊先生，時馮氏《中國哲學史》由清華大學出版，曾致送
　　熊先生一部。是日，熊先生語馮曰：「你說良知是個假設，這
　　怎麼可以說是假設？良知是眞眞實實的呈現。這需要直下自
　　覺，直下肯定。」先生在旁聞此言，直是振聾發瞶，有如一聲
　　霹靂，把人的覺悟立即提升到宋明儒者的層次。）

⊙民國22年（1933），癸酉，二十五歲。

　○4月，發表〈墨子之兼愛與孟子之等差〉於《益世報》。

　○11月，發表〈矛盾與類型說〉於《哲學評論》5卷2期。

。是年，北京大學哲學系畢業。

。返山東，任教於魯西壽張鄉村師範。

。是年秋，先生之母杜氏孺人卒。

⊙民國23年（1934），甲戌，二十六歲。

。秋，赴天津，住社會科學研究所。與張東蓀、羅隆基二氏常相過從。此時或稍前，以張東蓀氏之介，列名國家社會黨。

。撰寫〈邏輯與辯證邏輯〉、〈辯證唯物論的制限〉、〈唯物史觀與經濟結構〉三文，由張東蓀氏編入《唯物辯證法論戰》一書，於是年8月出版。

。此時前後，為《再生》雜誌撰寫時論文字多篇，如：〈社會根本原則之確立〉、〈從社會形態的發展方面改造現社會〉、〈復興農村的出路何在〉、〈中國農村經濟局面與社會形態〉、〈中國農村生產方式〉、〈民族命運之升降線〉等。又發表〈理解、創造與鑒賞〉於《再生》2卷6期，〈燦爛的哲學〉於《北平晨報・學園》714號。

。是年，長公子伯璇生。

⊙民國24年（1935），乙亥，二十七歲。

。在天津。

。是年，《從周易方面研究中國之玄學與道德哲學》自印出版。共約四百頁，分為五部：一、漢易之整理，二、晉宋易，三、

胡煦的生成哲學，四、焦循的易學，五、律曆之綜和。林宰平先生見此書，大為讚賞。沈有鼎氏則譽之為「化腐朽為神奇」。

。秋，返棲霞小住，後赴廣州，任教於私立學海書院。（時，謝幼偉先生亦同校任教。）

。發表〈亞里士多德論時間〉、〈亞里士多德論空間〉、〈亞里士多德論運動〉、〈亞里士多德論無限〉等四文於廣州《民國日報・哲學週刊》第8／9／10／11期。

⊙民國25年（1936），丙子，二十八歲。

。在廣州。

。6月24日，發表〈一年來之哲學並論本刊〉上篇於《民國日報・哲學週刊》第43期，其下篇發表於44期。

。7月17日，發表〈最近年來之中國哲學界〉於《北平晨報・思辯》第44期，介紹熊十力、張東蓀、金岳霖三家之哲學思想。

。夏秋之間，學海書院因故結束。先生北返，以熊先生之介，過山東鄒平鄉村建設研究院，次日見梁漱溟先生，梁氏問曰：「來此已參觀否？」先生答曰：「已參觀矣。」再問：「汝見云何？」答曰：「只此不夠。」梁氏勃然變色，又問：「云何不夠？汝只觀表面事業，不足以知其底蘊。汝不虛心也。」答曰：「如事業不足為憑，則即無從判斷。」三問三答而不契，乃回棲霞故里小住，後赴北平。

。是年，發表〈紅樓夢悲劇之演成〉（上、下）、〈關於邏輯的

幾個問題〉於《文哲月刊》卷1第3／4／6各期。發表〈象數義理解〉於《北平晨報‧思辯》第33期。發表〈數學之直覺主義〉（上／下）、〈論析取與絜和〉（上、下）於《民國日報‧哲學週刊》第31／32／40／41各期。

⊙民國26年（1937），丁丑，二十九歲。

。在北平，主編《再生》雜誌。時，張遵騮先生就讀北大，藉買雜誌為名，特來相訪，自此訂交。（按：遵騮乃張文襄公之洞之曾孫，彬彬有禮，慷慨好義，抗戰初期，先生處困，多得其資助云。）

。發表〈覺知底因果說與知識底可能說〉於《哲學評論》六卷2／3合期。

。是年，次公子伯璡生。

。七七事變，全國抗日。先生自北平過天津，走南京，再至長沙。時北大、清華合為臨時大學，經長沙遷至衡山。先生應張遵騮之邀，遊南嶽，遂與諸生晤談，暢發抗戰之大義，提揭建國之意識，以向上一機激悟青年，而校中教授如馮友蘭等竟示意諸生勿與先生接觸，先生甚感義憤。得張遵騮資助路費，乃由湘衡走桂林。

⊙民國27年（1938），戊寅，三十歲。

。在廣西，先後任教梧州中學、南寧中學。

。春間，代張君勱氏《立國之道》一書撰寫〈哲學根據〉章。

。秋，自廣西轉赴雲南。

⊙ 民國28年（1939），己卯，三十一歲。

。在昆明，秋赴重慶。

。先生在昆明將近一年，生活無著，賴張遵騮先生之資助度日，在困頓中發憤撰著《邏輯典範》。

。時，熊先生在重慶，特函昆明西南聯大湯用彤先生云：「宗三出自北大，北大自有哲系以來，唯此一人為可造，汝何得無一言，不留之於母校，而任其飄流失所乎？」湯氏復函，謂胡先生處通不過。（按：胡適先生早離北大而赴美，而猶遙控校事也。）先生嘗言：「我從不作回北大想。因吾根本厭惡其學風與士習。吾在流離中默察彼中人營營苟苟，妾婦之相，甚厭之，復深憐之。胡氏只能阻吾於校門外，不使吾發北大之潛德幽光耳。除此，彼又有何能焉？」

。先生絕糧昆明之時，曾函告張君勱先生，張氏久無回音。某日報載，張氏偕交通部長視察滇緬公路，過昆明，住翠湖旅店。遵騮謂先生曰：「君勱先生來矣，往見否？」先生心怒，意不欲往。既而曰：「往見」。張氏見先生來，頗驚訝，曰：「何以知我來此？」答曰：「見報耳。」乃詢以：「前所上函，收到否？」張氏答以未收到，先生於以知張氏之無誠也。（事詳《生命的學問》頁144-148。）

。秋，轉赴重慶。先是，熊先生應馬一浮先生之邀，共主講於

「復性書院」（借樂山烏尤寺為院址），乃薦先生以都講名義住書院。迨先生至重慶，而熊先生已與馬先生相處不諧而離去，事逐不果。先生赴璧山來鳳驛拜謁熊先生，言及人情之險，相與感泣。

○ 自璧山返重慶，與張君勱氏相見，張氏託以《再生》雜誌編輯事，先生意猶未平，不允，遂鬧僵。舊友來相勸解，有謂：「論理，你對。今且置理不談，只論情分。」先生曰：「沒有理，那來情？」言未畢而泫然淚下。然終以情義之故，再度主編《再生》雜誌。並先後發表〈說詩一家言──格調篇〉、〈說詩一家言──唐雅篇〉、〈說詩一家言──詩意篇〉於《再生》30／31／32期。

又連續發表〈時論之一：縱與橫〉、〈時論之二：贊封建〉、〈時論之三：箴現代〉、〈時論之四：究天人〉、〈時論之五：辨虛實〉、〈時論之六：明教化〉、〈時論之七：論思辨〉諸文於《再生》33至42期。

○ 是年，始與知友唐君毅先生晤面。某日，論及西方唯心論，先生覺察唐先生說話頗費吞吐之力，乃知講這套學問要有強度之心力往外噴。先生立即感到唐氏是一個哲學的氣質，有玄思的心力。那些發表的文字並不能代表他。他確有理路，亦有理論的思辯力。從此，二人遂成為學問上最大的知己。

⊙民國29年（1940），庚辰，三十二歲。

○ 在大理。

∘ 1月（實爲農曆客歲之冬臘），張君勱氏創設民族文化書院於雲南大理，先生以講師名義住書院，而實與張氏相處不諧也。

∘ 6月，發表〈宗教與禮教〉於《再生》第50期。

∘ 是年，《邏輯典範》完稿，開始構思《認識心之批判》。

⊙民國30年（1941），辛巳，三十三歲。

∘ 在大理。

∘ 9月，《邏輯典範》由香港商務印書館出版。書分四卷：卷一、邏輯哲學，卷二、眞理値系統，卷三、質量系統，卷四、邏輯數學與純理，共六百餘頁。

　　此書之主旨，在於復邏輯之大常，識邏輯之定然，歸宿於「知性主體」而見「超越的邏輯我」。先生指出，邏輯的推演系統，只表現純理自己，是純理自己之展現。「純理自己」一詞之提出，旣可保住邏輯之自足獨立性，亦可保住邏輯之必然性與超越性。而思想三律則是「肯定與否定之對偶性」此一原則之直接展現。彼講唯物辯證法者從事物之變動與關聯而反對思想律，乃是領域之混淆。西方邏輯專家之講法，則是以形式主義、約定主義動搖邏輯之命根。而共相潛存說與邏輯原子論，則又使邏輯依託於外在的形上學之假定上。先生認爲，此皆義理不透，未識邏輯之大常。故群言淆亂，使定然者變成不定，使必然者變成不必然，此正時代精神虛脫飄蕩之象也。

∘ 是年，先生尊翁蔭淸公卒於棲霞故里，享壽七十。

∘ 12月，民族文化書院因故停辦。先生由大理轉赴重慶北碚金剛

碑「勉仁書院」依熊先生，住約半年。（按：先生自離大理，即與張君勱氏疏離。抗戰勝利後，國社黨改組爲民社黨，先生遂正式退出。）

⊙民國31年（1942），壬午，三十四歲。

。在北碚，秋赴成都。

。秋，應成都華西大學之聘，任敎於哲史系，是爲先生獨立講學之始。

。是年，發表〈陰陽家與科學〉於《理想與文化》第1期。

⊙民國32年（1943），癸未，三十五歲。

。在成都，任敎華西大學。

。是年，發表〈評羅素新著《意義與眞理》〉於《理想與文化》3／4合期。（1997年，重刊於《鵝湖月刊》261至266期。）

⊙民國33年（1944），甲申，三十六歲。

。在成都，任敎華西大學。

。是年，發表〈懷悌海論知覺兩式〉、〈寂寞中的獨體〉、〈論純理〉於《理想與文化》第5／6／7期。又發表〈純粹理性與實踐理性〉於《文史雜誌》第3卷11／12合期。

⊙民國34年（1945），乙酉，三十七歲。

。在成都，任教華西大學。秋轉重慶。

。先生自離北碚來成都，數年之間，客觀的悲情特顯昂揚。既痛心政治與時代精神之違離正道而散塌，而尤深惡痛絕於共黨之無道與不義。先生撥開一切現實之牽連，直就民族文化生命之大流說話。凡違反國家民族、文化生命，以及夷夏、人禽、義利之辨者，必斷然反對之。此種客觀的悲情，不只是情，亦是智，亦是仁，亦是勇。先生與張東蓀、梁漱溟兩氏之終於決裂，以及日後創辦《歷史與文化》月刊，皆是此一精神之貫徹。至於連年來持續撰著《認識心之批判》，則是另一線的哲學之思辨。

。秋初，自成都轉重慶，應中央大學之聘，任哲學系教授。始與唐君毅先生共事。

。8月，抗戰勝利，舉國歡騰。然人心一時之興奮隨即轉為渙散與放肆，而八年來對外抗敵之意識亦轉而為對內之鬥爭。朝野上下不見凝聚與開朗之象，亦無有直從華族文化生命立大信之器識。某日，先生與唐先生論及國族前途，惄然憂之。遂有撰著歷史哲學之意。

。秋冬之際，重慶召開國民參政會，梁漱溟、張東蓀兩氏皆出席。先生有感於張氏負哲學名家之望而心思溺於利害，居賢彥問政之位而言行流於激情；既自失其道揆，昏其明識，將何以為青年作眼目，為國家謀前途？遂作一長函託梁氏轉交張氏，

以盡規箴之義。張氏約先生面談，而言詞益乖義理。先生失望
之極，不作一言而退。（附按：越明年，張氏致函先生，意欲
先生為彼之《知識與文化》、《思想與社會》、《理性與民
主》三書作評介，先生甚覺其無謂，故置之而不復。）

。是年，譯述羅素《萊布尼茲哲學之疏導》。（未發表）

⊙民國35年（1946），丙戌，三十八歲。

。在南京，任教中央大學。

。春，隨中央大學自重慶遷回南京。

。5月，發表〈傳統邏輯與康德的範疇〉於《理想與文化》第8
期。

。秋，先生輪任中大哲學系主任（上學年由唐君毅先生輪任）。
某資深教授為延聘陳姓教授事，與學校鬧意氣，久不到校授
課。為學生課業計，系中同仁（如許思園先生等）相商分擔某
教授之課程，某教授聞之，誤想乃先生主意，大為不諒，遂生
嫉恨。

⊙民國36年（1947），丁亥，三十九歲。

。在南京，任教中央大學。

。1月，先生懍於國運之屯艱，文運之否塞，乃獨力創辦《歷史
與文化》月刊，並撰〈大難後的反省：三個骨幹〉代發刊辭，
以人禽、義利、夷夏之辨昭告於世，並從頭疏導華族之文化生

命與學術之命脈，以期喚醒士心，昭蘇國魂。（但因經費無著，只出刊四期而止。）

○時，梁漱溟氏來函訂閱《歷史與文化》月刊，先生乃順機作一長函，致望於梁氏正視時代之艱難，警惕中共之不義，秉公誠以謀國族之前途；並就其從事政治活動之意態，提出嚴正之規諫。惜乎梁氏既乏明辨事勢之慧識，又無察納忠言之眞心，竟率爾就先生函紙逐加批答而寄回。先生正氣昂揚，豈能受此貶屈！即將梁氏批語一一剪下，裝入信封掛號璧還，以示與梁氏決絕。（附按：三十餘年之後，旅美杜維明教授訪大陸，在北平晤見梁氏，言談之間及於先生，梁氏曰：「當年他把我寫的字，一片片剪下寄還給我，脾氣眞大！」稍間，又憮然曰：「沒想到他如今以哲學家名於世矣。」）

○3月，發表〈華族活動所依據的基礎型式之首次湧現〉、〈公羊義略記〉、〈水滸世界〉於《歷史與文化》第2期。

○時，傅成綸撰〈禪宗話頭之邏輯的解析〉一文，刊於《歷史與文化》第2期。八年後，此文編入先生《理則學》一書爲附錄。（按：傅君，江蘇常州人，畢業於西南聯大歷史系。抗戰後期在成都教中學，從先生游。勝利還都，又隨侍先生於南京。先生謂其「稟質渾樸，才氣浩瀚，精思名理」。與先生暌隔三十餘年之後，傅君在故居接獲《現象與物自身》而讀之，特致函於先生，歎曰：此眞天下奇書也。其於「儒、釋、道、耶」之判釋，及其所提揭各大教融攝會通之義理規路，極順適而自然，可謂天衣無縫矣。）

○暑假，以任系主任之故而曲遭讒誣，聘書竟不下。唐君毅先生

出而爲先生爭公平，不果。

○秋，先生應金陵大學、江南大學兩校專任教授之聘，往來於南京無錫間。唐君毅先生亦離中大，轉任江南大學教務長。（另許思園先生亦就聘江南大學哲學研究所所長。）

○8月，發表〈評述杜威論邏輯〉於《學原》雜誌1卷4期。

○是年，選譯聖多瑪斯《神學總論》。（未發表）

○撰著《王陽明致良知教》上、下篇，跨年發表於《歷史與文化》、《理想歷史文化》二雜誌。

⊙民國37年（1948），戊子，四十歲。

○在南京，任教金陵大學、江南大學。

○時，程兆熊先生主持江西信江農專（是年秋，升格爲信江農學院），地在鵝湖書院故址。程先生有意邀請師友至鵝湖論學會講，以蘇活朱陸學脈。先生特撰〈重振鵝湖書院緣起〉，略謂，自孔、孟、荀至董仲舒爲儒學第一期，宋明儒爲第二期，今則進入第三期。儒家第三期之文化使命，應爲三統並建：重開生命的學問以光大道統，完成民主政體建國以繼續政統，開出科學知識以建立學統。此一緣起，乃先生對當代儒家之文化使命最早而明確之披露。

○先後發表〈知覺現象之客觀化問題〉、〈時空爲直覺底形式之考察〉、〈時空與數學〉諸文於《學原》雜誌1卷9期、2卷2期、6期。〈荀學大略〉於《理想歷史文化》第2期。

○秋，赴杭州，應國立浙江大學之聘，任教於哲學系。時，熊先

　　生已先應浙大哲學系主任謝幼偉先生之請，佳校講學。

。是年，名其居曰「且暮樓」。撰有〈且暮樓記〉、〈月華賦句〉、〈觀生悲歌〉、〈四十誌感〉四文。（未發表）

卷二　四十一歲至六十歲

⊙民國38年（1949），己丑，四十一歲。

。在杭州，任教浙江大學。

。是年春，《認識心之批判》全書完稿。

。4月，大局逆轉，共軍渡江。先生偕謝幼偉先生離杭州走上海，乘海輪至廣州。夏間，謁熊先生於廣州市郊黃氏觀海樓。

。夏秋之間，先生隻身渡海至台灣，時唐君毅先生暫任教於廣州華僑大學，隨即赴香港，與錢穆、張丕介諸先生籌設新亞書院。徐復觀先生則繼《學原》雜誌之後，創辦《民主評論》半月刊於香港，並設分社於台北。先生初抵台，即暫住於《民主評論》台北分社。

。斯時，先生有三原則默存於胸：一為文化反共。視中共及其所持之馬列意識形態為中國文化之頭號敵人。二為孔子立場。凡尊重孔子者皆可合作而相與為善，凡貶抑孔子、詆詆孔子者，必反擊之。三為支持中華民國，反對中共竄改國號。對於國民政府，則盼望其有為，樂觀其有成，願作善意之督責，而不取「訐以為直」之批評，此亦俗諺所謂「不看僧面看佛面」也。先生自謂，此三原則，數十年來持守甚緊，無稍改變。

。是年，發表〈儒家學術的發展及其使命〉、〈理性的理想主義〉、〈道德的理想主義與人性論〉、〈理想主義的實踐之函義〉諸文於《民主評論》。

。開始撰著《歷史哲學》（初擬書名爲《國史精神之新綜
析》）。

⊙民國39年（1950），庚寅，四十二歲。

。在台北。

。1月，**《理性的理想主義》**由香港人文出版社印行。（後經增
訂擴充，改書名爲《道德的理想主義》。）

。秋，應台灣師範學院（後改爲國立台灣師範大學）之聘，主授
理則學、哲學概論、先秦諸子、中國哲學史。

。是年，發表〈人類自救的積極精神〉、「平等與主體自由之三
態」諸文於民主評論。又發表〈認識論之前題〉於《學原》雜
誌3卷2期。

⊙民國40年（1951），辛卯，四十三歲。

。在台北，任教師大。

。夏月，主持師大人文講座（人文講習會），隨即發展爲「人文
學社」。

。發表〈佛老申韓與共黨〉、〈論黑格爾的辯證法〉於《思想與
革命》1卷1期／6期。又發表〈平等與主體自由之三態〉、
〈論凡存在即合理〉、〈自由主義之理想主義的根據〉於《民
主評論》。

。冬月，應復興崗之聘，兼授理則學與中國文化問題研究課程。

⊙民國41年（1952），壬辰，四十四歲。

　◦在台北，任教師大。

　◦是年，《歷史哲學》全書完稿。

　◦發表〈孟子與道德精神主體〉、〈荀子與知性主體〉、〈闢毛澤東的矛盾論〉、〈闢毛澤東的實踐論〉於《民主評論》又發表〈要求一個嚴肅的文化運動〉、〈祀孔與讀經〉於《中央日報》，〈論文化意義〉、〈哲學智慧之開發〉、〈開明的層層深入〉於《台灣新生報》專欄。

⊙民國42年（1953），癸巳，四十五歲。

　◦在台北，任教師大。

　◦是年，發表下列諸文：〈論上帝隱退〉、〈人文主義的完成〉刊於《民主評論》。〈關於文化與中國文化〉刊於《中國文化月刊》。〈反共救國中的文化意識〉刊於《幼獅月刊》。〈介紹唐著：《中國文化之精神價值》〉、〈說懷鄉〉、〈上帝歸寂與人的呼喚〉刊於《人生雜誌》。〈實存哲學的人文價值〉刊於《大陸雜誌》。

　◦應約撰寫〈中國文化之特質〉（編入《中國文化論集》），〈墨子〉、〈賈誼〉（編入《國史上的偉大人物》第1/2兩冊）。

　◦12月，**《荀學大略》**，由謝幼偉先生介紹，交由中央文物供應

社印行。

⊙民國43年（1954），甲午，四十六歲。

○在台北，任教師大。

○是年，受聘爲教育部學術審議委員會哲學組審議委員。

○4月，《**王陽明致良知教**》由中央文物供應社印行。

○8月，先生有感於人文學社之浮泛，乃另行發起「人文友會」，於14日首次聚會於東坡山莊寓所。第二次起改借師大教室聚會，隔週一次。聚會講習之記詞，皆由周文傑刻臘版印發會友，並輯爲《人文講習錄》發表於香港《人生雜誌》。（先後擔任記錄者，有王美奐、王淮、陳問梅、蔡仁厚。）

○是年，發表下列諸文：〈人文主義的基本精神〉、〈論無人性與人無定義〉、〈世界有窮願無窮〉刊於《民主評論》。〈政道與治道〉刊於《學術季刊》。〈現時中國之宗敎趨勢〉刊於《新思潮》。

○應約撰寫〈論中國的治道〉。（編入《中國政治思想與制度史論集》，於11月出版。）

○冬月，受託爲張君勱氏《比較中日陽明學》一書校閱作序，先生謙讓不敢爲前輩序，乃改作〈校後記〉六千言。

⊙民國44年（1955），乙未，四十七歲

○在台北，任教師大。

。夏月，《**歷史哲學**》由強生出版社印行。

　書分五部，每部三章，共十五章。第一部論夏商周；第二部論
春秋戰國秦；第三部論楚漢相爭：綜論天才時代；第四部論西
漢二百年：理性之超越表現時期；第五部論東漢二百年：理性
之內在表現時期。

　先生此書，以疏通中國文化爲主。⑴貫通民族生命、文化生
命，以開出華族更生之道路，是先生撰著此書之主要動機。⑵
將歷史視爲一個民族之實踐過程，以通觀時代精神之發展，進
而表白精神本身之表現途徑，並指出精神實體之表現形態，於
此而疏導出中國文化所以未出現科學民主之故，以及如何順華
族文化而轉出科學與民主，則是先生撰著此書之基本用心。⑶
蕩滌民國以來迷惑人心的唯物史觀（歷史的經濟決定論），進
而完成一「歷史之精神發展觀」，以恢復人類之光明，指出人
類之常道，是即先生此書之歸結。

　先生指出，精神表現之各種形態與原理，在各國民族間的出
現，不但有先後之異與偏向之差，而且其出現之方式亦有綜和
的與分解的之不同。中國文化表現「綜和的盡理之精神」與
「綜和的盡氣之精神」，西方文化則表現「分解的盡理之精
神」。（此乃書中之中心觀念，其詳請讀原書。）書出之後，
唐君毅先生特撰〈中國歷史之哲學的省察〉發表於《人生雜
誌》，爲先生此書詳作評介。（後收入《歷史哲學》增訂版爲
〈附錄〉。）

。11月，《**理則學**》（教育部部定大學用書），由正中書局出
版。書分三部：第一部、傳統邏輯，計八章。第二部、符號邏

輯,計三章。第三部、方法學,專論歸納法。另附錄兩章,一
為辯證法,二為禪宗話頭之邏輯的解析。

○ 譯〈存在主義的義理結構〉(據萊因哈特:《存在主義的反
抗》),講於人文友會,後發表於〈民主評論〉。

○ 是年,發表下列諸文:〈人文主義與宗敎〉、〈生命的途
徑〉、〈自然與人文之對立〉、〈道德心靈與人文世界〉刊於
《人生雜誌》:〈自由與理想〉、〈理性的運用表現與架構表
現〉刊於《民主評論》;〈尊理性〉刊於《祖國周刊》;〈黑
格爾與王船山〉刊於《政論周刊》。

⊙民國45年(1956),丙申,四十八歲。

○ 在台北,秋,轉東海大學任敎。

○ 2月,發表〈關於歷史哲學:酬答唐君毅先生〉一文於《民主
評論》。

○ 應約譯述〈黑格爾的歷史哲學〉(編入《黑格爾論文集》),
又譯〈黑格爾的權限哲學引論〉、〈懷悌海論客體事與主體
事〉,講於人文友會。

○ 8月,唐君毅先生自港來台作學術訪問,適逢人文友會第五十
次聚會,先生特約唐先生與會主講。(唐先生返港,與人言
及,此番與牟先生在台相聚,忽有所感;讀他文章時,是肉身
成道;見到他本人時,又是道成肉身。)

○ 同月,先生應台中東海大學之聘為人文學科主任。赴聘之前,
特為友會作第五十一次之相聚。至此,連續兩整年之聚會講

習，乃暫告結束。

○9月，《**認識心之批判**》上冊，由香港友聯出版社印行。

書分四卷。第一卷：心覺總論，分三章。第二卷：對於理解（知性）之超越的分解，分兩部，一部論純理，一部論格度與範疇，共七章。第三卷：超越的決定與超越的運用，分兩部，一部為順時空格度而來之超越的決定，一部為順思解三格度而來之超越的運用，共五章。第四卷：認識心向超越方面之邏輯構造，分兩章以論本體論的構造與宇宙論的構造。全書共八百餘頁。

先生以為，人類原始的創造的靈魂，是靠幾個大聖人：孔子、釋迦、耶穌。但大聖人的風姿是沒有典要的，其豐富不可窺測，其莊嚴不可企及，只有靠實感來遙契。而學問的骨幹則有典要，典要的豐富是可以窺見的，其骨幹亦是可以企及的。康德的《純理批判》以及羅素與懷悌海合著的《數學原理》，是西方近世學問中的兩大骨幹。先生常自慶幸能夠出入其中，得以認識人類智力的最高成就，得以窺見他們的廟堂之富。《數學原理》之內在的結構與技巧，由於中國欠缺這一套學術傳統，一時還產生不出這樣的偉構。先生亦自歎有所不及，但在哲學器識上，則自覺並無多讓，故能以究竟了義為依歸以扭轉其歧出。而《純理批判》是由西方純哲學傳統發展出來的高峰，其工巧的架構思辨，極難能可貴。先生正視它的價值，彌補它的不足，而復活了康德批判哲學的精神。而且二十餘年之後，先生仍鍥而不捨，先後撰著《智的直覺與中國哲學》、《現象與物自身》二書，證成了康德自己未能證成的義理，因

而亦融攝了康德，升進了康德。

。是年，發表下列諸文：〈陸王一系的心性之學〉、〈王龍溪的頓教：先天之學〉、〈劉蕺山的誠意之學〉以及〈本體論的構造〉、〈宇宙論的構造〉諸文刊於香港《自由學人》各期。〈古人講學的義法〉、〈創造心與認識心〉、〈理與事：略論儒學的工夫〉、〈關於外王的實踐〉、〈通向外王之道路〉、〈民主政治與道德理性〉、〈普遍性與個體性〉諸文刊於《人生》雜誌。又應約撰寫〈中國數十年來的政治意識〉（編入《張君勱先生七十壽慶論文集》）。

。是年冬，開始撰寫《五十自述》，於次年完稿。

⊙民國46年（1957），丁酉，四十九歲。

。在台中，任教東海大學。

。3月，《認識心之批判》下冊出版。

。5月，發表〈直覺的解悟與架構的思辨〉（《五十自述》之第三、第四章）於《自由學人》2卷5期。香港學界人士有謂：此乃數十年來中國思想界最激動人心之大文章。

。夏初，應程兆熊先生之邀，在台中農學院（後改中興大學）繼續人文友會之講習，與會者皆農院師生，舊會友唯蔡仁厚就近出席任記錄。（共聚會三次）

。6月，發表〈略論道統學統政統〉、〈儒教耶教與中西文化〉、〈孔子與人文教〉於《人生雜誌》。

。暑假，先生在東海大學講《認識心之批判》，與西方哲學諸問

題，劉述先、郭大春、韋政通、林清臣、蔡仁厚等，先後在先
生宿舍打地舖聽講。

° 選譯〈印度六派哲學：吠檀多〉。（未發表）

° 是年，發表〈論政治神話之根源〉、〈論政治神話之形態〉於
《民主評論》。

⊙ 民國47年（1958），戊戌，五十歲。

° 在台中，任教東海大學。

° 元旦，與唐君毅、徐復觀、張君勱諸先生聯名發表〈爲中國文
化敬告世界人士宣言〉，由《民主評論》、《再生雜誌》同時
刊出。

° 四月，人文友會主編文化問題專號，由《人生雜誌》出刊，既
以與〈文化宣言〉相呼應，亦以祝賀先生五十哲誕。（撰文
者：陳問梅、王淮、蔡仁厚、韋政通、周群振、唐亦男。）

° 秋，先生與趙惠元女士締婚。

° 是年，發表〈論政治神話與命運及預言〉、〈政治如何從神話
轉爲理性的〉諸文於《民主評論》。

⊙ 民國48年（1959），己亥，五十一歲。

° 在台中，任教東海大學。

° 發表〈道德判斷與歷史判斷〉於《東海學報》。

° 是年，開始撰寫《才性與玄理》。

。10月，三公子元一生。

。11月，**《道德的理想主義》**，由東海大學出版。

自先生38年來台，半年之間，大陸相次淪陷。國家民族與歷史文化之前途，已到最後徹底反省之時。先生根據客觀悲情之所感，轉而爲具體的解悟，以疏導華族文化生命之本性、發展與缺點，以及今日「所當是」的形態，以決定民族生命之途徑。此是由大的情感之凝斂，轉爲大的理解之發用。其結果，便是《歷史哲學》、《道德的理想主義》、《政道與治道》三書之寫成。

在著作時序上，《道德的理想主義》書中諸文，與《歷史哲學》實同時而並進，寫《歷史哲學》是專其心，隨機撰文是暢其志。先生自序末段云：「當三十八、九年之時，人皆有憂惕迫切之感，亦有思哀思危之意。吾言之而人可聽。十年後之今日，此種哀危之思，已成明日黃花。瞻望大陸，一海之隔，儼若楚越之不相干。共黨之刺激已不復切於人心。則吾此書所言，人亦必淡然視之，認爲迂固不切事情。甚或斥之爲書生之狂言，亦所難免。人之了悟內容眞理，常視其機。機至則甚易知，甚易明，而見其爲不可移。機不至，感不切，心不開，固蔽不通，激越反動，則雖舌敝唇焦，亦無益也。雖然，慧命不可斷，人道不可息，故仍存之，以待來者。」

⊙民國49年（1960），庚子，五十二歲

。在台中，任敎東海大學。

。發表〈人物志之系統的解析〉、〈魏晉名理正名〉、〈魏晉名士及其玄學名理〉，以及〈作爲宗教的儒敎〉諸文於《民主評論》與《人生雜誌》。

。十月，離台赴港，應香港大學之聘，主授中國哲學。

⊙民國50年（1961），辛丑，五十三歲。

。在香港，任敎港大。

。2月，《**政道與治道**》，由台北廣文書局出版。

按：中國政道之不立，事功之萎縮，實由中國文化生命偏於「運用表現」與「內容表現」。科學知識之停滯於原始階段而不前，亦繫因於此。而要轉出政道、開濟事功、成立科學知識，則必須轉出理性之「架構表現」與「外延表現」。如何從運用表現與內容表現轉出架構表現與外延表現，以開出各層面之價值內容（如：科學、民主等），並使各層面價值之獨立性獲得貞定；又如何能將架構表現統攝於運用表現，以使觀解理性上通於道德理性以得其本源；此中的貫通開合之道，先生書中皆有明確之解答。

秦漢以來，眞能上承孔孟內聖外王之敎，以從事實學、要求開濟事功者，宋明儒者之後，只有晚明顧、黃、王三大儒接得上。宋、明儒是通過佛敎之對照，以豁醒其內聖一面；葉水心、陳同甫與晚明顧、黃、王諸大儒，是在遭逢華夏之淪於夷狄，而豁醒其外王一面。而先生此書，則是經過滿淸之歪曲，面對共黨之漸滅，而作進一步之豁醒與建立。

。是年，發表〈王充之性命論〉、〈王弼易學之史迹〉、〈王弼之老學〉、〈向郭之注莊〉、〈嵇康之名理〉、〈阮籍之風格〉以及〈有感於羅素之入獄〉諸文於《民主評論》與《人生雜誌》。

。應約撰〈論五十年來之思想〉一文刊於《中國一周》。

。是年，開始撰著《心體與性體》，並發表〈朱子苦參中和之經過〉於《新亞書院學術年刊》。

⊙民國51年（1962），壬寅，五十四歲。

。在香港，任教港大。

。3月，《歷史哲學》增訂版，由人生出版社印行。

。8月，「東方人文學會」正式成立於香港。（由先生與唐君毅先生發起，人文友會在台會友亦多列名參加。）

。應約在港大校外課程部主講：「中國哲學的特質」，共十二講（王煜記錄）。

。東海大學輯印《魏晉玄學》（共六章，不夠完整），由東海大學出版。

。6月，發表〈觀念的災害〉於《人生雜誌》。

⊙民國52年（1963），癸卯，五十五歲。

。在香港，任教港大。

。1月《中國哲學的特質》（東方人文學會叢書），由人生出版

社印行。十年後，此書改由台北學生書局重版印行。先生再版
自序有云：「此小冊便於初學，但因是簡述，又因順記錄文略
加修改而成，故不能期其嚴格與精密。倘有不盡不諦或疏闊
處，尤其關於《論》、《孟》與《中庸》、《易傳》之關係處
倘有此病，則請以《心體與性體》綜論部爲準，以求諦當，勿
以此而生誤解也。」

◦ 1月起，發表〈公孫龍之名理〉，以及《公孫龍子》〈白馬
論〉、〈通變論〉、〈堅白論〉、〈名實論〉各篇之疏解，於
《民主評論》。

◦ 5月，發表〈惠施與辯者之徒的怪說〉，編入香港大學《東方
文化》卷6第1/2合期。

◦ 7月，發表〈關於宗教的態度與立場：答澹思先生〉於《人
生》雜誌。

◦ 9月，《才性與玄理》（東方人文學會叢書），由香港人生出
版社印行。

　　書分十章；一、王充之性命論；二、人物志之系統的解
析；三、魏晉名士及其玄學名理；四、王弼玄理之易學；五、
王弼之老學（王弼老氏注疏解）；六、向郭之注莊；七、魏晉
名理正名；八、阮籍之莊學與樂論；九、嵇康之名理；十自然
與名教（自然與道德）。

　　先生自序云：「吾寫《歷史哲學》，至東漢而止。此後不
再就政治說，故轉而言學術。階段有三：一曰魏晉玄學，二曰
南北朝隋唐之佛教，三曰宋明儒學。此書顏曰才性與玄理，即
魏晉一階段也。」又云：「魏晉之玄理，其前一階段爲才性。

才性者，自然生命之事也。此一系之來源，是由先秦人性論問題而開出；但不屬於正宗儒家如《孟子》、《中庸》之系統，而是順『生之謂性』之氣性一路而開出。故本書以王充之性命論爲中心，上接告子、荀子、董仲舒，下開《人物志》之才性，而觀此一系之源委。此爲生命學問之消極一面者。」

又云：「吾年內對於生命一領域實有一種存在之感受。生命雖可欣賞，亦可憂慮。若對此不能正視，則無由理解佛敎之『無明』，耶敎之『原罪』，乃至宋明儒之『氣質之性』，而對於『理性』、『神性』以及『佛性』之義蘊亦不能深切著明也。文化之發展，即是生命之淸澈與理性之表現。然則生命學問之消極面與積極面之深入展示，固是人類之大事，焉可以淺躁輕浮之心、動輒視之爲無謂之玄談而忽之乎？玄，非惡詞也。深遠之謂也。生命之學問，總賴眞生命與眞性情以契接。無眞生命與眞性情，不獨生命之學問無意義，即任何學問亦開發不出也。而生命之乖戾與失度，以自陷陷人於劫難者，亦唯賴生命之學問，調暢而順適之，庶可使其步入健康之坦途焉。」

。是年，再度應約在港大校外課程部主講：「宋明儒學綜述」，共十二次。其講錄分別發表於《人生雜誌》與《民主評論》。（按：此講錄乃簡約之綜述，不免疏略，後以《心體與性體》既出，先生遂不復將此講錄輯印出書。）

⊙民國53年（1964），甲辰，五十六歲。

○在香港，任教港大。
○3月，應東海大學之約，返台講學半年。（夫人公子偕來。）
○分期發表〈胡五峰知言之疏解〉於《民主評論》。
○是年，譯康德《道德底形上學之基本原則》完稿。

⊙民國54年（1965），乙巳，五十七歲。

○在香港，任教港大。
○分期發表〈陸象山與朱子之爭辯〉於《民主評論》。

⊙民國55年（1966），丙午，五十八歲。

○在香港，任教港大。
○按：此後兩年，先生專力撰著《心體與性體》，未發表單篇論
　文。

⊙民國56年（1967），丁未，五十九歲。

○在香港，任教港大。

⊙民國57年（1968），戊申，六十歲。

○在香港。

○春，應唐君毅先生之約，由港大轉中文大學研究院及新亞書院
　哲學系任教。

○5月，《心體與性體》第1冊，由台北正中書局出版。

　　　　全書分綜論部與分論部。綜論部計五章，全書之宗旨義蘊
皆總述於此。分論一、濂溪與橫渠兩大章，與綜論部合爲第1
冊，共六百五十餘頁。分論二、明道、伊川、胡五峰三大章，
爲第2冊，共五百四十餘頁。分論三、專講朱子，分九章，爲
第3冊，五百五十餘頁。

　　　　先生自序有云：「予以頑鈍之資，恍惚搖蕩困惑於此學之
中者有年矣。五十以前，未專力於此。猶可說也。五十而後，
漸爲諸生講說此學，而困惑滋甚，寢食難安。自念若未能了然
於心，誠無以對諸生，無以對先賢，亦無以對此期之學術。乃
發憤誦數，撰成此書，亦八年來之心血也。」

　　　　按先生從頭疏導此期之學術，實在煞費工夫。先擺開文獻
材料，找出其中之線索，勾出各家之眉目，比觀對照，不存成
見，反覆再三，始漸見出其義理之必然歸趨。最後，確定北宋
之周濂溪、張橫渠、程明道、程伊川，南宋之胡五峰、朱子、
陸象山，明代之王陽明、劉蕺山，此九人乃是宋明儒學之綱
柱。此九人前後互相勾連，在義理問題之發展上，亦先後相銜
接、相呼應。北宋諸儒，由《中庸》、《易傳》之講天道誠

體，回歸到《論語》、《孟子》之講仁與心性，最後始落於《大學》講格物窮理。而其義理系統之開展，實繫於對道體、性體之體悟。濂溪首先「默契道妙」：橫渠進而貫通天道性命，直就道體言性體；至明道，以其圓融之智慧，盛發「一本」之論，客觀面之天道誠體與主觀面之仁與心性，皆充實飽滿而無虛歉，兩面直下通而爲一，即心即性即天，而完成了內聖圓教之模型。

　　此北宋前三家所體悟之道體、性體，以至仁體、心體，皆(1)靜態地爲本體論的實有，(2)動態地爲宇宙論的生化之理，(3)同時亦即道德創造之創造實體。所以旣是理，亦是心，亦是神，乃「即存有即活動」者（活動，是就能引發氣之生生、有創生性而言）。明道卒後，其弟伊川有二十年獨立講學之時間，乃依其質實的直線分解之思考方式，將道體、性體皆體會爲「只是理」。旣然只是理，就表示它不是心、不是神，亦不能在此說寂感。道體之「神」義與「寂然不動、感而遂通」義旣已脫落，則道體便成爲「只存有」而「不活動」的理，而本體宇宙論的創生義，遂泯失而不可見。言道體是如此，言性體亦然。伊川又將孟子「本心即性」析而爲心、性、情三分，性只是形上之理，心與情則屬於實然的形下之氣。理上不能說活動，活動義落在氣（心、情）上說。於是性體亦成爲「只存有」而「不活動」。由於對道體、性體之體會有偏差，乃形成義理之轉向。唯此一轉向，在伊川並不自覺，二程門人亦未嘗順伊川之轉向而趨，而南宋初期之胡五峰，則乃上承北宋前三家之理路而發展，開出「以心著性、盡心成性」之義理間架。

到此時爲止，伊川之轉向還只是一條伏線。但朱子出來，因其心態同於伊川，乃自覺地順成了伊川之轉向，而另開一系之義理。接著象山直承孟子而與朱子相抗，於是，朱子、象山、加上五峰之湖湘學，乃形成三系之義理。下及明代，王陽明呼應象山，劉蕺山呼應五峰，宋明儒學之義理系統，乃全部透出而完成。

以是，先生認爲只分程朱、陸王二系，並不能盡學術之實與義理之全。一則平常所謂程朱，實指伊川與朱子，而明道變成無足輕重，此大不可。二則明道即心即性即天，其學可講性即理，實亦可講心即理，而伊川、朱子則不能說心即理，故以明道與伊川、朱子合爲一系，在義理上有刺謬。三則胡五峰之湖湘學，實承北宋前三家而發展，乃北宋儒學之嫡系，其「以心著性、盡心成性」之義理間架，有本質上之必然性與重要性，故明末劉蕺山雖與五峰時隔四、五百年，而猶然呼應「以心著性」之義，而使宋明儒學得一完整之歸結。據此，先生乃作如下之分判：北宋前三家，濂溪、橫渠、明道爲一組，此時，只有義理之開展，而無義理之分系。以下伊川、朱子爲一系，象山、陽明爲一系，五峰、蕺山爲一系。（按：《心體與性體》三大冊，只寫到朱子。第4冊講陸王與蕺山，延至十年後方出版。）

○ 7月14日，新亞書院與東方人文學會聯合舉行「熊十力先生追悼會」，先生在會上報告熊先生之學術思想，並獻輓聯云：

天將以夫子爲木鐸，任乾坤倒轉，率獸食人，常運悲心存

大理；時適逢大易之明夷，痛南北隔離，沍陰錮世，無由侍教慰孤衷。

。8月，應約返台參加中華學術院主辦之世界華學會議，並欲商同徐復觀先生爲熊先生舉行追悼會而未果。

。時，中興大學籌設文學院，約請先生出任院長。先生以爲，辦文學院而無哲學系，無益，乃商請校方建議教育部創設中興大學哲學系，不果。9月中，回港。

。10月，《心體與性體》第2冊出版。

卷三 六十一歲至七十歲

⊙民國58年（1969），己酉，六十一歲。

。在香港，任敎中文大學。
。是年，接任新亞哲學系主任。先後主授魏晉玄學、南北朝隋唐佛學、宋明儒學、康德哲學、知識論等課程。
。6月，《心體與性體》第3冊出版。
。秋冬之際，《智的直覺與中國哲學》完稿。

⊙民國59年（1970），庚戌，六十二歲。

。在香港，任敎中文大學。
。發表《我與熊十力先生》於新亞《中國學人》創刊號。
。9月，《生命的學問》由台北三民書局出版。
　　此書由孫守立編輯，收文二十一篇。先生作序，有云：「此書不是一有系統的著作，但當時寫這些文字，實乃環繞我的《歷史哲學》、《政道與治道》、《道德的理想主義》這三部書而寫成，也可說是以這三部書所表示的觀念爲背景，而隨機撰爲短章以應各報刊之需要。這些短篇文字，不管橫說豎說，總有一中心觀念，即在提高人的歷史文化意識，點醒人的眞實生命，開啓人的眞實理想。此與時下一般專注意於科技之平面的、橫剖的意識有所不同。此所以本書名曰《生命的學問》。」

生命總是縱貫的、立體的。專注意於科技之平面橫剖的意識，總是走向腐蝕生命而成爲『人』之自我否定。中國文化的核心是生命的學問。由眞實生命之覺醒，向外開出建立事業與追求知識之理想，向內滲透此等理想之眞實本源，以使理想眞成其爲理想，此方是生命的學問之全體大用。」

。是年起，先生於撰著《佛性與般若》一書之餘，並陸續從事康德《純粹理性之批判》之翻譯。

⊙民國60年（1971），辛亥，六十三歲。

。在香港，仟教中文大學。

。3月，《**智的直覺與中國哲學**》由台北商務印書館出版。

　　書分二十二章，三百八十餘頁。二年前，先生偶讀海德格的《康德與形上學的問題》以及《形上學引論》二書，發現海德格建立存有論的路並不通透，對形上學的層面亦有誤置，因而引發撰著本書之動機。唯若關聯先生自己的著作而言，則此書之撰寫，一方面是上接《認識心之批判》而進一步疏解康德的原義，另一方面是作爲《心體與性體》綜論部討論康德的道德哲學之補充。先生此書，涉及康德的地方，是以自己所譯之原文加以疏導。而關於抉發中國哲學所含的智的直覺之意義，則徵引儒、釋、道三家之文獻，就儒家之「本心仁體之誠明、明覺、良知，或虛明照鑑」（德性之知），道家之「道心之虛寂圓照」（玄智），佛家之「觀照即空即假即中之實相的般若智」，及其展示一圓教之典型，以詮表中國三大敎的「智的直

覺」義。

先生認為，智的直覺不但在理論上必須肯定，而且是實際地必能呈現。如此，則中國哲學可以「哲學地」建立起來，而且康德自己所未能真實建立的，亦因此而可以客觀地、真實地建立起來。先生由康德的批判工作接上中國哲學，進而開出「基本存有論」的建立之門路（從本心道心或真常心處建立）。⑴本心、道心、真常心，是實有體；⑵實踐而證現這實有體，是實有用；⑶成聖成真人成佛以取得實有性（即：無限性），此便是實有果。這「體、用、果」便是基本存有論的全部內容。

先生又謂，不講形上學則已，如要講，則只能就康德所說的「超絕形上學」之層面，順其所設擬的（物自身、自由意志、道德界與自然界之溝通）而規畫出一個道德的形上學，以智的直覺之可能來充分實現它。所以，基本存有論只能就道德的形上學而建立（若擴大概括佛、道二家，則可說就實踐的形上學來建立）。而海德格卻從康德所說的「域內形上學」之領域以建立他的存有論，將存有論置於時間所籠罩的範圍內（故有《實有與時間》一書之作），他要拆毀柏拉圖以來的西方傳統之存有論史，以恢復柏拉圖以前之古義。事實上，此乃形上學層面之誤置。他的入路是「存在的入路」，他的方法是「現象學的方法」。入路有可取，方法則不相應。故先生認為他建立存有論的路是不通透的。康德曾作《形上學序論》，海德格改作《形上學引論》，先生此書則仍歸於康德，並順其「超絕形上學」之領域，而開出康德所嚮往而卻未能建立的「道德的

形上學」。

。9月，發表〈龍樹辯破數與時〉於《新亞書院學術年刊》。

。12月，〈存在主義入門〉、〈我的存在的感受〉二文，編入
《存在主義與人生問題》一書，由香港大學生活社出版。

⊙民國61年（1972），壬子，六十四歲。

。在香港，任教中文大學。

。6月，應邀赴夏威夷大學，參加以王陽明為主題之東西哲學家
會議。回程過台北小停，中國文化大學創辦人張其昀先生偕同
哲學研究所所長謝幼偉先生親至僑泰賓館，致送華岡教授聘
書，邀請先生於新亞退休後至華岡講學。

。9月，發表〈王學的分化與發展〉於《新亞書院學術年刊》。

⊙民國62年（1973），癸丑，六十五歲。

。在香港，任教中文大學。

。1月，在新亞月會講〈中國知識分子的命運〉，講詞發表於
《新亞雙周刊》。

。夏，《現象與物自身》完稿。

。發表《王龍溪致知議辯疏解》於《新亞書院學術年刊》。

⊙民國63年（1974），甲寅，六十六歲。

- 在香港，任教中文大學。
- 7月，與唐君毅先生同時由香港中文大學退休。
- 9月，發表〈智者大師之位居五品〉於《新亞書院學術年刊》。
- 10月，返台就華岡教授之聘，在文化大學哲學研究所主講康德哲學。（次週起，改借師大教室上課，以利便台北市區各大學研究生聽講。）
- 冬月，先後在台北師大、台南成功大學、台中中興大學作學術演講，發揮儒、釋、道三教大義。又在高雄佛光山佛學院講：弘揚宗教的態度。
- 時，清華大學籌設文科研究所，擬設置語言學、史學、哲學三講座，校長徐賢修氏面邀先生任哲學講座。後籌設未成，遂不果。
- 臘月，回港度歲。
- 是年，《歷史哲學》、《才性與玄理》、《中國哲學的特質》，先後由台北學生書局重印出版。

⊙民國64年（1975），乙卯，六十七歲。

- 在香港，任教新亞研究所，為哲學組導師。
- 先後發表〈涅槃經之佛性義〉於《清華學報》，〈關於大乘止

觀法門〉於《成大學報》，〈天臺宗之判教〉於《佛光學報》，〈中國傳統思想與西方民主精神之匯通與相濟〉於《人與社會》3卷20期。

○8月，《**現象與物自身**》由台北學生書局出版。

　　三年前，先生因著講授知識論一課之機緣，欲將平素所思作一系統之陳述，於是一面口講，一面筆寫，閱八月而完稿。這是先生撰寫最快之書，但卻是四十餘年學思工夫蘊積而成。書分七章：1.問題的提出；2.德行的優先性；3.展露「本體界的實體」之道路；4.由「知體明覺」開「知性」；5.對於「識心之執」之超越的分解：知性的形式簇聚之「邏輯概念」之超越的分解；6.知性的形式簇聚之「存有論的概念」之超越的分解（附錄：〈經驗的實在論與超越的觀念論釋義〉）；7.「執相」與「無執相」之對照。全書合序目將近五百頁。

　　此書之內容，以康德的「現象」與「物自身」之區分為中心，而以中國的傳統哲學為說明此一問題之標準。康德說我們所知的只是現象，而不是物自身。現象是感觸直覺的對象，物自身則是智的直覺之對象，而智的直覺專屬上帝所有。又說上帝只創造物自身，而不創造現象。康德的點示，當然含有一種洞見。但吾人並不能由此輕描淡寫的點示，而了知物自身的確義。因而現象與物自身之區分永遠不能明確而穩定，而康德系統內部的各種主張亦永遠在爭辯中而不易為人信服。

　　近十多年來，先生重讀康德，而且翻譯了《純粹理性之批判》與《實踐理性之批判》。在譯述的過程中，正視了康德的洞見之重大意義，亦見到知性之存有論的性格之不可廢，並依

據中國的傳統，肯定「人雖有限而可無限」，「人有智的直覺」。由中國哲學傳統與康德哲學之會合而激出一個浪花，乃更能見出中國哲學傳統之意義、價值，及其時代之使命與新生。並由此而看出康德哲學之不足。於是而有此書完整通透的系統之陳述。至於《智的直覺與中國哲學》，則是此書之前奏。

先生自謂，「步步學思，步步糾正，步步比對，步步參透」，參透到此書寫成，而後覺得灑然。先生依於中國哲學之傳統，指出道家之玄智、佛家之空智、儒家之性智，皆是自由無限心之作用。由自由無限心而說智的直覺。而所謂「物自身」（物之在其自己），並非一事實的概念，而是一個有價值意味的概念，它就是物之本來面目、物之實相。所以，物自身乃是一個「朗現」（對自由無限心而朗現，亦即對智的直覺而朗現）。

對自由無限心（智心）而言，為物自身；對認知心（識心、有限心）而言，為現象。「現象」與「物自身」之特殊義，既皆得以確定而不搖動，則二者之間的超越區分，亦遂充分證成不搖動。對自由無限心而言，而有「無執的（本體界的）存有論」，對識心之執而言，而有「執的（現象界的）存有論」。這兩層存有論之建立，後者以康德為主，前者以中國的哲學傳統為主。先生這部工作，是依法不依人、依義不依語，以作「稱理而談」的融攝。此步融攝，必須對中國哲學傳統有確定之了解。而先生此書之綜述，乃以《才性與玄理》、《佛性與般若》、《心體與性體》三書為根據。（按：先生為

此書所作十七頁之長序，對其平生之學思與撰著此書之哲學根據，以及通過此書對當前時代之判教與融通，皆言之極精要而明透。）

。是年，重新訂改《佛性與般若》，全部完稿。又，去年返台所作專題演講：〈儒家之道德的形上學〉、〈道家之無底智慧與境界形態上的形上學〉、〈佛家的存有論〉、〈宋明儒學之三系〉，皆整理成稿，發表於《鵝湖月刊》3／4／6／7期。

⊙民國65年（1976），丙辰，六十八歲。

。在香港，任教新亞研究所。秋，返台講學。

。發表〈如來禪與祖師禪〉、〈分別說與非分別說〉於《鵝湖月刊》8／9／10／11各期。又重刊〈惠施與辯者之徒的怪說〉於《鵝湖月刊》13至16期。

。9月，應教育部客座教授之聘，於11月返台，主講「宋明儒學」、「南北朝隋唐佛學」兩課程於國立台灣大學哲學研究所。台北各大學師生聞風來聽講者，每堂恆百餘之數。（今按：先生與在台門人書，嘗云：「新亞退休之後，當略師孔子歸魯之意，返台作數年講學，以培養青年，留下一個線索，於願足矣。」先生此番返台講學，與孔子自衛歸魯之年，同為六十八歲，可謂歷史之巧合。）

。重刊〈直覺的解悟與架構的思辨〉一文於《鵝湖月刊》17／18期。

。先後應中國文化大學、台灣大學、東海大學與中興大學之邀，

講「我的學思經過」，雖同一講題，而先生對機而說，各校學子大受鼓舞。而台大所講者，尤具激盪興發之效。

。12月，應鵝湖月刊社之請，假中華文化復興會堂作公開演講，先生以「從鵝湖之會說起」爲題，暢論分析之義旨及其對學術之重要性。

⊙民國66年（1977），丁巳，六十九歲。

。2月初，自台回港度歲。於新亞研究所敎課之暇，撰成〈王門江右學派〉一章。

。4月中，返台大繼續講學。

。5月，應台大哲學學社之請，講「中國哲學未來之發展」。

先生首先指出，所謂中國哲學，非謂「哲學在中國」，而是指「中國的哲學」。蓋西方哲學在中國之風行，不能算是中國哲學之發展。有如羅素哲學在中國，杜威哲學在中國，甚至馬列唯物哲學在中國，或西方宗敎在中國，皆非中華民族之慧命，皆非中國哲學之發展。中國哲學自有其源遠流長之傳統。此一傳統以儒家爲主流，這是一個常數（定常的骨幹），不可斷絕。所謂中國哲學未來的發展，即是意指以儒家爲主流的此一「定常的骨幹」之充實與發展。

中國哲學是否有未來，除了挺顯其自身的義理綱維之外，還要看吾人能否如當初之消化佛敎而亦能消化西方哲學。能消化即有未來之發展，否則，便沒有未來之可言。凡消化，必須從消化其高峰著手。西方哲學之高峰是康德。消化西方哲學必須從

消化康德入手。在西方，亦實只有康德方是通中西文化之郵的
最佳橋梁，而且是唯一的正途。西方哲學有三大支：柏拉圖代
表一支，萊布尼茲以及羅素代表一支，康德代表一支。柏拉圖
一支與萊布尼茲之形上學一面已消化於康德，唯萊氏與羅素之
邏輯分析一套，則康德未及消化，故此步消化必須中國人自己
來完成。《認識心之批判》一書，正是基於此一用心而撰成。
再進一步，便是消化康德。《現象與物自身》一書，即意在勉
盡此責。然此非一人之事，亦非一時可了，願天下有志者共相
勉勵。（按：此意，先生在《才性與玄理》書中已先發之。見
頁277-278。）

。中華民國哲學會改組復會，先生與唐君毅先生以最高票數當選
常務理事。唯哲學會流品複雜，會員之學術意識亦多薄弱，故
先生意欲團聚純正學人，以另謀哲學研究之正常發展，而形格
勢禁，難申弘願。

。6月，**《佛性與般若》**（上、下冊），由台北學生書局出版。
　　書分三部，共一千二百餘頁。第一部綜述綱領，共四章：
1.大智度論與大般若經；2.中論之觀法與八不；3.龍樹之辯破
數與時；4.大涅盤經之佛性義。第二部，分六章以論述前後期
之唯識學，以及起信論與華嚴宗。1.地論與地論師；2.攝論與
攝論師；3.眞諦言阿摩羅識；4.攝論與成唯識論；5.楞伽經與
起信論；6.起信論與華嚴宗。一、二兩部合爲上冊。第三部爲
下冊，專講天臺宗，分爲二分。第一分爲天臺圓敎義理系統之
陳述，共四章：1.天臺宗之判教；2.從無住本立一切法；3.
「十不二門指要鈔」之精簡；4.智者大師之位居五品。第二分

為天臺宗之故事，故五章：1.法登論天臺宗之宗眼兼判禪宗；2.天臺宗之文獻；3.天臺宗之衰微與中興；4.天臺宗之分為山家與山外；5.辨後山外之淨覺。書後附錄〈分別說與非分別說〉一文，以綜述諸大小乘教法不同之關節以及最後之圓教。

先生以中國哲學史之立場，疏導佛教傳入中國以後之發展，並從義理上審識比對，認為天臺圓教可以代表最後之消化。依著天臺之判教，再回頭閱讀有關之經論，先生乃確然見出其中實有不同的分際與關節。順其判釋的眉目，而了解佛教傳入中國以後的義理之發展，將其中既不同而又相關聯的關節展示出來，此便是先生撰著此書之旨趣。

「般若」與「佛性」兩個觀念，是全書之綱領。般若是共法，行於一切大小乘，但它本身不是小乘，亦不是大乘，亦不足以決定大、小乘之所以為大、小乘。般若只是一融通淘汰之精神，只是一蕩相遣執之妙用，以使一切法皆歸實相。而事實上它並無積極之建立，所以沒有系統相。系統之不同，繫於佛性與悲願。「佛性」觀念之提出，是在於說明：成佛之所以可能，與依何形態而成佛方為究竟。佛性，可由佛格（佛之性格、體段）與因性（正因、緣因、了因）而了解。(1)小乘想通過解脫而成佛，既成佛，自有佛格之佛性，但無因性之佛性觀念。加上只自度而未能度他，悲願不足，故為小乘。(2)有悲願而不捨眾生，但若只是功齊界內。智不窮源，則並不真能達於無限之境，而佛格佛性亦未能至於遍滿常之境。於此說大乘，只是具有相對大之悲願而已。(3)徹法之源而至於無限之境，由此以言三因佛性之遍、滿、常，是即所謂「如來藏恆沙佛法佛

性」一觀念。必須推到恆沙佛法佛性，乃能即九法界而成佛，此方是成佛之圓滿形態。

　　中國吸收佛教是從般若學開始，般若學之精神，自鳩摩羅什來華而大白於世。但般若是共法，中觀論之觀法亦是共法，乃大、小乘所共同者。即使緣起性空，亦是通則通義，大、小乘皆承認。故般若學之思想，並不決定義理之系統。另外一面是唯識學。中國對唯識學之吸收，是始於地論師。以其傳入中國之先後爲準，地論師與攝論師，可統名曰：前期唯識學。後來玄奘重譯《攝論》，力復原來之舊，是即一般所稱之唯識宗，可名之曰：後期唯識學。後期唯識學是阿賴耶系統，前期唯識學則爲如來藏系統。阿賴耶緣起是經驗的分解或心理學意義的分解，如來藏緣起是超越的分解。順分解之路往前進，至華嚴宗已到達盡頭，成爲順唯識系而發展之最高峰。

　　華嚴宗判教，以「別教一乘圓教」自居，同時又承認天臺宗爲「同教一乘圓教」。結果，圓教中出現二個形態，而各圓其圓。這表示華嚴之判教有不盡。因爲眞正的圓教只有一，而無二無三。而且圓教必不能走分解的路。分解是第一序上的分別說，有系統相；凡系統皆是可諍法，可諍則不得其圓。所以眞正圓教，仍當以天臺圓教爲標準。關於天臺之判教，先生曾詳加疏通而有若干調整。其中原委，請看原書。

◦7月回港。教課之暇，重新勘對康德《純粹理性之批判》譯稿。先生嘗謂：「翻譯之事，最適於老年。此時學思較熟練，識見較明達，加之心情鬆閒，從容舒坦，邊看邊譯，隨譯隨解，字斟句酌，煞有味也。」

○ 以台大敦邀繼續講學一年，先生遂於11月再返台大哲研所主講
「魏晉玄學」、「天臺宗與華嚴宗」兩課程。

○ 12月，應華岡哲學學社之請，講「中國哲學之未來」，重申前
義。

⊙ 民國67年（1978），戊午，七十歲。

○ 1月28日，回港度歲。

○ 2月2日，唐君毅先生病逝香港，先生感傷不已，特於悼念文中
揭示「文化意識宇宙」一詞，謂此一文化意識宇宙，乃中國文
化傳統所獨闢與獨顯，它是夏商周之文質損益，再經孔孟內聖
外王成德之教而開闢出。宋明儒者是此宇宙中之巨人，顧、
黃、王亦是此宇宙中之巨人，唐先生則是現時代此宇宙中之巨
人。又輓以聯曰：「一生志願純在儒宗，典雅弘通，波瀾壯
闊，繼往開來，智慧容光昭寰宇；全幅精神注於新亞，仁至義
盡，心力瘁傷，通體達用，性情事業留人間。」

○ 2至4月，在新亞研究所授課之餘，撰述《心體與性體》第4冊
「陸象山、劉蕺山」兩章完稿。

○ 4月19日返台大繼續講學。

○ 5月，先後應邀講「天臺宗在佛教中的地位」於佛光山佛學院
台北別院，講「文化意識宇宙的函義」於師大國文學社。

○ 同月21日（夏曆4月25日）為先生七十哲誕之辰，在台門人特
設宴祝壽，並編印祝壽文集，其編印緣起有云：

今年孟夏吉辰，為先生七十哲誕之慶。客歲春月，在台同

門有編印祝壽論集之倡議，唯散篇論文，義難相屬，意亦浮泛，今所不取。爲使吾人主觀之誠敬，而能表現客觀之意義，則論集諸文當以介述先生之學爲主旨。凡先生所著各書，皆針對某一時代或某一方面之學術問題，而提供一解決之道。唯各書之旨趣及其義理之綱脈、思想之根據、與夫解決某一問題之理路，一般讀者或未易眞切把握，學界中人恐亦不免隔閡而鮮有相應之了解。從游諸友苟能本一己之所得，就某一書或某一論題作一相應而中肯之介述與討論，則不僅嘉惠初學，對當前之學術而言，亦將可有摩盪啓迪之效。爰於去年夏秋之間，邀約諸友分頭撰文，輯爲此書。既以略表同爲先生祝嘏之微忱，而尤在本乎公誠之心爲先生之學親作見證。

。7月20日回港，再度校訂康德書之譯稿，並隨文酌加註解。

。8月，《**道德的理想主義**》修訂三版，作修訂版自序，並增入〈悼念唐君毅先生〉、〈文化意識宇宙一詞之釋義〉二文爲附錄，由台北學生書局印行。

。9月，《**牟宗三先生的哲學著作**》（祝壽集），由台北學生書局出版，共九百六十頁。

　　開端一文，〈牟宗三先生的學思歷程與著作〉，由蔡仁厚執筆，分五階段（ 1.直覺的解悟， 2.架構的思辨， 3.客觀的悲情與具體的解悟， 4.舊學商量加邃密， 5.新知涵養轉深沉 ），以綜述先生之學思歷程與著作。

　　其餘諸文，類分爲三組：㈠關於歷史文化者，爲甲編：有

陳拱之〈道德的理想主義闡要〉；周群振之〈道德理性與歷史
文化〉；朱維煥之〈中華民族之生命形態〉；陳修武之〈我讀
政道與治道〉；鄭力爲之〈儒家正名論之檢討〉；陳癸淼之
〈牟先生論先秦名理之學〉。㈡關於中國傳統哲學者，列爲乙
編：有蘇新鋈之〈才性與玄理之啓示〉；廖鍾慶之〈佛性與般
若之研究〉；蔡仁厚之〈心體與性體的義理綱脈〉；戴璉璋之
〈德行之知與見聞之知〉；楊祖漢之〈儒學的超越意識〉。㈢
關於中西哲學會通者，列爲丙編：有劉述先之〈牟先生論智的
直覺與中國哲學〉；冼景炬之〈現象與物自身之區分及牟先生
之證成〉；李天命之〈圓教‧邏輯〉；陳榮灼之〈邏輯哲學中
的兩種超越進路〉；李瑞全之〈思解之格度與軌約原則〉；鄺
錦倫之〈牟先生論辯證法〉；郭善伙之〈讀《現象與物自
身》〉；謝仲明之〈中國哲學與中國哲學界〉。

◦ 11月，先生再應教育部之聘，第三年講學於台大哲研所，主講
「中國哲學之特質」（中國哲學之簡述及其所涵蘊之問題）、
「天臺宗研究」兩課程。

◦ 12月16日，美國宣佈與中共建交，先生於18日上課時，就此問
題談話三小時。後經整理，以〈有關美國與中共拉邦交之談
話〉爲題，發表於《鵝湖月刊》43期。

◦ 12月25日，又以〈從索忍尼辛批評美國說起〉爲題，在台大作
公開演講，記錄詞發表於台北《聯合報》，並由聯經出版公司
以中英文對照本出版發行。

◦ 是年，《中國哲學的特質》由韓國成均館大學敎授宋恆龍先生
譯爲韓文，在漢城印行。

卷四　七十一歲至七十六歲

⊙民國68年（1979），己未，七十一歲。

。1月下旬，自台回港度歲。

。3月，《**名家與荀子**》由台北學生書局出版。

　　書共二百七十頁。先生自序有云：「此書各篇皆舊作。《荀學大略》曾於民國42年出版，為一獨立之小冊。關於公孫龍子諸篇則曾於民國52年發表於《民主評論》，關於惠施者則曾於民國56年發表於香港大學東方文化。今輯於一起名曰：《名家與荀子》。」又云：「吾將名家與荀子連在一起，旨在明中國文化發展中重智之一面，並明先秦名家通過墨辯而至荀子乃為一系相承之邏輯心靈之發展，此後斷絕而無繼起之相續，實為可惜。」

　　（按：荀子歷來見斥於儒家正宗，晚近以來論荀學者亦不能觸及荀子之學術心靈。至先生作《荀學大略》，乃真能抉發荀子之真精神。先生指出，荀子尊名崇數，實具邏輯之心智，其心靈與路數，可以說根本就是名數的。對名數之學的文化意義，輒能卓然識其大。他雅言統類、禮義之統、分位之等，善言禮與王制、法之大分、類之綱紀，凡此所說，亦輒能順其理之必然而保持其系統之一貫。此雖不是名數本身之事，但卻為名數心智之所函。窮盡知性之能，光照外物之性，磨練認識之主體，貞定外在之自然，這是名數之學所表現的積極建構之精

神。邏輯、數學、科學皆由此出。荀子雖只作正名篇以開其端，並未開出全部名數之學，但其心靈確是名數之心靈，其精神亦是積極建構之精神。今當中國文化亟須開展之時，荀子之學尤具時代之意義。

○4月，返台繼續講學。

○5月，應邀講〈五四與現代化〉，記詞連載於5月29日至6月2日《台灣日報》。

○6月，發表談話聲援大陸青年人權運動，記詞以〈肯定自由，肯定民主〉為題，發表於台北《聯合報》。

○7月1日，應立法委員黃本初先生之邀，在「熊十力先生追念會」上講話，講詞由楊祖漢整理，發表於《鵝湖月刊》50期。

○7月11日，在東海大學主辦之首次中國文化研討會主講「儒家學術之發展及其使命」。「中國文化之現代意義」。

○7月末回港，連續三年返台講學暫告結束。（按：五年前，先生函在台門人，有云：「新亞退休之後，將略師孔子歸魯之意，返台作數年之講學，以為學術留存種子。」而台大三年，正乃先生最為圓熟、最富興會之講學階段也。）

○8月，《從陸象山到劉蕺山》由台北學生書局出版。

全書五百四十頁，分為六章：一、象山之「心即理」；二、象山與朱子之爭辯；三、王學的分化與發展；四、「致知議辯」疏解；五、兩峰、師泉與王塘南（江右王門的演變）；六、劉蕺山的慎獨之學。

先生自序云：《心體與性體》共三冊，已於民國57年出版於正中書局。在該三冊中，只詳講濂溪、橫渠、明道、伊川、

五峰與朱子六人。但在詳講此六人中，宋明儒長期發展之可分為三系已確然明白而無可疑。是故在該書出版後，心中如釋重負；雖尚餘陸王一系以及殿軍之劉蕺山未曾寫出，吾亦暫時無興趣再為續寫。遲延至今，忽忽不覺已十年矣。在此十年間，吾亦未輟工作。《智的直覺與中國哲學》、《現象與物自身》、《佛性與般若》，皆在此期間寫成者也。此雖無關於宋明儒，然亦非不增長吾之學思與理解，因而對於宋明儒學之定性與定位亦非無深廣之助益也。吾涉及之工作至今大體俱已寫成，因此宋明儒之餘三人亦必須寫成，不能再拖。此書定名曰：《從陸象山到劉蕺山》，實即《心體與性體》之第4冊也。」

又云：「夫宋明儒學，要是先秦儒家之嫡系，中國文化生命之綱脈。隨時表而出之，是學問，亦是生命。自劉蕺山絕食而死後，此學隨明亡而亦亡。自此以後，進入滿清，中國之民族生命與文化生命遭受重大之曲折，因而遂陷於劫運，直劫至今日而猶未已。憶！亦可傷矣！是故自此以下，吾不欲觀之矣。吾雖費如許之篇幅，耗如許之精力，表彰以往各階段之學術，然目的唯在護持生命之源，價值之本，以期端正文化生命之方向，而納民族生命於正軌。至於邪僻卑陋而不解義理為何物者之胡思亂想，吾亦不欲博純學術研究之名而浪費筆墨於其中也。」

○8月，東海大學成立哲學系，特敦聘先生為中國文化榮譽講座。

○9月，在新亞研究所第一次文化講座講〈平反與平正〉，講詞

於明年1月重刊於《鵝湖月刊》55期。

○ 11月起，上學年在台大之講錄《中國哲學之簡述及其所涵蘊之問題》（共十九講），分期連載於《中國文化月刊》。

⊙民國69年（1980），庚申，七十二歲。

○ 在香港，任教新亞研究所。

○ 4月，《**政道與治道**》由台北學生書局重印出版。先生特增入〈從儒家的當前使命說中國文化的現代意義〉為新版序文。

○ 5月，應台大哲學研究所之聘，返台指導論文。

○ 5月23日在東海大學講〈三十年來大陸知識分子想些什麼〉，講詞發表於6月21日《聯合報》。

○ 6月4日，在台大講〈談民國以來大學的哲學系〉，講詞發表於《鵝湖月刊》61期。

○ 7月25日，應韓國退溪學會理事長李東俊先生之邀，赴漢城主持學術座談會，並訪問成均館、陶山書院。門人戴璉璋以退溪學會台北師大分會理事身分隨行，於29日返台。

○ 8月2日，應聯合報之邀作公開演講，題為〈中國文化的斷續問題〉，講詞發表於10月31日《聯合報》副刊。

○ 8月上旬，自台回港。

○ 9月，〈訪韓觀感〉、〈訪韓答問錄〉發表於《鵝湖月刊》62／63期。

○ 是年，新亞研究所成立博士班，先生任哲學組導師。

⊙民國70年（1981），辛酉，七十三歲。

○在香港，任教新亞研究所。

○春間，旅美學者陳榮捷氏與哥倫比亞大學教授狄百瑞聯名函邀
　先生出席明年在夏威夷舉行之國際朱子會議，先生憚於遠行，
　乃覆函辭謝。門人蔡仁厚等同時受邀，於明年七月赴會宣讀論
　文。

○廖鍾慶發表〈棲霞內聖學述〉於《鵝湖月刊》（自68期起連
　載），介述先生之學。

○3月，講〈中國哲學的未來拓展〉於香港中文大學，馮耀明整
　理記錄，刊於《鵝湖月刊》72期。

○5月，應《聯合報》與東海大學聯合邀請，返台作短期講學。

○7月中旬，由《聯合報》安排，假三軍文藝中心作兩次公開演
　講，總題為〈文化建設的道路〉、13日講第一子題「歷史的回
　顧」極為轟動，16日《聯合報》刊出講詞，反應尤為熱烈。17
　日講第二子題「現時代文化建設的意義」時，行政院孫運璿院
　長與文化建設委員會籌備會主任委員陳奇祿教授特相偕前來聽
　講云。

○8月初回港。

○10月，講〈僻執、理性與坦途〉於新亞研究所月會，講詞先刊
　於香港《百姓月刊》，後轉載於《中國文化月刊》28期、《鵝
　湖月刊》80期。

○教課之暇，繼續為康德書之譯註作最後之對勘。

⊙民國71年（1982），壬戌，七十四歲。

○在香港，任教新亞研究所。

○年初，聯合報與台大協議，合聘先生為特約講座，唯先生以台大哲學系氛圍複雜，未即應承。

○4月1日，徐復觀先生病逝於台北，先生特為文悼念，刊於《鵝湖月刊》82期。又囑在台門人致送輓聯云：

> 崇聖尊儒，精誠相感，鉅著自流徽，辣手文章辨義利；
> 闢邪顯正，憂患同經，讜言真警世，通身肝膽照天人。

○9月，《康德的道德哲學》由台北學生書局出版。

此書乃合康德兩書而成。甲為《道德底形上學之基本原則》，乙為《實踐理性底批判》。後者又分二部：第一部為純粹實踐理性底成素論（內含二卷，卷一為分析部：純粹實踐理性底分析，計三章；卷二為辯證部：純粹實踐理性底辯證，計二章）。第二部為純粹實踐理性底方法學。全書共四百五十餘頁。

先生此譯，係據阿保特之英譯本而譯成。書中隨文作譯註，加案語，以期與儒學相比觀，俾讀者對雙方立言之分際，獲得真切之理解。其〈譯者之言〉末段云：「康德書行世至今已二百餘年，而中國迄今尚無一嚴整而較為可讀之文，是即等於康德學尚未吸收到中國來。吾人如不能依獨立之中文讀康

德，吾人即不能言吸收康德，而中國人亦將始終無福分參與於
康德學。進一步，吾人如不能由中文理解康德，將其與儒學相
比觀，相會通，觀其不足者何在，觀其足以補充吾人者何在，
最後依『判教』之方式處理之，吾人即不能言消化了康德。吾
之所作者只是初步，期來者繼續發展，繼續由德文譯出，繼續
依中文來理解，來消化。此後一工作，必須先精熟於儒學，乃
至眞切於道家佛家之學，總之，必須先通徹於中國之傳統，而
後始可能。」

。11月下旬，先生在各方企盼敦促之下自港返台，應台大之聘，
　主講「中國哲學之契入」、「中西哲學會通之分際與限度」兩
　課程。

。12月25日，應聯合報文化基金會之邀，講「漢宋知識分子之規
　格與現時代知識分子立身處世之道」。講詞刊於《聯合報》副
　刊。

⊙民國72年（1983），癸亥，七十五歲。

。1月31日，講《哲學的用處》於東海大學文化研討會，記詞刊
　於《中國文化月刊》。

。2月初，自台回港度歲。

。3月，《**康德純粹理性之批判**》上冊，由台北學生書局出版。
　（下冊，於7月出版）。上冊543頁，下冊490頁，合共1033
　頁。
　上冊之內容，爲「序言」、「引論」、超越的成素論之第一部

〈超越的感性論（攝物學）〉，以及第二部「超越的邏輯（辨物學）」之第一分「超越的分解」。此分解部又分爲兩卷：第一卷、概念底分解。（分二章：1.知性底一切純粹概念底發見之線索，2.知性底純粹概念之推證。）第二卷、原則底分解。（分三章：1.知性底純粹概念之規模（圖式），2.純粹知性底一切原則之系統，3.一切對象一般之區分爲感觸物與智思物之根據。）

下冊之內容，爲「超越的邏輯」之第二分「超越的辯證」。此辯證部又分爲兩卷：卷一、純粹理性底概念（分三節）。卷二、純粹理性底辯證推理。（分三章：1.純粹理性底誤推，2.純粹理性底背反，3.純粹理性之理想。）

先生此譯，以肯・斯密士之英譯本爲據。上下兩冊，皆有〈譯者之言〉，以說明翻譯之旨趣。書中並隨文作註解，加案語，其嘉惠讀者，實非淺鮮。

。4月16日，返台大繼續講學。

。5月17／25日，應聯合報文化基金會之邀，分別講述中國文化大動脈中之「現實關心問題」與「終極關心問題」。

。7月8日，自台回港。時梁燕城自夏威夷赴加拿大出席國際中國哲學會議，其論文係介述先生之哲學思想。會後梁君陳函於先生，言及與會學者 John Berthrong 自稱對先生之著作，全面讀過，認爲先生乃世界水準之大哲，非特中國之哲人而已。先生云，此固浮譽，然亦稍可告慰於先賢而無負於國家矣。

。7月，《康德純粹理性之批判》下冊出版。

。9月，〈中國文化大動脈中的現實關心問題〉、〈中國文化大

動脈中的終極關心問題〉」兩篇講詞，發表於《聯合報》副刊。中華電視台「華視新聞雜誌」特將講詞製為單元節目，分週播映。

。10月，《中國哲學十九講》由台北學生書局出版。

　　先生作小序云：「予既寫《才性與玄理》、《佛性與般若》、《心體與性體》以及《從陸象山到劉蕺山》，諸書已，如是乃對中國各期哲學作一綜述，此十九講即綜述也。此十九講乃於民國67年對台大哲學研究所諸生所講者。當時口講本無意成書，諸同學認為將各講由錄音整理成文，可供學者悟入中國哲學之津梁，否則，茫茫大海，渺無頭緒，何由而知中國哲學之面貌耶？如是由陳博政、胡以嫻、何淑靜、尤惠貞、吳登臺、李明輝六位同學分任其責，而以胡以嫻同學盡力獨多。諸同學之辛勞甚可感也。吾順其記述稍加潤飾，期於辭達意明，雖非吾之行文，然較具體而輕鬆，讀者易順之而悟入也。於所述者盡舉大體之綱格，不廣徵博引，縷述其詳；欲知其詳，當回看上列諸書，知吾之所述者皆有本也。無本而綜述，鮮能的當，此不得曰綜述，乃浮光略影也，故多膚談而錯誤，不足為憑。綜述已，則各期思想之內在義理可明，而其所啟發之問題亦昭然若揭。故此十九講之副題曰：『中國哲學之簡述及其所函蘊之問題』。簡述以明固有義理之性格，問題則示未來發展之軌轍。繼往開來，有所持循，於以知慧命之相續繩繩不已也。」

　　十九講之目次如下：1.中國哲學之特殊性問題。2.兩種真理以及其普遍性之不同。3.中國哲學之重點以及先秦諸子之起

源問題。 4.儒家系統之性格。 5.道家玄理之性格。 6.玄理系統之性格：縱貫橫講。 7.道之「作用的表象」。 8.法家之興起及其事業。 9.法家所開出的政治格局之意義。 10.先秦名家之性格及其內容之概述。 11.魏晉玄學的主要課題以及玄理之內容與價值。 12.略說魏晉梁朝非主流的思想並略論佛教「緣起性空」一義所牽連到的諸哲學理境與問題。 13.二諦與三性：如何安排科學知識。 14.大乘起信論之「一心開二門」。 15.佛教中圓教底意義。 16.分別說與非分別說以及「表達圓教」之模式。 17.圓教與圓善。 18.宋明儒學概述。 19.縱貫系統的圓熟。全書共四百五十頁。

◦ 12月，《中國文化的省察》，由台北、聯經出版社印行。

附記：8月間，前台大哲學系主任黃振華，邀約戴璉璋、蔡仁厚共商籌設哲學研究中心，期能迎請先生返台主持指導，以培養中國哲學人才。旋由仁厚詳擬全套計畫規章，採取管道與有關部門往復磋商數月，而未果。於以知在位者學術意識之薄弱，可爲浩歎。

⊙民國73年（1984），甲子，七十六歲。

◦ 在香港，任教新亞研究所。

◦ 3月，先生二公子伯璉偕同長孫（長公子伯璇之子）由山東老家來港探親，住約一月。

◦ 時，行政院遴選先生爲國家文化獎章受獎學者。先生乃於十三日返台，15日上午由嚴前總統頒獎，下午蔣總統邀晤茶叙。

《鵝湖月刊》以編委會之名義發表賀詞，略云：

> 政府遷台以來，教育部所設之學術獎，行之已三十年。其中
> 人文學一門雖有時從缺，亦屢有學者獲獎；唯獨學術著作最
> 弘富、最精實之唐君毅先生與牟宗三先生一直無緣。多年以
> 來，士林惑之。唯據吾人所知，教育部之學術獎須經一番著
> 作送審之手續，唐、牟二先生固無意於此。語云：實至而名
> 歸。然就二先生言，名之歸不歸，固無所縈其懷也。
> 今行政院之文化獎，則係採主動提名之方式，待評議定妥，
> 然後邀請獲獎人受獎。此一方式，實較合於國家獎崇學術、
> 尊敬碩學之美意。師儒賢哲，邦國之光。國家尊師儒，師儒
> 報國家。然尊賢必以其道，必得其宜，否則賢者不敢受也。
> 本年度牟宗三先生獲受行政院之文化獎，剋實而言，固不足
> 以增榮牟先生；但就「顯示政府尊師儒之眞誠」以及「激勵
> 人文學者學術報國之心志」而言，則實具重大之意義。
> 夫前修開創，後學繼踵，文化之任，責在多士。本刊素以振
> 興中國文化與中國哲學爲職志，雖力有未逮，而心志彌堅。
> 今後尤當奮其精誠，與天下有識者共相勉勵。

。3月21日，應東海大學哲學研究所之請，講「哲學研究之途
　徑」。23日回港。

。3月，《時代與感受》，由鵝湖出版社印行。

　　此書大部分爲先生七十以後之講錄，共二十四篇，計四百
三十頁。先生自序指出，一個人處於非理性的時代，即不能不

理會此非理性時代之何由而來。此中所含之問題，不只是泛泛
的思想問題，乃是人類價值的標準問題，人類文化的方向問
題。先生自讀大學之時，即面對國家之處境與邪僻之思想而有
痛切之感，歷五十餘年之災害與劫難，感益深而痛益切。序言
末段云：我的一生，可以說是「爲人類價值之標準與文化之方
向而奮鬥以申展理性」之經過。我徹底疏通了中國智慧之傳
統，並疏通了中國文化發展中之癥結，寫了許多學術性的專
書，並隨時亦作了些通俗性的講演。近來鵝湖出版社把這些講
詞輯成部帙，我名之曰：「時代與感受」，凡有所說，皆有所
本。

又云：近見《鵝湖月刊》第100期載有王邦雄君一文，題
曰：〈從中國現代化過程中看當代新儒家的精神開展〉，其中
對於曾、胡洋務，康、梁維新，下屆保皇、保教、國粹諸想法
之陋劣與義和團之愚迷，以及五四新文化運動之激情，直至馬
列邪執之征服大陸，這一步一步的扭曲與顛倒，皆作了綜括性
的評述。王君有通識與慧解。這一步一步的扭曲顛倒正是中國
步入非理性的時代之寫照。王君道說其故甚諦當而確切，我見
之甚喜。如是，乃商得王君之同意，將該文列爲本集之導言，
以通讀者之心志。閱此集者先看此導言，必較有眉目，且可了
然於近代中國之所以受苦難，並非無故。

。7月間，有關方面意欲在中央研究院成立哲學研究所，邀請先
生主持，先生以爲不可。8月3日函復蔡仁厚有云：「政府若取
開明政策，最好依多元原則，順已有者之各自立場而謀之，其
可也。若想統籌辦理，則決不可勉強牽合。吾人現實上無任何

憑藉。若政府覺吾人之所思，於文化方向與國家命脈尙有其扶成之作用，則請量力而助之，讓其自發地在社會上起一點作用。若無能爲力，則亦無所謂。勉強牽合，旣不合多元原則，亦不合統籌原則。」

◦ 8月，依據杜維明等與國科會陳主委接觸之要點，由蔡仁厚改訂「中國哲學十年硏究計畫」，送交國科會參酌。該會擬以三年期之講座敎授名義，敦請先生返台講學。然端緒繁複，遲未能定。

卷五　七十七歲至八十二歲

⊙民國74年（1985），乙丑，七十七歲。

○在香港，任教新亞研究所。秋，返台講學。

○4月中，返台校對《圓善論》。

○5月，《中國哲學十九講》韓文譯者鄭仁在博士來台北出席會議，特面請先生爲該書韓文版寫序。書後並附錄蔡仁厚所撰〈牟宗三先生的學思歷程與著作〉一長文，由鄭炳碩君韓譯（時鄭君正來華修博士學位）。10月，韓譯本由漢城螢雪出版社正式發行。

○5月29日，應東海大學研究生聯誼會之請，講「圓善論大旨」。並赴南投高山中興大學惠蓀農場作數日之遊憩。

○6月15日，應師大與鵝湖月刊社聯合邀請，講〈研究中國哲學之文獻途徑〉，講詞刊於《鵝湖月刊》121期。

○同月30日，講〈理解與行動〉於東海大學文化研討會。會後回港。

○7月，《圓善論》由台北學生書局出版。

　　全書三百四十頁，分爲六章。第一章、基本的義理（孟子告子上篇之疏解），並附錄：宋明儒論人性中的根本惡。第二章、心、性與天與命。第三章、所欲、所樂與所性。第四章、康德論善與圓滿的善。第五章、康德論圓滿的善所以可能之條件。第六章、圓教與圓善（內含五節：1.人格化的上帝一概念

之形成之虛幻性。 2.無限心一觀念將如何被確立？ 3.圓教將如何被確立？佛家之圓教與圓善。 4.道家之圓教與圓善。 5.儒家之圓教與圓善）。

　　先生於書前作長序，首兩段云：「我之想寫這部書是開始於講天臺圓教時。天臺判教而顯圓教是眞能把圓教之所依以爲圓教的獨特模式表達出來者。圓教之所以爲圓教必有其必然性，那就是說，必有其所依以爲圓教的獨特模式，這個模式是不可移易的，意即若非如此，便非圓教。天臺宗開宗於智者，精微辨釋於荊溪，盛闡於知禮，皆在大力表示此獨特模式。觀其所說，實有至理存焉。這是西方哲學所不能觸及的，而且西方哲學亦根本無此問題：圓教之問題。由圓教而想到康德哲學系統中最高善：圓滿的善（圓敎）之問題。圓教一觀念啓發了圓善問題之解決。這一解決是依佛家圓敎、道家圓敎、儒家圓敎之義理模式而解決的，這與康德之依基督敎傳統而成的解決不同。若依天臺判敎底觀點說，康德的解決並非圓敎中的解決，而乃別敎中的解決。因爲敎既非圓敎，故其中圓善之可能亦非眞可能，而乃虛可能。詳如本書第六章所說。」

　　又云：「哲學之爲智慧學（實踐的智慧論）即最高善論，這雖是哲學一詞之古義，然康德講最高善（圓滿的善）之可能卻不同於古人。他是從意志之自律（意志之立法性）講起，先明何謂善，然後再加上幸福講圓滿的善。此圓滿的善底可能性之解答是依據基督敎傳統來解答的，即由肯定一人格神的上帝使德福一致爲可能。我今講圓敎與圓善則根據儒學傳統，直接從孟子講起。」

　　又云：「順孟子基本義理前進，直至天爵、人爵提出，此
則可以接觸圓善問題矣。孟子未視圓善爲一問題而期解決之。
視之爲一問題則來自西方，正式解答之則始自康德。康德之解
答是依據基督教傳統而作成者，此並非是一圓滿而眞實之解
決。吾今依圓教義理解決之，則期予以圓滿而眞實之解決。但
圓教之觀念並非易明者。此則西方哲學所無有也，儒、道兩家
亦不全備也。唯佛家天臺宗彰顯之，此是其最大之貢獻。此乃
由判教而逼至者。中國吸收佛教，其中義理紛然，判教即是一
大學問，能判之而彰顯圓教之何所是即是一大智慧。此則啓發
於人類理性者既深且遠，而教內外人士鮮能眞切明之。智顗、
荊溪、知禮，實乃不可多得之大哲學家。吾以此智慧爲準，先
疏通向、郭之注莊而確立道家之圓教，次疏通儒學之發展至王
學之四有四無，由之再回歸於明道之一本與胡五峰之同體異
用，而確立儒家之圓教。圓教確立，用於圓善，則圓善之圓滿
而眞實的解決即可得矣，此則不同於康德之解決而有進於康德
者。」

　　先生又謂本書之所論：「皆經由長途跋涉，斬荊截棘，而
必然地達到者。中經《才性與玄理》、《佛性與般若》、《心
體與性體》、《從陸象山到劉蕺山》等書之寫作，以及與康德
之對比，始達到此必然的消融。吾愧不能如康德之四無依傍、
獨立運思，直就理性之建構性以抒發其批判的哲學；吾只能誦
數古人已有之慧解，思索以通之，然而，亦不期然而竟達至消
融康德之境而使之百尺竿頭再進一步。於以見概念之分解、邏
輯之建構，與歷史地『誦數以貫之，思索以通之』，兩者間之

絕異者可趨於一自然之諧和。（中間須隨時有批判與抉擇，以得每一概念之正位）。柏拉圖、亞里斯多德、宗教耶穌、聖多瑪斯、近世笛卡兒、萊布尼茲、洛克、休謨、康德、羅素，代表西方之慧解：孔、孟、老、莊、王弼、向秀、郭象、智顗、荊溪、知禮、杜順、智儼、賢首、濂溪、橫渠、二程、五峰、朱子、象山、陽明、龍溪、蕺山、代表中國之慧解。中西融通之橋梁乃在康德。西方多激盪，有精采，亦有虛幻；中國多圓融平實，但忌昏沉，故須建構以充之。圓融不可以徒講，平實不可以苟得。非然者，必下趨於昏沉，而暴戾亦隨之，此可悲也。」

　　序文之末又云：「處於今日，義理之繁，時世之難，為曠古以來所未有。若無學知與明辨，焉能開愛智慧愛學問之眞學（即眞教）而為時代作砥柱以消解魔難乎？吾不敢自謂能有眞感、眞明與眞智，唯賴古德近師之教語以自黽勉耳。判教非易事，熊先生之辨解，由於其所處之時之限制，不必能盡諦當，然要而言之，彼自有其眞也。吾茲所述者，亦只承之而前進云爾。」

。7月《中西哲學之會通》（71學年度講於台大哲學研究所，共十四講，由林清臣整理成稿），分期發表於《中國文化月刊》。《鵝湖月刊》於10月起連載。）

。9月，應國科會講座教授之聘，返台假師大為講壇，為各大學研究生講授「中國哲學專題研究」，每週四小時。

。11月，在熊先生百周歲紀念會上講〈熊十力先生的智慧方向〉，講詞（王財貴記錄）發表於《聯合報》與《鵝湖月刊》

125期。

⊙民國75年（1986），丙寅，七十八歲。

。1月，回港度歲。

。3月，譯維特根什坦《名理論》完稿。

。4月10日，返台繼續講學。

。6月，應中央大學「柏園講座」之邀，作公開演講，題爲「人文教養與現代教育」，記詞發表於《中國時報》，後刊於《鵝湖月刊》134期。

。7月回港。

。10月末，返台繼續講學。

。12月，應中央大學柏園講座之邀，講〈中國文化發展中義理開創的十大諍辯〉，講詞發表於《中國時報》與《鵝湖月刊》。（按：十大諍辯：一爲儒墨的諍辯，二爲孟子對告子「生之謂性」的諍辯，三爲魏晉玄學家之會通孔老，四爲言意之辯，五爲神滅不滅之問題，六爲天臺宗山家與山外關於圓教之諍辯，七爲陳同甫與朱子爭漢唐，八爲王龍溪與聶雙江的「致知議辯」，九爲周海門與許敬菴「九諦九解」之辯，十則爲當前中國文化如何暢通之問題，此中含四件事：1.破共，2.辨耶，3.立本，4.現代化。）

⊙民國76年（1987），丁卯，七十九歲。

○1月末，回港度歲。並應韓國退溪學會之邀，出席第九屆退溪
學會國際會議（香港中文大學主辦），擔任主題演講。

○4月22日，榮獲香港大學頒贈文學博士學位。港大哲學系教授
E. C. Moore博士特致推介詞，略云：

> 牟教授由儒家的心性之學作起點，建立起一套形上學的思
> 想，他名之曰「道德的形上學」，亦可以說，他爲一超越義
> （非內在義）的形上學系統供給一道德的證明。此一勇敢而
> 有原創性的思想線索有深遠的成果。在牟教授看來，傳統的
> 儒家道德哲學是內聖之學。但他亦發展出自己的外王之學，
> 由儒家的起點產生一政治哲學，維護民主政體以及尊重科
> 學。牟教授關於政治與社會秩序的看法，實形成其思想之重
> 要部分，蓋因他視哲學爲一基本地實踐的學問之故。

又云：

> 牟教授因完成許多權威性之學術著作而著名，特別是關於中
> 國哲學之解釋，如魏晉的玄理，宋明的儒學，以及南北朝隋
> 唐的佛教，皆曾寫成專書以明之。關於歷史哲學，他對早期
> 中國歷史供給了一黑格爾式的而且是反唯物論的解釋。又依
> 據西方思想與中國思想，集中於「智的直覺」之觀念而作了

一些綜合的研究。他對知識論及邏輯哲學皆有著作,對於康
德的興趣仍然繼續著,並對康德著作作了確定性的翻譯。他
的學術研究之廣闊,他的觀點之深遠,他的同情與理解之範
圍,他的態度之友善,凡此等等,皆反映於他的許多學生、
同事及仰慕者對他之尊敬。

又云:

在他最近出版之《圓善論》中,牟教授討論了自柏拉圖以來
研究哲學之人所熟知的德與福間之關係,他爭辯說:我們不
能接受伊辟鳩魯的觀點(依此觀點,福就是德),亦不能接
受斯多噶的觀點(此觀點必應使德行即是其自己之福報),
他不能接受康德的解答。依康德的解答,上帝將因著懲罰與
酬報之平均分配來保證宇宙的公道。想了解牟教授的解答,
必須讀他的圓善論。在該書最後一章綜括性的詩歌中有以下
之語句:
福德一致根本是圓教中的事,
何須煩勞上帝來作裁決!
我現在重新來宣說「最高善」(圓善),
我只稽首仲尼感謝他為我們留下保證圓善之規範。

最後,又云:

校長先生,詩人豪芮斯(Horace)好久以前即宣說,人類天

才的成就比一黃銅紀念碑更爲永久。因此，在我確認牟宗三
教授的成就之後，把這位理論的與實踐的知識之維護者，以
其弘揚儒家傳統的權威性的著作、復又以其提倡西方哲學研
究之重要而揚名於世者，一個經歷過長期心靈前進之人，出
身是農家而職業是學者，是學問的友朋、生命的愛護者，信
仰於幸福與德行者，這樣一個哲學家，推薦給校長先生，以
便頒贈以榮譽文學博士之學位。

○ 4月28日，返台繼續講學。
○ 7月2日，回港。
○ 8月，《維特根什坦：名理論》由學生書局出版

　　先生譯序指出，維氏此書最大之貢獻是在講套套邏輯與矛
盾，此亦正是邏輯本性之正文，一切對於邏輯形成之洞悟與妙
悟皆源於此。至於其講世界、講事實、講命題、講圖像，涉及
知識、消極地涉及哲學，因而劃定可說、不可說之範圍，把超
絕形上學一樣歸於不可說而置於默然不說之域，凡此等等，皆
非邏輯本性之研究的主文，而只是因著論知識命題而消極地觸
及著。
先生在羅素學與維氏學鼎盛之時，撰寫《認識心之批判》，其
目的是想以康德之思路來消融羅氏與維氏之成就。唯當時先生
只了解知性之邏輯性格，而未了解知性之存有論的性格。故
《認識心之批判》所做者，即是知性之邏輯性格的充分展現。
此亦可說是順維氏之講套套邏輯而推進一步，以了解邏輯之本
性，並對邏輯系統作重新之疏解。亦以此故，先生在《認識心

之批判》出版三十年後而擬予以重印之時，特將維氏之《名理
論》譯出以爲導引。於此，正見先生學術心靈之孜孜穆穆不已，與
哲學思理之圓密融貫。同時，這一步前後之呼應，亦表示先生
在融攝康德之外，對另一系西哲思想（萊布尼茲與羅素邏輯分
析一套）之吸納與消化。

。10月28日，返台繼續講學。主講「眞美善之分別說與合一
說」。

。是年多臘，在台北度歲。

⊙民國77年（1988），戊辰，八十歲。

。2月2日，在台北唐君毅先生逝世十周年紀念會上講話，重申唐
先生作爲「文化意識宇宙中的巨人」之眞實意義。又從明亡之
後，「民族生命受挫折，文化生命受歪曲」，說到民國迄今，
中華民族所以「花果飄零」之故，一路說來，言皆鞭辟入裡。
至其剖析共黨毀壞文化意識傳統之嚴重性，更是句句動人心
魄。

　　講詞又指出，台灣是中國希望之所寄，而中國之現代化，
則是文化意識宇宙在發展中一步必然的要求。在台灣的中國
人，必須豁醒文化意識，進而本於文化意識之要求以促進統一
建國之大業。如果大家不能警惕於馬列共產主義與文化意識之
矛盾衝突，不能認淸作爲文化意識宇宙的孔孟之道之重要，不
能懍於時代之使命而放棄復國建國之擔當，則台灣將有爲中共
吞噬之虞。凡此，皆洞察透徹，語重心長。通觀先生之講詞，

從始至終，皆是文化意識之貫注。先生並指出，唐先生一生的
奮鬥，就是在強調這個文化意識，期望文化意識與民族生命一
起皆條達順適，使這文化意識宇宙終能在中國土地上具體實現
出來。如是，中華民族才有可能免於花果飄零。

◦ 4月，先生將53年前出版之《從周易方面研究中國之玄學與道
德哲學》一書之孤本，改名《周易的自然哲學與道德函義》，
列為鵝湖學術叢刊，交由台北文津出版社重新排版印行。

◦ 6月9日（夏曆4月25日），先生八十初度。連日來台北各報皆
有訪問報導，而台視、中視、華視三電視台亦同時作訪問錄影
播放。是日晚，門人設壽宴於「彭園」，席間中央大學余校長
特致送榮譽講座聘書（係與明德基金會聯合聘請）。

◦ 6月23日，梁漱溟氏逝於北平，享壽九十六歲。先生應《中央
日報》記者之訪問，錄成〈我所認識的梁漱溟先生〉，發表於
6月25日《中央》副刊。

◦ 7月5日返港。（國科會講座三年期滿。）

◦ 同月，台北中華書局擬修訂《簡明大英百科全書》中文版之
「牟宗三」條，由蔡仁厚執筆改寫（限八百字）。

◦ 6至9月，《宋明儒學演講錄》（共九節，盧雪崑整理），分四
次發表於《鵝湖月刊》156至159期。

◦ 10月，發表〈依通、別、圓教看佛教的中道義〉（去歲在香港
能仁書院研究所之演講錄）於《鵝湖月刊》160期。

◦ 11月21日，返台繼續講學。（明德基金會與中央大學合聘。）

◦ 12月4日，應邀在台灣師範大學主辦之「王陽明學術討論會」
作主題演講，講詞（王財貴整理）編入次年出版之會議論文集

（《鵝湖月刊》171期轉載）。

。12月23日，回港。24日，在新亞研究所「唐君毅先生逝世十週
年學術研討會」講話。25日，應邀在法住學會主辦之「唐君毅
思想國際會議」開幕式作主題演講。講詞發表於次年5月《鵝
湖月刊》167期。

⊙民國78年（1989），己巳，八十一歲。

。在香港，任教新亞研究所。

。1月，《**五十自述**》由鵝湖出版社印行。

　　書分六章：一、在混沌中成長；二、生命之離其自己的發
展；三、直覺的解悟；四、架構的思辨；五、客觀的悲情；
六、文殊問疾──分八節： 1.孔子的指點， 2.文殊問疾， 3.
「病至於死」， 4.沈淪之途， 5.內容眞理之存在的體悟， 6.悲
情三昧， 7.釋迦佛之存在的證悟， 8.耶穌之「證所不證能，泯
能而歸所」。全書一百八十八頁，約十二萬言。

　　先生〈自序〉有云：「此書爲吾五十時之自述。當時意趣
消沈，感觸良多，並以此感觸印證許多眞理，故願記之以識不
忘。此或可爲一學思生命發展之一實例也。」五十以後，先生
集中心力於古學之表述，與對康德之融攝消化，而陸續完成近
十部之專著出版，故不復作生活之憶述。此書〈自序〉又云：
學術生命之暢通，象徵文化生命之順適；文化生命之順適，象
徵民族生命之健旺；民族生命之健旺，象徵民族魔難之化解。
無施不報，無往不復，世事寧有偶發者乎？吾今忽忽不覺已八

十矣。近三十年來之發展，即是此自述中實感之發皇。聖人云：『學不厭，教不倦』，學思實感寧有已時耶？」

　　附識：年前某日，先生言及學問深淺，有云：聖人之學即是聖人之道，所謂「肫肫其仁，淵淵其淵，浩浩其天」。其深淵淵然，故不可測，難與知。大賢以下，其學之深淺，各有參差。而近前師友，熊先生未易言。唐先生大約水深三尺（可以行舟，可以灌溉）。我自己不敢自滿，亦無須故作謙虛，本分而言之，深可五尺。至若時賢之學，雖未便輕議，而大體以「三寸五寸水清淺」者為多也。

。3月起，《鵝湖月刊》165／166／167期，連載〈牟宗三先生學行著述紀要〉（蔡仁厚撰述），以祝賀先生八十整壽。

。4月中旬，返台繼續講學。

東方人文學術基金會（前年立案）購得住所一棟，意欲迎請先生返台定居。先生之意，宜先公而後私，要緊者是先成立「中國哲學研究中心」，諸友可暫以兼任研究員之名義，分頭進行研究。迨條件具備，再擴大規模，積極推進。

。5月4日，應中國文化大學哲學研究所之邀，作學術演講。

。5月21日，在台門人提前設宴於環亞大飯店川龍廳，為先生八十整壽祝嘏。席間，先生言曰：從大學讀書以來，六十年中只做一件事，即：「反省中國之文化生命，以重開中國哲學之途徑。」如今，研究中心所應做者，是依據文獻作客觀之疏解，而不是宣揚各自的學說主張。不問思想異同，只論學術是非。蓋滿清三百年，既已斷喪學術之統，而民國以來，又學風卑陋而浮囂，故須：

1.依據文獻以闢誤解、正曲說：

2.講明義理以立正見、顯正解；

3.暢通慧命以正方向、開坦途。

○5月起，《鵝湖月刊》167／168兩期，刊出〈學思的圓成〉（蔡仁厚撰述），分六節介述先生七十以後之學思與著作。

○5月末，回港。

○8月15日應邀返台，出席中國文化大學哲學研究所主辦之國際哲學會議（以東西哲學比較爲主題），發表主題演講，由旅澳學者姜允明教授即席英譯，講述之大意有五：

一曰：哲學之古義，當爲愛智慧之實踐的智慧學。此古義保存於中國之儒、道、佛中，是即「敎」這個字所代表之意義（《中庸》所謂「修道之謂敎」、「自明誠謂之敎」，佛敎大、小乘種種敎法之敎，皆屬此義）。而今日西方，則已失此古義。

二曰：「實踐的智慧學」之全體大用，可借用《大乘起信論》「一心開二門」之語來代表（眞如門，相當於康德之智思界、物自身；生滅門，相當於感觸界、現象）。

三曰：「一心開二門」，西方傳統開生滅門開得好，中國傳統則眞如門開得特別透闢而通達。

四曰：就現實層次而言，人是生活在生滅門中。中國生滅門開不好，欠缺客觀的理性主義之態度。譬如傳統中國未開出科學與民主政治，如今爲了要科學民主，便主張拋棄傳統，全盤西化，此即「非理性」之態度。哈佛敎授史華慈曾發一問：中國現代化爲何要否定自己的傳統？面對此問，中國人豈不愧

煞！凡對此類非理性之事，必以理性之態度消解之。

　　五曰：中、西二大傳統之會通。中國儒、道、佛，皆承認「人」可有智的直覺，故「有而能無，無而能有」。西方則不承認人有智的直覺。依西方，人神相對。以人類學的觀點看人，人不能有眞如門，無所謂轉識成智，人成爲定性衆生，不容許一切衆生皆有佛性。依中國傳統，生滅門與眞如門乃「有而能無，無而能有」者；依西方傳統，此二行乃「有者不能無，無者不能有」者。（先生自謂，此句乃將可傳世之名言。）人可轉識成智，乃「有而能無，無而能有」。若謂識只屬人，智只屬神，或認轉識成智爲不可思議，則不能有而能無，無而能有。人只有識，不能轉之使成智，則是「有者不能無」也，意即只有識，不能轉之使無，而全成智也。上帝只有智，不能有識，故在上帝面前亦不能有現象與科學等也，此即「無者不能有」也。在人方面，就「識可轉」言，有而能無也。就「成智」言，無而能有也。在上帝方面，上帝只創造物自身，並無所謂現象，因而亦無所謂科學；人只有識，而無智，並無物自身之知識，此即無者不能有也。

　　欲講中西會通，以上五點是大綱領、大關鍵。

◦ 8月27日，由門人李瑞全夫婦陪同回港。

◦ 是年秋冬，先生在港陸續譯述《康德「判斷力之批判」》。

◦ 10月，「中國哲學研究中心」正式成立，禮聘先生爲研究講座。《鵝湖》論壇發表〈中國哲學研究中心之緣起及其基本旨趣〉（蔡仁厚執筆）。先生函示：研究中心之研究工作，可邀聘各大學教授擔任兼任研究員，專任方面暫聘尤惠貞爲助理研

究員，一般事務則由基金會秘書王財貴暫行兼辦。

◦ 12月末，鵝湖論文研討會，以先生之哲學思想爲主題，進行討論，並由蔡仁厚以〈牟先生的思想及其對文化學術之貢獻〉爲題作專題報告（講詞發表於次年2月，《鵝湖月刊》176期）。提供論文及參與討論者，有戴璉璋、朱維煥、唐亦男、周群振、陳癸淼、王邦雄、曾昭旭、謝仲明、陳榮灼、袁保新、萬金川、朱建民、李瑞全、方穎嫻、楊祖漢、岑溢成、黃漢光、黃慶明、李正治、李明輝、蕭振邦、高柏園、鄭志明、林安梧、王財貴、周博裕、顏國明、邱黃海、陳德和等五六十人。大陸學者劉笑敢亦來參加。

⊙民國79年（1990），庚午，八十二歲。

◦ 在香港，任教新亞研究所。
◦ 繼續康德《判斷力之批判》之譯述。
◦ 3月，《**中西哲學之會通十四講**》由台北學生書局出版，計252頁。

先生特撰短序，有云：

此講辭是十年前在台大繼《中國哲學十九講》後而續講者。十九講早已出版，而此講辭則因當時諸研究生俱已出國深造，無人由錄音帶筆錄爲文，遂成蹉跎。後由林清臣獨自擔任筆錄，聯貫整理，共十四講。

又云：

> 清臣是台大老同學，原讀化工系，後學醫，專精腦神經科，
> 現在日本研究老人科。彼一直副習哲學，從未間斷。三十年
> 前，吾之《認識心之批判》由友聯出版時，唯清臣讀之甚
> 精。後凡吾在台大、師大所講者，彼率皆由錄音聽習。彼之
> 筆錄此十四講並非易事。平素若不熟練於西方哲學之思路與
> 辭語，則甚難著筆從事。故其錄成文字，功莫大焉。

⚬ 4月29日，由港返台，公子元一偕來。

⚬ 5月13日起，應東方人文基金會與鵝湖月刊社之敦請，在鵝湖
  文化講座主講「康德美學：第三批判」。

⚬ 同月，應社會大會與聯合報之聯合邀請，作公開演講，講題為
  〈哲學之路——我的學思進程〉，講詞（趙衛民整理）發表於
  《聯合報》副刊與《鵝湖月刊》179期。

⚬ 6月初，以夫人身體不適，匆匆偕公子回港。而原定在東海大
  學哲學研究所主辦之「儒釋道與現代社會」學術研討會之主題
  演講，未能如約，特由香港致函該所所長蔡仁厚表示歉憾。

⚬ 9月，《鵝湖月刊》183期，轉載先生講詞〈九十年來中國人的
  思想活動〉（趙衛民記錄，原刊《聯合報》9月9日副刊）。

⚬ 11月，應行政院文建會之邀請，為全國文化會議提出書面講
  詞：〈中國文化的發展與現代化〉（發表於《聯合報》11月8
  日副刊），略謂：文化必本於自由。孔子文質中之原則，既可
  以正視自由，亦可以正視文化。自由與文化都是理性的：自由

既不蹈空,亦不流於放縱;而文化既非虛文,亦非矯飾。又謂:現實的中國文化之發展,由於某些成分之摻雜與歪曲,其「自由面」不能得其充分之發展,以使之健康而有力;而「文化面」亦不能盡其充實自由之理性文制的功能。此即今日所以要求現代化之故。

○ 12月27日,先生返台參加第一屆「當代新儒學國際會議」,以名譽主席之身分為大會作主題演講,指出民國以來,三五前輩碩儒「有性情、有智慧、有志氣」,但「無學以實之」,故客觀之成就皆有不足處。先生順此而鄭重提示「客觀理解」之重要(學,即客觀理解之謂)。講詞全文由王財貴整理,以〈客觀的了解與中國文化之再造〉為題,發表於次年5月,《鵝湖月刊》191期。

○ 同月28日,《聯合報》副刊發表先生之答問錄(標題為〈當代新儒家〉,吳明訪問,夏棻整理。)

卷六　八十三歲至八十七歲

⊙民國80年（1999），辛未，八十三歲。

。元旦，先生由台北回香港。

。5月，指導台大哲學研究所博士生林安梧論文〈熊十力體用哲
學之詮釋與重建〉口試通過。（林君為台大哲研所第一位畢業
之博士。）

。6月，指導師大國文研究所博士生莊耀郎論文〈王弼玄學〉口
試通過。

。8月，主持新亞研究所學術研討會，主題為「宋明儒學與佛
老」。在台門人周群振、唐亦男，以及林安梧、王財貴、林美
惠等親赴出席，蔡仁厚則撰〈從陽儒陰釋說起〉一文，託人宣
讀。另有尤惠貞、翟本瑞，亦趁回國之便，自美過港參加研
討。

。9月，蔡仁厚所撰〈高狂俊逸透關深徹的大哲：牟宗三〉一
文，編入《當代中國思想家》（張永儁主編），由正中書局出
版。

。是年，先生譯述《康德「判斷力之批判」》（第三批判）全部
完稿，將由學生書局出版。（按：自康德之書問世以來，以一
人之力，翻譯全套三大批判出版者，先生實為世界第一人。尤
其以碩學耆年〔先生譯述康德，始於望七之齡，竣事於八十以
後〕，成此學術大事，更屬人類文化史上空前未有之佳話。）

⊙民國81年（1992），壬申，八十四歲。

○在香港，任教新亞研究所。

○4月起，發表〈以合目的性之原則爲審美判斷力之超越原則之疑竇與商榷〉一長文，於《鵝湖月刊》202/203/204期。此文係譯述康德《判斷力之批判》之後，依中國儒家之傳統智慧，再作眞美善之分別說與合一說，以期達至最後之消融與諧一。此則已消化了康德，且已超越了康德，爲康德所不及。

○5月15日，先生返台。19日赴台中，主持東海大學哲學研究所博士生尤惠貞之論文〈天臺宗性具圓教之義理根據及其開展之獨特模式〉口試通過。

○同月20日，應東海哲研所之請，主持「康德第三批判之思路與限制」座談會。21日，又以「眞美善之分別說與合一說」爲題，在東海茂榜廳作公開演講，中部各大學師生皆來聽講，不但座無虛席，後廊走道，亦爲之塞。

○5月30日起，連續四週在鵝湖講座，爲「中國哲學研究中心」作學術專題演講，題旨爲「康德之第三批判」。

○6月24日，自台北赴台中，偕袁保新、金貞姬同赴蔡仁厚夫婦之晚宴（徐復觀夫人王世高女士及其長公子武軍、長女公子均琴、外孫、外孫女，皆與席）。次日，在東海大學「徐復觀學術思想國際研討會」（紀念徐先生逝世十周年）之開幕式上作主題演講。講詞由東海哲研所研究生饒祖耀整理，編入會議論文集，於同年12月出版。

。同月28日，應國際佛學研究中心之請，作專題演講。

。7月初，回港。

。8月，發表《康德「判斷力之批判」》〈譯者之言〉於《鵝湖
　月刊》206期。

。是年，大陸學者鄭家棟選編《道德理想主義的重建：牟宗三新
　儒學論著輯要》，全書六百六十頁，列為「現代新儒學輯要叢
　書」第一輯，由北京市中國廣播電視出版社印行。又遼寧大學
　出版社印行《本體與方法：從熊十力到牟宗三》（計三百五十
　八頁）。

。10月，濟南山東大學土辦「牟宗三與新儒家學術思想研討
　會」，先生早期弟子傅成綸應邀出席。會中某教授說及新儒家
　有三點貢獻：一是繼承中國傳統文化的方向（這個傳統，在大
　陸上已成死螃蟹，被染死了）；二是權衡傳統文化之得失，並
　思考如何現代化；三是提出如何建立一個中西文化結合的模
　型。這位教授也提到，新儒家的缺點，是經世致用的比例不
　夠。（按：一般論及新儒家，皆提此意。這不能單靠新儒家，
　尤其不能只靠屈指可數的新儒家學者。所謂經世致用，其實就
　是現代化的問題、科學民主的問題。這個問題是大家的問題，
　是全民族的問題，是歷史運會的問題。當代新儒家能從哲學上
　疏導出一條通路，祛除思想觀念上的糾結與困惑，便已盡到本
　分的貢獻了。）

。10月《康德「判斷力之批判」》上冊，由台北學生書局出版，
　計四百三十頁。

。《鵝湖月刊》210期，發表先生〈學思、譯著〉訪談錄（樊克

偉整理）。

。12月中旬返台，19日出席第二屆「新儒學國際會議」作主題演
講，題目為〈中國文化發展中的大綜和與中西傳統的融會〉
（講詞發表於20日、21日《聯合報》副刊）。

先生言及，抗戰初起時，哲學界具有邏輯天才與哲學天才的沈
有鼎，先後說了二句話。第一句是七七事變前在南京開中國哲
學會，沈有鼎提了一篇論文，他說中國文化在先秦儒家是孔
孟，後來是宋明理學家，今後中國歷史的運會是一個大綜和時
期。這個大綜和時期一定是繼承宋明儒，從宋明儒偏枯的一面
再往前推進一步，以適應現時代。第二句是傅成綸轉述的。因
為山東大學開「牟宗三與新儒家」會議結束時，有一位女副教
授問了一句話，他問這次大會為什麼沒有人提馬列主義？傅成
綸順這句話而想起抗戰初期沈有鼎在昆明寫了一篇文章，他
說：「將來支配中國命運的，不是延安的徹底的唯物論，就是
此間的徹底的唯心論。」所謂「此間」，是泛指廣義的自由世
界，若照中國當時說，便指國民黨統治的世界。先生看了傅君
信中轉述的話，大有感觸。一方面覺得沈有鼎真是天才，這二
句話都是對應時代的中肯之言（雖然沈氏並不能從學問上知其
實）；一方面回想自己的學思歷程，正是一步步契入文化生命
的命脈，而完成了一個大的綜和系統。

㈠從先秦一路講下來，先生寫了《歷史哲學》、《政道與治
道》，寫了《才性與玄理》、《佛性與般若》、《心體與性
體》，通過長期的工作，寫出這幾部書，契入中華民族文化
生命命脈的內部，然後把這個生命表現出來，這樣才能往外

開。所謂往外開，開什麼東西呢？當年黃梨洲、王船山要求從內聖開外王。到現代，我們更要和西方文化傳統相結合，要求一個大綜和。

㈠我們是根據自己的文化生命命脈來一個大綜和，是要跟西方希臘傳統所開出的科學、哲學，以及西方由於各種因緣而開出的民主政治，來一個大結合。（不是跟基督教大綜和。跟基督教沒有綜和的問題，那是判教的問題。）先把自己民族文化生命的命脈弄清楚，然後了解西方的傳統，從希臘的科學、哲學傳統，一直到現在的自由、民主政治，這不就是一個大綜和嗎？

㈡這個綜和不是一個大雜燴，不是一個大拼盤，它是一個有機的組織。所以，大綜和要從哲學上講，它就是一個哲學系統，這個哲學系統就是沈有鼎所說的「徹底的唯心論」。如今，應劫而生的徹底的唯物論，已經過去了，徹底失敗了。那麼，現時代應運而生的就是徹底的唯心論。這個徹底的唯心論是一個大系統。是個什麼樣的大系統呢？外在地講，就是中西兩個文化系統的綜和。內在於這個義理系統的內部看，就是沈有鼎那句話：「徹底的唯心論」。

㈣何謂「徹底的唯心論」？西方哲學裡面沒有唯心論，只有idealism，無論柏拉圖的理型論，康德的超越的理念論，柏克萊的主觀的覺象論，都不是唯心論。西方使用 idea，都是作對象看，對象跟心有關係，跟認知心有關係，但它本身卻不是心。所以，假定要說徹底的唯心論，只有中國才有。中國有唯心論，沒有 idealism。中國人所說的心，不是 idea。

孟子所說的良知良能是心，四端之心是心。陸象山說「宇宙便是吾心，吾心即是宇宙」，是宇宙心，其根據在孟子。王陽明講良知，還是心。佛教講如來藏自性清淨心，也是心，不是 idea。阿賴耶是識心，也是心，不是 idea。所以，只有中國才有真正的唯心哲學。大綜和代表的那個大的哲學系統，內部地講，就是中國的唯心論系統；外部地講，就是中西兩大文化系統結合。

㈤以哲學系統講，最好用康德做橋梁。吸收西方文化以重鑄中國哲學，把中國義理撐起來，康德是最好的媒介。康德的架構開兩個世界：現象界（phenomena）和本體界（noumena）。套在佛教的名詞上說，就是「一心開二門」。西方康德生滅門開得好，但真如門開不出來。所以，一心開二門要根據中國的傳統。我們根據中國的智慧方向消化康德，把康德所說的超越的觀念論與經驗的實在論那個形態，轉成兩層存有論：「執的存有論」和「無執的存有論」。前者是識心，後者就是智心，這就是徹底的唯心論。徹底的唯心論就從「無執的存有論」透出來，這在西方是透不出來的。由無執的存有論透出的徹底的唯心論，亦稱徹底的實在論。因為智心與物如同時呈現（智如不二），智心是絕對的心，物如是絕對的實在；故同時是徹底的唯心論，同時亦即是徹底的實在論。（王陽明說明覺之感應為物，物是無物之物，亦同此解。此種精微之玄理，若不深入其裡，那能得知！）

㈥最後，先生指出，科學、自由民主乃是理性上的事，是人類

理性中所共同固有的。既然是人類理性上的事，怎麼能單屬
於西方呢？這不是「西化」的問題。同時，我要說，科學和
自由民主不是哲學家一個人的事情，這是大家的事情。大家
肯定科學，肯定自由民主，自然就可以一步步開發出來。這
個「大家」，台灣、大陸都在內。大陸、台灣都走科學和自
由民主的道路，我們不就可以自由講學了嗎？所以，我說：
新儒家要在自由民主政治的保障之下，在學術自由的開放社
會之中，擔當歷史運會中的那個大綜和的必然性。

。12月22日，先生作身體檢查，發現心臟有擴大現象，心跳不規
律，肺部亦發炎，乃於23日往中華醫院診治，並由台北門人與
青年學子輪班照護，24日漸趨穩定，26日轉台大醫院繼續療
養。

⊙民國82年（1993），癸酉，八十五歲。

。在台北。

。1月6日，香港《星島日報》名人天下版，刊出「新儒學第二
代：碩果僅存——牟宗三」之訪問錄，所附先生之彩色照片三
幀，皆極好，甚能顯示先生清穆貞定之氣象。

。1月11日下午，先生在台大醫院15C第10號病房會客室閒坐，
漫言近日諸學生輪班看護事而引發感懷，王財貴記錄如下：
先生曰：「侍師亦不簡單，既要有誠意，又不能太矜持。當年
我服侍熊先生……那時沒有一個人能服侍他，只有我……他脾
氣那麼大，許多學生都怕他，唐（君毅）先生也不敢親近他

……其實，我並不聰明伶俐，也不會討巧……」遂哽咽不能言。久之，又云：「熊先生一輩子就想找一個人能傳他的道，我的聰明智慧都不及他甚多，但他知道自己有見識而學力不及。我所知雖只一點點，但要到我這程度也不容易，其他的人更差多了。熊先生知道我可以為他傳……」又哽咽，悲泣，掩面歎息，久之方止。

又云：「學問總須用功。既要了解中國，又要了解西洋。要靜下心來，一個一個問題去了解。不要討便宜，不要出花樣，不要慌忙。現在誰肯下工夫呢？」復泣下。適李中秋（師大早期學生）送湯麵來，見狀，乃頻頻催請老師吃麵，蓋不欲先生屢屢觸情生悲也。（附記：每日晚上陪侍先生者為樊克偉，日間由胡以嫻、金貞姬與王財貴、楊祖漢等輪流看護，其餘則不定時來陪侍或探視，不備錄。）

○ 先生在台大住院期間，每日仍翻閱三份報紙，對國事備極關切。且在病榻執筆，條列對近日政局之疑慮。政府大員來探訪時，先生出示二句云：

福至心靈，則大智若愚；福至而心不靈，則大愚若智。

為國者，試一參之。

○ 1月，《康德「判斷力之批判」》下冊，由學生書局出版，計二百五十一頁。

此書上冊為第一部「美學判斷力之批判」：分為二分，第一

分、美學判斷力之分析（第一卷、美學之分析，第二卷、崇高之分析）；第□分、美學判斷力之辯證。

下冊為□二部「□□論的判斷力之批判」：分為二分，第一分、目的□的判斷□□分析；第二分、目的論的判斷力之辯證。附錄□□的論的判□□之方法學。

先生此譯，□據 Meredith□□英譯而譯成。英文有三種譯本，皆有好處，亦□□誤處或不□當處。凡遇難通處，先生必三譯對勘，並對質□□原文。經□□次之修改順通，故每句皆可明暢誦讀，雖絡索□□，然意□總可表達。先生自謂，譯前兩批判時，未曾費多□□改工□□故於譯文，以此譯為較佳。唯先生又念，縱使譯□□暢可□，亦不易解，故又就審美判斷之超越的原則，即「□□的□之原則」，作一詳細之疏導與商榷，是即上冊卷□□□商□□長文。文之後段，提出真美善之分別說、合一說，□□□說的真美善與合一說的真美善之關係，而加以疏導□□是即先生消化康德而超越康德處。）其他相關之意，□□上下冊〈譯者之語〉。

。1月22□□□曆除夕），先生就新譯《康德：判斷力之批判》作題詞□：「此書之譯，功不在玄奘、羅什之譯唯識與智度之下，超凡入聖，豈可量哉，豈可量哉！然真正仲尼臨終不免歎口氣，人又豈可妄哉，豈可妄哉！諸同學共勉。牟宗三自題。」

。1月份《鵝湖月刊》211期，發表〈牟宗三先生學行著述紀要〉（續），及〈牟宗三先生著作出版年次表〉（蔡仁厚撰述）。

。2月份香港《信報月刊》，發表劉述先所撰〈當代新儒家碩果

僅存的大師〉一文，以介紹先生在學術上之貢獻，所附照片多
幀，亦甚好。

∘ 3月1日，先生出院，返永和家宅療養，每週仍到台大醫院診斷
取藥。由於醫療調養得宜，近月之間，體質氣色大為好轉，並
可上下樓梯，沿街散步。

∘ 同月25日，林清臣醫師自日本返台探望先生，盤桓一週後返
日。

∘ 4月中旬，孫女鴻貞自大陸深圳來台侍奉照顧，其孿生妹鴻卿
則已先於元月由港來台，至此期限（三個月）屆滿而回轉香
港。

∘ 6月10日，先生應邀至第二屆國際東西哲學比較研討會（中國
文化大學主辦）作主題演講，題目為〈超越的分解與辯證的綜
和〉（講詞刊於《東西哲學比較論文集》第2集，中國文化大
學哲學研究所印行）。

∘ 6月12日（夏曆4月25日），為先生八旬晉五哲誕，適逢第二屆
東西哲學比較研討會閉幕晚宴，主事者請求與祝壽合併舉行，
賓朋滿座，人人盡歡。

∘ 先生自去冬來台，已近一年，對新亞研究所諸同學之學業，時
切繫念，乃於10月20日由學生陪護回港（遵醫囑，時間以兩月
為限）。先生在港，仍每週二次為諸生講授，至12月17日，由
門人李瑞全陪送返台。

∘ 12月，《中央日報・長河版》將陸續刊出「牟宗三語錄」，特
先發表語錄摘抄人王財貴之〈說法第一哲學大師：我所知道的
牟宗三〉一文，分兩日刊出。

。12月，大陸學者黃克劍主編之《當代新儒學八大家集》，由北京群言出版社印行。共分八冊，其第七冊爲《牟宗三集》，計六百二十二頁。（其餘七家爲：梁漱溟、熊十力、張君勱、馮友蘭、方東美、唐君毅、徐復觀。）

。是年，上海社科院陳克艱選錄唐君毅、牟宗三諸先生之文獻、編爲《理性與生命》出版。

⊙民國83年（1994），甲戌，八十六歲。

。在台北。

3月6日起，先生以東方人文學術研究基金會、中國哲學研究中心講座教授之身分，假鵝湖文化講堂，主持每週一次之學術講座，主講哲學基本問題。

。4月22日，回港，與新亞研究所研究生作談話式之講學，亦實即先生告別新亞之講課也。6月，正式辭謝新亞研究所導師之聘，於19日返台。

。鵝湖文化講堂之哲學講座，持續進行。

。9月，發表《四因說演講錄》之㈠，於《鵝湖月刊》231期。此乃先生於民國80年在香港新亞研究所之授課講錄。由盧雪崑整理成稿，再由楊祖漢作文字校訂。此講錄主要是從亞里斯多德之「四因說」，以對顯出儒、釋、道三家哲學之要義與精采。此亦先生針對中西哲學之會通，再一次提出深刻之思考。

。10月至12月，《四因說演講錄》之㈡、㈢、㈣，繼續發表於《鵝湖月刊》。（二年半後，由鵝湖出版社印行。計二百三十

二頁。）

。12月14日，先生道躬違和（體氣衰弱，全身無力），住入台大
　醫院療養。22日林清臣醫師自日本返台探視，確認先生之身體
　器官尙屬正常，唯營養須特爲改善，以增強體力。

。同月25日午飯之後，先生在醫院病室索紙筆寫示蔡仁厚、王邦
　雄云（金貞姬、霍晉明亦一同聽受）：

> 你們這一代都有成，我很高興。
>
> 我一生無少年運，無青年運，無中年運，只有一點老年運。
> 無中年運，不能飛黃騰達，事業成功。敎一輩子書，不能買
> 一安身地。只寫了一些書，卻是有成，古今無兩。
>
> 現在又得了這種老病，無辦法。人總是要老的，一點力氣也
> 無有。
>
> 你們必須努力，把中外學術主流講明，融和起來。我作的融
> 和，康德尚作不到。

　　　　謹按：先生自謂一生著作，古今無兩。此話如理如實。
　不知別人信不信，我是信的。所以願意略作說明，以爲註
　腳：
　⑴對「儒、道、佛」三敎之義理系統，分別以專書作通盤之
　　表述者，先生是古今第一人。（以《心體與性體》四大冊
　　講儒家，以《才性與玄理》講道家，以《佛性與般若》
　　上、下冊講佛敎。）
　⑵先生所著新外王三書（《歷史哲學》、《道德的理想主

義》、《政道與治道》），是眞能貫徹晚明顧、黃、王三
大儒之心願遺志，而開出外王事功之新途徑者。自古迄
今，亦不作第二人想。

(3)以一人之力，全譯「康德三大批判」，先生乃二百年來世
界第一人。其所加之譯註，尤其慧識宏通。而又履及劍
及，隨譯隨消化：以《現象與物自身》消化《第一批
判》，以《圓善論》消化《第二批判》，以「眞善美之分
別說與合一說」消化《第三批判》，此亦古今譯書者所未
能也。

(4)先生對中西哲學會通之道路，亦達到前所未有之精透，並
持續從事基本之講論與疏導。（見《中西哲學之會通十四
講》及《四因說演講錄》。）

(5)對中國哲學所涵蘊之問題，進行全面而通貫之抉發與討論
（見《中國哲學十九講》），使中國哲學得以眞正進入世
界哲學之林。此項工作，亦未見其匹。

(6)先生於北大畢業之前，寫成周易哲學書稿，至八十五歲而
出版漢譯《康德「判斷力之批判」》下冊，正式著述之歲
月逾一甲子，此亦古今稀有者也。

　　至於最後提到自己所作的會通融和，康德尚作不到。這
也是老實話，並非要和康德爭高低。康德的智思，高矣強
矣。但爲西方傳統所限，缺少從事文化融和之憑藉。而先生
則有東方智慧傳統（儒、道、佛）作爲憑藉，所以旣能讚賞
康德之不凡，又能看出康德之不足。而康德之不足，實即西
方哲學之不足（傳統的限制）。所以必須與東方文化相摩相

盪，相資相益，方能百尺竿頭，更進一步。

。12月27日，第三屆當代新儒學國際會議在香港中文大學召開。先生為大會名譽會長，因病未克出席，大會特致電台北，祝福早日康復。

。同月28日，夫人趙惠元女士自港返台。

⊙民國84年（1995），乙亥，八十七歲。

。在台北。

。1月7日，先生出院，返回家宅療養。

。2月，台北學生書局出版山東大學哲學系副主任顏炳罡所著《整合與重鑄：當代大儒牟宗三先生思想研究》，為近年來大陸學者研究當代新儒家哲學思想最佳之作。

。同月，天津南開大學出版《現代新儒家人物與著作》（方克立、鄭家棟主編），以人物小傳與主要著作二目，分別介紹下列十六位學者：梁漱溟、張君勱、熊十力、馬一浮、馮友蘭、賀麟、錢穆、方東美、唐君毅、牟宗三、徐復觀、杜維明、劉述先、蔡仁厚、成中英、余英時。其中介紹先生之部分，由顏炳罡執筆。

。3月13日，先生再度住入台大醫院，16日上午，以呼吸困難，移住加護病房緊急療治。各地門人，絡繹前來探視。17日，情況稍好，但18日副院長陳榮基醫師診斷之後，認為病況有漸次下降之勢。24日，公子元一自港來台探視。29日，門人等勘定新店竹林路長樂景觀墓園，預作安排。

。4月5日，醫師爲家屬門人作簡報，略謂：先生原先只是肺部感染，但因高齡，身體虛弱，乃先後引發腎、肝、消化系統諸併發症，除心臟維持常態外，其他器官皆甚衰弱。如果洗腎、輸血一旦反常，便有危險。

。4月9日，病況益發不佳。延至12日下午3時40分，終於回天乏術。一代大哲，與世長辭，享壽八十七歲。

　　　大雅云亡　邦國殄瘁　哲儒謝世　中外同悼
　　　一生著作　古今無兩　神靈安安　天地悠悠

乙　學思歷程

第一階段：直覺的解悟

一　預科兩年：引發了直覺的解悟

二　讀《易》

三　化腐朽爲神奇：周易哲學的撰著

四　以美感與直覺契接了懷悌海

第二階段：架構的思辨

一　對邏輯發生了興趣

二　對《數學原理》的了解與扭轉

三　純理自己之展現：寫成《邏輯典範》與《理則學》

四　由「架構思辨」敲開「認識主體」之門

五　對《純理批判》之了解與修正

六　完成《認識心之批判》

第三階段：客觀的悲情與具體的解悟

一　熊先生的熏炙：生命之源的開啓

丙 《康德「判斷力之批判」》：眞美善之分別說與合
一說

二 維氏《名理論》之中譯，以及重印《認識心之批判》：
为一系西哲思想之吸納與消化

三 《中國哲學十九講》：中國哲學之簡述及其所涵蘊之問
題

四 《中西哲學之會通十四講》：哲學心靈的比對與會通

五 《圓善論》：哲學系統之究極完成

六 附記與補述：

甲 《時代與感受》：感通無隔的怵惕惻隱之心

乙 《周易的自然哲學與道德函義》：第一部著作之重
印

丙 補述：《名家與荀子》、《從陸象山到劉蕺山》

　　本文分六個階段（大學時期、四十以前、四十以後、五十以
後、六十以後、七十以後）敘述先生的「學思歷程」與「著
作」。唯此所謂階段，乃依於先生某一時期學思之著重點，而作
一概略之劃分。實則，前一階段之問題，常延續於後一階段；後
一階段之思想，亦常引發蘊蓄於前一階段。故仍當通貫前後，乃
能得其問題之線索、思想之脈絡，與系統之開展。

第一階段：直覺的解悟

一、預科兩年：引發了直覺的解悟

先生考入北京大學預科時，即已決定讀哲學。第一年，經歷了一個思想觀念氾濫浪漫的階段，但這順青年生命之膨脹而直接向外撲、所顯示的強度的直覺力，很快地便收攝回來而凝聚了。原始的生命沉下去，而靈覺馬上浮現上來，由生命直接向外撲，轉為靈覺直接向外照，此即所謂「直覺的解悟」。

預科二年級，先生因讀《朱子語類》引發了想像式的直覺的解悟，而達到一種超越的超曠。此時，對於抽象玄遠的義理，具有很強的慧解。而西方正在流行的觀念系統，如柏格森的創化論、杜里舒的生機哲學、杜威的實用主義、達爾文的進化論，這些皆引起先生之注意。因為它們的觀念系統之成套，以及其成套的角度，頗能引發並助長先生想像的興會；但它們的內容，卻非先生之所喜。

二、讀《易》

升入哲學系以後，先生接上了羅素哲學、數理邏輯、新實在論等。但這些只是聽講，還不能對它們作獨立的思考。而在自己進修方面，則集中在《易經》和懷悌海的哲學，這是在課程之外，從自己生命深處所獨闢的領域。《大易》「顯諸仁，藏諸

用」，當然要就天地萬物普遍地指點仁體。但偏就宇宙論地指點仁體，較易於彰顯「智的慧照」一面。先生之愛好《易經》，亦正是以智的慧照與它照面，而表現了想像式的直覺的解悟。在當時，只是喜悅那「鼓萬物而不與聖人同憂」的坦然明白，與「天地無心而成化」的自然灑脫；而還不能感知「聖人有憂患」的嚴肅義，與「吉凶與民同患」的悱惻心。那是因為青年涉世未深，於人生之艱難尚無感受，所以只是美感的欣趣與智及的覺照。

先生讀《易經》，是大規模的。先弄熟漢人所講的卦例，如互體、半象之類，進而整理漢易，如京氏易、孟氏易、虞氏易等。每家提要鈎玄，由其象數途徑而整理其宇宙論方面的靈感與間架，提煉出許多有意義的宇宙論之概念。漢易整理完畢，進而講晉易、宋易。由於當時對魏晉玄理與生活情調智解不深，對宋明儒心性之學亦未深知，所以於晉易只略論王弼的《周易例略》，宋易部分只略論朱子之言陰陽、太極與理氣；這兩個階段的易學，不是當時注重的重心所在。接下來是清人的易學。先生特著重於兩人：一是康熙年間的胡煦，他的著作是《周易函書》。一是乾嘉年間的焦循，他的著作是易學三書（《易圖略》、《易通釋》、《易章句》）。

胡煦與焦循，皆可以說是易學專家，皆以象數為出發點（但非漢人的象數）。胡煦以體卦說注解經文，極為恰當，不見斧鑿之痕。他發明體卦說，對於自然生成之理，有很高的悟解。對於「初、上、九、六、二、三、四、五」八字命爻之義的解釋，既精確，又諦當，為古所未有。由此而引申出「時位、生成、終始、內外、往來」等宇宙論的概念，而以「河圖、洛書」的圖

象、總表生成之理，故先生名其學爲「生成哲學」。內生外成，是一宇宙論的發展概念，亦即中庸所謂位育、化育；與「乾知大始，坤作成物」以及「元亨利貞」的終始過程，亦不相背。胡煦是方法學地由象以悟客觀的生成之理與數學之序，能穿過象而直悟天地生化之妙，而知象皆是主觀的方便假立，故曰：「圖非實有是圖，象非實有是象，皆自然生化之妙也」。但先生以爲胡煦畢竟只是一學人專家，對於伏羲、孔子那原始的光輝、光彩、潤澤、嘉祥、清潔、晶瑩，大聖人混沌中之靈光爆破（伏羲），道德心性與悱惻悲憫之懷（孔子），皆無眞切之感；而只表現一點清涼平庸的美之欣趣與智的悟解，而不免有術人智士之小家相。

至於焦循的易學三書，(1)《易圖略》是就《易經》本文勾稽出五個關於卦象關係的通例；(2)《易通釋》是根據圖略以表通例之應用，亦引發出許多極有意義的概念；(3)《易章句》則是根據圖略以注解全經。但須先讀《易通釋》，纔能讀懂《易章句》。先生以爲，焦循的精思巧構，可謂一等之才，但不免於鑿與隔，而且成了一整套之機括的大鑿，一整個之虛構的大隔，故不如胡煦之尙能直湊眞實。只因根本不能契入道德心性，故無法上企高明。他畢竟只是一巧慧學人，若生在西方，他定然是一有成就的科學家；如今他的巧慧不能有當行之用，而竟向大聖人生命靈感所在的經典施其穿鑿，旣耗費精神，又糟蹋了《大易》，眞可痛惜。

三、化腐朽為神奇：周易哲學的撰著

先生讀易，隨讀隨抄，隨抄隨案，逐成條理。在大學畢業之前，便完成了《從周易方面研究中國的玄學與道德哲學》一書。林宰平先生看了，大為讚賞，沈有鼎先生則說是「化腐朽為神奇」。此書於二年後（民國24年）在天津出版。全書分為五部：

第一部：漢易之整理
第二部：晉宋易
第三部：胡煦的生成哲學
第四部：焦循的易學
第五部：律曆數之綜和

其中第五部，是想由《易經》本身所具有的客觀的數學之序，以及焦循解〈大衍章〉引用古算以明「制曆明時」，向律曆數之形上學的（宇宙論的）統一方面發展。先生於此確然見到中國文化之慧命，除堯舜禹湯文武周公孔子、歷聖相承的「仁教」之外，還有羲和之官的「智學」傳統，而古之天文律曆數，賅而存焉。（按：羲氏、和氏，堯帝之臣，主曆象授時之官。）天文律曆數在易學象數的牽連中，亦可見出其較為有意義的形上學上的規模。中國古賢原始生命之智光所及的光輝，對於數學之形而上的（宇宙論的）意義，以及體性學的特性之認識與欣趣，並不亞於畢塔哥拉斯與柏拉圖。這裡所顯示的是數學的超越意義。

（懷悌海即就此古典的觀點看數學，這是西方傳統的看法，直到笛卡兒還是如此。把數學看成是純形式主義的套套邏輯，乃是最近代的事。）可惜在中國方面，對於數學之內在的構造，並沒有進到「學」的地步，當然亦說不上有近代化的發展。先生當時的興趣，只在了解「羲和傳統」的超越方面的意義，至於對古天文律曆數之內部的整理，則自覺學力有所不逮，而寄望於繼起者能以其智之所照，發羲和之幽光。

四、以美感與直覺契接了懷悌海

先生自謂，在大學時期之所以能有宇宙論的興趣，能就《易經》而彰顯羲和之傳統，應該歸功於懷悌海。那時，正是懷氏抒發其宇宙論的玄理之時，著作絡續而出。早出的《自然知識之原則》與《自然之概念》二書，精鍊簡要，是其觀念之發端；1925年出版的《科學與近世》，是其思想由蘊蓄而發皇之時，接著1929年又出版《歷程與真實》，這是他宇宙論系統之大成。對於這部莊嚴美麗的偉構，先生讀之而歡，愛不釋手。由於西方有畢塔哥拉斯與柏拉圖的傳統，有近代物理學數學邏輯之發展，因而有懷悌海植根深厚的玄思。

懷氏美感欣趣強，直覺解悟亦強。直覺的、美感的，都是直說而中。表之於言辭，是描述的；而「為何、如何」的邏輯技巧、嚴格思辨，則不甚顯。他的書有描述的舖排，有數學的呈列，而不見邏輯思辨之工巧。（邏輯思辨的工巧，萊布尼茲能之，康德能之，羅素能之，而懷氏則不在此見精采。）他唯一言

之而辯的，是知覺之兩式（直接呈現式與因果效應式）；而這亦
靠他具體的直感而穿入，衝破了傳統哲學之抽象的、形式的、非
具體的（亦可說是非存在的）之積習，故能造道（宇宙論的）而
入微。在此，表現了懷氏的美之欣趣與直覺的能力。而先生讀懷
氏書，亦正是以美之欣趣與直覺的解悟與他相遇，故能隨讀隨消
化，隨消化隨引發，而想像豐富，義解斐然。但先生當時亦只是
直感而解，而不甚能確知它何以必如此？亦不能自覺地認定在理
上（或究竟上）何以必歸於懷氏之途徑？雖亦訓練一些傳統哲學
「為何、如何」的疑問，但對西方哲學所開啓的問題，那時還不
能有獨立運思之解答。對於懷氏之所說，心中已有所不能安，但
又無從確知其不足處到底何在？於是心中起了惶惑，而逼迫自己
要從美的欣趣與想像式的直覺解悟，再作進一步之凝歛，以轉入
「為何、如何」之工巧的思辨、邏輯的架構之思辨。

　　另一方面，先生雖在美感與直覺上與懷氏的靈魂相契接，但
自己內在的靈魂究竟與他有不同。懷氏的美感是數學的，直覺是
物理的。他是一個數學物理的靈魂，他的美感與直覺幾乎完全內
在於這一面，為這一面所佔有、所浸透。他不能正視生命，而把
生命轉成一個外在的「自然之流轉」，轉成緣起之過程。懷氏雖
亦講創造、講動力、講潛能，但仍然轉成外在的、物理的、泛宇
宙論的。他把生命外在化，把認識主體外在化；至於道德宗教的
心靈主體，則根本不能接得上。而先生所由以冒出美感與直覺的
根源，是那原始混沌生命之強度；而所冒出來的美感與直覺，則
以「企向混沌」、「落寞而不落寞」的超越滲透力為主。所以雖
然在美感與強度的直覺力上與懷氏照了面，但由於冒出美感與直

覺的根源不同，因此與懷氏分了家。照先生事後的回想，即使當初欣賞懷悌海那外延的形式的數學秩序、宇宙論的舖排，亦仍然是生命膨脹直接向外撲、經收攝凝聚之後，而又被拖帶出來的一步外在化。由於美感與直覺是生命的，因此很容易正視生命、回向生命，而使生命這個概念凸顯出來。又由於不自覺地是生命用事（用生命），用久了，總會觸動心靈而回頭正視它。先生由外在化再提升起來而向內轉的契機，便是在如此的情形下而開啓的。

此後，先生的學思工夫，便形成雙線並行的歷程。(1)從美的欣趣、想像式的直覺解悟，轉入「為何、如何」之「架構的思辨」。(2)是從外在化提升起來，而向內轉以正視生命。

第二階段：架構的思辨

一、對邏輯發生了興趣

先生對邏輯發生興趣，是由於講唯物辯證法的人對形式邏輯之大肆攻擊，尤其是集中在思想律上來攻擊。在此，必須先把當時社會一般思想的情勢，略為一說。

北伐成功之後，共黨在政治上失敗了，但卻在思想宣傳上採取了攻勢。他們挑起了思想問題，吸引了知識分子。由於從思想上作宣傳，便不能不牽涉到學術。但他們卻不是客觀地從哲學上或其他學術上入，而是從特定的馬克思主義入，而且是攜帶著階級鬥爭的意識，造成壓人的聲勢。所謂牽連到學術：(1)從唯物論，他們要攻擊哲學大流的唯心論（理性主義、理想主義）。(2)從唯物辯證法，他們一方面要攻擊黑格爾的唯心辯證法，一方面又要攻擊形式邏輯。(3)從唯物史觀，他們要攻擊「精神表現，價值表現」的歷史觀，以建立他們歷史的經濟決定論，與經濟決定的階級鬥爭之歷史觀。(4)進一步，他們要講社會主義的文學論、藝術論，所以，凡是主張在人生價值與美學價值上有獨立而永恆意義的文學論、藝術論，他們一概加以反對。(5)他們又以階級的劃分，將科學（不只是科學家）亦分為資產階級的科學與無產階級的科學；而認為相對論、量子論是資產階級的、唯心論的，因而亦攻擊相對論者、量子論者對於物質的解析。(6)他們又以階級為標準，衝破國家的真實性與真理性，而認為國家是有階級對立

之後纔出現的，而且是階級壓迫的工具。(7)最後，他們不承認人類有普遍的人性，認為只有階級的私利性，這是根本罪惡之所在。──以上這一切學術上的牽連，都是言偽而辯的。那時，先生正就讀於大學，對於這些雖未能全通透，但覺得他們所說總有不對。若照他們說法，天地間便不可能有客觀的、普通的真理，一切都只是階級的立場與偏見，都是隨著經濟結構與社會形態的改變而改變。這是一個很深的刺激，在一個純潔無私的青年心靈上是絕難接受的。在此，只須直下以真理是非為標準，直接面對各門學術看真理之是非，一步不對，便一步通不過，通不過便不能贊成它。

首先進入先生意識中的，是他們對思想律的攻擊。他們就事物之變動與關聯而說話，事物之變動與關聯，是事實，他們說的似乎很有理。但思想律本身亦很有理，因為事物儘管有變動與關聯，而人的思想言論必須自身同一，不能有矛盾，亦是天經地義的。然則，兩方面都有理，這是什麼意思呢？這是一個困惑。但這個困惑很快便想通了。先生首先劃開了「思想律」與他們所說的「事物之關聯與變動」這兩個領域之不同，而反顯了邏輯之不可反駁性。（縱然你主張唯物辯證法，亦必須自身同一地主張、不矛盾地主張，然則你反對思想律，有何意義？）這是會獨立用思的第一步。在此，開啓了「為何、如何」的思辯，引發了先生邏輯的興趣。（大學畢業之次年，先生曾撰寫〈邏輯與辯證邏輯〉、〈辯證唯物論的制限〉、〈唯物史觀與經濟結構〉三文，由張東蓀先生編入《唯物辯證法論戰》一書。）

二、對《數學原理》的了解與扭轉

學習邏輯，必須有抽象的思想，由抽象的思想來把握一個懸掛的「存有領域」（邏輯的、數學的存有）。這一步抽象、懸掛，是把握西方希臘學術傳統的一個重要關鍵。這一關打不通，便無法學會抽象的思考方式，無法接上西方的學術。

先生直接從羅素與懷悌海合著的《數學原理》入手。先讀第一卷的第一部：數理邏輯。這是有名的「眞值涵蘊系統」之所在，是一個典型的正宗系統。先生一方面抄寫演算，一方面體會它的意義：

(1)關於純形式方面無問題的意義，必須把那些推演式子反覆弄熟。縱的是形式推演，橫的是眞理圖表。眞理圖表的展示法，由維特根什坦開其端，北大教授張申府先生再予以相當的展開，而先生又繼予以充分的展開（見於先生所著《邏輯典範》一書）。

(2)定義與基本假定方面有問題的意義：《數學原理》雖是由直線的形式推演在貫穿著，但同時亦具有一串定義與基本假定在關鍵著。其中第一個成問題的定義，便是關於「涵蘊」的定義。路易士另造「嚴格涵蘊系統」，並對羅素的「眞值涵蘊」提出了批評。在當時，先生對於「嚴格涵蘊系統」的意義不甚明晰，對眞值涵蘊系統之前身的「邏輯代數」亦尙未弄熟。後來方知要了解眞值涵蘊的意義，除了眞值圖表，還須弄熟邏輯代數，並進而了解嚴格涵蘊系統。這一步學思工夫是在溫故知新中漸次習熟

的，在後來的《理則學》一書中便全部具備了。

除了這成問題的「涵蘊」之定義，還有些基本假定，是即：還原公理、相乘公理、無窮公理。羅素又總名之曰：「存在公理」。他的《數學原理》的思想系統，便是以這三個公理來貫徹。涵蘊定義貫著命題演算，這是屬於純邏輯的。但羅素講這一套是爲了講數學。他的主要心力是用在對於「類與關係」的解析與構造，而藉之以定「數」。存在公理就是在由此以定「數」上被逼迫著要假定的。這存在公理的假定，在作類與關係之解析與構造的過程中，當然隨時需要有定義，這些定義都是跟著那假定而來。定義本身確有問題，而問題都是在假定上。先生對存在公理這個基本假定，是首先了解了相乘公理與無窮公理，由此而亦了解了羅素的「邏輯原子論」與「多元的形上學」之確切意義。至於還原公理，則困惑甚久而不得確解。

抗戰前一年，先生在北平金岳霖教授家中參加了一次邏輯討論會，便是討論這個問題。主講者講來講去，總不明白，沈有鼎先生說了一句有來歷但卻並不直接中肯的話：還原公理等於「全稱命題等於無窮數的命題之絜和（乘積）」。仍然無結果而散。抗戰開始，先生播遷廣西，一日散步鄉野，忽然對此問題得了一隙之明，以後纔漸漸明白了：⑴「還原公理」（亦名類的公理）之目的，一在避免全稱命題中的循環。因爲全稱所示的綜體包含它自己爲一分子，這種循環，將形成蹈空的虛幻類、似是而非的假類；這種「類」是不存在的。二在表示由全稱所示的綜體所成之類，皆是「存在類」。即，全稱所涉及的分子，皆化歸於存在的層面上。而全稱所示的綜體沒有理由限於有窮，若只是有窮，

還原公理亦不必要，所以邏輯必通於無窮，纔有可還原的假定。全稱所示的綜體皆必須有指謂之存在謂詞爲其底子，而後綜體乃可還原於與它相應的、指謂之存在謂詞。因而，存在方面亦必須有無窮個個體。(2)然則，存在方面的個體是否眞無窮？這不可得所知。「無窮公理」即假定有無窮個個體存在。羅素從數學上認爲有種種理由必須肯定無窮。(3)既肯定無窮，那麼在無窮個個體中，是否有一種關係可以作標準，讓我們從那些個體中作選取而成類？這亦不可得而知。但既肯定無窮，就必須肯定有一種關係存在，此即「相乘公理」。

　　這三個公理一線相穿，都是在存在方面有所肯定，所以可以一起名爲「存在公理」。此即羅素的實在論的數學論。一方面透示了一個多元的形上學，邏輯原子論的多元論；一方面奠定了數學的存在方面的基礎，使數學歸於一個多元的形上學，而建基於原子論上。先生明白了這個意思，隨即便開始有了懷疑，由懷疑而有了轉向。先生一方面同意維特根什坦斷定這是「實在論的數學論」，同時又進一步指出它亦是「雙線的數學論」：一線是邏輯的，一線是存在的。但是，(1)講數學，爲什麼要雙線進行呢？(2)數學要靠三個假定，既建基於一個由假定而形成的形上學上，然則，數學本身之自足獨立的必然性又何在呢？由於這兩個疑問，使先生必須扭轉羅素的數學論。

三、純理自己之展現：寫成《邏輯典範》與 《理則學》

　　對於一個表達邏輯自己的推演系統，經先生步步審識的結果，認為它不表示任何東西，它只表示「純理自己」，是「純理自己之展現」。「純理自己」一詞之提出，一方面保住了邏輯之自足獨立性，不依靠於任何外在的形上學；一方面保住了邏輯的必然性與超越性。由此，先生既不贊成只就形式系統的技術之形成而說的「形式主義」與「約定主義」；亦不贊成想從外在的存在上給形式的系統以形上的意義之「共相潛存說」與「邏輯原子論」。前者違反邏輯的必然性與超越性，後者違反邏輯的自足獨立性，而且亦與「不牽涉對象、一無所說、與外界根本無關」的套套邏輯義相違反。先生就（自身相函的）套套邏輯之事實，一貫地想下去，很自然地得到這個結論，並認為這個結論是定然而不可移的。這是屬於消極性的批評與提煉。

　　至於積極方面，先生(1)從認識邏輯中的命題架子起，(2)進而了解造成命題架子的基本概念或規律有定然性與先驗性，(3)再進而重新確定思想律之意義、確定其先驗性、必然性與超越性。先生指出，思想三律根本是「肯定否定之對偶性」這個原則的直接展現。即：由對偶性原則直接開出排中律、同一律、矛盾律。如此一步一步予以釐定，「純理自己之展現」說，便極成了。西方邏輯學者未能與套套邏輯之事實，如如相應而一貫地想下去，以通透邏輯之本性；實在都是歧出而陷於疑惑不定之中，或增益減

損之中。（形式主義與約定主義是減損，共相潛存說與邏輯原子論是歧出而增益。）講唯物辯證法的人攻擊思想律，固無是處；布魯維取消排中律，以及羅素用「邏輯的相應說」救住排中律，亦都是不中肯而歧出的。（民國31年，先生撰有〈評羅素《意義與眞理》〉一長文，便是對羅素論排中律與邏輯之構造而發。刊於《理想與文化》第3/4合期。）講唯物辯證法的人，從事物之變動與關聯方面反對思想律，是爲領域之混淆；而邏輯專家們，則以形式主義、約定主義動搖邏輯之命根；共相潛存說與邏輯原子論，則又使邏輯依託於一外在的形上學之假定上；先生以爲，這都是義理不透，未識大常，所以群言淆亂，使定然者成爲不定，必然者成爲不必然，這是時代虛脫飄蕩之象。

復邏輯之大常，識邏輯之定然，歸宿於「知性主體」而見「超越的邏輯我」，至此，羅素的「實在論的數學論」乃可得而扭轉：數學與幾何，皆基於純理，而不基於邏輯原子論。其入路亦不由有存在意義的「類」與「關係」入，而是由純理展現之外在化的「步位相」與「布置相」入：由「步位相」明數學，由「布置相」明幾何。如是，「存在公理」可以不要，使雙線（邏輯的、存在的）歸於一線（純理自己之展現），以救住數學自身之自足獨立的必然性。（此義，羅素的高足維特根什坦亦已見到，但先生認爲他對邏輯的了解，尚未提煉到透徹的境地，所以其數學論亦只停在技術處理的形式主義上，而未達於通透之境。）杜威的「運用論」，亦不由類與關係以明數，亦不涉及存在公理，可謂有見，但先生不取他的說統。（先生曾有〈評述杜威論邏輯〉一長文，刊於南京《學原》第1卷第4期。）此外，布

魯維的直覺主義的數學論，希爾伯的形式主義的數學論，雖皆有契，而不盡同。

以上都是屬於邏輯數學的提煉與扭轉。在《邏輯典範》書中已大體具備。（此書厚達五、六百頁，於民國30年，由香港商務印書館出版。）但先生自覺該書「開荒之意重，雕琢之工少」，許多消極性與積極性的義理，尚有不夠明白處。而較為確定而透徹的陳述，是在後來撰著的《理則學》與《認識心之批判》兩書。先生寫《邏輯典範》，主要的用心，是要扭轉近世邏輯家對邏輯數學的解析，以接上康德的途徑，重開哲學之門。這是屬於邏輯哲學的工作，所以理論性的討論特多。而《理則學》一書，則是應教育部之約而寫，以作為教科書之用，故只就邏輯系統，作內部的講述，而不牽涉理論的討論。書分三部：第一部講傳統邏輯，分為八章。第二部講符號邏輯，分為三章，以講述邏輯代數、真值涵蘊系統、嚴格涵蘊系統。第三部為方法學，講歸納法。另有兩章附錄，一為辯證法，一為禪宗話頭之邏輯的解析。（此書於民國43年完稿，次年由國立編譯館出版，台北正中書局印行，計三百頁。）

四、由「架構的思辨」敲開「認識主體」之門

先生自謂，由於扭轉對邏輯數學之解析，歸於「知性主體」，直敲「認識主體」之門，建立「超越的邏輯我」；使自己真正地進入哲學之域，而得到了在哲學上獨立說話的思辨入路。在自己的生命中，已確然湧現了安排名數、說明知識、進窺形上

學的全部哲學系統的架構。這就是所謂「架構的思辨」。在這部
工作上，不但接受了康德，還要進而了解康德，以學習他那套架
構的思辨。

康德的哲學，是偉大靈魂的表現，亦是西方哲學的寶庫。學
力不夠，根器塵下，將終生接不上。器識學力都夠了，還要有那
架構思辨的工巧方式，亦即由「為何」而「如何」的方式，這是
必須長期學習的。一個學哲學的人，在青年階段總是表現他的直
覺穎悟（如果他有的話），亦總是先順著經驗、攜帶他的智力直
接外用以趨物，所以容易先欣趣於浪漫的理想主義，如生命哲學
一類；亦容易先接受經驗主義、實在論、唯物論、唯用論那類的
思想。先生認為，這些都只是哲學的初步，還不算真正進入哲學
的堂奧。就是羅素那種邏輯分析，亦只是在順趨的方向上表現其
精明與技巧，故只是消極的釐清，而無積極的建樹。其「數學原
理」雖亦可說是一種積極的建樹，但如前所述，他那由類與關係
入手的實在論的數學論，對數學之究竟義，仍有一間未達，不能
算是第一義上的器識。要想進入哲學之堂奧，進入第一義的數學
原理，必須由順趨而進到「逆反」，此則不能停在邏輯的分析
上，而必須進到「超越的分解」。因為順趨的邏輯分析，只停在
已經呈現的東西之「是什麼」上，這大體還是科學的態度，科學
的層面。既已有科學矣，而哲學又停滯在同一層面上，當然不可
能有義境上的開闢。然則，哲學之所說豈不成為重複之廢辭？可
知只停在「是什麼」上，而不能進一步就此「是什麼」而由「為
何、如何」以探本溯源，則不能見出先驗的原理。唯有由邏輯分
析所成立的平面之系統，進到由超越分解之架構思辨所成立的立

體之系統，纔算進入哲學的堂奧。所謂架構思辨的「為何、如何」的技巧方式，亦正由這超越分解而規定。康德所謂「批判的」，便是落在這裡而說。

五、對《純理批判》之了解與修正

康德的《純粹理性之批判》，分為「超越的感性」、「超越的分解」、「超越的辯證」三大部。由於先生步步扭轉對邏輯數學之解析，認識了純理自己之展現，所以首先了解了「超越辯證」部。

第一：「超越的辯證」部，是康德對於「超越形上學」的批判，由如何不可能而透露如何可能。其中有兩個關鍵性的名詞：「軌約原則」與「構成原則」。這二個「為何、如何」的批判思辨上的名詞，對於了解康德的思想，非常重要。康德指出，純粹理性順經驗而依據範疇向後追溯，以期超出經驗而提供超越理念；這種追溯以及由提供而置定的康德理念，只是「軌約的」，而不能認為是「構成的」。以軌約為構成，便將形成超越辯證所示的虛幻性。這表示在純粹理性依據範疇以追溯上，並不能彰明超越理念之真實可能性，亦不能獲得真實的客觀妥實性。在這裡，表現出純粹理性有效使用的範圍，劃開了「知識域」與「超越域」。在「超越域」上開闢了價值域，而價值域的根源，是「認識主體」之外的「道德主體」，此則必須正視各種「主體之能」。於此，先生乃又重新回來再正式了解「超越的感性」部與「超越的分解」部。

　　第二：「超越的感性」部，講時空與數學。萊布尼茲首先自
覺地把時空看成是關係、是程態，不是外在的實體性的存有。先
生認爲此已開啓了「繫屬於心」的主張。但在萊氏並不顯豁，到
康德，便顯豁地主張時空繫屬於心，而視之爲直覺之形式。（唯
康德並不自覺由萊氏來。）萊氏的精察照了是邏輯的，單知其本
性如此；康德的精察照了則是批判的，從認知主體方面見其本性
與作用，而即由「批判的」以規定其本性。繫屬於心，則不是外
在的實有；視爲直覺之形式，則見其「超越的作用」，而且即在
此處建立其落實性。先生雖親切契悟了康德的時空之主觀說、時
空爲直覺之形式說，對康德所說的時空之「超越的觀念性」與
「經驗的實在性」，亦豁然明白而無疑。但對於他「時空與數學
之關係」的主張，則認爲必須修改。如前所述，先生確認數學與
幾何皆是純理自己之外在化，這是數學與幾何之第一義。再經由
「時空之超越決定」，而說數學與幾何之第二義。先生不自「超
越感性」上論數學，而打斷了「時空」與「數學之第一義」上的
關聯，衝破了康德對於時空所作的「超越解析」。這樣，一方面
扭轉了羅素的「實在論的數學論」，一方面復活而修改了康德的
「批判哲學」。這是先生所著《認識心之批判》書中最具匠心的
部分，是系統開展之本質的關鍵。

　　第三：「超越的分解」部，講範疇與自然知識。一是「概念
底分析」，講範疇：包括範疇之「形上的推述」與「超越的推
述」。二是「原則底分析」，講範疇之應用：包括規模論，以及
綜和原則之系統的表象。——在「形上的推述」中，康德由傳統
邏輯的十二判斷以爲發現範疇之線索。先生認爲，這表示康德對

於邏輯概念與體性學的概念，並未嚴加分別。由十二判斷可以引出一些純粹先驗的邏輯概念，如：「全、偏、肯定、否定、如果則、析取」等；但這些邏輯概念，與「一、多、綜、實有、虛無、本體屬性、因果、交互」等的體性學的概念，並不同。於此，康德並無審慎的照察。（此亦由於康德時代，對於邏輯的認識，尚未發展到今日之程度。）因此，十二判斷的完整性與先驗性，康德並未予以極成，對於「判斷底形式」之形成所依據的基本概念（即：邏輯句法所由以成的基本概念），亦未能明其完整性與先驗性；他沒有正視這些基本的邏輯概念，卻正視了那不能由判斷引出，而卻爲他所引出了的範疇（即：體性學的概念）。先生認爲，這是康德哲學中很不健全的一部，所以徹底予以改變。（按：二十年後，先生對於此一問題，採取了較爲謙退的態度，而有更進一步的妥實之調整。說見後第五階段。）改變的要點：(1)嚴分邏輯概念與體性學的概念之不同。(2)指出由判斷底形式只能引出邏輯概念，不能引出體性學的概念。(3)講知識底形式條件，而爲知性所自具者，只此邏輯概念即已足夠；而且知性本身亦只能見出這些邏輯概念，而不能見出具有存在意義的體性學的概念。(4)如是，乃進而講那些形成「判斷形式」（邏輯句法）的基本邏輯概念之完整性與先驗性：一方面表明了邏輯句法與邏輯系統之形成，以及其先驗性與定然性；一方面即於此發見了知性本身的形式條件。(5)這些形式條件，不名曰範疇，而改名曰「格度」。(6)格度有四：一爲時空格度，由超越的想像所建立，而用之於直覺；二爲因故格度，三爲曲全格度，四爲二用格度，此後三者皆爲知性本身所自具。(7)再由因故格度處建立當機詮表

之範疇。（此範疇取古典義，非康德義；其數亦無定，但卻皆是邏輯地先在的，是在知性〔認識心〕依據格度以作「超越的運用」時所自動地當機設立的。）(8)格度之爲先驗是現成的、本有的、數目有定；而範疇之爲邏輯地先在，則不是現成的、本有的，而是因故格度詮表事象時所當機設立的。(9)於知性三格度處說「超越的運用」，於時空格度處說「超越的決定」。前者是軌約的，後者是構成的。康德無此分別，皆說爲「超越的決定」，因此逐有「經驗可能底條件，即經驗對象可能底條件」一最高綜和原則之置定。而先生加以分說，減輕了認識心之擔負；吸納了柏拉圖、亞里斯多德之傳統的精神，透露了超越形上學之眞實可能；由認識心所不能擔負者，歸之於形上的天心（道德心）；因而解消了康德哲學中的生硬、不自然性。

綱領規模旣已開具，先生乃進而作四格度之進述，以明各格度之所函攝。(1)時空格度之推述（超越的決定）：明數學與幾何之應用，亦即明數學幾何之第二義。(2)因故格度之推述（超越的運用）：顯示一個經驗知識完成的全幅歷程，說明了範疇的種種特性，並予柏拉圖的理型以認識論之推述。(3)曲全格度的推述：明滿類之滿證，透出超知性之「智的直覺」，說明了「無窮」底種種意義，並對於羅素的「實在論的數學論」之爲第二義、爲雙線並行，作了較「邏輯典範」書中更進一步的說明。(4)二用格度之推述：明「辯證」底各種意義，予「認識心、知性的、超知性的」以充分的展現，看它有何成就，能至於何極？作完了這四步推述，認識心的全部相貌、本性與限度，乃一齊昭顯而無遺。

六、完成《認識心之批判》

　　以上是叙述先生架構思辨的過程，其結果便是繼《邏輯典範》之後，而寫成的八百餘頁的《認識心之批判》。此書自構思到完稿，長達十年之久。民國37年，曾先發表〈認識論之前提〉、〈知覺現象之客觀化問題〉、〈時空爲直覺底形式之考察〉、〈時空與數學〉等章節於南京《學原》雜誌。全書完稿之後，先生來台，當時沒有書局具備印行此書的器識。又七年（民國45年），纔由香港友聯出版社負起了這個責任。全書分四卷：

　　第一卷　「心覺總論」。分三章。
　　第二卷　「對於理解（知性）之超越的分解」。分爲兩部：一部論純理，一部論格度與範疇。共七章。
　　第三卷　「超越的決定與超越的運用」。分爲兩部：一部爲順時空格度而來之超越的決定，一部爲順思解三格度而來之超越的運用。共五章。
　　第四卷　「認識心向超越方面之邏輯構造」。分兩章以論本體論的構造與宇宙論的構造。

　　康德的《純粹理性之批判》以及羅素與懷悌海合著的《數學原理》，是西方近世學問中的兩大骨幹。先生常自慶幸能夠出入其中，得以認識人類「智力」的最高成就，得以窺見他們的廟堂之富。「數學原理」之內在結構與技巧，因爲中國的學術傳統沒

有這一套，一時還產生不出這樣的偉構。先生亦自歎有所不及，但在哲學器識上，則自覺並無多讓，所以能以究竟了義爲依歸而扭轉其歧出。（當然亦不輕忽它的價值與分量。）而《純理批判》，是由西方純哲學傳統而發展出來的高峰，其工巧的架構思辨，極難能而可貴。先生正視它的價值，彌補它的不足，而復活了康德批判哲學的價值。（而且二十餘年之後，仍鍥而不舍，對《認識心之批判》書中之所說，又作了一步修正與推進，先後撰著《智的直覺與中國哲學》、《現象與物自身》二書，證成了康德自己未能證成的義理，因而亦融攝了康德，升進了康德。）

先生以爲，人類原始的創造的靈魂，是靠幾個大聖人：孔子、釋迦、耶穌。但大聖的風姿是沒有典要的，其豐富不可窺測，其莊嚴不可企及，只有靠實感來遙契。而學問的骨幹則有典要，典要的豐富是可以窺見的，其骨幹的莊嚴亦是可以企及的。通過學問的骨幹以振拔自己，纔能盡己、自立，以承擔文化學術與國家天下的責任。先生在訓練架構思辨的過程中，雖只是純理智的，與現實毫無關係；但遭逢大難，家國多故，又豈能無動於衷？故一方面在純理智的思辨中，一方面亦一直在國家天下歷史文化的感受中。

第三階段：客觀的悲情與具體的解悟

一、熊先生的熏炙：生命之源的開啓

先生從事抽象的、純理智的架構思辨，這是存在主義所謂「非存在的」。雖在「非存在的」領域中，卻因正視存在的現實而常被打落到「存在的」領域。由於對時代不斷的感受、默識，漸漸體會了時代的風氣、學術的風氣、知識分子的劣性、家國天下的多難，以及歷史文化的絕續。這一切，引發了先生客觀的悲憫之情。由這「客觀的悲情」而引進到架構思辨以外的，另一線的義理。

而先生接觸這一線的義理，其最初的機緣，是大學三年級時遇見了熊十力先生。在熊先生那裡，先生立刻嗅到了學問與生命的意味，而照察出一般名流教授「隨風氣、趨時式、恭維青年、笑臉相迎」那種標格的卑陋庸俗，亦顯示了一個自己未曾企及而須待向上企及的前途。這是一個學問與生命深度發展的問題，時時有一超越的前景在那裡，便時時能反照到自己生命現實的限度與層面。這就是前文所說「從外在化提升起來，而向內轉以正視生命」。

不打落到「存在的」領域，是不能接觸到這種關於生命之學問的。存在的領域，一是個人的，一是民族的，這都是生命的事。先生指出，西方學問以「自然」爲首出，以「理智」把握自

然；中國學問以「生命」為首出，以「德性」潤澤生命。從自然到生命，既須內轉，又須向上。因為這樣纔能以「存在的」現實而契悟關於生命的學問。先生之正視生命，不同於文學家或生命哲學對於自然生命之謳歌讚歎，而是由一種「悲情」而引起。國家何以如此？時代精神、學術風氣，何以如此？難道這不是生命的表現？但何以表現成這個樣子？這些都不能只看生命本身，而要透到那潤澤生命的德性，以及那表現德性或不表現德性的心靈。在這裡，便有學問可講。這裡是一切道德宗教的根源。

　　自抗戰軍興，先生自北平南下，由廣西而昆明，而重慶，而大理，又返重慶北碚從熊先生。五年之中，國家之艱苦，個人之遭遇，在在皆足以使先生正視生命，而從抽象的「非存在的」領域，打落到具體的「存在的」領域。加上熊先生那原始生命的光輝與風姿，家國天下族類之感的強烈，以及直通「華族文化生命觀念方向所開闢的人生宇宙之本源」而抒發義理與情感的風範，尤使先生獲得真切而且親切的感受。由於十餘年的薰炙，而開啟了一種慧命，這種慧命，就是耶穌所說的「我就是生命」的生命，「我就是道路」的道路，而中土聖哲，則願叫做「慧命」。

二、情感時期：客觀悲情之昂揚

　　民國31年，先生離北碚赴成都，任教於華西大學，那時，先生的道德感特別強，正氣特別昂揚。但那不是個人的，而是全注於家國天下、歷史文化的客觀的意識。先生既痛心於政治與時代精神之違離正道而散塌，而尤其深惡痛絕於共黨之無道與不義。

先生撥開一切現實的牽連，而直頂著華族文化生命之大流而說話。凡違反「國家、華族生命、文化生命，以及夷夏、人禽、義利之辨」的，凡否定這些而乖離的，凡不能就這些而盡其責以建國、以盡其民族自己之性的，先生必斷然予以反對。這是一種具有宗教之熱忱的戰鬥精神。由於這種精神之昂揚，使先生契悟了耶穌向上昂揚而下與魔鬥的莊嚴之精神。向上昂揚，必須內心瑩澈，信念堅定，必須對超越實體方面有所肯定。如此纔能放棄一切、犧牲一切，以開出生命的真實途徑。先生眼看時代要橫決，劫難要來臨，客觀的悲情一直在昂揚著。這客觀的悲情，不只是情。同時亦是智、亦是仁、亦是勇。這是生命之源、價值之根的精神王國。耶穌內心瑩澈，肯定了他天上的父；而先生所肯定的，則是華族歷聖相承所表現的華族之文化生命，是「滿腔子是惻隱之心，通體是慧命」之孔子所印證的，既超越而又內在的生命之源、價值之源。到了下與魔鬥時，便是「天下無道，以身殉道」。這是否定一切，肯定一個。天下一切皆可不是，而自己的國家、華族的文化生命，不能有不是；一切皆可以放棄，皆可以反對，而這個則不能放棄、不能反對。這就是先生向上昂揚其「客觀的悲情」之超越的根據。

抗戰勝利，舉國歡騰。但一時的歡喜興奮，一下子便轉而為渙散、放肆與墮落。這時，人的目光不再看外面的世界，而轉為向內看，看現實的政治。青年人看這個現實不好，便嚮往那個現實，而在放肆與迷糊中傾向共黨；政治團體則著眼於現實的私利，聯合起來向執政黨要民主；而執政黨又膠著於現實的政局，而不能透徹正視民主政體建國的真實意義及其莊嚴神聖的使命；

至於共黨，則勾結蘇俄，拚命地乘機搶奪、擴展；而一般大學裡的教授者流，依舊昏沉歧出，滯執膠固於理智主義的習氣上，而虛矜地、恬然地、自鳴清高；朝野上下，見不到有任何凝聚與開朗之象，亦沒有直立於華族文化生命上立大信的器識。這時，先生隨中央大學由重慶回到南京，乃獨力創辦《歷史與文化》雜誌，以人禽、義利、夷夏之辨昭告於世，並從頭疏導華族之文化生命與學術之命脈。但因經費無著，只出四期而止。不二年而共黨渡江，南京淪陷。先生亦終於由杭州經上海，再轉廣州而來到台灣。

　　自成都到南京這五、六年間，是先生的「情感」時期（客觀悲情之昂揚）；另外一面，便是自大理開始構思而完成於來台之前的《認識心之批判》之撰著，這是純哲學的思辨。這兩面是雙線並行而同時表現的。

三、《道德的理想主義》：由大的情感轉為大的理解

　　先生來台之後，半年之間，整個大陸相次沉淪。國家民族與歷史文化的前途，已到最後徹底反省之時。先生根據客觀悲情之所感，轉而為「具體的解悟」，以疏導華族文化生命的本性、發展，與缺點，以及今日「所當是」的形態，以決定民族生命的途徑。這是由「大的情感」之凝斂轉為「大的理解」之發用；其結果，便是《歷史哲學》、《道德的理想主義》、《政道與治道》三書之寫成。這三部書有一共同的基本用心，是即：本於中國的

內聖之學以解決外王的問題。其中《歷史哲學》與《政道與治道》是專著，前者是縱貫地說，後者是展開地說。而《道德的理想主義》，則是依於一個中心觀念（怵惕惻隱之仁）之衍展，隨機撰述的論文。

在撰著的時序上，《道德的理想主義》書中諸文，與《歷史哲學》實同時而並進，寫《歷史哲學》是專其心，隨機撰文是暢其志。在《歷史哲學》尚未完稿之前，先生已先輯印〈理性的理想主義〉、〈道德的理想主義與人性論〉、〈理想主義的實踐之函義〉諸文為一小書，於民國39年1月，由香港民主評論社以《理性的理想主義》為書名而出版。書中指出孔、孟所印證的「怵惕惻隱之仁」即是價值的根源、理性的根源，直就此義而說；道德的理想主義。這怵惕惻隱之仁，亦是了悟性命天道的機竅，「人性論」即直接由此而建立。而人性論之時代的意義與文化上的意義，即在於對治共黨之唯物論與馬克思之人性論而顯出。這是怵惕惻隱之仁第一步的衍展。再進一步便是「踐仁」的過程，在此而有家、國、天下（大同）與自由、民主、道德、宗教之重新肯定；既以對治共黨之邪惡，亦為虛無低沈的時代樹立一個立體的綱維。

這個綱維既已確立，便可以隨時照察、隨時對治。於是而有〈闢共產主義者之矛盾論〉、〈闢共產主義者之實踐論〉二文之發表，以破斥共黨理論之邪謬。同時，亦撰文針砭自由世界時風學風之流弊，如：疏通法人薩特所謂「無人性與人無定義」之意指，以祛其偏頗。就十九世紀德國詩人霍德林所謂「上帝隱退」之言，以指出時代學風之無體、無理、無力。而對當代偏就個體

性以言自由者，則指出其缺少一眞實的普遍性，故不能引生眞實的理想，不能開發新生命；必須本於由人性主體而透顯眞實普遍性，而後纔能調整現實、糾正現實，以消解自由與理想之衝突。對於科學一層論、理智一元論者，則指出其缺少一價值之源以立本；價值意識提不起，便不足以言文化意識與歷史意識。復次，價值之源不清不透，縱有文化意識與歷史意識，亦將落到從生物生命看文化之立場；故進而指出斯賓格勒「以氣盡理」的文化周期斷滅論之不足，而點示歷史文化所以悠久的超越原則，乃在於「以理生氣」。中國心性之學的意義與價值，即由此而顯出。

　　除了隨時照察、隨時對治，還須隨時提撕，以極成這個綱維。因此，「道德的理想主義」必然函著「人文主義之完成」。依據這極成的義理綱維，以開出文化發展的途徑，以充實華族文化生命的內容，先生提出了三統之說：

　　1.道統之肯定：肯定道德宗教之價值，以護住孔孟所開闢的人生宇宙之本源。

　　2.學統之開出：由民族文化生命中轉出「知性主體」以融納希臘傳統，開出學術之獨立性。

　　3.政統之繼續：認識政體發展的意義，以肯定民主政治之必然性。

　　這就是先生《道德的理想主義》一書，隨「怵惕惻隱之仁」這一中心觀念所衍展的範圍。書中最後兩文，一是〈反共救國中的文化意識〉，指陳救人、救國、救文化，必以文化意識、文化

生命、文化理想爲領導原則，纔能克服共黨之魔難，以重開歷史的光明。另一篇是〈關於文化與中國文化〉，文中對數十年來時風學風之卑陋膚淺、知識分子所以對中國文化起反感之故，以及反省文化問題應有的態度，皆有肯切之針砭與提示。此書各文，全部發表於民國43年之前，而輯印成書則在五年之後，於48年11月，由東海大學出版。全書二百六十餘頁。

四、《歷史哲學》：建立華族歷史的精神發展觀

「怵惕惻隱之仁」落於歷史文化上的深切著明之表現，乃是歷史哲學的論題。先生撰著《歷史哲學》一書，以疏通中國文化爲主。貫通民族生命、文化生命，以開出華族更生的途徑，這是先生寫此書的主要動機。將歷史看做一個民族之實踐過程，以通觀時代精神之發展，進而表白精神本身表現之途徑；並指出精神實體表現之各種形態，於此而疏導出中國文化所以不出現科學民主之故，以及如何順華族文化而轉出科學與民主，這是先生撰著此書的基本用心。而蕩滌民國以來迷惑人心的唯物史觀（歷史的經濟決定論），進而完成一「歷史之精神發展觀」，以恢復人類之光明，指出人類之常道，是即此書之歸結。

先生指出，精神表現的各種形態與各種原理，在各個民族間的出現，不但有先後之異與偏向之差，而且其出現的方式亦有「綜和的」與「分解的」之不同。中國文化表現「綜和的盡理之精神」與「綜和的盡氣之精神」，西方文化則表現「分解的盡理

之精神」。(1)綜和的盡理之精神，是指「由盡心盡性而直貫到盡倫盡制」，由「個人的內在實踐工夫直貫到外王禮制」的精神；其表現於人格者，則爲聖賢與聖君賢相。(2)綜和的盡氣之精神，是指「一種能超越一切物氣之僵固、打破一切物質之對礙，以表現其一往揮灑的生命之風姿」的精神；其表現於人格者，是天才、是打天下的帝王。(3)分解的盡理之精神，有二個特徵：第一是推置對象而外在化之，以形成主客之對列；第二是使用概念，抽象地概念地思考對象。此種精神表現於文化，一是神人相距的離教型的宗教，二是以概念分解對象和規定對象的科學。三是通過階級集團向外爭取自由人權，而逐漸形成的民主政治。由綜和的盡理之精神，表現「道德的主體自由」，而使人成爲「道德的存在」（或宗教的存在）。由綜和的盡氣之精神表現「藝術性的主體自由」，而使人成爲「藝術的存在」。（此取廣義。凡是盡才、盡情、盡氣的天才、英雄、豪俠、才士、高人、隱逸之流，皆屬此類。）由分解的盡理之精神，表現「「思想的主體自由」以及「政治的主體自由」；前者使人成爲「理智的存在」，後者使人成爲「政治的存在」。中國充分地發展了道德的、藝術性的主體自由，西方充分地發展了思想的、政治的主體自由。黑格爾說中國只有「合理的自由」，而沒有「主體的自由」，實意是指「政治的主體自由」而言。（黑氏不知「主體自由」之表現有各種形態，故顢頇籠統地言之。）而凱塞林的哲學家旅行日記，說中國人有智慧，而思想則乏味，此中關鍵，則是由於「思想主體」（知性主體）未能充分透出以得其獨立的發展之故。

先生此書，完稿於民國41年，至44年始由強生出版社印行。

七年後由香港人生出版社增訂再版，現由台北學生書局重版發行。全書四百餘頁，分爲五部：

第一部，論夏商周。先生指出，人文歷史的開始是斷自觀念之具形，而現實的發展則斷自氏族社會。觀念之具形可以上溯於堯舜，而氏族社會由母系轉爲父系，則當始於夏代。在上古文化中，中華民族所首先把握的，是生命，而不是外在的自然。雖然古代史官之職，亦包含窺測自然以正歲年這一面，但因接連於「本天叙以定倫常，法天時以行政事」，這是以「修德愛民」之政治爲本，而並未將「自然」推出去以成爲理智所對的客觀外在物，因而沒有開出希臘式的科學。中西文化之殊途，在這裡便已透露了端倪。而中國古代的氏族社會，亦不向西方式的經濟特權之階級社會而趨，而是在步步發展中形成了「宗法的家庭制」與「等級的政治制」的周代禮制之社會。這等級的政治制中，含有治權之民主。而此後中國的政治，亦一直是「有治權之民主而無政權之民主」的政治。黑格爾所謂中國人有合理之自由而無（政治的）主體之自由，其實意便是指說：中國人在數千年的傳統政治中，並未達到「人人自覺地是政治的主體之存在，以掌握其行使政權之自由」。這一點，確實顯示出中國傳統政治的限制所在。

第二部，講春秋戰國秦。分三章講論五霸與孔子、戰國與孟荀，以及秦之發展與申韓。西周三百多年是周文的構造時代，春秋二百多年則是周文逐漸分解的時期。周文之理想提不住，所以五霸以尊王攘夷之名號爲天下倡。王室雖衰，而猶然尊周文而不替，可知春秋五霸的迭興，實亦周文之多頭表現；而齊桓管仲之

「帥諸侯朝天子，正天下之化，興復中國，攘除夷狄」，尤對政治文化有大功。再下至孔子，周文已到徹底反省之時，反省即是一種自覺的解析，這不是周公「據事制範」之廣被的現實制作，而是「攝事歸心」，反身而上提的形而上的仁義之點醒。孔子握佳仁義之本，予周文以超越的解析與安立，正如長龍之點睛，一經點畫，便通體是龍；這是孔子智慧的開發，是大聖人之創造。孔子通體是仁心德慧，滿腔是文化生命、文化理想，所以能盡人道之極致，立人倫之型範。

到了戰國，井田制的共同體趨於破壞，依於宗法制度而糾結在一起的共同體式的貴族政治，亦日漸趨於崩解，政治之格局乃轉為「君、士、民」之形式的客觀化。但因欠缺一個正面而積極的客觀理想，所以終於成為人人務求盡物力物氣的純物量精神之時代。能逆此時代之精神而肯定文化理想者，只有孟子與荀子。孟子通體是文化精神，他充分披露其生命之光輝與英氣，壓下盡物力的時代風氣，而亦顯示了他自己人格與時代之對立與破裂；但亦正因如此，孟子乃得表現道德精神主體，而盡了他對時代的使命。荀子通體是禮義，表現知性主體。他重禮憲，重天生人成，使天之自然成為被治的，人的知性主體凸出而照臨於自然之上。在中國古代思想中，這是唯一可與西方重知性之精神相通接的所在。但荀子重禮憲，卻不上本於心性之善，所以他的禮憲亦成為外在的。而凡外在的，皆可揮而去之。於是，順戰國之盡物量物氣的時代趨向，便必然會轉出申韓與秦政，來剷平一切禮義與人格的價值層級，而歸於那「純物量、純數量的漆黑之渾同」。而政治亦遂歸於絕對之極權，人君則成為陰森之祕窟。

（觀乎大陸共黨二、三十年之統治，事尤顯然。）

第三部，講楚漢相爭，綜論天才時代。秦之一統，是在多頭敵對之中，而對立地擴展兼併而成；它代表一個對消否定的階段，而不是綜和創造的階段。所以秦之成爲歷史的過渡，乃是必然的。而劉邦則代表中華民族對於秦政因物量物氣而固結的漆黑渾同之機括，予以衝破的原始生命之風姿與充沛。他是天才時代的典型人物。但天才能盡氣而不能盡理（雖亦未嘗不能接受理想）。故先生即以此部之二、三兩章，分論「綜和的盡理之精神」與「綜和的盡氣之精神」之歷史文化的意義。同時指出中國文化必須轉出「分解的盡理之精神」，而後纔能樹立「知性主體」以開出邏輯、數學、科學。在政治上必須人人自覺地成爲「政治的存在」，從以往那種只順「自上而下」之治道方面想的思路，轉爲從政道方面想，通過個體之自覺以開出近代意義的國家、政治、法律。這纔是建國立國的鋼骨所在。中國的文化生命，向上透的境界雖然極高，但唯有補足「知性」與「政道」這中間架構性的東西，纔能向下撐開以獲得堅固穩實的自立之基。

第四、第五兩部，分別論西漢與東漢。西漢二百年的時代精神，以漢武帝之「發揚的理性人格」與董仲舒的文化運動爲主導，先生綜名之曰「理性的超越表現時期」。但其內在表現只成爲宣帝之吏治，未能與超越之理想互相協調配合，而董生所顯示之超越理想又有駁雜，所以終於蹈空而出現王莽之篡位與乖異。東漢二百年的時代精神，則以光武帝之「凝斂的理性人格」爲主導，先生綜名之曰「理性之內在表現時期」。光武出身民間，早年學於長安，有田間之樸誠，與學問理性之凝斂，其天資雖不及

高祖、武帝，而「理之流澤足以補其短，心之戒懼足以延其慶」。故能「涵之以量，貞之以理」，以理性自歛而歛人歛天下，所以能成東漢一代之規制。而中國的國家政治之規模，亦大定於東漢。後代政制上的改革，皆是第二義以下的枝節。故先生《歷史哲學》，亦寫到東漢而止。（魏晉以後轉而論學術，將述於下一階段。）

五、主觀的悲情：存在的感受與證悟

溯自民國29年，先生在雲南大理正式構思《認識心之批判》以來，集中心力於純理智的思辨，長達十年之久；接著又由客觀的悲情而轉為具體的解悟，在國遭鉅變之時，動心忍性撰著上述三書，亦前後連續四、五年；經過十五年「生命之離其自己」之發揚（若加上《邏輯典範》之用思與撰著，則已逾二十年），生命之耗散太甚，而先生憊矣、倦矣！倦而反照自己，無名的空虛之感突然來襲。由客觀的轉為「主觀的」，由非存在的轉為「存在的；由客觀地存在的（具體解悟之用於歷史文化）轉而為主觀地存在的（個人地存在的）。先生自覺這方面出了問題，而難以為情、難以自遣。在這裡，不是任何思辨的或情感的「發揚」所能轉化，亦不是任何抽象的或具體的「理解」所能解答、所能安服，乃重起大悲：個人的、主觀的悲情。客觀的悲情是悲天憫人，智仁勇的外用。主觀的悲情則是自己痛苦的感受，智仁勇是否能收回來安服自己的生命，以解除這存在的痛苦呢？這又是一步大奮鬥。

　　當時，先生在台北主持「人文友會」，每兩週有一次聚會講習。那裡當然有師友之夾持，有道義之相勉，有精神之提撕，有心志之凝聚，而且亦有寬容、慰藉、提攜、增上。說內在，那裡確有師生之互爲內在。但剋就先生當時的存在之感受而言，這些亦仍然是外在的。所以那整整兩年未嘗間斷的友會講習，在先生而言，乃是在自己生命之可歌可泣的痛苦感受中，俯身下來而表現爲慈悲的接引、莊嚴的開示。與會諸友的感受與開悟，容有強弱深淺之差異，但兩年的親炙，則是這二十年來無時或忘，而一直感念於心的。當時講錄的重要題旨，可以約爲下列數端：關於友會的基本精神與願望，關於文化意識與時代使命，關於生命的學問之內蘊，關於古人講學的旨趣與義法，關於中國文化的發展及其問題，關於通向外王的道路，以及黑格爾的權限哲學、存在主義的義理結構、懷悌海哲學之問題性的入路等之講述。在台北最後一次聚會，是講師友之義與友道精神。親切肫懇，語語由衷而出，叮嚀期勉，句句動人心弦。平常想像昔賢講學的風範，在這裡獲得了最眞切的驗證。

　　友會聚會結束，先生應聘東海大學，此時，仍處於感受中。乃於教學之暇，在大度山上撰寫五十生活憶述。共分六章：第一章：〈在混沌中成長〉，寫童年生活。第二章：〈生命之離其自己的發展〉，寫中學時期與大學預科一年級思想觀念之氾濫浪漫階段。第三章：〈直覺的解悟〉。第四章：〈架構的思辨〉。（三、四兩章，46年發表於香港《自由學人》，後重刊於《鵝湖雜誌》。）第五章：〈客觀的悲情〉，分上下篇，上篇曾以〈我與熊十力先生〉爲題，發表於香港《中國學人》季刊。（後編入

《生命的學問》一書。）第六章：〈文殊問疾〉，曾以〈我的存在的感受〉為題，編入《存在主義與人生問題》一書。

先生在《五十自述》的撰寫過程中，無異於重新經歷了一次生命成長的行程。在那具體親切的回憶與反省中，一切皆返於正、歸於實：正見、正解、正命、正覺；實情、實感、實理、實證。先生已從痛苦感受中，日漸超解而翻上來了。茲將先生自述最後一小段文謹錄於此，以為印證：

> 凡我所述，皆由實感而來。我已證苦證悲，未敢言證覺。然我以上所述，皆是由存在的實感，確然見到是如此。一切歸「證」，無要歧出。一切歸「實」，不要虛戲。一切平平，無有精奇。證如窒悲，彰所泯能，皆幻奇彩，不脫習氣。（習氣有奇彩，天理無奇彩。）千佛菩薩，大乘小乘，一切聖賢，俯就垂聽，各歸寂默，當下自證。證苦證悲證覺，無佛無耶無儒。消融一切，成就一切。一切從此覺情流，一切還歸此覺情。

六、《政道與治道》：開出外王事功的新途徑

《五十自述》寫完（四十八歲著筆，四十九歲完稿，共十餘萬言），先生乃繼續撰寫《政道與治道》。此書之前三章：〈政道與治道〉、〈論中國之治道〉、〈理性的運用表現與架構表現〉，已先於民國42年寫出發表，這是全書理論的骨幹所在。四至八章〈論政治神話之根源〉、〈論政治神話之形態〉、〈論政

治神話與命運及預言〉、〈政治如何從神話轉爲理性的〉、〈理性之內容表現與外延表現〉；則於47年連續發表於《民主評論》。第九章〈社會世界實體性的律則，與政治世界規約性的律則〉，是徵引黃梨洲、王船山、顧亭林與葉水心、陳同甫等人之言論，而予以推進一步之疏導。第十章疏通陳同甫與朱子爭漢唐一問題之意義，以開出「道德判斷與歷史判斷」之綜合的義理規模。全部書稿，於先生赴港前交與台北廣文書局，於50年2月出版。全書二百七十頁。

此書的中心問題有二：一是政道與治道的問題，而尤著重於政道之如何轉出。二是事功的問題，亦即如何開出外王的問題。這兩個問題是中國文化生命中的癥結所在。二者相連而生，所以亦相連而解。在《歷史哲學》書中，已層層逼顯這兩個問題的重要，並已提供了解答的線索；此書則進而展開地暢發了這一面的義理。

中國政道之不立，事功之萎縮，實由中國文化生命偏於理性之「運用表現」與「內容表現」。（科學知識之停滯於原始階段而不前，亦繫因於此。）而要轉出政道，開濟事功，成立科學知識，則必須轉出理性之「架構表現」與「外延表現」。如何從運用表現與內容表現轉出架構表現與外延表現，以開出各層面的價值內容（如：科學民主等），並使各層面價值之獨立性獲得貞定；又如何能將架構表現統攝於運用表現，以使觀解理性上通於道德理性以得其本源；這其中的貫通開合之道，在書中已作了層層的義理疏導，亦有了明確的解答。

儒家的內聖之學（心性之學）與外王之學（開物成務利用厚

生），是本末一貫的。內聖之學以道德實踐爲中心，雖上達天德，成聖成賢，而亦必賅攝家國天下而爲一，纔能得其究極之圓滿，故內聖必通外王。外王一面的政道、事功、科學，亦必統攝於內聖心性之學，纔能得其本源，以保證文化價值之安立與文化理想之繼續開發。故熊先生《讀經示要》有云：「實學」一詞，一指經世有用之學，二指心性之學，而後者乃人極之所由立，尤其實學之大者。然則，宣傳科學而又詬詆儒家內聖外王之敎者，其人爲「無知」；要求事功而又反心性之學者，其人爲「鄙陋」。而墨子之狹隘的實用主義，顏李之直接的行動主義，實無補於救世；而法家以法爲敎、以吏爲師的極權，尤爲傷牛害性之物道；凡此皆不足以言事功。至於以《說文》、《爾雅》的音讀訓詁之學爲樸學實學，始則託漢學之名以張大門戶，繼則假科學方法之名以趨時取巧，此實堵塞了孔孟之德慧與志業，乃不樸不實之尤者。（小學考據當然有其價值與貢獻，但孤守於此以排拒較高層次之學術，則大不可。）故自清代以來之陋風淺習，只見其堵絕科學之心智，敗壞事功之精神，乃隔斷華族文化生命之一大歪曲。眞能上本孔孟內聖外王之敎，以要求開濟事功、從事實學，宋明儒之後，只有晚明顧、黃、王諸大儒可以接得上。宋明儒者是通過佛敎之對照，以豁醒其內聖一面；葉水心、陳同甫與明末顧、黃、王諸大儒，是在遭逢華夏之淪於夷狄，而豁醒其外王一面。而先生此書，則是經過滿淸之歪曲，面對共黨之澌滅，而作進一步之豁醒與建立。

　　力振孔孟之學脈，以挺顯內聖外王之敎的規模，並承之而更進一步，以解答中國文化生命中有關政道、事功，與科學的問

題，而爲國族立大信，爲文化生命開途徑，這是先生撰著此書的深心弘願所在。後之來者，苟能繼此而再進，以光大華族文化之新生命，則尤爲先生所殷切期盼而樂於聞見。

第四階段：舊學商量加邃密

一、徹法源底：心性之學的重新疏導

　　前文曾說，先生寫《歷史哲學》至東漢而止，此後不再從政治說，故轉而論學術，這就是「魏晉之玄學、南北朝隋唐之佛學、宋明之儒學」三個階段。

　　先生認為，晚周諸子是中國學術文化發展而成的原始模型，其中以儒家為正宗。從此以後，或引申，或吸收，皆不能不受此原始模型之籠罩：引申者（如：魏晉玄學與宋明理學）固然為原始模型所規範；即使吸收其他文化系統者（如：佛教），亦不能脫離這個原始模型之籠罩，更不能取代儒家正宗之地位。秦以法家之術統一六國，不旋踵亦隨六國而亡。西漢是繼承儒家而發展的第一階段，到東漢則因理想性發揚不出而轉衰。下及魏晉，道家復興。而這時有印度佛教之傳入，所以道家的玄理，一方面是自身獲得充分之弘揚，另一方面卻又作了契接佛教的最佳橋梁。由於這一接引，而亦拉長了中國文化生命歧出之時間。（所謂歧出，是以正宗之儒家為準，因為儒家纔是中國文化真正的主流。但所謂主流（主幹），並非只我一家之謂。必須己立立人，己達達人，不遏不禁，能順成他人之義理而又不失自己之統，如此方得為主流。）

　　文化生命之歧出，是文化生命暫時離其自己而繞出去走彎路。但在歧出的彎路上自亦有所吸收，所以離其自己亦可說是充

實自己。（但若歧出而不回頭，便是歧途亡羊，文化流失。）從魏晉到隋唐這八百年的長期歧出，不能說中國文化生命的容量不弘大。因爲容量弘大，所以它所弘揚、所吸收的必能全而盡。全而盡者必深遠。而這全盡而深遠的弘揚與吸收，又必在它自己的文化生命中，引起深刻的刺激與沿浹的浸潤，而有助於其生命之清澈與理性之表現。（文化之發展，亦不過是生命之清澈與理性之表現。）對於這八百年的長期歧出，先生稱之爲中國文化生命之「大開」。到了宋明，中國文化生命回歸於其自己，而爲「大合」。所以宋明儒學是西漢以後繼承儒家而發展的第二階段。而今日與西方文化相接觸，亦將另有一個大開大合的階段之來臨。這個新階段的文化使命，當以解決外王問題爲其最中心的重點。而前述《歷史哲學》等三書，即是先生本於內聖之學，對應這個業已來臨的文化新階段，以疏導出其文化生命之新途徑。

既本於內聖之學以解決外王問題，則其所本的內聖心性之學的義理，自不能不重新予以全部之展露。佛家有所謂「徹法源底」之語，而內聖心性之學，便是一切法的「源底」；所以必須有以徹之，而後乃能見其究極、明其歸宿。因此，先生五十以後，便進一步從頭疏解儒釋道三教的義理。

二、《才性與玄理》：魏晉玄學系統之展現

《政道與治道》完稿之後，先生即著手撰著《才性與玄理》，此書開始於赴港講學之前，至港之次年（民國50年）全書完稿，52年由香港人生出版社印行，現由台北學生書局重版發

行，全書三百八十餘頁。

魏晉玄理，是徹底的玄學。先生此書，即是就此一玄學系統構成之關節，予以充分之展現。魏晉玄理的前一階段，是論「才性」。才性，是自然生命的事。這一系的來源，是由先秦人性論的問題而開出。但它不是屬於正宗儒家如孟子與《中庸》之系統，而是順「生之謂性」的「氣性」一路而來。所以先生首先便以「王充之性命論」為中心，上接告子、荀子、董仲舒，而下開魏初劉劭《人物志》之「才性」，以疏導這一系的源委。《人物志》所代表的「才性名理」，是從美學的觀點來對人的才性或情性之種種姿態，作一品鑑的論述。順才性之品鑑，可以開出人格上的「美學原埋」與「藝術境界」（順此而能有純文學論與純美之創造，而書畫亦成一獨立之藝術）；亦可開出「心智領域」與「智悟之境界」（故善名理，能持論，並能以老、莊之玄學迎接佛教）。但卻開不出「德性領域」與「道德宗教上的境界」。美趣與智悟足以解脫開放出人之情性，所以魏晉人重自然而輕名教（禮法），而形成自然與名教、自由與道德之矛盾。王弼、何晏、向秀、郭象等雖欲融會老莊與周孔，結果亦成徒勞。因為這步工作本來就不是玄學名理所能擔當。必須到宋儒開出「超越領域」，構成「德性、美趣、智悟」三者立體的統一，而後纔能徹底解消這個矛盾。

然而，魏晉人能順中國固有的學術發展，而開出智悟境界，由於此一事實，乃可悟出中國固亦有其自己的「哲學」傳統。依先生之分判，中國之道統在儒家；科學之統在羲、和之官；而哲學之統則當上溯名家、道家，而繼之以魏晉之名理。先秦名家之

形名、名實，其本質的意義，相當於今日之邏輯與知識論，在超越方面亦通於玄學；而魏晉名理則相當於今日之哲學，其中談玄理者為形上學（以老莊為底子），談才性者為「品鑒的美學」。

──（按：先生在南京時，曾撰述《荀學大略》一書，於42年在台北出版。書分兩部分，一部分論荀子的學術，一部分是荀子〈正名篇〉的疏解。荀子尊名崇數，實具有邏輯之心智，其心靈與路數，可以說根本就是名數的。對名數之學的文化意義，輒能卓然識其大；他雅言統類、禮義之統、分位之等，善言禮與制、法之大分、類之綱紀，凡此所說，亦輒能順其理之必然而保持其系統之一貫。此雖不是名數本身之事，但卻為名數心智之所函。窮盡知性之能，光照外物之性，磨練認識之主體，貞定外在之自然，這是名數之學所表現的積極建構之精神。邏輯、數學、科學皆由此出。荀子雖只作〈正名篇〉以開其端，並未開出全部名數之學，但其心靈確是名數之心靈，其精神亦是積極建構之精神。在荀子之前，有名家之惠施與公孫龍，先生於民國50年撰有〈惠施與辯者之徒的怪說〉一文，刊於香港大學《東方文化》專刊。52年又撰〈公孫龍之名理〉，共四篇，刊於《民主評論》。後皆重刊於《鵝湖雜誌》。先生有意將此兩篇專論與《荀學大略》合編，以《名家與荀子》為書名單冊發行。）

魏晉之名理，可分為「才性名理」與「玄學名理」。魏初之劉劭以及論才性「同、異、合、離」之傅嘏、李豐、鍾會、王廣，皆屬「才性名理系」。其所論以才性問題為主，不見有談《老》、《易》之玄學者。只有鍾會稍晚，已接上王弼，亦注《老》、論《易》（見《隋書·經籍志》），可以說是「才性名

理」過渡到「玄學名理」的轉關人物。才性名理系的人，大體比較實際、校練，不似後來之虛浮，亦不稱為名士。而「玄學名理系」的人，則稱為「名士」。名士人格，唯在顯一逸氣，逸氣無所附麗，故亦無所成。名士所談者，以《易》與《老》、《莊》為主，其言談為清言、清談，其智思為玄智、玄思，故其理為玄理，其學為玄學。這一系的人物，比較「玄遠」而有「高致」。依時間之先後，玄學名士又可分為「正始名士」（曹魏中期）、「竹林名士」（魏晉之交），與「中朝名士」（又稱元康名士，元康為惠帝年號）。正始名士以王弼、何晏、荀粲為代表，皆談論《老》、《易》。下屆竹林名士、中朝名士，所談者又從《老》、《易》轉《莊子》，莊學最盛。關於這一期玄學的主要內容，如：〈王弼玄理之易學〉、〈王弼之老學〉、〈向秀郭象之注莊〉、〈阮籍之莊學與樂論〉、〈嵇康之名理〉，以及裴頠之〈崇有論〉等，在先生書中，皆有專章論述，茲不及。

　　魏晉名理，雖若「蜻蜓點水，頭緒繁多，觸處機來，時有明悟」，但大要而言，則亦不過「才性」與「玄學」二類；而「言意之辨」中所說名言所不能盡的「意」，亦大體屬於品鑒與玄學。這是「內容真理」。而它表現的形態，則是「境界形態」，與西方哲學的「實有形態」不同。一是主觀的神會、妙用，重主觀性；一是客觀的義理、實有，重客觀性。在此玄理哲學的「境界形態」下，一切名言所不能盡的意與理（內容真理），皆是關於「主觀性本身」與「主觀性之花爛映發」所作成的「內容的體會」。此義，對於儒、釋、道三教所證成的最高原理，亦同樣可以適用。唯就儒家而言，它不只是主觀聖證之境界，而同時能將

其所證現的仁體、通出去而建立「道」的客觀實體性。所以,順
儒家性命天道的教義,可以開出主觀性與客觀性之統一。

玄學家(如王弼)只能籠統地知道聖人「體無」,而聖人教
義之內在的精蘊及其核心的立體骨幹,即非彼所能知。聖人無適
無莫,無意、必、固、我,無可無不可,氣象同於天地,無有絲
毫之沾滯,當然已至化境;但支持這個化境的立體骨幹,則非釋
老所能至。以是,光從聖人之化境與氣象,而說「聖人體無」,
雖亦算是一種體會,但卻不盡,亦不恰當。聖人以仁爲體,並不
以無爲體。魏晉人順智解的路數,以表現其種種玄解玄悟,而卻
忘掉「於穆不已」之仁體,故無法了徹聖人之大德敦化本由仁體
而來。將此仁抽掉,而只在外面說有無、體用、不即不離;這種
形式的陳述,只表示有主觀之境界,而並無客觀之實體,只能盡
境界形態,而不能達到主客觀性之統一。能深入儒聖教義之內在
精蘊而握住其仁體者,是宋明儒。這是思想發展上的一大轉進。

不過,這步轉進並沒有緊隨魏晉玄學而發展完成。因爲魏晉
玄理引進了佛教的思想,對於這外來的文化,在中國有長達五、
六百年之正式吸收與消化。這須從頭疏導。而先生在《才性與玄
理》完稿之後,緊接著便開始了《心體與性體》一書的撰著。所
以本文下節亦順此著作之序,先述宋明儒家,而南北朝隋唐的佛
學,則移於下一階段再作介紹。

三、《心體與性體》:宋明儒學的疏導與分系

《心體與性體》的撰著,自民國50年開始,至56、7年間完

稿，歷時八年之久，共一百二、三十萬言，分三冊，由台北正中書局於57年5月、10月，58年6月陸續出版。這是先生耗費生命心血最大最多的一部巨著。第一冊六百五十餘頁，首列綜論部，分為五章，這是最後寫成的部分。全書的基本義旨，大體具備於此。其次為分論第一部，分兩章講述周濂溪與張橫渠之學。後附錄〈佛家體用義之衡定〉一長文。（附錄文未盡之義，在《智的直覺與中國哲學》以及《佛性與般若》二書中，有更進一步之論述。）第二冊為分論第二部，五百四十餘頁，分三章以疏導程明道、程伊川、胡五峰三家之學。第三冊為分論第三部，五百五十餘頁，分九章專論朱子之學。至於陸象山以下，則將另書別論。

　　平常講宋明儒學，都知道有程朱、陸王兩系。一般稱程朱一系為理學，陸王一系為心學。大家亦知道有所謂朱陸異同，一個道問學，一個尊德性，一個說性即理，一個說心即理。但對其中的義理關節，卻只能講一些浮泛的話，而不能作確定的判斷與分疏。至於這六百年學術發展中曲曲折折的內容，更很少有人深入去理解。一句「朱子集北宋理學之大成」的空泛儱侗之言，便使得北宋儒學步步開展的義理關節，普遍而長久地受到輕忽；再一句「陽儒陰釋」的顢頇語、鶻突話，更把宋明儒的心血精誠混抹了。一般對於宋明儒學的了解，大體都停在恍惚浮泛的層次。數十年來，雖有二三師儒提撕點示，亦時有開光醒目之言，但通貫六百年的學術，而確定其義理綱維，釐清其思想脈絡，則自先生此書始。

　　先生從頭疏導這一期的學術，實在煞費工夫。先擺開文獻材料，找出其中的線索，勾出各家的眉目，比觀對照，不存成見，

反覆再三，纔漸漸見出其義理之必然歸趨。最後，確定北宋之周
濂溪、張橫渠、程明道、程伊川，南宋之胡五峰、朱子、陸象
山，明代之王陽明、劉蕺山等九人，乃是宋明儒學之綱柱。這九
人前後互相勾連，在義理問題的發展上，是相銜接相呼應的。北
宋諸儒，上承儒家經典本有之義，以開展他們的義理思想，其步
步開展的理路，是由《中庸》、《易傳》之講天道誠體，回歸到
《論語》、《孟子》之講仁與心性，最後纔落於《大學》講格物
窮理。所以他們的義理系統之開展，實繫於對道體、性體之體
悟。周濂溪首先「默契道妙」；張橫渠進而貫通天道性命，直就
道體言性體，而且對《論語》之仁與孟子之心性，亦已有相應之
了解；到了程明道，以其圓融之智慧，盛發「一本」之論，客觀
面的天道誠體與主觀面的仁與心性，皆充實飽滿而無虛歉，兩面
直下通而爲一，即心即性即天，而完成了內聖圓敎之模型。濂
溪、橫渠、明道，這北宋前三家所體悟的道體、性體，以至仁
體、心體，皆靜態地爲本體論的「實有」，動態地爲宇宙論的生
化之理，同時亦即道德創造之創造實體。它是理，同時亦是心，
亦是神，所以是「即存有即活動」者（活動，是就能引發氣之生
生、有創生性而言）。明道卒後，其弟伊川有二十年獨立講學之
時間，乃依其質實的直線分解的思考方式，將道體、性體皆體會
爲「只是理」。既然只是理，它便不是心、不是神，亦不能在此
說寂感。道體的「神」義與「寂然不動、感而遂通」義既已脫
落，則道體便成爲「只存有」而「不活動」的理；而本體宇宙論
的創生義，遂泯失而不可見。言道體如此，言性體亦然。伊川又
將孟子「本心即性」析而爲心性情三分，性只是形上之理，心與

情則屬於實然的形下之氣。理上不能說活動，活動義落在氣（心情）上說。於是性體亦成爲「只存有」而「不活動」。由於對道體性體之體會有偏差，乃形成義理之轉向。但此一轉向，在伊川是不自覺的，二程門人亦並沒有順伊川之轉向而趨，而南宋初期之胡五峰，且能上承北宋前三家之理路而發展，開出「以心著性、盡心成性」的義理間架。到此爲止，伊川的轉向還只是一條伏線。但朱子出來，因其心態同於伊川，乃自覺的順成了伊川之轉向，而另開一系之義理。接著象山直承孟子而與朱子相抗。於是朱子、象山，加上五峰之湖湘學，乃形成三系之義理。到了明代，王陽明呼應象山，劉蕺山呼應五峰，宋明儒學之義理系統，乃全部透出而完成。（用今語來說，這是表示一個「道德的形上學」之充分完成。）

依於上述之釐定，可知只分程朱、陸王二系，並不能盡學術之實與義理之全。一則平常所謂「程朱」，實指伊川與朱子，而明道變成無足輕重，此大不可。二則明道即心即性即天，其學可講性即理，實亦可講心即理；而伊川、朱子則不能說心即理，故以明道與伊川、朱子合爲一系，在義理上有刺謬。三則五峰之湖湘學，實承北宋前三家而發展，爲北宋儒學之嫡系；其「以心著性、盡心成性」之義理間架，有本質上的必然性與重要性，故明末劉蕺山雖與五峰時隔五百年，而猶呼應「以心著性」之義，而使宋明儒學得一完整之綜結。以是，先生乃作如此之判定：北宋前三家，濂溪、橫渠、明道爲一組，此時未分系。以下伊川、朱子爲一系，象山、陽明爲一系，五峰、蕺山爲一系。後兩系到究極處可合爲一大系，但亦須各自獨立了解。至於此一大系與伊川

朱子系如何相通,則是另一問題。在此,我們只能說:這三系都是一道德意識下,以心體與性體爲主題而完成的一個「內聖成德之學」的大系統。而先生如此分判,並非先有預定,乃是在層層之釐清中,一步步逼顯而至的。而其釐清逼顯的重要關節,是在二程與朱子:

(1)明道在宋明儒中是一大家,有極其顯赫之地位,但據《宋元學案》之〈明道學案〉,實在看不出明道學問之眞面目,而《二程遺書》又多半未註明那些爲明道語,那些爲伊川語。於是先生乃以二程性格之不同爲起點,以《遺書》中劉質夫所錄明道語四卷爲標準,以二先生語中少數標明爲明道語者爲軌約,而確定出鑑別明道智慧之線索;又經再三之抄錄對勘,最後將明道語錄類編爲八篇,而挺顯了明道的義理綱維。

(2)明道清楚了,伊川亦隨之而清楚,故亦類編伊川語錄爲八篇,使伊川之思路朗然可見。而其所以有義理之轉向,亦確然可辨。

(3)朱子文獻最多,但其思想之成熟與眞正用功的重點,是中和問題,繼之而有「仁說」,這都是在他自己苦參以及和五峰門下論辯的過程中,逐步明朗出來。先生即依據此一線索而釐定朱子學的綱領脈絡。(到朱子四十六歲與象山在鵝湖會講時,他的思想架格已定,故朱陸異同之無法歸一,實有義理上之必然性在。)同時,朱子對二程常不作分別,他把二程只作一程看。而朱子較明確而挺立的觀念,皆來自伊川。對明道之言,即說渾淪太高、學者難

看，實際上是表示不滿。所以明道在朱子心中實不佔重要之地位，他所謂程子、程夫子，幾乎皆指伊川。他只繼承伊川一人，根本不繼承明道。他對濂溪、橫渠雖加以推尊，亦講述二人之文獻，但在重大的義理關節上並不相應。故世俗所謂「朱子集北宋理學之大成」，實乃後人不知學術之實的空泛之言。朱子的偉大不在集什麼之大成，而在於他思理一貫，能獨闢一義理系統（雖然其系統並不是先秦儒家發展成的內聖成德之教的本義與原型）。

　　二程與朱子既已釐清而確定，其他的問題便易於解答。例如朱子何以對濂溪、橫渠未能有眞實相應之了解？何以對明道無所契會？何以反對謝上蔡以覺訓仁？何以批駁五峰門人並對五峰之《知言》作八端致疑？又何以不能正視象山之孟子學，反而攻其爲禪？朱子何以有這許多異議與誤失？其實，朱子本人的思想很清澈而一貫，又精誠而用功，他不會有很多錯誤。朱子的差失或不足處，只在順承伊川而對道體、性體之體會有偏差：體會爲「只存有而不活動」。道體方面體會爲理氣二分，道體只是理，而寂感、心、神都屬於氣；在心性方面，心與性爲二，性即是理，而心屬於氣，故心與理亦爲二。以是，他所不解、誤解而加以反對者，皆是將道體、性體、仁體、心體、體會爲「即存有即活動」者。換言之，凡是屬於本體宇宙論的立體直貫型之義理，朱子皆不能欣賞而一律加以揮斥。由於對道體性體以及仁體心體之體會有不同，在道德實踐上，亦逐脫離宋明儒大宗的「逆覺體證」之路，而順承伊川「涵養須用敬，進學則在致知」二語，開出了「靜養動察」、「即物窮理」的工夫格局。在他之前以及與

他同時的人，都和他有關涉，在他之後的，如：王陽明，則出而反對他（這亦是關涉）；所以，朱子實乃宋明儒學之重鎮，是一個四戰之地，他是義理問題的中心或焦點。但以他爲中心，可；以他爲標準，則不可。元明以來，朱子之權威日漸形成，至於清而益厲。於是天下人甚至「輕於叛孔而重於背朱」（借陽明語），此皆以朱子爲標準之過。結果是，人人述朱而不得朱子學之實義，人人尊朱而不識朱子之眞價值。連帶的對全部宋明儒學，亦少有相應之認識。三百年來，宋明儒學之所以難索解人，這亦是一大關鍵所在。

四、《從陸象山到劉蕺山》：陸王系之發展與蕺山之結穴

《心體與性體》三大冊只講到朱子。陸象山以下，思想脈絡較簡明，且不涉及文獻問題，故未亟予寫出。唯早在民國36、37年間，先生即已撰成《王陽明致良知教》一長文，分期發表於《歷史與文化》雜誌，並於43年在台北出版單行本。45年又發表〈陸王一系的心性之學〉、〈王龍溪的頓教：先天之學〉、〈劉蕺山的誠意之學〉等三文於香港《自由學人》。之後，《心體與性體》出版，先生感到以前所寫之《王陽明致良知教》與陸王心性之學各文，尚有欠諦當之處，乃先後撰寫〈王學之分化與發展〉、〈致知議辯疏解〉兩文，發表於新亞書院61、62年之〈學術年刊〉。65年又寫成〈「江右王學」之疏導〉一文，此三文皆講王學，前加陸象山章，後加劉蕺山章，即可合成一書，列爲

《心體與性體》第4冊。唯先生之意，此書與前三冊時隔十年，又另印別行，乃決定換一書名為《從陸象山到劉蕺山》。

　　現此書尚未印出，在此，只能略述其分章之大意。首章以疏解陸象山之文獻為主，藉以挺顯象山學之基本義旨。次章疏導〈象山與朱子之爭辯〉，此文已於54年分期發表於《民主評論》。第三章為〈王學之分化與發展〉。陸王皆孟子學，皆是一心之朗現、一心之申展、一心之遍潤。這是「由道德的本心即性之引生道德的純亦不已，而頓時即至本體宇宙論的立體直貫型之義理」之最簡易直截的表現形態；由象山至陽明，而達於最圓熟的境界。此章首先分七大端以綜述陽明學之基本義旨。次論王學之分派：（一）「浙中派」以王龍溪為代表。龍溪對陽明之主張，皆遵守而不渝，他專主陽明而不參雜宋儒之說，可說是陽明之嫡系。（二）「泰州派」以羅近溪為代表。王學發展到近溪，只剩下一「玩弄光景」之問題，而如何破除光景以使知體天明能具體而真實地流行於日用之間，乃成為歷史發展之必然，近溪則承當了此必然，故其學問風格亦專以此為勝場。（三）「江右派」。此派並無統一之論旨，先生乃單提對致良知教倡異議之聶雙江、羅念菴二人之說，而加以點撥澄清，以明其不得為真王學。第四章疏解〈致知議辯〉。這是王龍溪與聶雙江辯論良知教之文獻輯錄，乃王門中極其重要的辯論。凡九難九答，先生皆一一加以疏通，藉以了解龍溪之造詣與雙江異議之不諦，並以確定陽明學之本色。第五章疏導江右王門演變發展之路向。江右派人物最多，聶、羅二人乃私淑弟子，對陽明講學之宗旨並不真切；能承續師門之學而不墜失者，是親炙弟子鄒東廓、歐陽南野與陳

明水等人。另有劉兩峰、劉師泉，兩峰亦能守師說，但晚年卻又說「雙江之言是也」。而師泉與兩峰之弟子王塘南，則欲向性體奧體（所謂性宗）走，而開啓了脫離王學（心宗）之機；雖有扭曲而未能成熟，但實可視爲劉蕺山思路之前機。第六章講述劉蕺山之學。龍溪與近溪雖能順王學而調適上遂，但走二溪之路，若無確切之理解與眞實之工夫，亦可有病。但這病只是「人病」，而非「法病」。就王學下之人病（所謂虛玄而蕩、情識而肆）而重新消融王學，以獨成一系之義理者，則是明末之劉蕺山。

蕺山鑑於良知呈現，一體平舖，不免有顯露之感（良知教亦本是顯教）；又因良知天生現成，人或不免看得太輕易；所以嚴分「意」與「念」（意，是心所存主而不逐物者；念，是心之所發、逐物而起者），攝知以歸意，將良知藏於意根誠體，以緊吸於性天。如此，纔可以保住良知本體之奧秘性，使人戒懼愼獨，而有「終日乾乾，對越在天」之象。此即蕺山消融王學以救治王學末流之弊的用心所在。復次，蕺山的誠意愼獨之學，是直接本於《中庸》首章與《大學》誠意章而建立。陽明之良知教是由格物窮理而內轉，而蕺山誠意教之攝知於意，則又就致良知之內而再內轉，此之謂「歸顯於密」。此意根誠體（亦曰獨體）是心體，亦是性體。而「性體即從心體中看出」。(1)從性體看獨體，是獨體之「在其自己」，表示性體之自存。(2)從心體看獨體，是獨體之「對其自己」，表示性體通過心體而呈現、而形著。故蕺山曰：「性非心不體也」。又曰：「此性之所以爲上，而心其形之者歟」。此明顯地是「以心著性」之義。(3)性體通過心體而呈現而形著，心體性體通而爲一，此便是「在而對其自己。」。以

心著性，性不可離心而見，故心宗、性宗合而爲一。如此，則「性體」得其具體化眞實化，而不失其超越奧秘性；「心體」向裡收（攝知於意），向上透（與性爲一），既見其甚深復甚深之根源，而亦總不失其形著之用。故工夫只在誠意愼獨以斷妄根，以徹此性體之源。

　　宋儒之學，至南宋開爲三系，朱陸兩系繩繩相繼，傳續不絕；而五峰的湖湘之學則一傳而止，直到五百年後，纔有蕺山出而言此形著之義，二人一頭一尾，完成一系之義理。而宋明六百年之學術，亦到此結穴，而完成了它發展的使命。

第五階段：新知培養轉深沉

　　魏晉玄學、南北朝隋唐佛學、宋明儒學，這三個階段的學術，現在說來都是古學或舊學。古與舊，是由於時間因素而加上去的顏色，而學術真理（尤其內容真理）本身，則是萬古常新的，實無所謂古今之異，亦無所謂新舊之分。「商量舊學」即所以「培養新知」。尤其在古學舊學沉埋泯失的時代，更是如此。所以，上文所述的魏晉玄學與宋明儒學，是舊學，同時亦是新知；玄學、儒學如此，佛學亦然。另如康德之學，就中國此時對它的了解吸取而言，是新知，但康德亦是十八世紀的人，在西方亦已是一、二百年以前的古學舊學了。因此，講述康德，亦仍然是「商量舊學以培養新知」。至於本文將「舊學商量」、「新知培養」二句分別用為兩個階段的標題，雖亦可以略示先生六十以前與六十以後學思工夫之所重，與學問境域之開拓升進，但這二個階段，實際上是在緜緜穆穆的學術意識中相續進行，而並不是截然可分的。

一、《佛性與般若》：詮表南北朝隋唐之佛學

　　民國57年夏，先生來台校對《心體與性體》2、3冊；秋天返港，即著手撰寫《智的直覺與中國哲學》一書；完稿之後，又在周甲還曆之歲（民國58年），開始撰著《佛性與般若》以詮表南北朝隋唐一階段之佛學。全書於64年完稿，66年6月由台北學生

書局出版，共一千二百餘頁。書分三部，第一部綜述綱領，共四章。第二部，分六章以論述前後期之唯識學，以及起信論與華嚴宗。第三部列為下冊，專講天臺宗，分為二分。第一分為天臺圓教義理系統之陳述，共四章。第二分為天臺宗之故事，共五章。

　　先生以中國哲學史的立場，疏導佛教傳入中國以後的發展，並從義理上審識比對，認為天臺圓教可以代表最後的消化，依著天台的判教，再回頭看看那些有關的經論，先生乃確然見出其中實有不同的分際與關節。順其判釋的眉目，而了解傳入中國以後的義理之發展，將其中既不相同而又互相關聯的關節展示出來，這就是先生撰著此書的旨趣。

　　「般若」與「佛性」兩個觀念，是全書的綱領，般若是共法，行於一切大、小乘，但他本身卻不是小乘，亦不是大乘，亦不足決定大、小乘之所以為大、小乘。雖然般若是在不捨不著的方式下具足一切法，但只是水平的具足，而不是豎立的具足，所以這並不表示一切法皆以般若為根源、由般若而生起。般若只是一「融通淘汰」之精神，依此而言，般若只是一「蕩相遣執」之妙用，以使一切法皆歸實相。而事實上它並沒有積極的建立，所以沒有系統相。凡成系統，必須對一切法之來源有說明，而般若根本不負這個責任。

　　系統之不同，繫於佛性與悲願。「佛性」觀念之提出，是在於說明：成佛之所以可能、與依何形態而成佛方為究竟？佛性，可由佛格（佛之性格、體段）與因性（正因、緣因、了因）而了解。(1)小乘想通過解脫而成佛，既成佛，自有佛格之佛性，但無因性之佛性觀念。加上只自度而未能度他，悲願不足，故為小

乘。(2)有悲願而不捨衆生，但若只是功齊界內，智不窮源，則並不眞能達於無限之境，而佛格佛性亦未能至於遍滿常之境。於此說大乘，只是具有相對大的悲願而已。(3)徹法之源而至於無限之境，由此以言三因佛性之遍、滿、常，此即所謂「如來藏恆沙佛法佛性」一觀念。必須進到「恆沙佛法佛性」，纔能即九法界而成佛，這纔是成佛的圓滿形態。（唯此中又有第一序上說的別教，與第二序上說的圓教之不同。）

中國吸收佛教是從般若學開始，般若學的眞精神，自鳩摩羅什來華而大白於世。但般若是共法，中觀論之觀法亦是共法，乃大、小乘所共同者。就是緣起性空，亦是通則、通義，大、小乘皆承認。故般若學之思想，並不決定義理之系統。另外一面是唯識學。中國方面對於唯識學的吸收，是始於地論師。地論師以講世親早年作品《十地經論》而得名。就世親本人而言，其晚年成熟之思想（即：玄奘所傳之唯識學），不但不以阿賴耶識爲眞淨，而且根本不說如來藏自性清淨心。他的佛性論雖講如來藏，但偏於理言，不偏於心言（故說眞如理，不說眞如心）。然而他早年的地論，則明說「自性清淨心」。這如來藏自性清淨心是否可以說爲阿賴耶識？《地論》中並無明文表示。於是，阿賴耶是否爲眞淨的爭論，乃使地論師分裂而爲北道與南道兩派。先生認爲，地論思想的成熟歸宿，應該是向北道派走，即阿賴耶識爲妄，不是自性清淨心。而北道派之地論師以及後來之攝論師（以講無著之《攝大乘論》而得名）的最後成熟之歸宿，則是《大乘起信論》。在這演進發展的過程中，有一個關鍵性的人物，他就是攝論師眞諦三藏。眞諦翻譯無著造、世親釋之《攝大乘論》，

參入自己的思想而多有增益。就翻譯而言，自不夠忠實。《攝論》是「賴耶依持」之妄心系的基本論典，眞諦假譯事之便，而注入「眞如依持」之眞心系的思想，轉八識爲九識，而立阿摩羅識（淨識）爲第九識。但講阿摩羅識又不如直接講「自性淸淨心」。所以眞諦之九識義，只是過度到《起信論》的方便之言。《起信論》標爲馬鳴造、眞諦譯，實際上即是眞諦之思想，由攝論師與北道之地論師合作而成。（印度無此論，後由玄奘倒譯爲梵文。但如來藏眞心之思想，則已見於《勝鬘夫人經》、《楞伽經》、《密嚴經》。）

　　地論師與攝論師，可統名曰：前期唯識學。後來玄奘重譯攝論，力復原來之舊，是即一般所稱之唯識宗，可名之曰：後期唯識學。（前後期之分，以其傳入中國之先後爲準。）後期唯識學是阿賴耶系統，前期唯識學則爲如來藏系統。阿賴耶緣起是經驗的分解或心理學意義的分解，如來藏緣起是超越的分解；順分解之路往前進，至華嚴宗已到了盡頭，成爲順唯識系而發展的最高峰。華嚴宗判教，以「別教一乘圓教」自居，同時又承認天臺宗爲「同教一乘圓教」。結果圓教中出現二個形態，而各圓其圓。這表示華嚴的判教有不盡。因爲眞正的圓教只有一、而無二三。而且圓教必不能走分解的路。分解是第一序上的分別說，有系統相，凡系統皆是可諍法，可諍則不得爲圓。所以眞正的圓教，仍當以天臺圓教爲標準。

　　關於天臺之判教，先生曾詳加疏通而有若干調整。其中的原委，須看原書，茲不及詳。天臺宗宗《法華經》，但《法華經》並沒有第一序上分別說的教義與法數，它的問題只是第二序上的

開權顯實，發跡顯本。開，是決了義。它決了一切權教而暢通之，使之皆歸於實。天臺圓教便是相應法華之「開權顯實，皆歸佛乘」而建立。為了要表達這個佛乘圓教，它必須依《法華經》所謂「決了聲聞法」而決了一切分別說的權教。

(1)它決了藏教與通教而暢通之，使之不滯於六識與界內。

(2)它決了始別教阿賴耶而暢通之，而不分解地說阿賴耶緣起（妄心系統）。

(3)它決了終別教如來藏自性清淨心而暢通之，而不分解地說如來藏緣起（真心系統）。

它經過這一切決了，而說出「一念無明法性心」即具十法界。此「一念無明法性心」，從「無明」方面說，它是煩惱心、陰識心，它當然是妄心；但天臺圓教卻不分解地「唯阿賴耶」。從「法性」方面說，它就是真心，但天臺圓教卻不分解地「唯真心」。此即所謂決了一切分別說的權教，而成圓教。

華嚴宗是承廣義的唯識學中之真常心系，而建立的「性起」系統。（性起之性，指「如來藏自性清淨心」而說，此即所謂「偏指清淨真如」或「唯真心」。）天臺宗是承般若實相學而進一步，通過「如來藏恆沙佛法佛性」一觀念，依據法華開權顯實，而建立的「性具」系統。（性具之性，是就「一念無明法性心」而說。通過詭譎的方式，(1)念具即是智具，念具可以說緣起，而智具不可說緣起，以智非生滅法、非緣起法故。(2)無明具即是法性具，無明具可以說緣起，以無明即一念心故；法性具則不可說緣起，以法性是空如理或中道實相理，而非心法，無所謂起與不起故。以是，只說「性具」而不說「性起」。）兩者同是

系統，而建立之方式則不同；華嚴宗是分解的方式，天臺宗是詭譎的方式。凡依分解的方式說，便是權教，因而亦是可諍者。故天臺判華嚴為別教而非圓教。所謂「別教一乘圓教」，仍非真圓教。天臺圓教依詭譎的方式說，雖亦是一系統，而並無系統相。因此為圓實、為無諍。以圓實無諍為經，般若無諍為緯，交織相融而為一，此即天臺圓實之教。

除了天臺之「性具」，華嚴之「性起」，還有禪宗之「性生」。六祖惠能說「何期自性能生萬法」，此「自性生萬法」亦云「含具萬法」，故「生」是含具義、成就義（不能直解為生起義。天台、華嚴、禪，皆不得說為「本體論的生起論」）。先生認為，六祖這種不甚嚴格的漫畫式的說法，類於「性具」圓教，而不類於「性起」別教。而六祖弟子神會講「靈知真性」倒是相應性起別教之禪，故圭峰宗密得以與華嚴宗相會而言禪教合一。禪宗教相不明（只重禪定之修行），若欲判攝禪宗，則「惠能禪」屬天臺圓教（法登述圓頓宗眼，即旨在籠絡禪宗）；而「神會禪」屬華嚴宗之別教圓教。

二、《智的直覺與中國哲學》：疏導基本存有論的建立問題

民國57年，先生偶讀海德格的《康德與形上學的問題》、《形上學引論》二書，發現海德格建立存有的路並不通透，對形上學的層面亦有誤置，因而引發了撰著《智的直覺與中國哲學》之動機。此書不一年而完稿，60年3月，由台北商務印書館出

版，全書分二十二章，共三百八十餘頁。

　　先生寫此書的動機，雖由讀海德格之書而引起，而關聯先生自己的著作而言，則一方面是上接《認識心之批判》而進一步疏解康德的原義；另一方面是作為《心體與性體》綜論部討論康德的道德哲學之補充。

　　《認識心之批判》一書的重點有二方面：(1)是著重於數學的討論，把數學從康德的「超越的感性論」中提出來，依據近代邏輯與數學的成就，而給予先驗主義的解釋；(2)是就知性的自發性說，單以知性所自具的邏輯概念為知性的涉指格，並指述這些涉指格所有的一切函攝，以代替康德的範疇論。如今，先生對範疇這一方面謙退一步，承認知性的概念可以分兩層論，一是《認識心之批判》書中所論的邏輯的涉指格，一是康德所論的存有論的概念（體性學的概念，即範疇）。先生認為，假如單就邏輯的判斷表，實不能直接發見出知性自具的存有論的概念；但我們的知性活動，卻可以順這些判斷表以為線索，再依據一個原則，先驗地（但卻是跳躍地）對存在方面有所要求、提供、或設擬。就在這要求提供設擬上，我們可以承認存有論的概念之建立是合法的。康德把這要求、提供、設擬，說成知性所自具或自給；說得太緊煞了，遂使人生厭生誤解。如今鬆動一下，分開來說，(1)知性之主動自發性所自具的，只是邏輯概念；(2)而存有論的概念，只是知性之自發性對於存在方面之先驗的「要求、提供、或設擬」。（康德所謂的自給，實即這要求、提供、設擬的自給，但他卻說成自具的自給。）先生依於此意，重新疏解康德之原義，改換辭語予「先驗的綜和判斷」以更明確之規定，並剝開因措辭

不善巧而形成的煙幕，而使之更順適妥貼，較能浹洽人心。如此，則康德《純粹理性之批判》「超越的分解」部中之「超越的推述」與「原則底分析」，皆可以全部不成問題。這就是先生繼《認識心之批判》之後，對康德所作的進一步的疏解。

再進一步，先生又著重於「超越的統覺」、「超越的對象Ｘ」、「物自身」、「作爲超越理念的自我」、「智的直覺與感觸直覺之對比」等之疏導。這是向形上學方面伸展的純粹哲學的工作。而《認識心之批判》是向邏輯數學方面伸展，那時，先生對於康德哲學向形上學方面伸展的一套，尚未眞切的注意，這亦是由於康德自己不承認人可有智的直覺，把「物自身」只看做消極意義的限制概念，故別人亦多加忽視。近年來，先生覺得這裡不容輕忽。康德雖不承認人可有智的直覺，但他的書中卻處處以智的直覺與感觸直覺對比而言，則其意義與作用之重大可知。只是西方傳統的限制，所以雖以康德的智思亦無法覺其可能。但如果人眞的不能有智的直覺，不但全部中國哲學發生動搖，就是康德本人所講的全部道德哲學亦將成爲空話。這個影響太大，非人心所能安。然則如何可能呢？先生以爲，必須依中國的哲學傳統來建立。亦以此故，先生特名其書爲《智的直覺與中國哲學》。在《心體與性體》綜論部，是就康德《道德底形上學基本原則》一書而作討論。康德在該書中未用「智的直覺」一詞，故先生亦未提及。今於此書眞切地加以講論，正可作爲《心體與性體》綜論部討論康德的道德哲學之補充。

先生此書，涉及康德的地方，是就自己所譯的原文（據斯密士英譯本）加以疏導。而關於抉發中國哲學所含的智的直覺之意

義，則徵引儒、釋、道三家之文獻，就⑴儒家之本心仁體之誠明、明覺、良知，或虛明照鑑」（德性之知），⑵道家之「道心之虛寂圓照」（玄智），⑶佛家之「觀照即空即假即中之實相的般若智」，及其展示一圓教之典型，以詮表中國三大教的「智的直覺」義。先生認為，智的直覺不但在理論上必須肯定，而且是實際地必能呈現。如此，則中國哲學可以「哲學地」建立起來，而且康德自己所未能眞實建立的，亦因此而可以客觀地眞實地建立起來。

先生由康德的批判工作接上中國哲學，進而開出「基本存有論」的建立之門路：從本心、道心，或眞常心處建立。⑴本心、道心、眞常心，是「實有體」；⑵實踐而證現這實有體，是「實有用」（本實有體而起用）；⑶成聖、成眞人、成佛以取得實有性（即無限性），這便是「實有果」（實有體起實有用而成的果）。這「體、用、果」便是「基本存有論」的全部內容。先生又謂，不講形上學則已，如要講，便只能就康德所說的「超絕形上學」之層面，順其所設擬的（物自身、自由意志、道德界與自然界之溝通）而規畫出一個道德的形上學，以智的直覺之可能來充分實現它。所以，「基本的存有論」只能就道德的形上學而建立。（若擴大概括佛、道二家，則可說就實踐的形上學來建立。）而海德格卻從康德所說的「內在形上學」（域內形上學）之領域以建立他的存有論，把存有論置於時間所籠罩的範圍內（故有《實有與時間》一書之作），他要拆毀柏拉圖以來的西方傳統之存有論史，而恢復柏拉圖以前的古義，而事實上，這是形上學層面之誤置。他的入路是「存在的入路」，他的方法是「現

象學的方法」。存在的入路有可取，但現象學的方法則不相應。所以先生認爲他建立存有論的路是不通透的。康德曾作《形上學序論》，海德格改作《形上學引論》，先生此書則仍歸於康德，並順其「超絕形上學」之領域，而開出康德所嚮往而卻未能建立的「道德的形上學」。所以，此書所代表的方向，是值得當代（西方）哲學界借鏡、審識而愼取的。

三、《現象與物自身》：判教與融通，哲學原型之朗現

仕《佛性與般若》撰著期中，先生因著講授知識論一課的機緣，想將平素所思作一系統的陳述，於是一面口講，一面筆寫，時閱八月而完成《現象與物自身》一書（時爲民國62年）。這是先生寫得最快的一部書，但卻是四十餘年學思工夫蘊積而成。這部書，可以說是先生思想的綜結。全書分七章：(1)問題的提出；(2)德行的優先性；(3)展露「本體界的實體」之道路；(4)由「知體明覺」開「知性」；(5)對於「識心之執」之超越的分解：知性底形式簇聚之「邏輯概念」之超越的分解；(6)知性的形式簇聚之「存有論的概念」之超越的分解；（此章並附錄：〈經驗的實在論與超越的觀念論釋義〉）；(7)「執相」與「無執相」之對照。共計四百七十頁，64年8月，由台北學生書局出版。

此書的內容，是以康德的「現象」與「物自身」之分爲中心，而以中國的傳統哲學爲說明這個問題的標準。康德說我們所知的只是現象，而不是物自身；現象是感觸直覺的對象，物自身

則是智的直覺之對象，而智的直覺又屬於上帝所有。又說上帝只創造物自身，而不創造現象。這樣的點示，當然有一種洞見在內。但我們不能由這輕描淡寫的點示而了徹物自身的確義，因而現象與物自身之分永遠不能明確穩定，而康德系統內部的各種主張亦永遠在爭辯中而不易使人信服。近十多年來，先生重讀康德，而且翻譯了《純粹理性之批判》與《實踐理性之批判》；在譯述的過程中，正視了康德的洞見之重大意義，亦見到知性之存有論的性格之不可廢，並依據中國的傳統，肯定「人雖有限而可無限」、「人可有智的直覺」。由中國哲學傳統與康德哲學之會合而激出一個浪花，乃更能見出中國哲學傳統之意義與價值，以及其時代的使命與新生，並由此而看出康德哲學之不足。於是而有此書之完整通透的系統的陳述。至於《智的直覺與中國哲學》，則是此書之前奏。先生自謂：「步步學思，步步糾正，步步比對，步步參透」，參透到此書寫成，而後覺得灑然。

　　一般講康德的人不能正視他的洞見，而康德限於西方的傳統，亦未能把自己的洞見予以充分的說明與證成。先生以為，在西方傳統的限制中，康德能有此洞見，已經很卓越了。洞見之發，是他個人靈光之閃爍；一旦發出，它就是一個客觀的義理問題，亦可以說是聖哲生命之所共契。先生依於中國之哲學傳統，先由人的道德意識顯露一「自由無限心」，由此而說「智的直覺」。自由無限心，是道德的實體，由此開「道德界」；它又是形上的實體，由此開「存在界」。這存在界的存在，即是「物之在其自己」（物自身）之存在。「物之在其自己」這個概念是一個有價值意味的概念，而不是事實的概念；它就是物之本來面

目，物之實相。我們由這「自由無限心」之開存在界，而成立一個「本體界的存有論」（亦曰：無執的存有論）。對於「自由無限心」的意義與作用，有了清楚而明確的表象，則對於「物之在其自己」的眞實意義，亦可有清楚而明確的表象：它是一個「朗現」，不是隱晦的彼岸。先生這一部工作，是依儒家孟子學的傳統之「了義」，來融攝康德的道德哲學。（因爲康德對道德概念之分析不盡、不穩，所以必須依「了義」，而不可依「不了義」。）

　　進一步，再由「自由無限心」開「知性」，這步開顯，先生名之曰：「知性之辯證的開顯」。知性、認知主體，是由「自由無限心」（知體明覺）之「自我坎陷」而成。知性本質上，就是一種「執」，執持自己而靜處一邊，成爲認知主體；同時亦把「物之在其自己」的物，推出去而視之爲對象，因而亦成爲現象。所以，「現象」根本是由「知性之執」而執成的；即，就「物之在其自己」而縐起或挑起的。知性之執，依隨佛家亦可名曰：「識心之執」。識心是通名，知性、想像，以及由感性所發的感觸直覺，則是識心之不同的形態。識心之執，從其知性形態之執執起，直執到感性而後止。由此而成立一個「現象界的存有論」（亦曰：執的存有論）。現象之所以爲現象，在此得到確定的規定：對無限心（智心）而言，爲物自身；對認知心（識心、有限心）而言，爲現象。「現象」與「物之在其自己」的特殊義，皆已確定而不動搖，則兩者之間的超越區分，亦充分證成而不搖動。物之在其自己（物自身）永遠不能爲識心之執的對象，識心之執永遠不能及於它，所以它是「超絕的」。先生這一部工

作，是以佛家之「執」的觀念，來融攝康德所說的「現象界」，並以康德《純粹理性之批判》一書之分解部來充實這個「執」（因為佛家言識心之執是泛心理主義的，重在說煩惱，認知主體不凸顯，故須假康德以充實之）。

對「自由無限心」而言，而有「無執的存有論」；對識心之執而言，而有「執的存有論」。後者以康德為主，前者以中國的哲學傳統為主。儒、釋、道三家同顯無限心，而無限心不能有衝突。因此，良知明覺。如來藏心，以及道家的道心，皆不同相礙；而教之入路不同所顯示的種種差別，亦可互相融和，相容而不相礙；這是這個時代所應有的「判教與融通」。（判，分判義，即：安排之意。）先生這部工作，是「依法不依人，依義不依語」，以作「稱理而談」的融攝。這必須對中國的哲學傳統有確定的了解。而先生此書的綜述，則是以《才性與玄理》、《佛性與般若》、《心體與性體》三書為根據。

凡是一個大教，都是一個客觀的義理系統，都是聖哲智慧的結晶。道家以「玄理、玄智」為主，佛家以「空理、空智」為主，儒家以「性理、性智」為主。先生認為，無論玄智、空智、性智，都是自由無限心的作用。人人皆可體現自由無限心以上達天德，這是儒、釋、道三教之所同。但在耶教則較特別。他們不承認人能上達天德，認為這裡不是人的事，而是上帝差遣的事。但這只是耶教後來的講法，耶穌本人並不如此著實。即使耶穌亦如此著實，我們仍可把耶穌的生命看成「即有限而成為無限」者。如是，則人人皆可以成為耶穌（猶如人人皆可成聖、成佛、成真人）。須知上十字架只是一個特殊的遭遇，那個特徵並沒有

必然性。所以從理上究竟地言之，看做是「人的事」實較順適。
如此，便是基督教的開放，開放為人人皆可以上達天德，可以
「即有限而成為無限」者。上帝內在化即是無限心，無庸非議。
（蓋眾生機宜不一，聖人設教，亦本有多途。）但自由無限心只
表現為人格神，而不能內在化而為吾人之體，這裡便顯出主體與
客體之隔離，此便是「證所不證能，泯能而歸所」之離教。離則
不相盈，所以不是圓盈的究竟。無限心必須內在化而為吾人之
體，纔能契接「慎獨」這一樞紐，而使人人有分，這纔可以達到
圓盈之教。

　　「慎獨」是儒家的說法，佛家則說修止觀，道家則說致虛守
寂。這種種說法，皆表示通過自己的實踐，可以朗現無限心。所
以皆是圓盈之教：(1)「盈」，有正盈與偏盈：儒為正盈，能獨顯
道德意識以成己成物。佛老是偏盈，只遮顯空無以求滅度或求自
得。正可備偏，偏不備正，所以偏盈還不能達到究極之圓。(2)
「正盈」中亦有圓與不圓：就宋明儒言，周、張、明道、五峰、
蕺山以及陸、王，皆為圓盈；伊川與朱子則為不圓之正盈。(3)
「偏盈」中亦有圓與不圓：佛教之空宗是通教，唯識宗是始別
教，《起信論》是終別教，華嚴宗是別教之圓教，唯天台是真圓
教。道家之老莊，大端皆可至於圓，無甚差別，但在言詮上，莊
子之「調適而上遂」則顯得更圓。(4)相應離教而言，康德近乎正
盈而未至。（一因未能依自由意志透顯無限心，二因不承認人有
智的直覺，三因意志自由、靈魂不滅、上帝存在，皆為設準，而
又不能通而為一。）

　　先生此書，依正盈之智慧方向，融攝康德，會通偏盈，以建

立各系統統一之軌轍。⑴融攝康德，是吸收其分解部以成俗諦（開立知性，以成就科學知識）；就此而言執的（現象界的）存有論，這是相應識心之執而言。⑵會通偏盈，以知體明覺之感應無外為準，會通般若與玄智以成眞諦（建立上達天德之路以成聖成佛成眞人）；就此而言無執的（本體界的）存有論，這是相應知體明覺之感應無外而言。哲學家依據各聖哲之智慧方向、疏通而為一，以成就兩層存有論，並通而為一個整一的系統（哲學原型）。這是「哲學家」最積極，亦是最高的使命。為明此義，先生在此書最後一節，引述了康德《純粹理性之批判》一段話，而又比康德更積極地舉述了「去決定哲學之所規定者」的路數、共有七端，大旨如此：

　　1.康德在理想中所思議的教師，唯一堪被稱為哲學家者，我們可以舉孔子作代表。在此，上帝已轉化為無限心，開出了「人人可以為聖人」的通路。

　　2.哲學之原型（哲學之宇宙性的概念）不能永遠停在哲學思考者的籌畫卜度中，必須在一聖人的生命中朗現。能體現而「人化」這個原型的，就是我們所依以決定這哲學原型的那個聖人。

　　3.依聖人之盈教所決定的哲學原型，不過就是兩層存有論（這是「人類理性底兩層立法」之展露）；將兩層通而為一，即是決定哲學原型唯一的眞正途徑。

　　4.這唯一的眞正途徑，以儒家的正盈教為主，旁通偏盈的道家佛家以及離教的耶教，而為一。耶教雖然有宗（以上帝為宗）而無教（無實踐的道德進路以通之），但它不能自外於

盈教，盈教亦不必外之。

5.如果哲學原型可以由聖人的生命而朗現，而我們亦依聖人之朗現而規定此原型，則此原型乃是具體地存在的，因此亦是可學的。「學者，覺也」。所謂「覺」，即是以自家的真誠心，與聖人的生命以及那個哲學原型、存在地相呼應相契入之謂。

6.如是，我們只有一個哲學原型，並無主觀的哲學可言。但一切不同的哲學亦不礙於哲學原型之為定然而不可移，亦皆可融攝於哲學原型中而通化之。因為「哲學就是一切哲學知識之系統」。

7.哲學原型雖就盈教而立，然而一旦付諸「實踐」，則不僅無主觀哲學可言，亦無哲學原型可言。此時，哲學無哲學相，而只是在與聖者生命智慧相呼應中，表現而為上達天德之踐履；並在此踐履中，如如證悟與如如朗現無限心。然而，就人生覺悟之事而言，「創造即重複，重複即創造」，每個人都要從頭來。以是，「學不厭，教不倦」，各種專題哲學必須有，千差萬變的主觀哲學亦不可免，而哲學家亦必須不斷地予以昭明，而不容使之沉晦：此之謂「法輪常轉」。

在「學思」的領域中，到此已通達究竟，更無剩義。本文的介述，亦暫止於此。

四、補記：「譯述」、「譯註」與「講錄」

「譯述」，是先生歷年應約或應教學之需而作；而對於康德各書的「譯註」，則是先生六十以後認真從事的工作。先生曾說：翻譯之事，最適於老年。此時學思較熟練，識見較明透，加之心情鬆閒，從容舒坦，邊看邊譯，隨譯隨解，字斟句酌，煞有味也。

甲、譯述：

㈠羅素《萊布尼茲哲學之疏導》

民國34年任教中央大學時譯，未發表。

㈡聖多瑪《神學總論》選譯

民國36年任教金陵大學時譯，未發表。

㈢〈存在主義底義理結構〉

民國44年，譯自萊因哈特《存在主義之反抗》。譯文油印，講於「人文友會」，後發表於《民主評論》。

㈣懷悌海〈主體事與客體事〉

民國45年，譯自《觀念之冒險》一書之第十一章。譯文油印，講於「人文友會」。

㈤黑格爾〈權限哲學引論〉

民國45年譯，油印，講於「人文友會」。

㈥〈黑格爾的歷史哲學〉

民國45年，編入《黑格爾論文集》。

㈦〈印度六派哲學：吠檀多〉

民國46年任教於東海大學時譯，未發表。

乙、譯註：

(一)康德：《道德底形上學之基本原則》

依據阿保特英譯本，於民國53年完稿，待印。

(二)康德：《純粹理性之批判》

依據斯密士英譯本。先生翻譯此書，與《佛性與般若》之撰著，相間而行，開始於民國59年，完稿於65年，而註解之工作，現尚在陸續進行中。

(三)康德：《實踐理性之批判》

依據阿保特英譯本，於民國61年完稿。註解之工作，尚在進行中。

丙、講錄：

(一)《生命的學問》

民國59年9月，台北三民書局出版。此書所輯錄者，乃先生38年來台後所寫之短篇文字。各文題旨雖有不同，而實有一中心觀念貫注其中，是即提高人之文化意識，點醒人之真實生命，開發人之真實理想。故青年有志於學者，宜當先讀此書。

(二)《人文講習錄》

民國43年至45年，先生在台北主持人文友會，每兩週聚會一次。其講詞輯為《人文講習錄》，前半曾分期發表於香港《人生雜誌》。原先本有輯印成書之議，後以先生諸書陸續而出，回視當初所講，不免簡略欠周；加以既有《生命的學問》一書，亦足供接引青年初學之需，故此錄出版之議遂寢。（今按：現已輯錄成書，即將由學生書局印行。）

㈢《**中國哲學的特質**》

民國51年，先生應香港大學校外課程部之約，分十二次主講中國哲學之特質，其講錄於52年由人生出版社輯印為單行本。現由台北學生書局重版發行。

㈣《**宋明儒學綜述**》

民國52年，香港大學再約請先生在校外課程部主講宋明儒學，亦十二次。其講錄發表於《人生》、《民主評論》二雜誌。後以《心體與性體》既出，故先生不復將此講錄輯印成書。

第六階段：學思的圓成——七十以後的學思與著作

　　民國67年，曾撰一長文，分五階段敘述牟先生的學思歷程與著作。明年（民國78年）孟夏，先生八十整壽，碩學耆年，邦國之珍。而尤足令人感奮者，先生七十以後，猶然學思翹穆，與時俱進。其哲思慧解既日益清明而透徹，而性海仁智復益發融通而圓成。茲仍就一己之所知，謹將先生最近十年來之學思與著作，分六節簡述於後。（附按：下文各節之分述，並不全以諸書出版之先後為依據，而實以學思之內容為理序。又，此第六階段第一節之丙、《康德「判斷力之批判」》三千言，乃民國84年1月所補述。）

一、康德批判書之譯註：通中西文化之郵的最佳橋梁

　　先生嘗謂，西方哲學有三大支：

　　1.柏拉圖代表一支；

　　2.萊布尼茲與羅素代表一支；

　　3.康德代表一支。

　　柏氏一支與萊氏之形上學一面已消化於康德，故消化康德即無異於消化了西方哲學之大傳統。先生所著《智的直覺與中國哲學》、《現象與物自身》二書，即意在對康德哲學作一綜消化。

（唯萊氏與羅素之邏輯分析一套，康德未及消化，故此步消化之工作必須中國人自己來完成。參閱下文第二節。）

凡文化學術之消化，又不只是綜述而已。依先生之意，吾人若不能如當初之吸收佛教，而亦依獨立之中文譯本讀康德，即說不上吸收康德，而中國人亦將沒有福分參與康德之學。故先生自六十二歲開始撰著《佛性與般若》之同時，亦陸續從事康德批判書之翻譯。十年之間，從容審議，仔細比對，終於完成了康德《純粹理性之批判》、《實踐理性之批判》、《道德底形上學之基本原則》以及《判斷力之批判》之中譯工作。茲分甲乙丙三目，分述於下：

甲 《康德「純粹理性之批判」》：展現「哲學名理」知識層之實

此書分上、下兩冊，於民國72年3月、7月，由學生書局先後出版。〈引論〉、〈超越的感性論（攝物學）〉，以及〈超越的邏輯（辨物學）〉之第一分「分解部」，為上冊；第二分「辯證部」，為下冊。上冊五百四十餘頁，下冊四百九十頁。（超越的方法論則闕而未譯，以期來者續成。）

先生翻譯《純粹理性之批判》，係以肯・斯密士（Kemp Smith）之英譯本為根據，同時亦比對其他兩種英譯本。若仍見疑難則由友生協助查質德文原文。先生嘗云，翻譯之事，最適於老年。此時學思較熟練，識見較明透，加之心情鬆閒，從容舒坦，邊讀邊譯，隨譯隨解，字斟句酌，煞有味也。

　　先生譯康德此書，前後連續近十年，隨時比對，隨時查核，幾乎每句每字皆予以考量，務使能達於表意而且能站得住而後可。先生譯康德書所表現的精誠審識，實已重現晉唐高僧翻譯佛經之風範。此中譯本之上、下兩冊，先生皆有「譯者之言」，茲綜為數端，舉述於此：

　　其一，康德之《純粹理性之批判》，號稱難讀。嚴格而言，每句皆須講解，始能明白，而講者亦須先自己懂得乃可無謬。懂康德並非容易，一要學力，二要識見。二百年來，讀康德、講康德者多矣，然而真能相應者有幾？直接繼承康德者，如：菲希特、黑格爾、謝林，皆可各有弘揚，而不必真能相應康德之問題而前進。二十世紀之新康德學派，亦非內在於康德本身而予以重新之消化與重鑄者。而英美學者則大抵不能相應，固無論矣。

　　其二，康德學之專家，大抵流於瑣碎而無通識，趨於考據而遠離哲學。然康德乃是哲學，故須哲學地處理之。康德學原始要終之全部系統，雖在基督教傳統之制約下完成，然其最後之總歸向卻近於儒家，擴大而言，亦可謂近於中國儒、釋、道三教傳統所昭顯之格範。依先生之衡斷，內在於康德學本身予以重新消化與重鑄，而得以成為康德學之善紹者，將在中國出現。（或有謂，先生所講者非康德學。先生答曰：若康德學是真理，是智慧，是理性決定而非氣質決定，是造道之言而非興會之文，是有格範法度之學而非游談無根的爛漫之論，則其總歸於儒家，總歸於與中國傳統所昭顯之格範相融洽，亦宜矣。蓋實理總是如此，智慧總是如此。故是康德或非康德，相應或不相應，絕非欺詐無實之輩所能知也。）

其三，先有一完整而可理解之譯文，則國人得以從康德此書之序文起，一一逐句讀下去，讀其引論，讀其超越的感性論（攝物學），讀其超越的邏輯（辨物學），往復讀之，始可真知西方哲學之寶藏。唯讀時亦必須有基本之訓練與相當之學力始能入，復亦必須有超曠之識見始能悟見歸向。蓋康德此書絕非一通俗之書也。讀此書畢，再進而讀《道德底形上學之基本原則》與《實踐理性之批判》，此則必須先精熟於儒學，然後始能照察出雙方立言之分際與異同。如此往復讀之，必可得康德學之要領而知其歸向。

其四，中譯本下冊「辯證部」所處理之問題，大體是佛所不答者。（佛不答十四難，乃謂「此事無實」、「非義相應，非法相應，非梵行本，不趣智，不趣覺，不趣涅槃」，故不答。見《箭喻經》。）依康德，此等問題不屬於對象，乃出自純粹理性自身，故不得藉口人類理性之無能而推諉，而且解鈴還須繫鈴人，此等問題亦正是理性自身所能處理者。而康德所作之批判的解答，乃是超越的哲學之本分，於此可見哲學家之殊勝。佛是聖人，是教主，但不必是純粹的哲學家。康德說，無人敢以哲學家自居。此所謂哲學家乃指歸宗而言，亦可以指聖人而言。但如果哲學家是指「學著作哲學的活動、學著作理性的思考」而說，則此義的哲學家是可以黽勉而為之的。而此義的哲學家亦應當擔負此等問題之批判的解答。於此足見「哲學名理」與「教下名理」之不同。（關此，先生在《才性與玄理》第七章：〈魏晉名理正名〉，有精詳之疏論，可參閱。）

其五，哲學名理中之批判的解答，乃明思辨理性底辯證推理

中之虛妄，明其不足以證明「靈魂之不滅、上帝之存在、意志之自由」，故最後歸於實踐理性以明之。（如是，則亦不違佛意，而且正足以證成佛意。）思辨理性有虛，實踐理性歸實。虛實之辨正是康德學之精髓。虛有其所以爲虛，實則有異層異說。「知識層」之實，康德已言之備矣（如上冊分解部分之所說）。「實踐層」之實，則見於《實踐理性之批判》。

其六，先生指出，通過康德《純粹理性之批判》辯證部之翻譯，可以見出中國智慧方向之所以多趣實而少蹈虛，正以其自始即著重在實踐理性故也。象山云：「千虛不博一實」。旨深哉，斯言也！中國智慧方向雖於「哲學名理」不甚足夠，然其實踐理性下之「教下名理」之趣實無虛，卻甚能充其極。此則可使康德之《實踐理性之批判》百尺竿頭更進一步也。

乙　《康德的道德哲學》：會歸「教下名理」實踐層之實

此書於民國71年9月，由學生書局出版。康德講道德哲學，以《道德底形上學之基本原則》與《實踐理性之批判》爲代表作，先生即合此二書而名曰《康德的道德哲學》，共計四百五十餘頁。

就《道德底形上學之基本原則》而言，先生係根據英人阿保特（T. Abbott）之英譯本而譯成。並亦參酌英人巴通（H. J. Paton）與美人拜克（L. W. Beck）兩英譯本。當三英譯本相違而俱不明顯時，則查質德文原文以爲準據。此書原分三大節：一、從道德之通常的理性知識轉至哲學的知識，二、從通俗的道

德哲學轉至道德底形上學，三、從道德底形上學轉至純粹實踐理性底批判。此三節各段之小標題，在康德原書中或有或無，先生皆分別爲之補足，以醒眉目。

昔嚴復論譯事，有所謂「信、達、雅」。先生以爲，句法無誤，句意自順。無誤則「信」，意順則「達」，信而達則「雅」矣。蓋概念語言不能要弄巧花樣，亦不能如作文章之夸飾。譯康德書，乃屬概念語言之學術文，只有嚴格語體文方能曲盡概念語言之結構，此不可以普通之文事論也。此種譯事，除哲學訓練外，完全是咬文嚼字之工夫。故譯事之難，有虛有實。實者是學力，虛者是文字。先生自謂，概念語言中之專詞實詞，自問可以掌握得住，虛者則黽勉以期於無誤。按先生之譯康德，前後十年，雖從容而爲，實勤力以赴，漸磨漸熟練，故信而有徵，曲而能達，能信能達，即可與言學術之雅正矣。

康德之《實踐理性之批判》，英譯只有阿保特譯與拜克譯，而無巴通譯。先生之中譯乃據阿保特譯，而亦隨時附拜克譯以作參考。此書除〈序言〉、〈引言〉之外，分爲兩部：第一部爲「純粹實踐理性底成素論」，內分兩卷，卷一爲分析部，計三章，卷二爲辯證部，計二章。第二部爲「純粹實踐理性底方法學」。（先生指出，此方法學所示之道德訓練之工夫，可以與先秦儒家在孔子之方向下所開啓的：孟子所言之存養擴充，《大學》、《中庸》所言之愼獨，再下屆宋明諸儒所言之工夫，相比觀，而一一比決其同異。工夫乃隨成素之分析而來。分析方面有不同，則工夫方面亦異。如此比觀，不但可明中西哲人思考問題之態度與方法之差異及限度，且亦可明諸儒間之離合。然此種差

異、限度，與離合，亦未嘗不可再依判教之方式予以消融，而在更高之層次上會通之也。）

依先生之意，讀康德之書，不可當閒文而一目十行，必須定下心來逐句順文法結構仔細讀。讀者苟有相當之預備知識，則書中之內容亦不難理解，若精熟儒學，則理解更為容易。故先生譯此書時，皆隨文加案語，以期與儒學相比照，使吾人對雙方立言之分際可有真切之理解。康德對道德情感與良心等之看法，是其不同於儒家正宗孟子系之重要關鍵。在康德《道德底形上學》一書第二部之〈序論〉中，正有一段關於「道德情感、良心、愛人、尊敬」之文，故先生特為譯出，附錄於《實踐理性之批判》之後，以作比觀。

康德書行於世已二百餘年，而中國迄今尚無一部嚴整而較為可讀之譯文，是即等於康德尚未吸收到中國來。先生以為，吾人如不能依獨立之中文讀康德，吾人即不能言吸收康德，而中國人亦將始終無福分以參與康德學。進一步，吾人如不能由中文理解康德，將其與儒學相比觀，相會通，以觀其不足者何在，足以補充吾人者何在，最後依「判教」之方式處理之，則吾人即不能言消化了康德。先生自謂，其所作者只是初步，期來者能繼續發展：繼續由德文直接譯出，繼續依中文來理解、來消化。而理解消化之工作，必須先精熟於儒學，乃至真切於道家、佛家之學，總之，必須先通徹於中國之傳統，而後始可能。

在此，尚須特為一說者，先生譯《實踐理性之批判》隨文所作之案語，最見融攝會通之精意。而分析部第三章「純粹實踐理性底動力」所加之諸案語，其分量且約略與原文相等。如頁

256、261至263、263至266、272、277、278等處之案語，皆精義紛披，無不切當，而頁283至285之大段案語，尤爲綜結之言。他如頁292至300，310至315，324至331，336至342等處之大段案語，皆洋洋數千言。讀此諸案語，乃知先生所謂康德學最後之總歸向近於儒家，而儒家可提升康德以使之百尺竿頭更進一步，凡此衡斷之語，的屬實見實言。以是，若謂先生乃康德最大之知音，亦非過當之論也。

丙　《康德「判斷力之批判」》：眞美善之分別說與合一說

康德第三批判：《判斷力之批判》，意在溝通道德（自由）界與自然界。先生以爲，美學雖可以獨立地講，但以儒學衡之，則康德欲藉美學溝通兩界，此一路數，實無必要。故先生原先並無意譯此第三批判。唯近年來，亦在從容讀解中將其較爲切要者隨機翻譯。乃又感到爲使國人得以窺康德學之全貌，第三批判仍須全譯。同時對於康德第三批判所提出之問題，亦須予以解決。於是，先生乃以一人之力將康德三大批判全部漢譯，實爲二百年來世界第一人（康德書出之後，從未有以一人之力同時譯此三大批判者）。

此《判斷力之批判》分上下冊，上冊講「美」與「崇高莊嚴偉大」（此六字乃一整詞，普通譯爲莊美，未諦）。下冊講「自然的目的論」。兩冊各有〈譯者之言〉。民國81年10月，由台北、學生書局出版上冊，計四百三十頁。次年1月，出版下冊，計二百四十六頁。時，先生已八五高齡矣。

　　先生此譯，係根據 Meredith 之英譯本而譯成。凡遇難通處，則以三英譯對勘，並對質德文原文。經過多次之修改順通，故每句皆可明暢誦讀，雖絡索複雜，然意指總可表達。先生自謂，譯前兩批判時，未曾費多次修改工夫，故於譯文，以此譯為較佳。唯先生又念，縱使譯文明暢可讀，亦不易解，故又就審美判斷之超越的原則，即「合目的性之原則」，作一詳細之疏導與商榷，是即上冊卷首之「商榷」長文。

　　此商榷之長文，全名為〈以合目的性之原則為審美判斷力之超越的原則之疑竇與商榷〉，共分九大段：A.確立反省判斷之超越原則之進路，B.反省判斷力以合目的性原則為其超越的原則，C.自然底合目的性之美學的表象，D.判斷力之擔負：溝通自然與自由之兩界，E.審美判斷之不依恃於概念的普遍性與必然性，F.審美判斷之普遍性與審美判斷之關係相（無目的的合目的性），G.審美判斷之普通性與必然性之推證，H.審美判斷之辯證以及其解決，I.審美判斷底原則以及其特性底分析之重述。此最後一段又分為九小節：1.先聲，2.審美判斷之超越的原則當該是「無相原則」，3.審美判斷之普遍性是何意義的普遍性？4.審美判斷之必然性是何意義的必然性？5.審美判斷之無關係相，6.審美判斷無辯證之可言，7.眞美善之分別說，8.眞美善之合一說，9.分別說的眞美善與合一說的眞美善之關係。這 7.、8.、9.三小節乃歸結性之說明（共十三頁），略作錄述如下：

　　分別說的「眞」，指科學知識說；分別說的「善」，指道德說；分別說的「美」，指自然之美與藝術之美說。三者皆有其獨立性，自成一領域。此三者皆由人的特殊能力所凸現。陸象山

云：「平地起土堆」。吾人可說，眞美善三者皆是經由人的特殊能力於平地上所起的土堆：「眞」是人的感性、知性，以及知解的理性所起的「現象界之知識」之土堆；「善」是由人的純粹意志所起的依定然命令而行的「道德行爲」之土堆；「美」則是由人之妙慧之靜觀直感所起的無任何利害關心，亦不依靠於任何概念的「對於氣化之光彩與美術作品之品鑒」之土堆。

所謂眞美善的「合一說」，不是康德所說的「以美學判斷溝通自由與自然之兩界合而爲一諧和統一之完整系統」之合一，乃是於同一事而「即眞即美即善」之合一。此一「合一」之妙境非西哲智慧所能及。先生以爲，美學判斷擔當不了康德所想的那責任，故其所說「合目的性」之原則全不切合；而審美之事旣屬妙慧心（詩有別才，非關學問），故美的對象固非內含地決定於理性，且亦非外離地遙依於神智。像康德那樣硬牽合以說合目的性之原則，並最後說「美爲善之象徵」，這是說不通的，故有種種的窒礙與不順適。因此，我們繼分別說，再進而作合一說。然後再看分別說中的眞美善與合一說中的眞美善之間的關係爲如何。如此方可順適而調暢。眞美善三者雖各有其獨立性，然而導致「即眞即美即善」之合一之境者，乃在善方面之道德的心，即實踐理性之心。此即表示說，道德實踐的心仍是主導者，是建體立極之綱維者。

分別說的眞美善旣各有獨立的意義，是三種各依人之主體能力而凸顯的土堆，是故三者可各不相干。美旣非一認知對象之屬性，與現象之知識無關，則現象之知識亦無求於美，與美亦無關。眞屬於「自然」，善屬於「自由」，眞無求於善，善亦無求

於眞。美無與於善之確立，善亦無與於美之對象或美之景色之呈現。是則三者可各不相干而各行其是，雖不必相衝突，亦不必相函。

美旣是氣化之多餘的光彩，而又無關於理性，是故我們不能通過「合目的性之原則」硬說「美是善的象徵」，而審美判斷之辯證的背反亦多餘而無謂。我們只能說：分別說的美是合一說的美之象徵，分別說的眞是合一說的眞之象徵，分別說的善是合一說的善之象徵。象徵者，具體地有相可見之意。《易・繫》曰：「天垂象見吉凶，聖人則之。」「天垂象見吉凶」可概括眞美善三領域而言。

於「眞」方面之垂象，即是氣化之遭遇於吾人之感性與知性而成的「現象之存在」；於「善」方面之垂象，則是氣化底子中人類這一理性的存有之經由其純粹而自由的意志決定其爲一「道德的存有」；於「美」方面之垂象，則是氣化底子中人類這一「旣有動物性又有理性」的存有、經由其特有的妙慧而與那氣化之多餘的光彩相遇而成的「審美之品味」。於「現象之存在」處，顯一「認知的我」乃至「邏輯的我」；於「道德的存有」處，顯一「道德的我」；於「審美品味」處，顯一「美感的我」。這都是「聖人則之」中所立的事，亦是「開物成務」中所成的事。

人之渺然一身，混然中處於天地之間，其所能盡者不過是通徹於眞美善之道以立己立人，並開物成務以順適人之生命而已。張橫渠所謂「爲天地立心，爲生民立命，爲往聖繼絕學，爲萬世開太平」之弘願，盡在於此矣。

二、維氏《名理論》之中譯，以及重印《認識心 之批判》：另一系西哲思想之吸納與消化

維特根什坦的《名理論》，於1921年以德文出版，次年，由奧格登譯爲英文，40年後（1961）又有皮亞斯之英譯。在中國，1930年許，張申府氏首先譯爲中文（依奧氏英譯本），刊於《哲學評論》。而先生此譯，則據皮亞斯之英譯而譯成，遇有不明顯或不順適處，則查質奧氏英譯與德文原文加以訂正。維氏此書之德文書名，與英譯本所題之拉丁文之書名，皆爲《邏輯的哲學論》。張申府氏比照英文版之拉丁古文題，亦用古典味之詞語而譯爲《名理論》（意即，論名理之書，或研究邏輯本性的「邏輯之哲學」）。先生以爲此名較切於維氏書中之內容，故亦定此中譯本爲《名理論》。此譯本以四號宋體字橫排，於民國76年（1987）8月，由學生書局出版，合序目正文，共一百五十九頁。

維氏之《名理論》，顯然是以羅素與懷悌海合著之《數學原理》爲基礎而進行其對於邏輯本性之研究。但此書之吸引人卻在它關於哲學方面的一些妙論與論斷，邏輯實證論即全由這裡而開出。先生指出，從維氏之原書名（邏輯的哲學論）及其序文看，其書是以處理哲學問題爲主的哲學書，而這哲學是以邏輯爲基礎的哲學。但重點若在哲學，則此書的主要目的是消極的，它實未處理什麼哲學問題，而只是一「語言之批判」。

依維氏，哲學只是釐清之活動。他認爲，有知識意義的命題，是可說者；無知識意義的命題（形上學的命題）是不可說

者。故維氏此書之涉及哲學，乃是消極地涉及，是由於研究「邏輯之本性、命題之意義」而消極地觸及哲學問題，是捎帶著來處置了哲學問題。這種處置初看雖不等於取消哲學，但由於他把那些哲學問題置諸「無意義、不可說」之域，而囑咐人不必去說，此即等於置之不理而取消了。因此，先生問道：「這算得上是一種什麼哲學呢？」而這作為基礎的邏輯，事實上並不能對哲學問題（形上學問題）決定什麼，即使「可說」與「不可說」，也不是邏輯所能決定的。因此，先生認為，這部具體而微的純粹理性之批判（語言之批判），也只是一時令人醒目（驚世駭俗）的二十世紀之纖巧哲學而已。（邏輯實證論順之而進，遂亦成為二十世紀最聳動人的時髦哲學。）

先生平看維氏之書，視之為一種「邏輯之哲學」（名理論），認為其最大的貢獻是在講套套邏輯與矛盾，此亦正是邏輯本性之正文，一切對於邏輯形式之洞悟與妙語皆源於此。至於其講世界，講事實，講命題，講圖像，涉及知識，消極地涉及哲學，因而劃定可說與不可說之範圍，把超越形上學一概歸於不可說而置於默然不說之域，凡此等等，皆非邏輯本性之研究的主文，而只是因著論知識命題而消極地觸及者。套套邏輯非知識命題，純邏輯中只有邏輯句法而無知識命題。

先生在〈譯者之言〉之後段（頁6至18），對維氏之所謂「可說」與「不可說」，分十五條作了層層明晰之疏導。先生指出，維氏對「可說」底規定太狹，他只有表達科學知識的語言；如是，形上學便完全屬於不能言說的範圍，因為這裡面的那些命題不能有任何知識的意義，因而也是一些似是而非的命題，不能

認作是命題。邏輯實證論者進而認為這是一些無意義的命題，只能滿足人的情感；因此，他們只有科學語言與情感語言之二分，形上學便被取消了。（這雖然不是維氏的直接意思，但也未嘗不是其「科學之外不要說任何事」一語之所函。）先生認為，在科學與情感二分語言之外，還須承認有「啟發語言或指點語言」，超絕形上學中的語言，都是啟發語言或指點語言。凡康德所說屬於智思界者，皆屬啟發語言中事。於是，先生重新規定「可說」與「不可說」如下：

「可說」有分解地可說，有非分解地可說。

甲、凡在關聯中者，皆是分解地可說者，此是邏輯語言。（關聯，有是內處的關聯，有是超越的關聯）。

1.內處（宇內）的關聯，有是純粹形式者（如邏輯數學中者）；有是經驗的材質者（如自然科學中者）。

2.超越的關聯，是屬於實踐理性者，如道德，乃至道德的神學（宗教）。

乙、非分解地可說者，是實踐理性中圓教的事。圓教中之圓滿的體現，乃是非分解地說者。非分解地說，是詭譎地說，遮顯地說，此是啟發語言或指點語言。

所謂「佛說法四十九年而無一法可說」，乃是詭譎歷程之捨棄而一切皆「如」，是一種點化。佛陀說法四十九年，有是分解地說者，有是非分解地說者；而非分解地說所指點的最後之「如」即是不可說。不可說而先導之以分解地可說，由此分解地可說進而至於非分解地可說（詭譎地說），由非分解地可說最後歸於不可說。

　　如此而至之「不可說」，是不可說而可說，可說而不可說；故雖即不說而亦全體圓明，並非如維氏所謂凡不可說便不要說任何事——若如此，便陷於黑暗中，而吾人對之遂不能有一隙之明矣。

　　依於以上之規定，先生又指出：

　　1.材質的關聯中之分解地說者，爲可諍。形式的關聯中之分解地說者，爲不可諍——套套邏輯爲不可諍。此是「分析地不可諍」。

　　2.超越的關聯中之分解地說者雖有多端，然皆爲「批判地不可諍」，故皆可經由判敎以明之。而超越的關聯中之非分解地說著，則爲「詭譎地不可諍」。

　　3.凡不可諍者（無論是分析地不可諍、批判地不可諍、詭譎地不可諍），皆是理性中之必然。

　　先生在譯註康德批判書之後，而再譯維氏此部名理論，是爲了配合《認識心之批判》一書之重印出版。

　　先生在羅素學與維氏學鼎盛之時，撰寫《認識心之批判》，其目的是想以康德之思路來消融羅氏與維氏之成就。唯當時先生只了解知性之邏輯性格，而未了解知性之存有論之性格。故《認識心之批判》所做者，即是知性之邏輯性格的充分展現。此亦可說是順維氏之講套套邏輯而進一步，以了解邏輯之本性，並對邏輯系統作重新之疏解。亦以此故，先生在《認識心之批判》出版三十年後而擬予以重印之時，特將維氏之《名理論》譯出以爲導引，於此，正見先生學術心靈之帛繹穆不已，與哲學思想之圓密融貫。同時，這一步前後之呼應，亦正表示先生在融攝康德之外，

對另一系西哲思想（萊布尼茲與羅素邏輯分析一套）之吸納與消化。

《認識心之批判》，已由學生書局重版發行，先生特作重印序言，有云，此書乃四十歲以前純哲學的學思之重要結集，雖只能代表前半期學思粗略之成熟，但此書之原創氣氛不可掩，而其感發力之強，對於喪失獨立精神之中國學界而言，亦是一莫大之鼓舞與激勵。自後，先生既於中國各期哲學（含儒、釋、道）有詳盡明確之疏解，於康德哲學亦有譯註，有闡釋，有開發。積數十年中西兩方面之積學與精思，先生乃鄭重指出：

> 知性之邏輯性格的充分展現，不僅對於把握認知心之本性與限度極為重要，而且亦是學習西方哲學時一步極其重要之訓練。能對認知心有充分認識，自能進而正視道德心。學者如欲由知性之邏輯性格進而契悟康德的「知性之存有論的性格」，以及其現象與物自身之超越區分、感觸物與智思物之兩界之分，則必須精讀康德之書。

先生自謂，《智的直覺與中國哲學》是一過渡之思想，尚非成熟之作；至《現象與物自身》一書寫成，再反觀《認識心之批判》，乃真可見出先生前後期學思之差異；再進到《圓善論》，則既可以知「消化康德並使之百尺竿頭再進一步」之道，並亦可知「中西哲學會通」之道。

三、《中國哲學十九講》：中國哲學之簡述及其所函蘊之問題

民國67年秋冬，先生應教育部第三年客座教授之聘，在台大哲學研究所主講「中國哲學之特質」與「天臺宗研究」兩課程。先生改訂前者爲「中國哲學之簡述及其所函蘊之問題」，共十九講。各講之標題如下：

1. 中國哲學之特殊性問題。
2. 兩種真理以及其普遍性之不同。
3. 中國哲學之重點以及先秦諸子之起源問題。
4. 儒家系統之性格。
5. 道家玄理之性格。
6. 玄理系統之性格──縱貫橫講。
7. 道之「作用的表象」。
8. 法家之興起及其事業。
9. 法家所開出的政治格局之意義。
10. 先秦名家之性格及其內容之概述。
11. 魏晉玄學的主要課題以及玄理之內容與價值。
12. 略說魏晉梁朝非主流的思想，並略論佛教「緣起性空」一義所牽連到的諸哲學理境與問題。
13. 二諦與三性：如何安排科學知識。
14. 大乘起信論之「一心開二門」。

15.佛教中圓教底意義。

16.分別說與非分別說以及「表達圓教」之模式。

17.圓教與圓善。

18.宋明儒學概述。

19.縱貫系統的圓熟。

　　此十九講之講詞，經錄音整理之後，自民國68年11月起，分期發表於《中國文化月刊》。後經先生訂正，於72年10月，由學生書局出版，書名訂為《中國哲學十九講》，共四百四十八頁。

　　中國哲學有數千年之傳統，其表現主要集中於儒、道、釋三方面，而儒家尤為主流。然此一東方老傳統，自明亡之後，在中國久已衰微，尤其近百年來遭受西方文化之衝擊，知識分子對於中國哲學之精神面目，乃益形模糊而遺忘矣。先生以數十年之精誠，疏導中國哲學之思想脈絡，表述儒、釋、道三教之義理價值，先後完成《才性與玄理》、《佛性與般若》、《心體與性體》、《從陸象山到劉蕺山》等四部專著；又復注其心力，疏通中國文化生命之癥結，承晚明諸儒之豁醒外王大義而推進一步，以解答中國文化中政道、事功、科學之問題，而寫成《道德的理想主義》、《歷史哲學》、《政道與治道》三書；此外，關涉於中西文化思想之會通問題，亦先後有《認識心之批判》、《智的直覺與中國哲學》、《現象與物自身》等三書之撰著，然上述各著，卷帙浩繁，讀之非易，而如何對中國各階段之哲學思想及其所涵蘊之問題，作一簡要之綜述，俾學者易於順之而悟入，仍屬極為重要而不可忽視之事。而此十九講，即先生所作之綜述也。

　　先生當時口講，本無意於出書，唯台大哲學研究所諸同學認
為，如能將各講之錄音整理成文，則可供作學者悟入中國哲學之
津梁，否則，沇茫人海，渺無頭緒，將何由而確知中國哲學之面
貌耶？於是，由陳博政、胡以嫻、何淑靜、尤惠貞、吳登台、李
明輝等六人分任其責，而胡以嫻獨任六講，盡力特多。先生常
云，若無諸同學之精誠，則所講者日漸模糊，而一年之心血亦將
散泯虛失而不可見，故諸同學之辛勞，甚可感也。此種保存口講
語氣之文字，具體而活潑，疏朗而條達，雖不及專著之謹嚴，而
就明辨義理系統之性格與掌握哲學問題之線索而言，則於讀者實
較利便也。

　　唯此十九講之綜述，並非一時之興會，亦非偶發之議論，而
乃關乎中國哲學之系統綱格與義理宗趣者；其所釐定之諸問題，
亦對中國哲學之發展具有重大之啓發性。故各講所舉述者皆有所
本（即本於上述先生所著各書之義理）。凡無本而綜述，率多浮
光掠影，不僅鮮能的當，且多膚談而錯謬，故哲學之綜述非易事
也。先生書前小序有云：「綜述已，則各期思想之內在義理可
明，而其所啓發之問題亦昭然若揭」，故此十九講之副題曰：
「中國哲學之簡述及其所涵蘊之問題」。簡述以明固有義理之性
格，問題則示未來發展之軌轍。繼往開來，有所持循，於以知慧
命之相續繩繩不已也。

　　當此十九講單篇連載之時，韓國鄭仁在博士即約同鄭炳碩君
（後亦來華修博士學位）陸續翻譯為韓文，於民國74年（1985）
10月由漢城螢雪出版社印行。（韓文版之書後，並譯載蔡仁厚所
撰〈牟宗三先生的學思歷程與著作〉一長文為附錄。）

　　民國75年12月，先生應中央大學人文社會科學柏園講座之邀，講〈中國文化發展中義理開創的十大諍辯〉，雖言之簡要，而啓發性則極重大。其中前九個諍辯是由過去歷史流傳下來，第十個則是針對當代的文化問題而發。吾人當前這個時代並不是孤立的，而是與歷史相關聯著的。現代人大體是橫面的思考，和歷史通接不起來，就民族文化的發展而言，這是不正常的現象。所以先生把當前的問題也列入文化開展之大流中來討論。所謂「義理開創的諍辯」，乃從中國數千年的歷史發展中特別關注於思想方面來考察，事實上，這是屬於哲學問題的諍辯。茲分別簡述其義旨於後。

　　第一，儒墨的諍辯：三代以前，並無思想上的分歧，到春秋末期儒家思想首先建立，接著就有墨家興起，由於兩個集團主張不同，於是乃有儒墨是非之諍辯。通過此一諍辯，使儒家在中國文化之發展中取得正統的地位，一直貫穿到清朝末年。到民國時代才發生問題。雖然有問題，而其思想的統緒並未完全斷絕。即使中共文化大革命也不能不回頭，可見儒家之道有其定常性。儒家何以能有此定常性？這是值得注意的。

　　第二，孟子對告子「生之謂性」之辯：孟子何以反對「生之謂性」？主要是爲了講「仁義內在」。先生指出，這是一個了不起的大問題。能了解仁義內在，就能了解道德之所以爲道德，與儒家之所以爲儒家。孟子「仁義內在」的主張，是一個「偉大的洞見」。他和告子的論辯見於《孟子》書〈告子〉上篇，先生曾逐章逐句加以疏解。收入《圓善論》之首章。

　　第三，魏晉玄學家之「會通孔老」：先秦以後，兩漢在思想上無特出之表現，因而亦無思想上之問題。下及魏晉，道家思想復興，而儒道之衝突乃隨之而顯出。唯孔子聖人之地位既早在歷史上被公認，無人能加以反對。於是，如何「會通孔老」便成為魏晉之時代課題。王弼首先提出「聖人體無」、「聖人有情」之說，向秀、郭象則欲以「迹本論」解決此一問題（參閱《才性與玄理》四、六兩章有關各節）。玄學家提出的會通法是否能會通得了，當然還有問題。尤其大教之會通，並不能一了百了，這問題永遠是新鮮的，是人類永恆的問題之一。人只要稍能接觸此一問題，思想境界便立即得到新開發。

　　第四，言意之辯：這是關於名言能否盡意的問題。在哲學上一定會接觸到這個問題，譬如老子云「道可道，非常道，名可名，非常名」，即已對名言之作用有深刻的反省。而平常所謂「書不盡言，言不盡意」，也表示這個意思。魏晉人討論名言的作用，有三派主張，歐陽建主言能盡意，荀粲主言不盡意，王弼則是「盡而不盡，不盡而盡」。（其詳，見《才性與玄理》第七章。）此一問題也永遠是新鮮的，西哲維特根什坦所謂「凡是可以說的，就清楚地說；凡是不可說的，就保持沉默」。他所講的也仍然是這個問題。邏輯實證論者宗主維氏，故以為形而上的真理，善的問題，美的問題，以及人生之價值，世界之意義，皆屬於不可說。他們的主張當然不是最後的，吾人討論當代的哲學問題，便直接想到魏晉人的言意之辨以及老子所意示的可道之道與不可道之道的分別，可見這種論辯永遠是常新的，值得仔細考量。

第五，神滅不滅的問題：這是南北朝時期發生的問題。自佛教傳入中國，乃有輪迴之說，梁朝范縝反對輪迴說，故作〈神滅論〉，而引起一場大諍辯（見《弘明集》、《廣弘明集》）。現在看來，此一辯論並未發展成型（因為當時佛教界講神不滅者不夠深入，不夠明徹）。如今重加反省，便知此一問題並不簡單，既可與儒家之三不朽、耶教之靈魂不滅相對較，而相互之間的異同（其實是相異而不相同），也必須審識明辨，故仍值得注意。

第六，天臺宗「山家、山外」關於圓教之諍辯：這是佛教完全吸收進來之後，發生於北宋初期的諍辯。是天臺宗內部一個很專門的問題之爭論。此一同題既成形態，且對開拓人類智慧非常有貢獻。先生在《佛性與般若》下冊第二分之三、四、五章，曾有詳細之論述。山家與山外之爭，也可說是天臺宗與華嚴宗之諍辯（因山外以華嚴宗之思路講天臺圓教故），其焦點集中在「圓教」的問題上，圓教問題是哲學上最高深最終極的問題，西方哲學尚未能接觸此一理境，可見其理論之深微。圓教的義理，無論就中國文化本身之價值，或就中西文化之比較而言，皆有重大之意義。（故先生在講述佛教之後，又撰《圓善論》，並講述「中西哲學之會通」，皆見下文。）

第七，陳同甫與朱子爭漢唐：宋明儒學的討論集中在內聖之學，而此一諍辯則屬外王問題。朱子是站在純粹道德的立場，故貶視漢唐事功，他所持的是「道德判斷」，不是歷史判斷。陳同甫則讚許漢唐之主的英雄事功，但只著眼於英雄生命以論歷史，也不是「歷史判斷」。先生指出，以道德看歷史是屬於理性的態度，但朱子講的理性是「知性」的理性。以知性的理性看歷史乃

是靜態地看。依黑格爾之說，要眞正接觸歷史，必須從知性理性進到動態理性。朱子是知性的理性形態，陳同甫則是感性的直覺形態，這二者是對立的，皆不能在了解歷史中引進歷史判斷以眞實化歷史。只有在動態理性中（即：曲線辯證的理性中）始能引進歷史判斷。蓋在動態的理性中，知性與直覺的對立已被消融故。（先生在《政道與治道》一書之第十章，曾對朱子與陳同甫之諍辯，詳加述解，可參閱。）

　　第八，王龍溪與聶雙江的「致知議辯」：這是王門弟子對王陽明「致良知教」之了解上的諍辯。對於一個教義之本質是否眞能相應了解，是極爲重要的事。此一論辯之所以爲大諍辯，也正從這個意義上看。對於一個教義本質眞懂不眞懂，必須在層層轉進的諍辯中，看其思路如何前進，看其措辭之輕重本末，乃能考驗出誰是眞有所得，誰是眞能相應。此是批判眞僞之試金石。誰是王學之正嫡，誰是王學之偏歧，皆可從此一論辯中分別出來。（關於此一論辯，先生在《從陸象山到劉蕺山》之第四章，曾以八十餘頁之篇幅，詳作疏解，可參閱。）

　　第九，周海門與許敬菴「九諦九解」之辯：「九諦」代表許敬菴之主張，主要是對王陽明致良知四句教首句「無善無惡心之體」起疑惑，因而對王龍溪天泉證道之宗旨亦一併辯駁。周海門（羅近溪之弟子）順九諦逐條答辯，名曰「九解」。此一論辯不僅關乎王學，亦關乎儒家與中國文化。老子所講的「無」，是從作用層上說，而作用層上的「無」，實乃「共法」，爲儒、釋、道三家所共許，這是屬於「如何」的問題。凡實踐工夫到達某一水準，一定會接觸到這個理境。蓋分別是非善惡，是屬於「是什

麼」的問題,而「如何」對是非善惡「表現好惡」,以使好惡皆得其正,這才是成就道德價值的關鍵所在。故《尚書・洪範》也有「無有作好,無有作惡」之言,作意的好惡,乃是偏好偏惡,所以必須「無」掉。道家所講的「無底智慧」,正是在此特顯勝場。因此,對此作用層(工夫層)上的「無」,既無須反對,也不能反對(因為是「共法」故)。不可一見到「無」,便以為是佛老、不合聖人之道。這個禁忌主要是朱子造成,此不僅妨礙人了解道家之「玄智」與佛家之「空智」,而且對弘揚儒家之道亦甚為不利。在道家,只有「如何」這一層的問題,而沒有「是什麼」的問題,儒家則兩面兼備。周海門與許敬菴之論辯,其重要的意義即在有助於吾人了解此中義理之分際,以開拓哲學之理境。(筆者曾撰〈王門天泉四無宗旨之論辯〉一文,以疏解此九諦九解之辯,見拙著《新儒家的精神方向》頁239至276。)

以上九大諍辯,皆發生於過去之歷史中。過去之事雖屬於陳跡,但這些諍辯所表示的意義,則不可以陳跡論。其中實顯示出生命的智慧方向,只要一加反省,它就能開啓吾人之生命,觸發吾人之靈感,彰顯吾人思想之光輝。

第十,中華文化如何暢通的問題:魏晉時代的課題是會通孔老,宋明時代的課題是對付佛教,吾人處此時代又當對付那些問題呢?總起來說,就是中國文化如何暢通的問題。這個問題不是誰和誰諍辯,而是每一個中華兒女共同面對的問題。先生指出,中國文化生命不暢通,其首要的障礙是大陸為共產主義所征服,所以當前文化使命的首要大事是「破共」。(不說反共,而是要破共,徹底破除共產主義的魔道,中華民族的生命才能暢通。)

第二個使命是如何消化西方文化，而此中的重點是在宗教方面。
（至於民主、科學，一則它是中性的，並無中西之分；二則中國
必須走民主科學的路，已成普遍的共識，無可爭論。）中國文化
中的儒、釋、道三家，都是東方宗教的形態，此一形態與西方基
督教形態有根本上之差異，所以「辨耶」乃成為當前文化使命中
的第二件工作。站在中國文化之立場，吾人不容許混水摸魚，不
容許故意歪曲和篡竊。這步醒覺，同樣是關乎中華文化斷續存亡
的大問題，不可昏忽憒憒。至於文化使命的第三件事，則不屬於
消極的「破」與「辨」，而是正面的「立本」。本不立，則一切
都將落空。立本，就是要維護中國的文化傳統，要順著中國文化
發展的主脈來恢復中華民族立國之大本。順接立本而來的第四件
事，就是「現代化」。現代化不是洋化，吾人要求現代化，但必
反對洋化（洋化便是失其本）。以上四件事，都是中華民族「自
盡其性」的事。人要盡其性，民族也要盡其性。文化生命受歪
曲，則民族生命一定受挫折。民族不能盡其性，便不足以言建
國。所以這四件事乃是全體中國人共同的使命。

　　〔附按〕在上述十大諍辯中，未列「朱陸異同之辯」。先生
之意，蓋以朱陸「性即理」與「心即理」之異同，乃性理學內部
之事，故未加舉述。唯先生表述宋明儒學，亦實以朱子為中心而
進行全部性理學的疏導與分判，而朱陸異同的關節，亦已講之而
明徹矣。若以朱陸之爭切關儒家內聖成德之教的義理方向，而必
欲將之列入義理開創之大諍辯中，自亦未為不可。

四、《中西哲學之會通十四講》：哲學心靈的 比對與會通

　　民國71年初多，先生又應台大與聯合報文化基金會之聯合邀請，爲台大哲學研究所講授「中國哲學之契入」與「中西哲學會通之分際與限度」兩課程。兩年後，「中西哲學之會通」十四講，經由林清臣醫師依據錄音整理成稿（按：林君爲腦神經科名醫，而篤志哲學，遊於先生之門三十年），於74年7月起，連載於《中國文化月刊》與《鵝湖月刊》。先生應允稍作校訂，再輯爲講錄正式出版。（按：已於79年，由學生書局出版，共二百二十五頁。）茲先約述十四講之題旨如下：

　　1.中西哲學會通的可能性：哲學眞理之普遍性與特殊性。
　　2.中國哲學底傳統：中國哲學所關心的是「生命」，而西方哲學關心的重點在「自然」。
　　3.西方哲學底傳統（柏拉圖傳統，萊布尼茲、羅素傳統，康德傳統）：從萊布尼茲、羅素傳統說起——萊布尼茲思想之下委與上提。
　　4.康德的「經驗的實在論」與「超越的觀念論」（對反於「經驗的觀念論」與「超越的實在論」）。
　　5.康德的經驗意義的二元論與羅素的中立一元論（超越意義的二元論不能成立）。
　　6.經驗的實在論開感觸界，超越的觀念論開智思界——中西

哲學對此兩界之或輕或重、或消極或積極。

7.一心開二門：中國哲學對智思界是積極的，對感觸界是消極的（就成立知識而言）；西方哲學則反是。

8.只有康德的經驗的實在論與超越的觀念論所開的兩界可以與中國哲學會通——進一步講經驗的實在論如何使主觀的表象涉及對象而可以客觀化。

9.使主觀表象客觀化的，是發自主體之形式：猶若「立於禮」。

10.未決定的對象與決定了的對象。

11.範疇之發現：知性之邏輯的性格與存有論的性格。

12.範疇之形而上的推證與超越的推證。

13.「知性為自然立法」之意義：此是否主觀主義？

14.現象與物自身之超越的區分：感觸直覺與智的直覺之對比，以及直覺的知性與辨解的知性之對比：中國哲學肯定人可以有「智的直覺」。

先生首先指出，「中西哲學之會通」是個大題目，講這個題目，一要通學術性，二要通時代性。關聯著時代而言，是奮鬥的方向問題。當前奮鬥的方向，就是要瓦解共黨的馬列主義之標準。若不能瓦解馬恩列史的意識形態，世界就不能和平，人類就沒有前途，當然也就不可能有中西哲學之會通。可見講哲學會通，不能不通時代性，否則，生命就不能通透，不能有明確的奮鬥方向。至於通學術性一面，第一步是要了解中西哲學及其傳統，第二步是依於了解來考量中西哲學能否會通——明徹其會通

的根據與會通的限制。

哲學有其普遍性，也有其特殊性。由普遍性可以講會通，由特殊性可以說限制。普遍性是由觀念、概念來了解，特殊性則是由生命來講的。普遍性的觀念必須通過特殊的生命來表現，此即表示普遍性的眞理要在特殊性的限制中表現。以是，哲學雖是普遍的眞理，但哲學也同時有其特殊性。由於有特殊性，所以有中國的哲學，也有西方的哲學；由於有普遍性，所以中西哲學可以會通。

由普遍性與特殊性兩方面綜合起來，就可以把握中西哲學發展的主要綱領及其差異。中西哲學傳統的領導觀念，一個是生命，一個是自然。中國哲學所關心的是「生命」，西方哲學所關心的是「自然」。

數千年來，儒家講性理，道家講玄理，佛教講空理，這是中國哲學傳統留下來的智慧方向，也是中國數千年間的精華所在。性理、玄理、空理，屬於道德宗教方面，是屬於生命的學問。人的生命是很麻煩的，往上可以通神聖，往下墮落則可能比禽獸還壞。中國文化一開始就重視生命，要調護潤澤生命使它往上翻。但生命不只要往上翻，還有往外往下的牽連，順此牽連而有各種特殊的問題，如政治、社會、經濟等等，這都需要特殊的學問——專家的科技的學問，這個層面與生命往上翻的層面不同，二者不能互相取代。所以，除了生命的學問，還要有知識性的學問。生命的學問是中國文化內部核心的生命方向，此不同於典章制度，風俗習慣，不可相混。知識的學問（含邏輯、數學、科學）則是中國文化發展中的缺憾，必須自覺地作自我調整，從文

化生命中自本自根開出來。

先生指出，西方哲學的精華集中在三大傳統，一個是柏拉圖傳統，一個是萊布尼茲、羅素傳統，再一個是康德的傳統。此三大傳統可以窮盡西方哲學，西方的哲學不能離開這三天骨幹。

康德批判地消化了在他之前的西方哲學之傳統。在康德的哲學裡，一切哲學的問題和哲學的觀點都有談論，他對哲學的概念，哲學的論辯，以及哲學性的分析，全部都提到。通過康德，可以知道哲學的來龍去脈。康德對反於「經驗的觀念論」與「超越的實在論」，而建立了他的「經驗的實在論」與「超越的觀念論」。由經驗的實在論融攝知識範圍內一切實在論的思想，由超越的觀念論融攝一切關於智思界者的思想。

簡言之，由經驗的實在論開「感觸界」，由超越的觀念論開「智思界」。而中西哲學對此兩界之或輕或重、或消極或積極，則正是考量中西哲學會通的關鍵所在。經過會通，中西哲學都要各自重新調整。在智思界方面，中國哲學很清楚而通透，而在西方則連康德也不夠通透，故必須以中國哲學通透的智慧照察康德的不足，而使之百尺竿頭更一步。在知識方面，中國哲學傳統雖言聞見之知，但究竟沒有開出科學，也沒有正式的知識論，故中國對此方面是消極的。然則，西方能給中國多少貢獻，使中國也能積極地開出科學知識？這樣來考量中西哲學的會通，才能使雙方更充實，更能向前發展。

先生於此，特借用佛教《大乘起信論》的「一心開二門」以為說，認為這是中西雙方共同的哲學間架。依佛教本身的講法，所謂二門，一是真如門，一是生滅門。真如門就相當於康德的智

思界，生滅門就相當於康德的感觸界。中西哲學雖然同樣都是開二門，但二門孰重孰輕，或是否已充分開出來，則彼此有所不同。順此而涉及的中國哲學與西方哲學之種種問題，先生皆作了層層之比對與深入而透闢之疏解。（其要，如上文所列第七講至第十四講之標題，其詳，則請參閱各講之講錄，以及《現象與物自身》一書）。

五、《圓善論》：哲學系統之究極完成

民國74年7月，《圓善論》由學生書局出版，全書三百四十頁，分為六章：

第一章　基本的義理——孟子告子上篇之疏解
　　　　附錄：康德論人性中之基本惡
第二章　心、性與天與命
第三章　所欲、所樂與所性
第四章　康德論善與圓滿的善
第五章　康德論圓滿的善所以可能之條件
第六章　圓教與圓善（分五節）
　　　　一、人格化的上帝一概念之形成之虛幻性
　　　　二、無限智心一觀念如何被確立？
　　　　三、圓教將如何被確立？佛教之圓教與圓善
　　　　四、道家之圓教與圓善
　　　　五、儒家之圓教與圓善

附錄：「存有論」一詞之附註

　　先生之撰著《圓善論》，乃由講天臺圓教而引發。《佛性與般若》出版之次年（民國67年），先生在台大哲學研究所主講「天臺宗研究」一課，某日，講圓教、圓善而言及道德與幸福如何一致的問題，因而表示，《現象與物自身》書中之所講，還有未盡之義，必須再寫一部書，方爲圓滿。而哲學系統之究極完成，亦必須講到圓教與圓善，乃眞可說是成始而成終。前作《現象與物自身》，是從《純粹理性之批判》講起，依中國哲學智慧方向，就著康德的現象與物自身之超越的區分，而歸於兩層存有論（執的存有論與無執的存有論）之建立。而此書講圓教與圓善，則以實踐理性作開端，把圓滿的善（圓善）套於無執的存有論中來處理，即從圓教看圓善。先生以爲，如此將使無執的存有論更爲眞切，亦使一完整的系統之圓成更爲眞切。

　　依先生之衡定，天臺宗判教而顯示的圓教之義，是眞能把圓教之所依以爲圓教的獨特模式表達出來者。圓教之所以爲圓教必有其必然性，也就是說，必有其所依以爲圓教的獨特模式；而這個模式不可移易，若不合這個模式，便不是圓教。天臺宗由智者大師開宗，再經荆溪湛然之精微辨釋，至北宋初期之四明知禮而盛加闡揚。三人皆在大力表示此圓教之獨特模式，而觀其所說，實有至理存焉。這是西方哲學所不能觸及的，而且西方哲學亦根本無此圓教之問題。

　　先生由圓教而想到康德哲學系統中最高善——圓滿的善（圓善）之問題。由圓教一觀念而啓發了圓善問題之解決。此一解決

是依「佛家圓教、道家圓教、儒家圓教」之義理模式而解決的，此與康德之依於「基督教傳統」而成的解決並不相同。若依天臺判教之觀點說，康德的解決不能算是圓教中的解決，而只是別教中的解決。因爲其教旣非圓教，故其中圓善之可能亦不是眞可能，而只是虛可能。（詳見書之第六章）

籠統方便而言，凡聖人所說，爲教。或，凡足以啓發人之理性，並指導人通過實踐以純潔化人之生命而至其極者，爲教。蓋哲學若不只是純技術，而亦有別於科學，則哲學亦是「教」。依康德，哲學系統之完成是靠兩層立法而完成。在兩層立法中，實踐理性（理性之實踐的使用）優越於思辨理性（理性之思辨的使用）。而實踐理性必指向圓滿的善。因此，圓滿的善乃是哲學系統之究極完成的標識。哲學系統之究極完成，必函圓善問題之解決；反之，圓善問題之解決，亦函哲學系統之究極完成。

古希臘「哲學」一詞，意謂「愛智慧」。何謂智慧？洞見到「最高善」，即謂之智慧。何謂愛智慧？嚮往最高善，並衷心對之感興趣、有熱愛、有渴望，即謂之愛智慧。所以哲學或智慧學，作爲一門學問看，是離不開「最高善」的。因而，依古義而言，哲學亦可逕直名曰「最高善論」。這樣意義的哲學，康德說，古人認爲是一種「教訓」，即依概念（最高善之概念）與行爲（因之而能得到最高善之行爲）而說的教訓，而這亦正是中國儒、釋、道傳統中所謂的「教」。（哲學旣然是這樣意義的一種教訓，則依此意義的哲學而言，康德乃認爲無人敢以「哲學家」自居。因爲這個意義的哲學家，必即是儒家所謂的「聖人」，道家所謂的「至人、眞人」，佛家所謂的「菩薩、佛」，亦即康德

所謂「理想的哲學家」。)

　　哲學之為智慧學(實踐的智慧論)——最高善論,這雖是哲學一詞之古義,但康德講最高善(圓滿的善)之可能,卻不同於古人。他是從意志之自律(意志之立法性)講起,先明何謂善,然後再加上幸福而講圓滿的善。此圓滿的善之可能的解答,他是依據基督教傳統來解答的,即,由肯定一人格神之上帝而使「德福一致」成為可能。而先生講圓教與圓善,則依據儒學傳統,直接從孟子講起。

　　孟子的基本義理,正好是自律道德,而且透闢地首發於二千三百年前,真是不同凡響。至於「圓滿的善」(德福一致)之問題,以前儒者不甚措意,孟子亦未積極考慮此一問題而予以解答。(此蓋由於先重「德」一面之故。)但「天爵、人爵」亦是孟子所提出者,此正表示德與福之兩面,而可以由之而引向「圓善」之考慮。至於「圓善」之意識,則是後來漸漸發展而成。儒家由孔子之仁開端,原有上下內外本末通而為一的粗略規模。道家老莊亦有。不過圓教之所以為圓教的獨特模式,卻首先見於佛家天臺宗之分判「別、圓」。若以此為準而予以鄭重之注意,則儒聖之圓境,乃首先見之於王弼言「聖人體無」與向秀、郭象注《莊》所發之「迹本論」;此等玄談雖假託道家理境而顯示,但圓境卻必須歸之於儒聖。由此一線索,即可啓發出依儒家義理而說儒家之圓教。依儒家之義理說圓教,必須順王學之致良知而發展至王龍溪之「四無」,再由此而回歸於程明道之「一本」與胡五峰之「天理人欲同體異用」,始正式而顯出。始可正式解答圓善之可能。此則不同於康德之解答。

　　視圓滿的善爲一問題，是來自西方；而正式解答之，則始自康德。但康德之解答是依基督教之傳統而作成，此並非一圓滿而眞實之解決。先生此書所作者，則依於圓教之義理，以期得一圓滿而眞實之解決。唯「圓教」並非一易明之觀念，不但西方哲學無此觀念，即儒道兩家亦不全備，此乃由天臺智者大師之判教而逼顯出者。判教乃一大學問，能判之而彰顯圓教之何所是，尤其是一大智慧。先生以此智慧爲準，先疏通向郭注《莊》而確立道家之圓教，次疏通儒學發展至王學之四有四無，再回歸於明道之一本與五峰之同體異用，而確立儒家之圓教。圓教確立，用於圓善，則圓善之圓滿而眞實的解決，可以得矣。

　　先生以爲，(1)吾人若不能洞曉道家「無」之性格，與佛家「般若」之性格的共同性，則不能解除後世儒者對於佛老之忌諱（此一忌諱，對儒家義理之充分開發，形成大障礙）。(2)吾人若不能了解儒家系統是「縱貫縱講」之創生系統、佛老是「縱貫橫講」之非創生系統，則不能證立三教皆有「智的直覺」之肯認；此而不能肯認，則必致使三教之宗趣自相剌謬。(3)吾人若不能證立三教無限智心既是成德之根據亦是存在之根據，則必不能預規圓教之規模，因而圓善之可能亦不可得而期矣。(4)吾人若不能了然於「分別說」與「非分別說」之足以窮盡人類理性之一切理境，而非分別說又有 a.屬於「無限智心之融通淘汰之作用（無）」者，亦有 b.屬於「存有論的法之存在」者（即：有縱貫縱講者，亦有縱貫橫講者），則不能知何以必在兩義兼備之非分別說中成立圓教，因而亦不能知何以必須在此究極圓教中始能得到圓善問題之圓滿而眞實的解決。

　　以上所說，皆先生經由長途跋涉，披荊斬棘，而必然地達到者。其中經過《才性與玄理》、《佛性與般若》、《心體與性體》、《從陸象山到劉蕺山》等書之寫作，以及與康德之對比，始達到此必然的消融。先生自謂，吾愧不能如康德之四無依傍，獨立運思，直就理性之建構性以抒發其批判的哲學；吾只能誦數古人已有之慧解，思索以通之，然而亦不期然而竟達至消融康德之境而使之百尺竿頭再進一步。於以見「概念之分解、邏輯之建構」，與歷史地「誦數以貫之，思索以通之」，再者之絕異者實可趨於一自然之諧和。（唯中間必須隨時有批判與抉擇，以得每一概念之正位。）

　　先生指出，柏拉圖、亞里斯多德、宗教耶穌、聖多瑪斯、近世笛卡兒、萊布尼茲、洛克、休謨、康德、羅素，代表西方之慧解；孔、孟、老、莊、王弼、向秀、郭象、智顗、荊溪、知禮、杜順、智儼、賢首、濂溪、橫渠、明道、伊川、五峰、朱子、象山、陽明、蕺山，代表中國之慧解。而中西融通之橋梁乃在康德。西方多激盪，有精采，亦有虛幻；中國多圓融平實，但忌昏沉，故須建構以充之。圓融不可以徒講，平實不可以苟得。非然者，必下趨於昏沉，而暴戾亦隨之，皆可悲也。

　　在此書最後，先生指出，圓善之問題，依康德，必涉及目的王國與自然王國之綜和，而此兩王國之合一即為上帝之王國。因此，哲學系統，由兩層立法所成者，必至上帝王國而止，那就是說，圓善之問題必引至哲學系統之究極。今依中國傳統說，圓善之問題必在圓教中得解決，而兩層王國之諧一，亦唯在圓教中始有真實之可能。若只緊抱「上帝保證圓善之可能」此一信念，則

爲期圓善不落空，自必歸於「祈福祐、求眷顧」之宗教；而只知祈禱做禮拜之宗教旣爲康德所放棄，則康德所主張的道德的宗教亦終將不可保（因爲人們可以不理會你那套道德之勸戒，而只著重於求上帝之眷顧）。因此，康德在圓善問題上仍然歸於上帝之信仰，乃是其道德哲學之不徹底、實踐理性之未能充其極，此只可說是實踐理性之「始敎」或「別敎」。若實踐理性充其極而至「圓敎」，則人格神之上帝以及以上帝來保證圓善之可能必被拆穿，此乃康德思路所必應有之歸宿。

是故，圓敎必透至無限智心始可能。如是，吾人以「無限智心」代上帝。（因爲無限智心之人格神化，實爲情執，不如理故。）無限智心必須落實（不應對象化而爲人格神）。落實云者，人能體現之之謂。人能體現之始見無限智心之實義。（對象化而爲人格神，則只是）情識崇拜祈禱之對象，其實義不可見；實義不可見，則吾人不能證知其於德福一致問題之解決，將能有何作用。）無限智心能落實而爲人所體現，體現之而至於圓極，則爲圓聖。

在圓聖之理境中——

1.無限智心之實義可完全得見：旣可依其自律而定吾人之天理，又可依其創生遍潤之作用而使萬物（自然）有存在，因而「德福一致」之實義（眞實可能）亦可得見。

2.圓聖依無限智心之自律天理而行，即是「德」，此爲目的王國；無限智心於神感神應中潤物生物，使物之存在隨心轉，此即是「福」，此爲自然王國。（此自然，是物自身層之自然，非現象層之自然，康德說上帝創造自然是創造物自身之自然，不創

造現象的自然。）兩王國之「同體相即」，即是圓善，圓教使圓善為可能；圓聖體現之使圓善成為真實的可能。

因此，依儒聖智慧之方向，儒家判教是始乎為士，而終乎聖神。

(1)士尚志，特立獨行之謂士。《禮記‧儒行》篇皆士教也。「可欲之謂善（此可欲、指義理言），充實之謂美，充實而有光輝之謂大」。此三義是由士而進於賢，亦可說是「賢位教」。

(2)「大而化之（大而無大相）之謂聖」，此是賢而聖，亦可說是「聖位教」。以天地萬物為一體，乃至「與天地合德，與日月合明」云云，皆聖位教也。

(3)「聖而不可知之之謂神」，此是聖而神（神感神應之神），亦可說是「神位教」（四無教）。孟子所謂「君子所存者神，所過者化，上下與天地同流，豈曰小補之哉！」

此等語句即是聖而神之四無義也。

如是，由士而賢，由賢而聖，由聖而神，「士、賢、聖、神」一體而轉。人之實踐的造詣，隨根器之不同及種種境況之限制，而有各種等級之差別，然而聖賢立教則成始而成終矣。至聖神位，則圓教成。圓教成，則圓善明。圓聖者，體現圓善於天下者也。此乃人極之極則。哲學至此而止。（中間之餘義，則詳見《現象與物自身》，復見此書之附錄：「存有論」一詞之補文。）

書末，先生有一頌云：

中西有聖哲，人極賴以立。

圓教種種說，尼父得其實。

復爲之歌以詠之曰：

儒聖冥寂存天常，孟軻重開日月光。

周張明道皆弗違，朱子伊川反渺茫。

象山讀孟而自得，陽明新規亦通方。

四有四無方圓備，圓教有待龍谿揚。

一本同體是眞圓，明道五峰不尋常。

德福一致渾圓事，何勞上帝作主張？

我今重宣最高善，稽首仲尼留憲章。

六、附記與補述

甲、《時代與感受》：感通無隔的怵惕惻隱之心

民國73年3月，鵝湖出版社輯印先生近數年來之講錄，書名爲《時代與感受》，共四百三十頁。

先生〈自序〉指出，一個人處於非理性的時代，即不能不理會此非理性時代之何由而來。此中所含之問題，不只是泛泛的思想問題，而是人類價值的標準問題、人類文化的方向問題。先生自讀大學開始，即面對國家處境之艱難與邪僻思想之猖獗而有痛切之感，歷經五十餘年之災害與劫難，感愈深而痛愈切。蓋先生

文化意識之縣穆與族類之感之強烈，時時念念皆是「怵惕惻隱之心」的顯發與感通，故當前時代有關民族生命與文化方向之種種問題，皆在先生一貫的關切與感受之中。

在先生五十歲以前，應報刊需要而隨機撰寫的短文，曾由台北三民書局輯印爲《生命的學問》，於民國59年出版。先生在該書小序中，指出那些短篇文字，不管橫說豎說，總有一中心觀念，即在——

提高人的歷史文化意識
點醒人的眞實生命
開啓人的眞實理想

此所以取書名曰《生命的學問》。生命總是縱貫的，立體的。而時下專注意於科技之平面的橫剖的意識，則總是走向腐蝕生命，而成爲「人」的自我否定。這一個辨識，極爲重要。中國文化的核心是生命的學問。由眞實生命之覺醒，向外開出「建立事業與追求知識」之理想，向內滲透此等理想之眞實本源，以使理想眞成其爲理想，此方是生命的學問之全體大用。

而此書所輯二十四篇文，則大部分爲先生七十歲以後公開演講之講錄，而先生對時代之感觸，其層面亦益發深廣。諸如：

當代中國所遭受的「觀念的災害」
有關「美國與中共拉邦交」之審察與批判
中共所謂的「平反」與眞實的「平正」之道

中共之僻執與理性之坦途
中國文化的斷續問題
哲學的用處
中國哲學的未來
中國知識分子的命運
漢宋知識分子的規格與當前知識分子立身處世之道
宗教、道德與文化
中國文化之問題
從儒家的當前使命說中國文化的現代意義
文化建設的道路
中國文化大動脈中「現實關心」與「終極關心」之問題

凡此等等，皆是先生在半個世紀的劫難中親身所感受的問題。先生在此書〈序言〉末段有云：

我的一生，可以說是「爲人類價值之標準與文化之方向而奮鬥以伸展理性」之經過。

這一句簡單的話，正是他豐富而眞實的「智、仁、勇」之恰當表白。先生以數十年之精誠，徹底疏通了中國智慧之傳統（如：《才性與玄理》、《佛性與般若》、《心體與性體》、《從陸象山到劉蕺山》諸書對儒、釋、道三家之闡釋），並疏通了中國文化發展中之癥結（如：《道德的理想主義》、《歷史哲學》、《政道與治道》諸書對中國文化問題之反省與疏導），並

亦隨時依據上述諸書之義理與思想，作了一些較爲通俗的演講。故此《時代與感受》書中之所說，皆有所本，絕非即興漫談之言。

在先生校訂此部講錄之時，適見王邦雄刊於《鵝湖》第100期之文：〈從中國現代化過程中看當代新儒家的精神開展〉。文中對於曾、胡洋務，康、梁維新，下屆保皇、保教、國粹諸想法之陋劣與義和團之愚迷，以及五四新文化運動之激情，直到馬列邪執之征服大陸，這一步一步的扭曲與顛倒，皆作了綜括性的評述。而這一步一步的扭曲顛倒，正是中國步入非理性的時代之寫照。邦雄以其通識與慧解，道說其故甚爲諦當而確切，故先生特將此文列爲《時代與感受》一書之〈導言〉。

近三數年來，先生又陸續有講論。鵝湖社亦有意將講錄之文輯爲《時代與感受》續篇。另外，先生在師大三年開講「中國哲學專題研究」之錄音，也將絡續整理發表。

乙、《周易的自然哲學與道德函義》：第一部著作之重印

此書爲先生第一部著作（原名：從周易方面研究中國之玄學與道德哲學），完稿於大學三年級，時爲民國21年，先生二十四歲。

據先生民國77年3月之「重印誌言」，可知此書之撰著、出版、遭際、復現、重印，頗爲奇特：

一、先生讀《易經》，乃是私下用功，既無人知，亦無人指導，更無授此課者。故此書純係先生生命深處獨自開闢出來之領

域。

二、此書完稿之後，先厄於當時北大文學院長胡適先生之偏見，再厄於先生數理邏輯受業師張申府氏之漫忽。諺云：「開船先遇打頭風」，此之謂歟！

三、唯當時講中國哲學之老先生，如李證剛氏、林宰平氏，則對此書稿甚為稱讚，而甫自杭州回北大之熊十力先生，對書中胡煦一章特為嘉許，以為胡煦確有哲學家之頭腦，而謂先生發掘其人其書，對學術大有貢獻。另有剛自美國回國精於邏輯而識見特異之沈有鼎氏，則盛讚此書是「化腐朽為神奇」。

四、此書之出版與復現，則幸賴山東、山西兩位王先生。山東王培祚先生乃先生北大同學，慨然資助此書之出版。山西之王谷先生，則於衰老之年與先生相識於台中，乃將所攜此書之孤本割愛而歸之先生。如今此書之得以重印，實拜王翁之美意也。

五、此書重歸先生後，又為人展轉借閱，隨時有失落之虞，門人屢請重印，先生皆漫應之而意不積極，幸得楊祖漢君屢申前請，此一天涯孤本始得由台北文津出版社重印，而列為「鵝湖學術叢刊」之一。上距此書之問世，已逾半世紀餘，可不謂萬幸歟！

此書所論，重在整理漢易（含孟氏易、京氏易、鄭氏易、荀氏易、虞氏易），及介述清初胡煦之周易函書，與焦循之易學三書。此皆易學中之專學，而民國以來，竟無人觸及之。於此，先生慨然致問曰：「試看這五、六十年來，無論哲學界或國學界，有這樣整理漢易的嗎？有講胡煦《周易函書》的嗎？有講焦循易學三書的嗎？吾未之見也！」

先生指出，漢易是通過卦爻象數之路以觀陰陽氣化之變。至清初胡煦仍走此路而講得更自然、更妥貼、更通貫。其所展示之理境是卦爻象數下中國式的自然哲學，而兼示出人事方面之許多道德函義。焦循則直接由卦爻象數之關係而建立其「旁通情也」的道德哲學。就《易經》卦爻象數而言，漢易與胡煦所達成的自然哲學，是正宗；而焦循所達成的道德哲學，則是工巧的穿鑿，並不能契入道德心性以上企高明。

先生又謂，就《易經》之卦爻象數而講成自然哲學，是往下講，雖講至此書第五部「易、理、和之絜合」，亦仍然是往下講。必須就經文而正視《易傳》，把《易傳》視為孔門義理，就此作為孔門義理之易傳而講儒家的道德形上學，才是往上講，此方是「絜淨精微」之「易教」。此往上講之一路，乃先生五十以後之工作。在大學階段則尚未能了解此一層之義理，故此書第二部講晉宋易，於王弼與朱子之易學皆未達於明透。

自今日觀之，先生雖覺此書有許多「謬妄不諦之論、幼稚不雅之辭」，然闡幽顯微，使古德之思想得以流傳於世，亦正是此書重大價值之所在。而先生亦曰：「此一微末不足道而卻發之於原始生命的充沛想像之青年作品，實足占當時學術思想界之分野，並可卜六十年來吾之顛困生活之經過以及學思努力之發展。此是一生命之開端起步，其他皆可肇始於此也。」

謹按：先生視此書之撰著為學思之開端起步（第一階段），《邏輯典範》與《認識心之批判》之寫成為第二階段；而民國38年來台以後之學思則總為第三階段。唯筆者介述先生之學思著作，則又將先生所說之第三階段，以十年為一期而再劃分為四個

階段。如此，乃更能了然於先生學思之「與時俱進」及其慧解之「日益深徹」。

丙、補述：《名家與荀子》、《從陸象山到劉蕺山》

(一)《名家與荀子》

十年前，筆者撰文介述先生之學思歷程與著作時，已知先生有意將《荀學大略》一小冊與論惠施、公孫龍各文合編成書，故於該文第四階段介述《才性與玄理》而言及名理之學時，曾以四百餘字兼帶說明。次年（民國68年）3月，《名家與荀子》由學生書局出版，內含：一、惠施與辯者之徒的怪說，二、公孫龍之名理，三、荀學大略。全書共二百七十頁。

先生將名家與荀子連在一起，旨在指述中國文化發展中「重智」的一面，同時並指出先秦時期之名家，通過墨辯而至荀子，乃屬一系相承的邏輯心靈之發展，但自後未見繼起之相續，實為可惜。先生綜論惠施之名理，並據《莊子·天下》篇「歷物之意」八事，加以詳細之疏解與衡定；又將「辯者之徒」的怪說二十一事，依「合同異」與「離堅白」之分組而再作精確之考察與分判。以為合同異組中之怪說，大體終於為怪說；而離堅白組中之怪說，則可並不為怪，由此也可看出「合同異」之思理並不容易了解，必須進到莊子之玄理，乃能見出合同異之恰當而成熟的發展。惠施與莊子相友善，其年歲似稍長，而境界與造詣不及莊子，故惠施從名理境而講的合同異，最後為莊子從玄理境而講的

合同異所消融。至於離堅白組之思理，則乃公孫龍之所獨著，而不易消融於道家或儒家。但公孫龍之學亦無善紹者，故終於式微而不彰。所謂「離堅白」，意謂堅白不相盈而相外，「堅」與「白」乃兩個獨立的概念，各有其獨立的自性，可以離而自存自有。公孫龍之名理，略見於《公孫龍子》一書，其中〈跡府篇〉記公孫龍之故事，餘五篇則爲純名理之談。先生詳細疏解其〈名實篇〉、〈白馬論〉、〈通變論〉、〈堅白論〉四篇，而〈指物論〉一篇，則以難得的解而未著筆，唯先生對於此篇之見解，在書之序文中亦已提出詳確之說明。

至於荀子之學，既以言性惡之故而爲儒家正宗所斥，而晚近論荀學者亦仍然未能觸及荀子的學術心靈。直到先生作《荀學大略》，乃眞能抉發荀學之眞精神。荀子尊名崇數，實具邏輯之心靈，其心靈與路數，可說根本就是名數的。雖只作〈正名篇〉以開其端，而並未開出全部名數之學；但其心靈確屬名數之心靈，其精神亦是積極建構之精神。先生疏導荀子之學，指出其思路與西方重智系統相接近，此亦正是「疏通中西文化之命脈而期有一大融攝」之一例也。

(二)《從陸象山到劉蕺山》

在前文第四階段第四節，雖曾對此書加以介述，但當時尚未出書，至民國68年8月，始由學生書局出版。此書講說陸王與蕺山之學，實即《心體與性體》之第4冊也。書分六章，共五百四十頁。第一章、象山之「心即理」；第二章、象山與朱子之爭

辯；第三章、王學的分化與發展；第四章、「致知議辯」疏解；
第五章、兩峰、師泉與王塘南（江右王門之演變）；第六章、劉
蕺山的慎獨之學。

先生指出，宋明儒學乃是先秦儒學之嫡系，亦是中國文化生
命之綱脈。隨時表而出之，是學問，亦是生命。自劉蕺山絕食而
死，此學隨大明之亡而亦亡。自滿清入主，中國之民族生命與文
化生命遭受重大之曲折，因而步入一大劫運之中，直至於今而猶
未已。故有清以下，先生「不欲觀之矣」。至於邪僻卑陋而不知
義理為何物者之胡言亂語，先生更不欲浪費筆墨於其中。

儒家之學，自孔孟立教，即是「解行雙彰」，有本體，有工
夫，乃扣緊實踐以明道理者。宋明諸儒，濂溪、橫渠、明道，皆
有其實踐之規模。然三人之實踐工夫亦不過「明本心」耳，故可
收攝於象山。自實踐規模言，象山提綱挈領，略舉端緒，至陽明
而較詳，至蕺山而尤詳。蕺山所以詳而完備者——

　　⑴本體方面，彼兼言「心宗」與「性宗」。周、張、大程所
　　　言之道體、性體盡攝於其所說之性宗中，而心與性不可分
　　　合言，而總歸是一，則陸王之只由心宗言亦無礙；至於伊
　　　川、朱子所言之道體性體（理）只存有而不活動者，則必
　　　須放棄而使之歸於即存有即活動；如是，本體方面一矣。
　　⑵本體既一，則工夫方面決不能走伊川、朱子格物窮理的順
　　　取之路，必須扭轉而為逆覺之路；如是，則工夫亦一矣。
　　審視作為宋明儒之綱柱的九人之中，伊川朱子而外，濂溪、
橫渠、明道、五峰、象山、陽明、蕺山等七人，皆屬逆覺之路。
（正因工夫為逆覺，故本體方面，無論自心體言或自道體言，必

爲「即存有即活動」者；正因本體爲即存有即活動，故工夫必爲逆覺。）

　　先生又謂，本體者，道德實踐中之本體，即自由自律之無限心是也（客觀超越地言之，即爲道體性體）。工夫者，道德實踐中之工夫也，故必由逆覺呈本體以化過惡，此焉能取決於外在的格物窮理耶？又云，如此言本體與工夫，正是依自律原則而行的內聖成德之敎所必函，此乃必然者，絕無其他交替之可能。異乎此者，即爲異端，即爲歧出，而不自覺地落於他律道德矣。伊川、朱子正是不自覺地落於他律道德者，此不可諱也，亦不必爲之曲辯也。本體與工夫旣得其正，則格物窮理中所含的知識義之道問學，便只是內聖成德之助緣，而並非基要（本質）之工夫。

　　先生又云：人生之全體固不只是道德，然必須以道德爲本。如是，若進而再以道德融攝知識，則道問學亦可以得其分矣。如此，方爲朱陸異同之解消，亦是宋明儒學之大通。（先生自謂，《心體與性體》四大冊最後之評判，不過如此。）

丙　著作出版年次表

1.《從周易方面研究中國之玄學與道德哲學》

- 民國24年自印本（天津《大公報》承印）
- 民國77年台北重印，改名爲：《周易的自然哲學與道德函義》。

2.《邏輯典範》

- 民國30年9月，香港商務印書館印行。

3.《理性的理想主義》

- 民國39年1月，香港人文出版社印行。（48年，增訂擴充爲《道德的理想主義》。）

4.《荀學大略》

- 民國42年12月，台北中央文物供應社印行。（68年，編入《名家與荀子》書中。）

5.《王陽明致良知教》

- 民國43年4月，台北中央文物供應社印行。（68年，抽出書中〈致知疑難〉一章，編入《從陸象山到劉蕺山》第三章第一節爲附錄。）

6.《歷史哲學》

- 民國44年夏月，高雄強生出版社印行。
- 民國51年3月，香港人生出版社增訂印行。
- 民國63年，台北臺灣學生書局重印出版。

7.《理則學》
- 民國44年11月，台北正中書局印行。

8.《認識心之批判》（上下冊）
- 民國45年9月，香港友聯出版社印行上冊。
- 民國46年3月，香港友聯出版社印行下冊。
- 民國73年，台北師大美術社影印流通。
- 民國79年，台北台灣學生書局重印出版。

9.《道德的理想主義》
- 民國48年11月，台中東海大學印行。
- 民國67年8月，台北臺灣學生書局重印出版。

10.《政道與治道》
- 民國50年2月，台北廣文書局印行。
- 民國69年4月，台北臺灣學生書局重印出版。

11.《魏晉玄學》
- 民國51年，台中中央書局出版。（此書係東海大學輯印，只有六篇，不夠完整，次年出版之《才性與玄理》，方為完整之專著。）

12.《中國哲學的特質》
- 民國52年1月，香港人生出版社印行。
- 民國62年2月，台北蘭台書局影印流通。
- 民國63年8月，台北臺灣學生書局重印出版。

• 民國67年，漢城韓文版發行。

13. 《才性與玄理》

　　• 民國52年9月，香港人生出版社印行。

　　• 民國63年，台北臺灣學生書局重印出版。

14. 《心體與性體》（共三冊）

　　• 民國57年5月，台北正中書局出版第1冊。

　　• 民國57年10月，台北正中書局出版第2冊。

　　• 民國58年6月，台北正中書局出版第3冊。

15. 《生命的學問》

　　• 民國59年9月，台北三民書局印行。

16. 《智的直覺與中國哲學》

　　• 民國60年3月，台北臺灣商務印書館印行。

17. 《現象與物自身》

　　• 民國64年8月，台北臺灣學生書局印行。

18. 《佛性與般若》（上、下冊）

　　• 民國66年6月，台北臺灣學生書局印行。

19. 《名家與荀子》

　　• 民國68年3月，台北臺灣學生書局印行。

20. 《從陸象山到劉蕺山》

　　——《心體與性體》（第4冊）

　　• 民國68年8月，台北臺灣學生書局印行。

21. 《康德的道德哲學》（譯註）

　　• 民國71年9月，台北臺灣學生書局印行。

22. 康德《純粹理性之批判》（譯註，上、下冊）

- 民國72年3月，台北臺灣學生書局印行（上冊）。
- 民國72年7月，台北臺灣學生書局印行（下冊）。

23.《中國哲學十九講》
- 民國72年10月，台北臺灣學生書局印行。
- 民國74年10月，漢城韓文版發行。

24.《中國文化的省察》
- 民國72年12月，台北聯經出版公司印行。

25.《時代與感受》
- 民國73年三月，台北鵝湖出版社印行。

26.《圓善論》
- 民國74年7月，台北臺灣學生書局印行。

27.《名理論》
- 民國76年8月，台北臺灣學生書局印行。

28.《周易的自然哲學與道德函義》
- 民國77年4月，台北文津出版社印行。

29.《五十自述》
- 民國78年1月，台北鵝湖出版社印行。

30.《中西哲學之會通十四講》
- 民國79年3月，台北臺灣學生書局印行。

31.康德《判斷力之批判》（譯註，上、下冊）
- 民國81年10月，台北臺灣學生書局出版上冊。
- 民國82年1月，台北臺灣學生書局出版下冊。

32.人文講習錄
- 民國85年2月，台北臺灣學生書局印行。

33.《四因說演講錄》
- 民國86年3月，台北鵝湖出版社印行。

34.《牟宗三先生早期文集》（編印中）

35.《牟宗三先生晚期文集》（編印中）

36.《時代與感受續編》（編印中）

37.《牟宗三先生譯述集》（編印中）

※《牟宗三先生的哲學與著作》（七十祝壽集同）
- 民國67年9月，台北臺灣學生書局印行。

※《牟宗三先生學思年譜》（初稿）
- 民國85年2月，台北臺灣學生書局印行。

※《牟宗三傳》（《國史擬傳》）
- 民國85年6月，台北國史館《國史擬傳》第6輯。

※《牟宗三先生紀念集》
- 民國85年12月，台北東方人文學術研究基金會印行。

附錄㈠：學行事略

　　先生諱宗三，字離中，民國前3年（1909）夏曆4月25日，生於山東棲霞祖宅。民國84年4月12日，病逝台北市台大醫院，享壽八十七歲。

　　棲霞牟氏，係明太祖洪武年間自湖北遷來。經數百年之繁衍，遂爲縣內最大姓族。先生系出老八支中之第四支，世代耕讀相續，至先生祖父之時，家道極爲衰微貧窘。先生尊翁蔭淸公初營一騾馬店，後改營繐織業副助農耕，克勤克儉，始稍足溫飽。蔭淸公喜讀《曾文正公家書》，夜間亦常諷誦古文，聲調韻節，穩健而從容。爲人剛毅守正，有令譽於鄉里。德配杜氏，有懿德。生子三，長宗和，次宗德，先生其季也。

　　民國16年，先生入國立北京大學預科，兩年後升哲學系，22年畢業。在大陸時期，先後任教於華西大學、中央大學、金陵大學、浙江大學，以講授邏輯與西方哲學爲主。38年來台，任教台灣師大與東海大學，講授邏輯、中國哲學史與人文課程。43年，受聘爲教育部學術審議委員。49年，應聘赴香港大學，主講中國哲學。57年由港大轉香港中文大學新亞書院，任哲學系主任，先後講授魏晉玄學、南北朝隋唐佛學、宋明理學，以及康德哲學、

知識論等課程。61年，赴檀島出席東西哲學家會議。63年，自中文大學退休，任教新亞研究所，爲哲學組導師。65年，應教育部客座教授之聘，先後講學於台灣大學哲學研究所、台灣師大國文研究所，並應聘爲東海大學、中央大學榮譽講座教授。73年，榮受行政院國家文化獎章。79年，香港大學特授予名譽文學博士。

先生於大學三年級時，從游於黃岡熊十力先生之門，三十一歲獲交唐君毅先生，一師一友，相得最深。熊先生以爲北大自有哲學系以來，唯先生一人爲可造。而唐先生則於未嘗晤面之先，見其文而知其人，之後又謂先生天梯石棧，獨來獨往，高視闊步，有狂者氣象。敬維先生之所成就，是眞可告無愧於師友矣。

先生之學，規模宏遠，思理精嚴。而所著各書，皆針對時代與學術之問題，而提供一解決之道。故其著作與哲學思想，宜一併加以說明。

中國文化以儒家爲主流，以諸子百家爲旁枝。而秦漢以後，復有其大開大合之發展，是即魏晉玄學、南北朝隋唐佛學、宋明理學三階段。先生撰著《才性與玄理》、《佛性與般若》、《心體與性體》三書，以釐清各階段學術思想之系統脈絡，使儒釋道三教之義理價值，煥然復明於世。而今後講中國哲學史者，則更可同時參閱其《中國哲學十九講》，以得其上下通貫之綱領條脈。

依孔孟之教，內聖必通外王，而如何開出外王事功，實乃中國文化生命之癥結所在。先生撰著《道德的理想主義》、《歷史哲學》、《政道與治道》三書，其主旨即在：本於內聖之學以豁醒外王大義，進而解答中國文化中政道、事功、科學之問題。另

有演講集《時代與感受》，更對中國現代化之途徑，多所開示。而與唐君毅、徐復觀、張君勱諸先生聯合發表之〈中國文化宣言〉，其所開顯之文化理想與思想方向，影響尤爲深鉅。近年大陸學界之回歸儒家與中華文化，亦實以此一宣言爲重大之契機。

先生自早歲治西哲之學，即已見出羅素之《數學原理》與康德之《純粹理性之批判》，乃西方近世學問之兩大骨幹。此皆中國學術傳統之所缺。故奮力撰著《邏輯典範》、《認識心之批判》二書，以扭轉羅素之歧出，照察康德之不足。二十年後，又陸續撰成《智的直覺與中國哲學》、《現象與物自身》、《圓善論》三書以及〈眞美善之分別說與合一說〉之專論長文。其主旨乃在抉發中國傳統哲學之奧義以融攝康德，並藉資康德哲學以充實中國文化。先生綜攝儒、釋、道三敎之精髓，打通中西哲學之隔閡，再以創發性之詮釋，賦予「一心開二門」以新的意義與功能：開出兩層存有論。先生此步工作，實已爲中西哲學開顯交會融通之坦途。而《中西哲學之會通十四講》，亦旨在兼通學術性與時代性，期能疏導人類智慧之核心，以達於中西學術之大通。

先生以爲，通中西文化之郵，以使雙方相資相益，康德實爲最佳之橋樑；故雖老年而猶鍥而不舍，以一人之力將康德三大批判全部漢譯出版，此乃二百年來世界第一人。先生自謂：「此書之譯，功不下於玄奘羅什之譯唯識與智度，超凡入聖，豈可量哉，豈可量哉！然眞正仲尼臨終不免歎口氣，人又豈可妄哉，豈可妄哉！」

先生八十大壽時嘗云：從大學讀書以來，六十年中只做一件事，是即「反省中華民族之文化生命，以重開中國哲學之途

徑」。蓋學術生命之暢通，象徵文化生命之順適；文化生命之順適，象徵民族生命之健旺；民族生命之健旺，象徵民族魔難之化解。無施不報，無往不復，文化慧命與哲學義理之疏通闡發，既已開啓善端，則來日中華文化之光大發皇，正乃理所當然勢所必至之事，可預卜矣。

先生德配王氏夫人，生子二，長伯璇，次伯璉。孫四人，紅成、念僑、念佐、念輝。孫女五人，念曉、念許、紅萍、鴻貞、鴻卿。曾孫三人，雁行、雁秩、雁信。皆在山東老家。民國47年，先生與趙惠元女士締婚，生子元一，留學美國，寓居香港。乃子若孫，皆各自成立，克紹家聲。近二三年，孫女貞、卿姐妹先後來台奉侍先生，孝行可嘉。

綜觀先生一生，無論講學論道，著書抒義，莫不念念以光暢中國哲學之傳統、昭蘇民族文化之生命爲宗趣。其學思之精敏，慧識之弘卓，與夫文化意識之帠穋強烈，較之時流之內失宗主而博雜歧出者，敻乎尙矣。

大雅云亡，邦國殄瘁。哲儒謝世，中外哀悼。同仁等於仰念哀思之餘，敬謹贊以辭曰：

光尼山之道統　　弘黃岡之慧命
擴前哲之器識　　發儒聖之光輝

附錄㈡：喪紀

　　民國84年4月12日下午，先生謝世。五時半，自台大醫院移靈於台北市立第一殯儀館。當晚七時，門人等假鵝湖講堂召開治喪籌備會，商討治喪諸事宜，並酌定治喪委員會初步名單，後經多番調整，於20日最後定案。訃文、學行事略亦同時校對定稿。22日發送訃告。

　　甲、訃告文：（從略）

　　乙、學行事略：（見前）

　　丙、治喪委員會名單：

主任委員：王惕吾（聯合報系老董事長）

副主任委員：蔣彥士（總統府資政，前教育部長）

委　　員：丁文治（學生書局董事長）

王必成（《聯合報》發行人）

王必立（《經濟日報》發行人）

王邦雄（中央大學教授、台北大學籌備委員）

王效蘭（《民生報》發行人）

方穎嫺（任教於香港大學中文系）

尤惠貞（任教於中正大學中研所）

全漢昇（香港新亞研究所所長）

朱建民（中央大學文學院院長）

朱維煥（中興大學中文系教授）

杜維明（美國哈佛大學教授）

余傳韜（前中央大學校長）

余範英（《工商時報》董事長）

李明輝（中研院文哲所研究員）

李祖原（名建築師）

李淳玲（美國中國哲學與文化研究基金會董事長）

李瑞全（任教於香港中文大學教育學院）

何淑靜（美國中國哲學與文化研究基金會董事）

岑溢成（中央大學中研所教授）

吳　明（任教於香港新亞研究所）

周文傑（任教於台中師院，現已退休）

周博裕（《鵝湖月刊》社社長）

周群振（台南師院教授，現已退休）

林安梧（任教於清華大學）

林清臣（醫師、任職日本大阪醫院）

胡以嫻（美國中國哲學與文化研究基金會董事）

唐亦男（成功大學中文系教授）

徐　端（《鵝湖月刊》發行人）

袁保新（中央大學哲研所所長）

高柏園（淡江大學中研所所長）

孫守立（任教於南亞工專）

梁尚勇（監察委員、前台灣師大校長）

梁承武（韓國中央大學文學院院長）

梅可望（前東海大學校長）

陳問梅（東海大學中文系教授）

郭大春（美國華盛頓大學教授）

郭為藩（教育部長，前台灣師大校長）

勞思光（前香港中文大學教授）

曾昭旭（中央大學中研所教授）

黃振華（台大、文大哲學系主任，現已退休）

黃慶明（中國文化大學哲學系教授）

程兆熊（中國文化大學哲研所教授）

萬金川（任教於銘傳管理學院）

虞兆中（前台灣大學校長）

楊祖漢（中國文化大學哲學系教授）

潘振球（國史館館長）

鄭淑敏（行政院文建會主任委員）

劉昌平（《聯合報》社長）

劉述先（香港中文大學哲學系教授）

劉　眞（前台灣師大校長）

劉國瑞（《經濟日報》社長）

劉國強（任教於香港中文大學教育學院）

蔡仁厚（東海大學哲研所教授）

閻振興（前台灣大學校長）

霍韜晦（任教於香港中文大學、法住學會會長）

盧雪崑（任教於香港新亞研究所）

戴璉璋（中研院文哲研究所所長）

謝仲明（任教於東海大學哲學系）

酈錦倫（任教於東海大學哲學系）

蕭振邦（任教於中央大學哲研所）

蘇新鋆（任教於新加坡大學中文系）

總幹事：陳癸淼（立法委員、前中興大學教授）

副總幹事：王財貴（任教於台中師院）

顏國明（任教於淡水工商學院）

范良光（文化大學哲研所博士研究生）

工作人員：（列名於此，以誌賢勞）

陳德和（《鵝湖月刊》主編）

黃梅英（《鵝湖月刊》執行編輯）

江日新（《鵝湖月刊》編委）

霍晉明（《鵝湖月刊》編委）

黃新新（學生書局業務部經理）

高齡芬（任教於光武工專）

林月惠（台大博士研究生）

金貞姬（台大博士研究生）

王大德（文大博士研究生）

樊克偉（文大研究生）

鄧秀梅（文大研究生）

黃亦珉（師大國文系肄業）

牟鴻貞（先生之孫女）

牟鴻卿（先生之孫女）

• 4月13日，假鵝湖月刊社設置靈堂，門弟子於遺像兩側敬懸輓聯云（周群振撰）：「天地人精神相通，其誰踐形無間；儒釋道義理俱在，唯師判教分明。」靈堂前端，以長桌陳列先生遺著，並播放先生講學錄影帶。聲氣迴邊，又親教誨；師恩罔極，道範長存。嗚呼！……上午，國史館長潘振球首先前來上香行禮。隨後，國民黨副秘書長祝基瀅、文工會主任簡漢生、教育部長郭爲藩等亦前來行禮。總統府送來總統、副總統、正副秘書長之花籃，以示哀敬。下午，聯合報系老董事長王惕吾偕《經濟日報》社長劉國瑞來靈堂行禮，並表示願爲先生出版全集云。趙氏夫人於三時許率孝男元一，由石元康、蔡美麗夫婦陪同，來靈堂行禮致哀。連日來，副總統李元簇、總統府資政蔣彥士、行政院院長連戰、前台灣師大校長劉眞、名建築師李祖原等各界人士，以及師大國文系，台大、東海、中央、文化各大學哲學系所師生，亦皆致送花籃，以表哀思。

• 4月13日起，台北各報先後出刊紀念先生之專刊，茲記述如下：（按：4月下旬以後，各報之紀念專輯，皆由鵝湖月刊社長周博裕接洽規劃，其刊出之照片，亦皆由周博裕、周俊裕攝影提供。）

㈠《中央日報》：4月13日，〈長河〉版編輯部以「思想的巨人，寂寞的新儒家：當代哲學大師牟宗三先生走完薪傳智慧的一生」標題，出刊「牟宗三先生的哲學與生命學問」紀念專刊。19日，〈長河〉版刊出蔡仁厚之〈一生著作，古今無兩：牟宗三

先生病中垂語〉。5月2日，中副編輯部以「追隨的年代，告別的身影：門弟子心目中的牟宗三先生」標題，出刊紀念專輯，撰文者：王邦雄、謝仲明、高柏園、霍晉明等。

　㈡《聯合報》：4月13日，〈要聞〉版報導「哲學大師牟宗三病逝台北」。〈讀書人〉版刊出以「新儒家最理性的一筆：牟宗三」為題之專文報導。〈聯副〉版以「天地一哲人」標題，出刊「牟宗三先生紀念專輯」，除趙衛民整理之牟先生講詞：〈在中國文化危疑的時代裡〉外，同時發表蔡仁厚之〈當代哲儒牟宗三先生的學術貢獻〉與〈牟宗三先生著作出版年次表〉（兩文皆同時轉載於美國《世界日報》副刊）。16日，〈聯副〉版刊出曾昭旭之〈中國哲學宇宙的巨人：悼念牟宗三先生〉。30日，刊出王邦雄之〈一代大師的一生志業〉。5月2日，刊出劉述先之〈悼念牟宗三教授〉、西西之〈上課記〉（連載十三日）。3日，綜合版以「碩學垂範：牟宗三之公祭與葬禮」為題，圖文報導。6月3日，〈聯副〉版刊出陳冠學之〈憶恩師〉。

　㈢《中國時報》：4月13日，第4版報導「哲學大師牟宗三病逝」。同時刊出王邦雄之〈當代新儒學大師牟宗三的歷史定位〉，以及記者林照眞之特稿報導〈牟宗三：中國文化的捍衛者〉。同時中部版刊出記者王亞玲、林照眞之特稿報導，以及近山之專文介述。20日，〈人間〉版刊出余英時之〈追憶牟宗三先生〉。21日，刊出林鎮國之〈牟宗三先生及其哲學世代〉。5月2日，刊出黃振華之〈一位開拓中國文化新路的哲學家：悼念牟宗三先生〉。

　㈣《民生報》：4月13日，〈文化新聞〉版以「新儒學宗

師：牟宗三病逝」爲題，報導牟先生過世消息。30日，以「牟宗三先生承先啓後興儒學」標題，出刊紀念專輯，撰文者：陳癸淼、李瑞全、胡以嫻。5月3日，以「牟宗三之喪，備極哀榮」爲題，報導公祭安葬之過程。

㈤《自立早報》：4月30日，報導牟先生公祭消息。5月2日，副刊〈大地〉出刊紀念專輯，撰文者：曾昭旭、劉國強。

㈥《大成報》：4月30日，副刊全版以「古今無兩：牟宗三」標題，出刊紀念專輯，除報導牟先生事略及公祭消息外，並刊出周群振、翟本瑞、陳德和等之紀念文字。

㈦《自由時報》：4月13日，以「哲學大師牟宗三病逝」爲題報導。5月2日，副刊全版出刊「牟宗三先生紀念專輯」，撰文者：朱建民、李明輝、尤惠貞、莊耀郎。

㈧《中時晚報》：4月16日，以「牟宗三爲儒學開出新氣象」爲題，圖文報導。

㈨《聯合晚報》：5月2日，第4版刊出「一代哲人：牟宗三之喪，國旗覆棺」，圖文報導。

‧李祖原建築師事務所，主動設計墓園，增資出力，誠心可感。其設計兼融儒家之人文義、佛家之空如義、道家之自然義，格局超逸，樸質大方，同門友皆贊同之。

‧4月25日，東海大學爲先生設置靈堂，舉行追悼會，由文學院長洪銘水（東海早期校友，嘗受教於先生）主持。阮大年校長親臨行禮致悼詞，蔡仁厚抱病（痛風）出席、報告先生之生平及其學術貢獻，洪銘水報告先生任教東海時期之言行憶述，謝仲明報告先生講學之風格。另有總務長徐武軍（徐復觀先生之長公

子）、東海早期校友理學院長劉國鈞、哲研所博士生楊秀宮等亦
發言表示懷思與悼念。出席者尚有陳問梅夫婦、鄺芷人所長、鍾
慧玲主任、鄺錦倫敎授與東海師生近二百人。

‧4月28日，國史館傳記組纂修胡健國先生，以電話向蔡仁厚
徵詢，請應允擔任牟宗三先生《國史擬傳》之撰稿者，仁厚自當
勉力，乃允於6月底交稿。

‧4月29日，李祖原（從游先生之門）假萬里靈泉寺，爲先生
舉辦法會，眞情可感也。

‧4月30日，傳訊電視、中天頻道，播出「全球華人專題報
導」，以訪問之方式介述牟先生之學行事跡，受訪者爲劉述先、
李明輝、李瑞全。

‧4月《鵝湖月刊》238期，發表門弟子之哀輓聯（周群振
撰，王財貴書）、王邦雄之〈鵝湖論壇〉、蔡仁厚之〈牟老師最
晚年的學思與著作〉、〈牟宗三先生著作出版年表〉、楊祖漢之
〈牟宗三先生學思簡介〉。

‧5月1日，山東老家孝男伯璇、伯璉來台奔喪，經由陳癸淼
等之多方協調，終能於下午三時抵達台北（鴻貞、鴻卿接機）。
晚七時，治喪處再度開會，就有關事宜作最後之檢查，並對明日
公祭與安葬之進程，作最後之商定。（公祭現場與送葬諸事，推
舉袁保新擔任總提調。）海外門人來台參加弔祭者，香港方穎
嫻、鄧立光、李瑞全夫婦、吳汝鈞、盧雪崑、梁惠健等，美國李
淳玲、何淑靜，韓國梁承武、金炳采、李明漢等。

‧5月2日，假台北市立第一殯儀館景行廳舉行公祭。總統、
副總統、五院（行政、立法、司法、考試、監察）院長、總統府

秘書長、國史館長、中央研究院院長、教育部長、文建會主委、各大學校長（台大、師大、東海、中央、文化、港大、中大、新亞研究所等），以及治喪委員會主任委員、副主任委員、各界賢達等，皆致送輓額。總統頒發褒揚令，副總統親臨致祭，歷任教育部長蔣彥士、閻振興、郭爲藩，及國史館館長潘振球，擔任覆旗大員，爲先生覆蓋中華民國青天白日國旗。總統褒揚令文曰：

> 哲學家牟宗三教授，性行端潔，才思精敏。少負時名，壯遊上庠。博學審問，獲中華文化之薪傳；慎思明辨，嫻西方哲學之義理。融會貫通，創新儒學，成一家言；含生抱樸，顯大智慧，立百世法。攝儒、釋、道三教精華，甄陶多士；粹誠中行五經奧秘，汰化浮明。著作等身，經綸布乎神州；中和位育，聲聞馳諸海表。歷任各大學教授，授業解惑，弘道傳經，一代宗師，群倫共仰。茲聞溘逝，悼惜殊深。應予明令褒揚，以示政府崇念耆賢之至意。

靈堂遺像兩側，懸掛治喪委員會、護喪妻、孝男之輓聯、輓詞：

治喪委員會：

光尼山之道統　　弘黃岡之慧命
擴前哲之器識　　發儒聖之光輝

護喪妻趙惠元：

數十年相隨，悠悠歲月，而今已矣；

萬千日共處，切切情懷，其誰知之。

孝男伯璇、伯璉、元一：

欲報之德　昊天罔極

　•八時家祭後，仁厚受治喪委員會與同門友之叮囑，在公祭會廳報告先生之生平與學術貢獻。八時四十分，行覆旗之禮。九時，公祭開始。依次爲治喪委員會、教育部長、文建會主委、交通部長、師大校長、師大國文系師生以及台大、政大、文化、輔仁、東海、中央各大學哲學系所之師生，香港大學中文系、香港中文大學哲學系、新亞研究所之師生代表，台大哲研所畢業校友、韓籍門弟子、韓國留華研究生，以及人文友會、鵝湖月刊社、東方人文學術研究基金會、中國哲學研究中心、中研院文哲研究所、美國中國哲學與文化研究基金會，以及各界人士、青年學子等，皆來靈堂弔祭行禮。

　•十時半，瞻仰先生遺容。隨即由先後期門弟子代表十二人，護送靈柩上靈車，由交通警車開道，發引安葬於新店竹林路長樂景觀墓園。上山送葬者，家屬門人與青年學子約百餘人。十一時半，靈柩入土，葬禮終成。

　•5月3日，中華電視台、新聞雜誌，以「一代哲人：牟宗三」爲題，播出十五分鐘之紀念節目（由周博裕接洽規劃），受

訪者爲戴璉璋、蔡仁厚、劉述先、王邦雄。

• 5月4日，陳癸淼等會同律師李美倫依法爲大陸家屬處分遺產完畢。次日，楊祖漢代表在台門人，護送伯璇、伯璉兄弟經香港返回山東老家。

• 7日，香港新亞研究所、中文大學新亞書院、中大哲學系爲先生舉辦之追悼會。先由劉述先代表獻花默哀，方穎嫻報告先生之學行事略。再由主禮人劉述先、台灣代表楊祖漢、中大哲學系代表陳特、新亞研究所代表吳明，分別致悼念辭，家屬代表牟鴻卿答禮致詞。會場氣氛，莊穆哀戚，香港門人與各界人士，一同參與，致衷盡禮。

• 5月，《鵝湖月刊》239期，出刊「牟宗三先生紀念專號」，除周博裕之「追思會存影」與蔡仁厚執筆之「論壇」、「學行事略」、「祭文」之外，撰文者，有：黃振華、劉述先、陳癸淼、唐亦男、王邦雄、曾昭旭、李瑞全、劉國強、林安梧、黃漢光、何淑靜、李淳玲、金貞姬、范良光、陳德和等。同月，《中國文化月刊》187期，發表蔡仁厚之〈牟敎授的生平及其學術貢獻〉。

• 6月，《鵝湖月刊》240期，繼續出刊「牟宗三先生紀念專號」，撰文者：王邦雄、蔡仁厚、楊祖漢、周群振、霍韜晦、王財貴、盧雪崑、方穎嫻、潘朝陽、吳明、孫守立、許義灶、郭齊勇、李耀仙、劉雨濤、樊克偉、曾昭旭、林安梧、陳德和等。《鵝湖學誌》14期，發表關鎭強之紀念文字〈牟宗三先生論圓敎之根據：無限智心〉。

• 同月，中研院文哲所《中國文哲研究通訊》第18期學界消

息欄出刊「牟宗三先生紀念專輯」，撰文者，戴璉璋、劉述先、
蔡仁厚、林安梧、陳榮灼、李明輝等。文哲信箱並刊登大陸學者
牟鍾鑒之悼念函。

（附識：香港與海外報刊之紀念文字，已編入紀念集。）

附錄㈢：墓園記（含墓表）

　　民國85年12月22日至24日，當代新儒學第四屆國際學術會議在台北召開。而前三屆大會名譽會長——牟宗三先生的墓園也適時落成。大會應與會學者之請，定於會後之次日（25日）上午八時，包租中型巴士前往拜墓行禮，參加者採自由登記之方式，連同大會工作人員共三十餘人。巴士位子不夠，又加開二輛轎車。而牟師母則由家人門生陪侍，另車上山。舉行祭拜儀式之後，自由留影、走山、觀景。至十時半，又驅車轉赴觀音山唐君毅先生墓地上香行禮。猶記唐先生逝世三周年時，仁厚曾撰短文介述唐墓位置與景觀。茲逢牟先生謝世二十閱月、墓園落成之際，緬懷師恩，高厚無極。乃援筆敬撰墓園記，以申哀仰。

一、青山之懷，哲儒長眠

　　牟宗三先生的老家在山東棲霞，棲霞地屬膠東山區，風景樸美，四季分明。宋末元初的邱處機（長春真人）曾留下一句話，說是「走遍天下，不如我小小棲霞」。可見棲霞確實是一區福地。如今，牟先生的長眠之鄉，是在台北盆地南緣，新店市郊的

長樂景觀墓園。由台北市出新店市街，接上北宜公路，前行一百公尺右轉竹林路，又約百餘公尺再向右轉，便是蜿蜒而上的山路了。路稍窄，只可通行二十人座的中型巴士。上到半山管理所大門，再向右急轉彎，爬陡坡，約六十公尺即抵達小小停車坪，旁邊坡地有一座玄色花崗石配合灰白梁柱而建造的新式墓亭，那就是一代哲儒牟宗三先生的長眠之地。

這個位置，正是青山之懷。背後有峻嶺，可以穩穩倚靠。前面是台北市景，高樓建築，參差林立。左前方遠眺觀音山，輪廓顯明，形態安祥。右前方遙對七星山，氣勢磅礡，峰巒綿延。兩山對峙處是淡水河口，隱約可見。近前左右山麓，層疊逶迤，成環拱之勢，頗有抱元守一的意思。當初探勘墓地時，我們並沒有邀約堪輿師，但依於眾人的觀感，認為這裡的風水，正是天造地設的福地佳城。

新店屬於北台灣的多雨地帶，而細雨霏霏的日子，又正是牟先生所說的「好天氣」。這時候，地面是溼潤的，空氣是溫柔的，人行走在小雨之中，心情也變得和順了。所以，他特別喜歡在小雨天氣出門散步。腳踏在濕漉漉的路面上，覺得天空柔和，大地溫潤，便不由得滿心愉悅。至於那種烈日當空，燠熱煩躁的日子，當然就不是老人家所喜的了。如今，他安息在青山之懷，可以隨意領略清風之和，細雨之潤，以及四圍的山川之美；又可以徜徉於山徑上，溪澗邊，徘徊在月光下，雨霧中。耳接天籟、地籟、人籟，目接山色、水色、月色。徹幽明之隔，通古今之情。既與斯人為徒，也與萬物同春。這樣一位典型鮮活、覺情惕若的老人，才真可說是「長眠寧息，永恆不朽」。

二、墓園墓表，古今中外

牟先生的墓園，是普通適用的三塊墓地合而為一，由名建築師李祖原先生義務設計督造。他不但增資出力，而且隨時修正，務期做得盡美盡善，以上慰牟老師在天之靈。墓地分三區。中區為正位，含墓穴、墓碑、墓亭。墓碑上方的平頂，開有遮簷式的長形孔道，天光自上照下來而雨水不漏，是一別具匠心的設計。碑亭四方形，亭柱與梁架，穩實而厚重。平頂由後方墓壁向前伸展，亭之前簷向上昂起，與天光雲影相迎接。這一區象徵儒家的人文精神，既隱隱然具有廟堂莊穆的意象，又顯示上下內外融通一體的悠悠情懷。

右區是花園綠草，繞以高度約略墓亭之半的圍牆。右側牆垣中間，有一個半窗式的設計，可使山澗游氣，涵攝吐納於青草花卉之間，以形成氣韻生動的效果。如此構想，是要象徵道家的虛靜安閒，自然無為，無為而無不為。左區則平舖玄色花崗石，顯得素淨而寬敞，可以象徵佛家觀空破執的船若精神和涅槃空如的境界。其左側牆垣中間，開有一闕以安立墓表。墓表用花崗石，高六尺，寬三尺，巍然而立，有「直、方、大」之氣象。

墓表由王君季謙書丹刻石，上端篆額曰：牟宗三先生墓表。表文用隸書，文如下：

　　長眠於此青山之懷者，是當代大哲、儒學宗師　牟宗三教授。

先生出身北京大學，性情高狂，才品俊逸，能化腐朽爲神奇，乃熊十力先生特爲器重之嫡傳弟子。先後榮受香港大學名譽文學博士與國家文化獎章。

先生以三部皇皇鉅著，表述魏晉玄學、南北朝隋唐佛學與宋明理學，使儒釋道三教之義理系統，煥然復明於世。其學術成就，承先啓後，功莫大焉。

先生本於内聖之學，以豁醒外王大義，特撰著新外王三書，爲中國文化中政道事功與科學之問題，提出中肯之解答。是眞能順成顧黃王三大儒之心願遺志者。

先生以一人之力，全譯康德三大批判，乃二百年來世界第一人。又另撰專書數種，以消化融攝康德之學，爲眞美善之分別説與合一説，提出妥恰之詮釋。

先生對中國哲學所涵蘊之問題，以及中西哲學會通之分際與限度，皆以系統性之講錄，作全盤之疏導與衡定，透闢深徹，實啓返本開新之善端。贊曰：

> 浩浩宇宙　　慧命長流
> 師尊法運　　炳耀千秋

中華民國八十四年五月　穀旦
先後期門弟子　一體恭述敬立

這篇墓表的寫法，綜合了古今中外的形式。譬如王船山自題墓誌：「抱劉越石之孤忠，而命無從致；希張橫渠之正學，而力

不能企；幸歸全於茲丘，固衛恤以永世」。他自述懷抱、學行、身命、際遇，勁斂而沉鬱，警策而有力，不同凡筆。而美國第三任總統哲斐蓀，則只在墓碑上寫明他是美國獨立宣言的起草者，至於總統名銜則似乎不足輕重。若依上例，則牟先生的墓表，也可用他自己的話：「我的一生，可以說是『為人類價值之標準與文化之方向而奮鬥』以申展理性之經過。」或者用他八十壽宴所說的那句話：「我自大學讀書以來，六十年中只做一件事，是即：反省中國之文化生命，以重開中國哲學之途徑。」這樣，也庶幾可以表述他高狂光輝的生命價值。但從天下後世人看來，則將會有「無乃太簡乎」之感。所以，幾經斟酌，還是採取現在這樣的寫法。

同門友中，也有人認為墓園的文字太少，總該有對聯旌表，方稱情實。這個意思，可能不少人都有同感。但墓園的整體設計，雅正素淨，典重莊穆，在一碑一表之外，是否需要更多的文辭華藻，這就見仁見智，事在兩可了。

三、碣石無形，草色青青

在第一次墓地規畫說明時，李祖原建築師事務所預定在墓亭之右矗立一塊大石。後來由於斜坡墓地施工，無法用吊車安裝巨石，這才改為綠色草坪。當時論及立石題石，有人提議直接用牟先生的名諱命為宗三園，至於碣石的命名，則一時未曾想出來。

某日，我忽然想到，既以「名」名園，便再以「字」名石，「宗三園、離中石」，豈不甚好？於是索性寫成一篇「園石名義

解」，影印給幾位朋友共相參酌。如今雖然用不到了，但意思一旦出現，它便可以是永恆的。所以特錄於後，以為紀念：

> 宗三，師尊之名也。離中，師尊之字也。今以宗三名園，以離中名石者，非敢不諱也，乃仰念之深而思慕之切也。三有多義：天地人曰三才，日月星曰三光，儒釋道曰三教。而宇宙之數，義蘊無窮。自其基始而言之，一為元，二對待，三則善能表道妙；所謂道生一，一生二，二生三，三生萬物，是也。
>
> 道，有體有用，於中字可見道之體，於三字可見道之用。是故，三可宗而不可定著，定著則拘限於三，而三亦遂無由靈動而生萬物矣。中宜離以顯其用，不離則滯執於定中，而難能得其時中之妙矣。
>
> 師尊之名與字，正蘊含道之體用。承體起用，即體即用，則法運昌隆之幾，慧命綿流之兆，實已啓其端矣。後之來者，繼志述事，其念之哉，其勉之哉！

民國第二乙亥五月二日　師尊安土之夜

這園中碣石，未見其石而有其文，也可算是一段異樣的世間佳話。另外還有一個意思，也附帶在此作一說明。去年暮春，楊君祖漢問我，「學行事略」文後四句贊語何以只講儒家，而未及於道家與佛教？當時我回答說：贊詞寥寥數句，很難涵蓋周遍。現在且再來檢視一下：

光尼山之道統　　弘黃岡之慧命
擴前哲之器識　　發儒聖之光輝

　　第一句是說孔聖，第二句是說本師熊先生，第四句指出牟先生對內聖外王的新詮釋，實已顯發儒聖慧命之新光輝。這三句都是講儒家，而第三句「擴前哲之器識」則並不限於儒家，佛老諸子與西方哲人都可概括在內。而且這一句也是順牟先生自己的話來講。他在《五十自述》第四章，說到康德的《純粹理性之批判》和羅素的《數學原理》，由於中國學術傳統沒有這一套，所以一時還產生不出如此的偉構；而就自己的才與學而言，也常嘆自愧弗如。但就哲學器識而言，則並無多讓云。牟先生一生講學者書所顯示的哲學器識，確能超邁前修而開擴中西先哲之所未能。據此而言，這四句贊詞畢竟還是具有總括性的。

　　師尊之身已經離開我們，而師尊之心則常常臨在，時時呈露。上週拜墓歸來，內心一直在問：新店溪畔的青山何其有緣，得以迎擁這位千秋哲儒，常相伴依。而弟子後學又何其有幸，得以在此青山之懷，展拜敬愛的老師，以期慧命之永續。師恩浩蕩，窮於讚歎。且讓青青草樹，綠遍天涯；漢影雲根，垂諸久遠。

代跋：《學思年譜》撰述報告

一、弁言：先儒年譜舉隅

年譜，是個人的編年史。對某人成學的經過，思想的演變，著作的出版，仕進的升遷，及其生平交遊、門人傳承等等，都可以依年次而加以記述與評論。先儒的年譜，詳略不一，成書之情形也各不相同。在名稱上也有稱為「學譜」的，如：《黃梨洲學譜》（內分傳纂、學術述略、著述考、學侶考、家學、弟子、私淑七部分）。茲舉朱子與王陽明二家之年譜略為一說。

㈠《朱子年譜》

世傳朱子門人李方子（字公晦）作《朱子年譜》三卷，其書今已失傳，只剩下魏了翁所作之序，仍保存於現行之《朱子年譜》中。明洪武年間曾有《朱子年譜》之刻印，正德年間，戴銑又「因其舊而修之」，改稱「實紀」。嘉靖年間，李默（字古沖）又作較大幅度之參定，並約請朱子十一世孫朱凌分別作序。清康熙39年，洪璟作〈朱子年譜〉序，謂其兄（洪去蕪）輯李方

子舊本與李古沖改本，再參以朱子從學延平、朱子與張敬夫論中和之文獻，又附以黃（勉齋）氏行狀、宋史本傳與歷代褒典廟記諸文，合刻於金陵，是爲「洪本」。而今日通行的《朱子年譜》，則爲王懋竑所纂輯（正譜四卷、考異四卷、朱子論學切要語二卷）。王氏多據文集與語錄以考正李古沖本與洪去蕪本，歷時二十餘年，凡四易稿而後定。書成於乾隆六年王氏逝世之歲，十年後由其子付梓印行。

王本《朱子年譜》，在先儒年譜中號稱精審。但據今日看來，仍有一大缺失，即有關〈仁說〉之論辯，譜中未見記述。朱子中和論定之後，四十三歲左右，又撰〈仁說〉，這是朱子極爲重要的文字。文中直接批駁湖湘學者承胡五峰而言仁之論點，間接批駁謝上蔡之以覺訓仁，事實上是不滿於程明道對於仁之理解。此文引發張南軒、胡廣仲、胡伯逢、吳晦叔諸人與朱子之往復論辯。通過此一論辯，朱子之系統乃達於最後之完成。朱子言「仁」，捨明道而從伊川，實與孔孟之言仁不合，這是心性之學系統分化的關鍵，而王懋竑編纂年譜卻無〈仁說〉之記述。可見宋季元明以來之朱子學者，實不明曉朱子言「仁」之要旨，所以對有關〈仁說〉之文獻，也不懂得加以輯錄。《朱子年譜》之編纂，經歷五百多年之歲月，仍未能達成於完善。可見要做成一本好的年譜，是何等的困難。

(二)《王陽明年譜》

陽明的年譜，成於身後之三十五年（明嘉靖四十二年）。當

陽明逝世時（嘉靖七年），門人薛侃、歐陽德、何善山、黃洛村、王龍溪、張元沖等，即商量編年譜，相約分年分地搜集成稿，再彙送鄒東廓總裁。過了十幾年，零落參差，合併不齊，只有錢緒山所撰（自始生至龍場）一段，稿寄鄒東廓。又過十年，稿子還是彙不齊。東廓函告緒山云：「同志注念師譜者，今多為隔世人矣。後死者寧無懼乎？」於是，緒山發憤編撰，稿初成而東廓又卒矣（嘉靖四十一年）。緒山前赴弔喪，傷感不已。乃特別走訪羅念菴，請他校訂年譜。念菴讀譜而大悅，應允相與考訂，緒山入懷玉山作最後之整理，又四月而譜成。

在先儒年譜中，《王陽明年譜》應該算是比較完善的。但這本年譜之成書，也甚為不易。先是群弟子分工，十餘年做不成。又十年仍不成。幸得錢緒山始終不懈，又經鄒東廓之敦勉，羅念菴之考訂，合三賢之心力，才完成這本年譜。

二、牟先生《學思年譜》之撰述

昔賢講學，多不著書。故其思想觀念，學術異同，不易掌握。編年論　，更加困難。加以仕宦為政，事情繁雜，故年譜之成，可謂千難萬難。而牟老師一生講學，最見條理，所著各書，也最有系統，生平行事，又很單純。因而年譜之作，比起先儒來，應該比較容易。關鍵只在對他的學思如何理解、如何表述。牟老師七十歲時，我開始念及此事，而動筆從事年譜之編述，並先後在《鵝湖月刊》發表。有了這個底子，所以老師喪葬事畢，很快便整理成稿。看似效率甚佳，其實，也是十八年來的細心蒐

集，勤勞記述，才有這點成績。至於得宜與否，則祈請同門友與
各方人士不吝指正。

(一)撰述之經過

1.民國66年秋月，撰寫〈牟宗三先生學思歷程與著作〉，四
萬餘言。編入牟先生《七十壽慶論文集》，於第二年由學生書局
出版。這篇綜述，代表我對牟老師學問的理解，階段的劃分和內
容的說明，大概還算妥當，牟老師只改了幾個字，便通過了。

2.同年初冬，開始編撰牟先生年表。當時，牟老師住在基隆
路台大宿舍。我在華岡教書，每週有三天住在臥龍街我岳父家
裡，下課以後常去陪老師。我一邊寫，一邊向老師問一些相關的
生平事跡（但沒有告訴他我在做年表）。到第二年春假，完成初
稿，標題為「學行著述紀要」，送請老師改正。他翻開來，看到
是編年的方式，就說：你現在編這個做什麼？我說：有些事，必
須記下來，否則，將來就弄不清楚了。我們這一代所知道的，不
夠完備，也未必正確。所以先作記述，請老師訂正。他嗯了一
聲，算是認可了。過了一週，我再去看老師，他把稿子交回給
我，說：「寫得不錯。留起來，將來做學思年譜。」我回去看稿
子，有關老師先世和家人的名字，已分別填入譜稿，前面的弁言
也改了幾句。而歷年的學行事跡，則改動不多。因為他老人家不
記事，欠缺時間觀念，好多往事他自己也不太記得清了。不過，
關鍵性的事情，他卻記憶深刻，毫不含糊。這些年來，我凡有所
聽聞，都隨時記錄備用。

3.民國77年冬，又把年表補寫到八十歲，標名爲〈牟宗三先生學行著述紀要〉，分期發表於《鵝湖月刊》第165／166／167期（78年3、4、5月）。

4.民國78年初，撰述牟老師七十以後的學思與著作，標題爲〈學思的圓成〉，分上下兩篇發表於《鵝湖月刊》第167／168期。

5.民國81年冬，續撰牟老師八十一歲至八十五歲之〈學行著述紀要〉（初續），發表於《鵝湖月刊》211期（82年2月）。

6.今年（84年）4月，寫成〈牟老師最晚年的學思與著作〉（二續），發表於《鵝湖月刊》238期。

7.訂正〈牟宗三先生著作出版年次表〉發表於《鵝湖月刊》238期。

8.撰寫〈牟宗三先生學行事略〉，供喪禮之用。事後，發表於《鵝湖月刊》239期紀念專號之一。

9.撰寫〈牟宗三先生喪紀〉，發表於《鵝湖月刊》240期紀念專號之二。

10.補寫〈康德判斷力之批判：眞美善之分別說與合一說〉，編入〈學思歷程〉第六階段、康德批判書之譯註「丙」。

以上的撰述，前五項寫於民國66年至81年，皆經牟老師過目衡定。而後五項乃今年所寫，如有差謬，請大家隨時指出來，以便修訂。

㈡年譜之編印

　　民國84年過農曆年時，我本想把〈學行紀要〉（編年之方式）與〈學思歷程〉（分階段而敘述），合成年譜，以初稿之形式先印出來，作爲老師八十七歲壽慶的獻禮。後來遲延沒有付印。今年4月，老師謝世。喪祭事畢，即著手整理，增訂成書，於9月初送請學生書局印行。

　　年譜之目次如下：

遺照、遺墨

前序㈠㈡

甲、學行紀要

卷一　自出生之年至四十歲

卷二　自四十一歲至六十歲

卷三　自六十一歲至七十歲

卷四　自七十一歲至七十六歲

卷五　自七十七歲至八十二歲

卷六　自八十三歲至八十七歲

乙、學思歷程

第一階段（大學時期）：直覺的解悟

第二階段（四十以前）：架構的思辨

第三階段（四十以後）：客觀的悲情與具體的解悟

第四階段（五十以後）：舊學商量加邃密

第五階段（六十以後）：新知培養轉深沈

第六階段（七十以後）：學思的圓成

丙、著作出版年次表

　　附錄：一、學行事略。二、喪紀。三、全集編目初擬（按：今改列「墓園記」。）

　　這部年譜的結構，採取雙軌平行的方式：〈學行紀要〉是以編年的方式，記述生平事跡與著述出版；〈學思歷程〉則依學思的階段，以論敘思想的演進和學術的成就。在雙軌平行的論述中，兩部分都必須介述著作，因此，若干重複是必然的，是無可避免的。就我自己而言，並不覺其重複，也不厭其重複。等到有一天讀者不耐其重複時，就會出現新的契機，而一部更好的《牟宗三年譜》便可能應運而出世。這也正是我所禱求的。

　　※　　　　※　　　　※　　　　※　　　　※　　　　※　　　　※

　　暑假期間，我整理年譜初稿時，曾有若干增補和訂正，也在此說明一下。

　　⑴抗戰勝利，牟老師在南京創辦《歷史與文化》雜誌，譜稿把此事記述在民國35年，其實，35年時只是籌備，到次年（36年）1月，才發行創刊號。今已改正過來。

　　⑵〈王陽明致良知教〉一長文之撰述發表，譜稿列於民國35年，當移後一年，今已改正。

　　⑶大陸時期的論文，譜稿登錄不夠詳備，時間也有參差，今已參考顏炳罡《整合與重鑄》附錄的資料，加以補充、改正。

　　⑷民國41年，牟老師在《中央日報》、《台灣新生報》發表專論，譜稿只登錄兩篇，事實上有五篇，今已補全。這些文章，

當時引起老總統的注意，特由張其昀氏轉託謝幼偉先生向牟老師
示意，要安排召見日期。老師大概「不想被總統召見」，就婉謝
了。

⑸民國73年，牟老師榮受行政院國家文化章。當時鵝湖以編
者名義發表賀詞，牟老師看了，以為言之得體。今已摘要補入年
譜。

⑹民國77年，譜稿載有中華書局《簡明大英百科全書》中文
版「牟宗三」條，計八百字。如今年譜中既已附錄學行事略，所
以將這條文字刪去。

⑺民國78年，牟老師應邀在文化大學「東西哲學比較會議」
作主題演講，我根據自己聽講的筆記寫成一段文字，編入年譜。
有些敘述未盡妥貼，老師特為修訂。今已照改。

以上各點，是比較重要的增刪修訂。上個月，我在東海研究
室又翻到一份影印稿，是張曼濤居士在唐君毅先生過世時的紀念
文字，民國67年春月發表於香港《明報月刊》。文中引述唐先生
去世前給他的兩封信（1月23日、25日），討論有關牟老師講天
臺圓教、華嚴別教以及如來禪與祖師禪之見解。牟老師把該文影
印寄給我，附言曰：張曼濤此答甚佳，惜唐先生不得見。若在生
前見到，當可因第三者之言而使自己有一步反省也。前幾天，我
又想起學生書局出版的《唐君毅先生紀念集》，不知有沒有收錄
此文。一查，有。但並非錄自《明報月刊》，而是錄自台北的
《哲學與文化》5卷4期轉載之文。

今天我提這件事，是感到類似的資料，可能為數不少。將來
恐怕還要作年譜考異或補正。我希望同門友與各方人士能把自己

所知所聞的事跡資料，提供給我們，以便作適當的處理。

三、牟先生的學術功績

《鵝湖月刊》239期的「論壇」，講到牟老師的學術功績，那可以代表我的基本理解和看法。共有五點：

1. 全面表述「儒、釋、道」三教的義理系統。
2. 開顯儒家新外王的道路。
3. 全譯康德三大批判，創造世界新紀錄。
4. 積極消化康德：眞美善之新詮釋。
5. 中國哲學之省察與中西哲學之會通。

我相信這五點都說得很持平，不增不減，恰如其分。現在我再說三點意思。

第一、民國80年，張永儁先生爲正中書局主編《當代中國思想家》一書，我應約寫牟老師，當時用的標題是：〈高狂俊逸、透闢深徹的大哲：牟宗三〉。出版之後，送給牟老師看，他說很好，對於八字標題和文內標目也認爲很恰切。今年四月，國史館約我寫〈牟宗三傳〉（國史擬傳），我也沿用這八個字，並進一步指出這八個字分別指「氣性、才品、學思、義理」而言，合起來是「氣性高狂、才品俊逸、學思透闢、義理深徹」。我覺得這樣說明一下，可以使意指更爲顯豁。

第二、綜觀牟老師一生，「高視闊步，大開大合」，其著作

「通貫三敎，融會中西」。古往今來，鮮有其比。唐君毅先生說牟先生「天梯石棧，獨來獨往」。像這樣的人和這樣的學問，才眞正是孟子所謂「深造、自得」的典型。

第三、如果以牟老師作爲儒家第三期的代表人物，來和第二期的宋明理學家作一對比，我們可以發現有三點是超越宋明的。⑴牟老師同時表述三敎之義理，辨佛老而不闢佛老。這是一大進步。⑵牟老師對儒家內部的系統，不拘於學派門戶，皆能作客觀的解析和講論。這份胸襟，也有進於理學家。⑶牟老師承認在儒家的「道統」之外，還有「學統」（知識之學）與「政統」，所以主張「三統並建」：一是道統的肯定（內聖成德之敎的承續與光大）。二是學統的開出（從民族文化生命中透顯知性，以開出知識之學）。三是政統的繼續（確認政體發展的意義，以肯定民主政治的必然性）。

由以上簡單的敘述，可以看出牟老師的學術，是對「內聖外王」、「中西文化」一步大的統合。民國時代出一位牟宗三，不但足爲民國增光，也可以爲中華文化和儒家學術，在國際學壇撑持顏面。

四、師尊謝世，門人繼踵

昔百丈禪師激賞其徒黃檗禪師的對話，便說：「見與師齊，減師半德。見過於師，方堪傳授。子甚有超師之作。」我第一次讀到這句話，深心大爲激動。有這樣好的老師，才會得到這麼好的弟子；有這樣的好學生，才會遇上這樣的好老師。禪宗能在中

國歷史上大放異采，實非偶然。現在我們作為牟老師的學生，能不能「見與師齊」？能不能「見過於師」？就我自己而言，兩皆不能，愧對師尊。學問之事，實在無窮無盡。必須從累積見深厚，由發展見高明。因此，我願以誠摯之心，在此作一呼籲，請大家齊一心志，共同來接續牟老師的精神，各就一己的興趣和長處，分工合作地來做下列幾件事：

第一件、文獻的疏解：這是持續性的工作，自己一個人做，或者二三人合起來做，皆無不可。

第二件、專家專題的研究：這種研究，或以「人」為對象，或以「事」為對象，或以「問題」為對象，有了成果，便正正式式寫成專書。

第三件、中西主流思想之講論：講學，是永生永世的事，是世世代代相續的事。學術昌明時，要講學；學術衰微時，尤其要講學。

第四件、文化意識的豁醒：這是「教育、教化」的源頭活水，要護持，要提醒，要開發。

第五件、文化事業的落實：這關乎生活的實踐和文化的生根。文化講座、學術座談、學術會議、出書、辦雜誌、兒童讀經，這些都很好。但應該還有其他的工作，值得我們隨宜隨機來推動實行。

最後，我想說幾句話和青年朋友共勉：

自古有才難之歎。而世間之才，又很難求全責備。故昔人有詩云：「我勸天公重抖擻，不拘一格降人才。」如果我們覺得自己也是一個人才，就必須自尊自重，愛惜自己，使自己能夠「成

才」。至少，不讓自己變成人間之「棄才」。如果我們大家都能成才，牟老師的「道」（其實也是儒聖之道，人類之道），就可以真正得到承續而光大。

八十四年十二月，講於「牟先生紀念會」

牟宗三先生全集㉜

國史擬傳

蔡仁厚 著

《國史擬傳》全集本編校說明

蔡仁厚

本傳係先生門弟子蔡仁厚應中華民國國史館之約而撰述,於1995年6月12日,即先生逝世兩月之期完稿。本傳於同年12月先發表於《國史館館刊》復刊第19期,次年6月編入《國史擬傳》第6輯出版。

傳文分九節,約一萬四千餘言。本《全集》本改正標點二處及英文字二處,增加英文姓名兩處,其餘無改動。此乃國史之擬傳,亦即來日正式修國史時之史稿。

目　次

一、家世與簡歷

　　牟宗三（西元1909～1995年），字離中，民國前三年（清宣統元年）夏歷四月二十五日，生於山東省棲霞縣城南四十華里之牟家疃祖宅。民國84年4月12日，病逝於台北市台大醫院，享壽87歲。

　　棲霞牟氏，係明太祖洪武年間自湖北遷來。經數百年之繁衍，遂為縣內最大姓族。宗三系出老八支中之第四支，世代耕讀相續，至宗三祖父之時，家道極為衰微貧窘。父蔭清初營一騾馬店，後改營纖織業副助農耕，克勤克儉，始稍足溫飽。蔭清喜讀曾文止公家書，夜間亦常諷誦古文，聲調韻節，穩健而從容。為人剛毅守正，有令譽於鄉里。妻杜氏，有懿德。生子三，長宗和，次宗德，宗三其季也。

　　宗三先娶王氏夫人，生子二，長伯璇，次伯璉，孫四人，孫女五人，曾孫三人。皆在山東故里。民國47年與趙惠元女士締婚，生子元一，留學美國，寓居香港。乃子若孫，皆各自成立，克紹家聲。

　　民國12年，宗三入棲霞縣立中學。16年，入國立北京大學預科，兩年後升哲學系，22年畢業。在大陸時期，先後任教於華西大學、中央大學、金陵大學、浙江大學，以講授邏輯與西方哲學為主。38年來台，任教於台灣師大與東海大學，講授邏輯、中國哲學史與人文課程。43年，受聘為教育部學術審議委員。49年應聘赴香港大學，主講中國哲學。57年由港大轉香港中文大學新亞書院，任哲學系主任，先後講授魏晉玄學、南北朝隋唐佛學、宋明理學，以

及康德哲學、知識論等課程。61年赴檀島出席東西哲學家會議。63
年自中文大學退休，任教新亞研究所，爲哲學組導師。65年應教育
部客座教授之聘，先後講學於台灣大學哲學研究所、台灣師大國文
研究所，並應聘爲東海大學、中央大學榮譽講座教授。73年，榮受
行政院國家文化獎章。79年，香港大學特授予名譽文學博士。84年
逝世，總統特頒褒揚令，並由歷任教育部部長與國史館館長覆蓋中
華民國國旗，安葬於台北新店竹林路長樂景觀墓園。

二、北大求學、化腐朽爲神奇

宗三在北大預科時，因讀《朱子語類》而引發想像式之直覺解
悟，對抽象玄遠之義理極具慧解。而當時流行之西方觀念系統，如
柏格森（Henri Bergson, 1859-1941）之創化論、杜里舒（Hans
Driesch, 1897-1941）之生機哲學、杜威（John Dewey, 1859-195
2）之實用主義、達爾文（Charles Robert Darwin, 1809-1882）之
進化論，皆吸引宗三之注意，而引發其思想之興會。

升入哲學系後，一方面隨課程而接上羅素（Bertrand Russell,
1872-1970）哲學、數理邏輯、新實在論等；一方面自闢蹊徑，遍
讀易書，以及英哲懷悌海（Alfred North Whitehead, 1861-1947）
之著作。

宗三讀易，採大規模之方式。先整理漢易（如京氏易、孟氏
易、虞氏易等），進而講晉易、宋易，然後是清人之易學，如胡煦
之《周易函書》，與焦循之易學三書《易圖略》、《易通釋》、
《易章句》。宗三讀易乃屬私下用功，既無教授指導，學校亦無人

開此課程。他隨讀隨抄，隨抄隨案，漸漸形成條理。在大學畢業之前，即已完成《周易的自然哲學與道德函義》一書。但此書之運道並非順利，首先厄於當時文學院院長胡適之偏見與壓抑，再次厄於數理邏輯受業師張申府之漫忽與不省。唯當時在北大講中國哲學之老教授，如李證剛、林宰平，則對此書稿大為稱讚，而甫自杭州返回北大之熊十力先生，更對胡煦一章特為嘉許，認為發掘胡氏其人其書，乃對學術大有貢獻之事。另有自美學成歸國之沈有鼎，則更盛讚此書是「化腐朽為神奇」。

宗三指出，漢易通過卦爻象數之路，以觀陰陽氣化之變。至清初胡煦仍走此路，但其講說已更為自然、更為妥貼、更為通貫。胡煦所展示之理境，是卦爻象數下中國式的自然哲學，而又兼帶表示出人事方面的許多道德函義。而焦循則直接由卦爻象數之關係，而建立其「旁通情也」之道德哲學。若就《易經》之卦爻象數而言，漢易與胡煦所達成之自然哲學，乃為正宗。而焦循所達成之道德哲學，只能算是工巧之穿鑿，並不能夠契入道德心性，以上企高明。

宗三之意，就《易經》之卦爻象數而講成自然哲學，是往下講。必須就經文正視《易傳》，視《易傳》為孔門義理；能就此作為孔門義理之《易傳》而講述儒家的道德形上學，方是往上講，方是「絜靜精微」之「易教」。（此往上講之一路，乃宗三五十以後之工作。）

三、從美感直覺到架構思辯（扭轉羅素、提升康德）

大學三年級以後，宗三之學思，形成雙線並行之歷程。第一、

是從美的欣趣與想像式的直覺解悟，轉入「為何、如何」之架構思辯。（以後撰著《邏輯典範》與《認識心之批判》，即是順此線索而發展。）第二、是從外在化提升一步，而內轉以正視生命，契入儒聖之學（是即熊十力先生啟迪振拔之功也）。

先說第一點，從美的欣趣與想像式的直覺解悟，轉入架構思辯。

宗三之大學時期，正是英哲懷悌海抒發其宇宙論的玄思之時。著作絡續而出。早出之《自然知識之原則》、《自然之概念》二書，精練簡要，是觀念之發端；1925年出版之《科學與近代世界》，是其思想由蘊蓄而發皇之時；接著1929年又出版《歷程與真實》，則代表其宇宙論系統之大成。

懷氏之美感欣趣與直覺解悟，皆甚強。直覺的、美感的，直說而中。其運用之言辭，是描述式的，而「為何、如何」之邏輯技巧、嚴格思辯，則不甚顯。而宗三在讀懷氏著作之同時，卻因共黨大肆攻擊思想律而引發他對邏輯之興趣。他學習邏輯，是直接從羅素與懷氏合著之《數學原理》入手。經過步步之審識，認為表達邏輯自己的推演系統，只是「純理自己之展現」，並不代表任何東西。此「純理自己」一詞之提出，一方面保住了邏輯之自足獨立性，一方面亦保住了邏輯之必然性與超越性。

由於扭轉對邏輯數學之解析，歸於「知性主體」，敲開「認識主體」之門，建立「超越的邏輯我」，乃使宗三真正進入哲學之域，而獲得在哲學上獨立說話之思辯入路。在宗三自己之生命中，已確然湧現「安排名數、說明知識、進窺形上學」的全部哲學系統之架構。是即所謂「架構的思辯」。

康德的《純理批判》以及羅素與懷氏合著的《數學原理》，乃西方近世學問之兩大骨幹。宗三常自慶幸能夠出入其中，得以認識人類智力的最高成就，得以窺見西方學問的廟堂之富。

(1)《數學原理》的內在結構與技巧，由於中國學術傳統欠缺此一面，一時還產生不出此類之偉構，宗三亦自歎有所不及；但在哲學器識上，則自覺並無多讓。

(2)《純理批判》是由西方哲學傳統而發展出來的高峰，其工巧之架構思辯，極為難能可貴。宗三正視其價值，彌補其不足，而復活了康德批判哲學之精神。

宗三指出，人類原始的創造的靈魂，是靠幾位大聖人：孔子、釋迦、耶穌。但大聖人之風姿並無典要，其豐富不可窺測，其莊嚴不可企及，唯有靠「實感」以遙契之。而知識學問之骨幹則有典要，典要之豐富可以窺見，其骨幹之莊嚴可以企及。通過學問之骨幹以振拔自己，乃真能盡己以自立，進而承擔文化學術與家國天下之責任。宗三以十餘年之奮勉，鍥而不捨，出入其中，並以「究竟了義」為依歸，以扭轉羅素之歧出，照察康德之不足，進而予以融攝與證成。其《認識心之批判》一書所顯示的哲學器識，正足以使失去獨立精神之中國知識界，獲得莫大之鼓舞與激勵。

四、回向生命、契入儒聖之學

宗三在學思上雙線並行之第二點，是從外在化提升起來，向內以正視生命，而契入儒聖之學。此中最大之機緣，是大學三年級時遇見熊十力先生。在熊先生身上，宗三立即嗅到「學問與生命」的

意味,而照察出一般名教授「隨風氣、趨時式、恭維青年、笑臉迎人」那種標格之卑陋與庸俗。同時,一個自己未曾企及而「須待向上企及」之前途,亦隨之而顯示出來。從此開始,宗三對熊先生顯發的原始生命之風姿與光輝,以及熊先生「直通華族文化生命與觀念方向所開顯的人生宇宙之本原」而「抒發義理與情感」的人格風範,皆在十餘年的薰炙之中而獲得真切而且親切的感受。(在熊先生方面,亦確認宗三乃北大自有哲學系以來,唯一可造之才。)①

　　不打落到「存在的」領域,即無法接觸關於生命的學問。存在的領域,一是個人的,一是民族的。西方學問以「自然」為首出,以「理智」把握自然;中國學問以「生命」為首出,以「德性」潤澤生命。從自然到生命,既須扭轉,又須向上。如此方能以存在的現實契悟生命的學問。而宗三之正視生命,並不同於文學家或生命哲學對自然生命之謳歌讚歎,而是由一種「悲情」而引起:國家何以如此?時代精神與學術風氣何以如此?凡此種種,豈不都是生命之表現?但何以表現成如此之樣態?宗三認為,時代精神與學術風氣,確屬生命之表現。但吾人不能只看生命本身,而必須透到那潤澤生命之「德性」,以及那表現德性或不表現德性之「心靈」上。在此,乃有學問可以講,而且亦唯有此處才是一切道德宗教之根源。

　　自抗戰軍興,宗三自北平南下,經南京,過長沙,由桂林而昆明,而重慶,又轉大理,再返重慶而至成都。此段期間,宗三之道

_____

①牟宗三:《五十自述》(臺北:鵝湖出版社,民國78年1月,初版),頁92-93。

德感特別強，正氣特別昂揚。他眼看時代要橫決，劫難要來臨，客觀的悲情一直昂揚著。這客觀的悲情不只是情，同時亦是智，亦是仁，亦是勇。這是生命之源、價值之根的精神王國，亦即孔子所印證的「滿腔子是惻隱之心，通體是德慧」的慧命。中年以後，宗三或表述儒家以弘揚內聖成德之教，或反省歷史文化而從政治形態與知識之學以開展儒家新外王之道路；兩者皆是基於熊先生之提撕啓發，而在「回向生命」此一脈絡上之蘊蓄與發皇。

五、新外王與外王三書

民國38年，宗三自廣州渡海來臺。當時，他有三大原則默存於胸：一爲文化反共。視中共所持守的馬列唯物之意識形態，爲中國文化之頭號敵人。二爲孔子立場。凡尊重孔子者，皆可合作以相與爲善；凡貶抑孔子詆詆孔子者，必反擊之。三爲支持中華民國，反對中共篡改國號。對於國民政府，則期盼其有爲，樂觀其有成；願作善意之督責，不取「訐以爲直」之批評。看在中華民國之份上，朝野上下皆須風雨同舟，和衷共濟。

當時之臺灣，風雨飄搖，而國家民族與歷史文化之前途，已到最後澈底反省之時。宗三由客觀悲情之昂揚，轉而爲對歷史文化之具體的解悟，乃發憤疏導中華民族文化生命之「本性」、「發展」與「缺點」，以及今後所當表現之形態，進而決定民族生命之途徑。此乃由「大的情感」之凝歛，轉而爲「大的理解」之發用。

宗三一方面寫《歷史哲學》以專其心，一方面隨機寫文以暢其志（後來輯爲《道德的理想主義》一書），接下來再寫《政道與治

道》。此三書有一共同之基本用心,是即:本於中國內聖之學,以解答外王事功之問題。宗三以為:

(1)在政治方面,必須在治道(安排治權之軌道)以外,再開出政道(安排政權之軌道),以完成近代意義的民主建國之大業。必須如此,乃能補足中國傳統政治之缺失,以樹立國家民族足以眞正自立之鋼骨。

(2)在學術方面,必須疏通中國文化生命之發展,透顯知性主體,開出知識之學(邏輯數學與科學);文化中的知識條件與技術條件充備之後,乃能極成「開物成務」、「利用厚生」之外王事功。

從義理上說,孔孟所印證的「怵惕惻隱之仁」(不安、不忍、憤悱不容已的道德心性),即是價值之根源、理想之根源,而「道德的理想主義」一詞,正是直就此義而說①。此怵惕惻隱之仁,亦是了悟性命天道之機竅,儒家之人性論即直接由此建立。而人性論之時代意義與文化意義,則從對治共黨之唯物論與馬克思之人性論而顯出。此是怵惕惻隱之仁第一步之衍展(由遮撥反人性之思想而顯出)。

由此再進一步,即是「踐仁」之過程。在踐仁之中,有「家、國、天下(大同),以及自由、民主、道德、宗教」之重新肯定。此一肯定,一方面是對治共黨(反理性)之邪僻,一方面亦為當前

---

①若干大陸學者,或以為劉少奇講共產黨員之修養,而毛澤東亦大力宣揚共產主義的理想天堂,於是便指稱毛、劉為道德的理想主義。如此望文生義,比附拉扯,誠令人啼笑皆非。

「無理、無力、無體」的虛無低沉之時代，樹立一個立體性的義理綱維。（人類文化不能只是平面的剖析與認知，而必須是生命的實踐與價值的縱貫創造。）在綱維樹立之後，即可「隨時照察，隨時對治」，進一步還須「隨時提撕，隨時調適」，以極成此一綱維。以是，「道德的理想主義」又必然涵著「人文主義之完成」。

依據此一極成之義理綱維，以充實民族文化生命之內容，開出文化發展之途徑，宗三乃提出三統之說：

(1)「道統」的肯定：是即儒家內聖成德之教的承續與光大。

(2)「學統」的開出：由民族文化生命透顯知性，以開出知識之學，來融攝希臘傳統。

(3)「政統」的繼續：確認政體發展之意義，以肯定民主政治之必然性。

(2)、(3)兩項，即是儒家新外王之主要內容，亦即中國現代化之兩大綱領。

六、表述儒釋道（從魏晉到宋明）

《歷史哲學》等三書，既是本於內聖之學以解決外王問題，則其所本的內聖心性之學的義理，自須重新表而出之。是即所謂「徹法源底」，以見其究極，明其旨歸。

宗三認為，先秦諸子是中國文化學術發展之原始模型，其中以儒家為正宗。從此以後，無論是引申（如魏晉玄學、宋明理學），或是吸收（如南北朝隋唐之佛教），皆不能不受此原始模型之籠罩，故佛、老二氏始終不能取代儒家在中國文化中之正宗地位。

對於儒、釋、道三教之表述，宗三是先講魏晉玄學，再講宋明理學，然後講南北朝隋唐之佛學。在民國49年赴香港講學之前，已在東海大學開始撰著《才性與玄理》，以展現魏晉一階段之玄學系統。抵香港之次年，全書完稿。在此之前，湯用彤氏曾有《魏晉玄學論稿》，但只能算是一個開端；而湯書講得不夠明確，不夠深透，及其未曾論及之問題，宗三皆作了深切而完整之討論。此乃講述魏晉玄學的經典之作，而文字之美亦超乎讀者想像之外。

之後，又以八年之心血，在六十花甲之年完成《心體與性體》三大冊出版。宗三嘗謂，此是他一生寫作之高峰，幾乎耗費他一半生命力。而其中最困難之部分，一是二程文獻之分疏，二是朱子義理之衡定。此二步工作完成之後，宋明理學之「思想脈絡、義理綱維、系統分判」，乃能獲得理解之根據與表述之線索。十年後，又撰成《從陸象山到劉蕺山》（實即《心體與性體》之第4冊），更使宋明理學之疏解，達於完整而融貫。

魏晉玄學屬於道家之智慧，宋明理學屬於儒家之義理，而南北朝隋唐之佛學，雖來自印度，但經過中國人之吸收消化，亦已融入「中國文化、中國哲學」之中矣。但千百年來雖有高僧大德弘揚各宗之佛法，卻從未有人站在中國哲學史之立場，說明佛教傳入中國之後，中國人如何吸收佛教、如何消化佛教。至於吸收消化之過程，與過程中不同之義理分際，以及其中既不相同而又互相關聯的關節，更無人加以審視比對以見出其中相續發展的線索。湯用彤氏之《漢魏兩晉南北朝佛教史》雖是一部佳作，但其價值主要在考訂方面。同時，他是中國佛教史的立場，而不是中國哲學史的立場。因此，在魏晉玄學之後、宋明理學之前，此五、六百年之間中國哲

學思想的活動，竟成空白地帶，而一直無法提出一套完整相應之論述。

宗三從熊十力先生游，早已薰習佛學，來台後又常讀印順法師之經論講記而獲得利益。但數十年中，從未寫文談論佛學。花甲以後，方著手撰著《佛性與般若》，以詮表南北朝隋唐之佛教。此一千二百餘頁之大書，乃宗三自己最感滿意之作。而客觀地看，用「佛性」與「般若」兩個觀念爲綱領，以疏導中國吸收佛教之過程，並詮表中國融攝佛教之意義，亦確實最爲精透而允當。

此三階段之學術思想旣已疏解清楚，中國全部學術之綱脈亦隨之而通體明朗，而儒、釋、道三教之義理價值，以及中國哲學史演進發展之關節脈絡，亦可據之而獲得相應之了解與通貫之講述。後來又有《中國哲學十九講》一書，簡述中國各階段之哲學思想及其所涵蘊之問題，對於中國哲學固有義理之性格，以及中國哲學未來發展之軌轍，皆有明徹通達之提示與說明。而依於哲學之共同性與客觀性，遂使中國之哲學思想，得以眞正進入世界哲學之林。

七、一心開二門：兩層存有論（漢譯三批判）

在《佛性與般若》持續七、八年之撰著期間，宗三又先後寫成《智的直覺與中國哲學》、《現象與物自身》二書出版。二十年前所寫之《認識心之批判》，是就康德哲學向邏輯方面伸展的一套，予以修正與改造，而《智的直覺與中國哲學》，則進而對康德哲學向形上學方面伸展的一套，再重新加以疏導。至於《現象與物自身》，則可視爲宗三一生學思之綜結。

康德認為，人所知的只是現象，而不是物自身；現象是感觸直覺之對象，物自身是智的直覺之對象，而智的直覺只屬於上帝所有。康德又說，上帝只創造物自身，而不創造現象。康德此一點示，當然有一種洞見在內。宗三以為，在西方傳統的限制中，能有如此之洞見，已屬非常卓越。洞見之發，是他個人靈光之閃爍，而一旦發出來，它就成為一個「客觀的義理問題」。宗三根據中國的哲學傳統，肯定「人雖有限而可無限」、「人可以有智的直覺」。由中國哲學傳統與康德哲學之會合，而激出一個浪花，以見出中國哲學傳統之意義與價值，以及康德哲學之不足，因而寫成《現象與物自身》這部書，藉以陳述其完整而通透之系統。

宗三順依中國哲學傳統之智慧，先由人之道德意識，顯露「自由無限心」，由此說「智的直覺」。自由無限心是道德的實體，由此而開「道德界」；它又是形上的實體，由此而開「存在界」。

(1)先由自由無限心開存在界，而成立一個「本體界的存有論」（無執的存有論）。在此，是以儒家之正盈教，會通佛老之偏盈與西方之離教，建立上達天德之路，以成聖、成佛、成真人。

(2)再由自由無限心（知體明覺）之自我坎陷而開出「知性」（認知心），由「知性之執」（識心之執）而執成現象，而成立一個「現象界的存有論」（執的存有論）。在此，是以佛家「執」的觀念來融攝康德所說的現象界，並以康德之學（《純理批判·分解部》）充實這個「執」，來突顯知性主體（識心、有限心），以開出科學知識。

宗三指出，現象與物自身，只是一物之兩面，只是兩種不同之表現而已。人之行動，是現象，也可以是物自身。但康德一說到行

動，就把行動歸屬於現象；而忘懷行動本身除了現象之身分，同時亦有物自身之身分。康德說得太快，一下子就滑到現象界，因此，其哲學體系只能說是「一心開一門」，他只開感觸界的生滅門，而未能開出智思界的眞如清淨門。

依於中國的哲學傳統（儒、釋、道），宗三肯定人類心靈可以開出兩層存有論；又借取佛教《大乘起信論》「一心開二門」之架構，來綜括兩層存有論。他融攝儒、釋、道三教之精髓，打通中西哲學之隔閡，再以創闢性之詮釋，賦予「一心開二門」以新的意義與功能。此步工作，實已爲中西哲學開顯一條交會融通之坦途①。而宗三82歲出版之《中西哲學之會通十四講》，更爲中西文化之融和，提供系統之解答，而另一講錄《四因說演講錄》，則是再一次對中西哲學之會通提出深刻之思考。

宗三一貫認爲，通中西文化之郵，以使雙方相資相益，康德實爲最佳之橋樑；故雖老年而猶鍥而不捨，以一人之力，將康德三大批判（《純粹理性之批判》、《實踐理性之批判》、《判斷力之批判》），全部漢譯出版，此乃二百年來世界第一人。宗三自謂：此書之譯，功不下於玄奘、羅什之譯唯識與智度。超凡入聖，豈可量哉，豈可量哉！然眞正仲尼臨終不免嘆口氣，人又豈可妄哉，豈可妄哉！

①有人以爲「一心開二門」還不夠，要「一心開多門」。其實，這個提議是多餘的。因爲二門中的「眞如門」相當於本體界，「生滅門」相當於現象界。第一門是「一」，第二門便是「多」，多元價值正可從第二門中開出來。因此，無須畫蛇添足，再說「一心開多門」。

八、圓善論：哲學系統之究極完成

純就學思而言，《現象與物自身》之講論實已通達究竟；但就實踐之嚮往與修養之境界而言，則可以從圓教看圓善，而將圓滿的善套於無執的存有論中來處理，以使「無執的存有論」更爲眞切，亦即使哲學原型那整一的系統之圓成，更爲眞切。因此，宗三又在76歲之高齡，寫成《圓善論》一書，象徵其哲學系統之究極完成。

宗三寫《圓善論》，乃由講天臺圓教而引發。當時，在臺大哲學研究所講授天臺宗，因講天臺圓教而提及道德與幸福一致之問題，因而表示：《現象與物自身》書中之講法，還有未盡之義，必須再寫一書，方爲圓滿。同時，哲學系統之究極完成，亦必須講到圓教與圓善，方可說是成始而成終。

將圓滿的善（德福一致）視爲一個問題，是來自西方，而正式提出解答，則始自康德。但康德之解答是依於基督教之傳統而作成；即，由肯定一個人格神之上帝，再由上帝懲罰與酬報之平均分配，來保證宇宙之公道（德福一致）。但此一解答不能算是圓滿而眞實之解決。用佛家詞語來說，康德之解答只是別教中之解決，還不是圓教中之解決。

宗三依於圓教之義理，以天臺判教之智慧爲準，首先疏通向秀、郭象注《莊》而確立道家之圓教。其次，疏通儒家發展到王學之四有四無，再回歸程明道之一本論與胡五峰之同體異用，而確立儒家之圓教。圓教確立，用於圓善，則可獲得「圓善問題」之圓滿而眞實之解決。

　　《圓善論》書中之講說，乃宗三經過長途跋涉，披荊斬棘，而依於義理之必然性而達到。其中主要是經過《才性與玄理》、《佛性與般若》、《心體與性體》、《從陸象山到劉蕺山》各書對儒、釋、道之詮表，用來與康德哲學作比對，方能達到此步義理必然之消融。

　　宗三在此書自序文中，說到他雖不能如像康德「四無依傍，獨立運思，直就理性之建構性以抒發其批判哲學」，但他「誦數古人已有之慧解，思索以通之」；由於持續積學運思之學知工夫，亦不期然而能達到「消融康德」之境，而使之「百尺竿頭，更進一步」。於此可知，經由「概念之分解、邏輯之建構」；與通過古人文獻「誦數以貫之，思索以通之」；此二種「絕異」之途徑，實又可趨於一種「自然之諧和」。

　　當然，在學思過程中，必須時時有批判、有抉擇，乃能使每一概念得其正位。以此之故，宗三在八十之年，又感覺康德第三批判之問題並未得到恰當之解決，而宣稱還要寫一部「真美善之分別說與合一說」之書，以提供妥善之處理①。

九、一生著作、古今無兩

　　宗三嘗云：從大學讀書以來，六十年中只做一件事，是即「反

---

①在牟氏85歲出版之《康德判斷力批判》譯註本前端，有〈商榷〉之專論長文（近一百頁），對真美善之分別說與合一說，以及分別說的真美善與合一說的真美善之關係，而加以疏導融通，是即牟氏消化康德而超越康德處。

省中華民族之文化生命，以重開中國哲學之途徑」。蓋學術生命之暢通，象徵文化生命之順適；文化生命之順適，象徵民族生命之健旺；民族生命之健旺，象徵民族魔難之化解。無施不報，無往不復，文化慧命與哲學義理之疏通闡發，既已開啓善端，則來日中華文化之光大發皇，正乃理所當然而勢所必至之事，可預卜矣。

綜觀宗三一生，無論講學論道，著書抒義，莫不念念以光暢中國哲學之傳統、昭蘇民族文化之生命爲宗趣。其學思之精敏，慧識之弘卓，直至耄耋之年，猶然神明不衰，精進不已。而其「氣性之高狂，才品之俊逸，學思之透闢，義理之深澈」，方之時流之內失宗主而博雜歧出者，敻乎尚矣。

宗三逝世前數月，垂示門弟子之語，有云：

> 你們這一代都有成，我很高興。
> 我一生無少年運，無青年運，無中年運，只有一點老年運。無中年運，不能飛黃騰達，事業成功。教一輩子書，不能買一安身所〔按：此指居所，亦指講學之所〕。只寫了一些書，卻是有成，古今無兩。
> 你們必須努力，把中外學術主流講明，融和起來。我作的融和，康德尚作不到。

「古今無兩」，談何容易！然宗三以平常心自然信筆而寫出，卻是本本分分，說得如理如實，焉能不信？茲略加說明，以爲註腳：

(1)對儒、釋、道三教之義理系統，分別以專書作通盤之表述

者,宗三實乃古今第一人。(以《心體與性體》四大冊講儒家,以《才性與玄理》講道家,以《佛性與般若》上、下兩冊講佛教。)

(2)宗三所著新外王三書:《歷史哲學》、《道德的理想主義》、《政道與治道》,乃真能貫徹明末顧、黃、王三大儒之心願遺志,而開出外王事功之新途徑者。自古迄今,亦不作第二人想。

(3)以一己之力,全譯康德三大批判,宗三乃二百年來世界第一人。其所作之譯註,尤其慧識宏通。而又履及劍及,隨譯隨消化;以《現象與物自身》消化第一批判,以《圓善論》消化第二批判,以〈真美善之分別說與合一說〉之專論長文消化第三批判。此亦中外譯書家所未能也。

(4)宗三對中西哲學會通之道路,亦已達到前所未有之精透,並持續從事基本之講論與疏導。(見《中西哲學之會通十四講》,以及《四因說演講錄》二十講。)

(5)對中國哲學所涵蘊之問題,進行全面而通貫的抉發與討論,(見《中國哲學十九講》)使中國哲學得以真正進入世界哲學之林。此項工作,亦未見其匹。

(6)宗三在北大畢業之前,寫成周易哲學書稿,至85歲而出版漢譯康德第三批判下冊,其正式著作之歲月逾一甲子,此亦古今稀有者也。

至於最後提到他所作的會通融和,康德尚作不到。此亦屬老實話,並非要與康德爭高低。康德之智思,高矣強矣。但他為西方傳統所限,欠缺從事文化融和之憑藉。而宗三則有東方智慧傳統(儒、道、佛)作為憑藉,所以既能讚賞康德之不凡,又能看出康德之不足。而康德之不足,實即西方哲學之不足(傳統的限制)。

所以必須與東方文化相摩相盪、相資相益，方能百尺竿頭，更進一步。

　　民國肇造，國步維艱。幸有哲儒，應運而生。光尼山之道統，弘黃岡之慧命，擴前哲之器識，發儒聖之光輝。中華民族剝極而能復，賴衰世猶有鉅人耳。

民國84年（乙亥）6月12日宗三先師辭世兩月之期完稿。

載《國史擬傳》第6輯，台北：國史館，1996年6月

牟宗三先生全集㉜

牟宗三先生著作編年目錄

李明輝　著

《牟宗三先生著作編年目録》全集本編校説明

李明輝

　　本目録係爲《牟宗三先生全集》之編輯工作而編製，除未刊遺稿按撰寫日期之先後列於末尾之外，其餘著作一概按發表時間之先後次序排列。多次刊登的論著以首次發表的日期爲準，並附上稍後刊載之出處。本目録中每一項目均加以編號。如單篇論文被收入牟先生之專書或包含於其他論文，則註明相關的專書或論文，並附上其編號，以便讀者之查索。本目録在編製過程中曾得到鄭家棟、羅義俊、鄧小軍、顏炳罡、李維武、權相佑、王興國、陳明、黎漢基諸友人及戴志村、王又仕、張裕德三位助理之協助，特申謝忱。

1. 〈辯證法是眞理嗎？〉（上）
   《北平晨報・北晨學園》第162期　1931年9月7日

2. 〈辯證法是眞理嗎？〉（下）
   《北平晨報・北晨學園》第163期　1931年9月8日

3. 〈讀《所思》〉
   《北平晨報・北晨學園》第193期　1931年11月3日

4. 〈公孫龍子的知識論〉
   《百科雜誌》第1期　1932年7月

5. 〈社會根本原則之確立〉
   《再生》第1卷第11期　1933年3月20日

6. 〈墨子之兼愛與孟子之等差〉
   《天津益世報・社會思想》第22期　1933年4月10日

7. 〈矛盾與類型說〉
   《哲學評論》第5卷第2期　1933年11月

8. 〈從社會形態的發展方面改造現社會〉（上）
   《再生》第2卷第4期　1934年1月1日

9. 〈從社會形態的發展方面改造現社會〉（下）
   《再生》第2卷第5期　1934年2月1日

10. 〈理解創造與鑒賞〉
    《再生》第2卷第6/7合期　1934年4月1日

11. 〈復興農村的出路何在？〉
    《再生》第2卷第11/12合期　1934年8月1日

12. 〈燦爛的哲學〉
    《北平晨報・北晨學園》第714號　1934年8月7日

13. 〈簡單的答覆〉（答高越石〈讀「燦爛的哲學」〉）
　　《北平晨報·北晨學園》第718號　1934年8月17日

14. 〈邏輯與辯證邏輯〉
　　張東蓀（編）：《唯物辯證法論戰》（北平：民友書局）
　　1934年8月

15. 〈辯證唯物論的制限〉
　　張東蓀（編）：《唯物辯證法論戰》（北平：民友書局）
　　1934年8月

16. 〈唯物史觀與經濟結構〉
　　張東蓀（編）：《唯物辯證法論戰》（北平：民友書局）
　　1934年8月
　　＝〈社會根本原則之確立〉（5）前五節

17. 〈中國土地分配與人口分配之原則〉
　　《再生》第3卷第1期　1935年3月15日

18. 〈民族運命之升降線〉
　　《再生》第3卷第2期　1935年4月15日

19. 〈任重而道遠〉
　　《再生》第3卷第2期　1935年4月15日

20. 〈中國農村生產方式〉
　　《再生》第3卷第3期　1935年5月15日

21. 《從周易方面研究中國之元學與道德哲學》
　　天津《大公報》出版　1935年5月

22. 〈中國農村經濟局面與社會形態〉
　　《再生》第3卷第4/5合期　1935年7月15日

23. 〈懷悌海論自然原素〉（譯）
　　《北平晨報·思辨》第16/17期　1935年9月26日/10月7日
24. 〈國內兩大思潮之對比〉
　　《再生》第3卷第8期　1935年7月15日
25. 〈《紅樓夢》悲劇之演成〉（上）
　　《文哲月刊》第1卷第3期　1935年12月
　　收入《紅樓夢藝術論》（臺北：里仁書局）　1984年1月
26. 〈中國政治家之兩種典型〉
　　《宇宙旬刊》第3卷第10期　1935年12月15日
27. 〈《紅樓夢》悲劇之演成〉（下）
　　《文哲月刊》第1卷第4期　1936年1月
　　收入《紅樓夢藝術論》（臺北：里仁書局）　1984年1月
28. 〈亞理士多德論時間〉（譯述）
　　《民國日報·哲學週刊》第8期　1935年10月23日
29. 〈亞理士多德論空間〉（譯述）
　　《民國日報·哲學週刊》第9期　1935年10月30日
30. 〈亞理士多德論運動〉（譯述）
　　《民國日報·哲學週刊》第10期　1935年11月6日
31. 〈亞里士多德論無限〉（譯述）
　　《民國日報·哲學週刊》第11期　1935年11月13日
32. 〈答孫道升評《從周易方面研究中國之元學與道德哲學》〉
　　《民國日報·哲學週刊》第12期　1935年11月20日
33. 〈諾滋洛圃論物理自然說〉（譯）
　　《民國日報·哲學週刊》第13期　1935年11月27日

34. 〈論文化之合作與分治〉
    《民國日報·哲學週刊》第14期　1935年12月4日

35. 〈諾滋洛圃論數理自然說〉（譯）
    《民國日報·哲學週刊》第14期　1935年12月4日

36. 〈讀答謝石麟〉
    《民國日報·哲學週刊》第15期　1935年12月11日

37. 〈精靈感通論〉
    《民國日報·哲學週刊》第16期　1935年12月18日

38. 〈邏輯當以命題表達理則爲對象〉
    《民國日報·哲學週刊》第17期　1935年12月25日
    包含於〈關於邏輯的幾個問題〉（48）
    收入《邏輯典範》（91）第1卷

39. 〈朱王對話〉
    《民國日報·哲學週刊》第18期　1936年1月1日
    包含於〈關於邏輯的幾個問題〉（48）

40. 〈論邏輯中的二分法〉
    《民國日報·哲學週刊》第19期　1936年1月8日
    包含於〈關於邏輯的幾個問題〉（48）
    收入《邏輯典範》（91）第1卷

41. 〈AEIO 的四角關係〉（上）
    《民國日報·哲學週刊》第20期　1936年1月15日

42. 〈AEIO 的四角關係〉（下）
    《民國日報·哲學週刊》第21期　1936年1月22日

43. 〈說觀念〉

《民國日報‧哲學週刊》第22期　1936年1月29日

44.　〈略評金著《邏輯》〉

《民國日報‧哲學週刊》第22期　1936年1月29日

45.　〈論函蘊〉

《民國日報‧哲學週刊》第23－25期　1936年2月5/12/19日

《文哲月刊》第1卷第9期　1936年6月

收入《邏輯典範》（91）第2卷〈附錄〉

46.　〈主辭存在與否之意義〉（上）

《民國日報‧哲學週刊》第28期　1936年3月11日

47.　〈主辭存在與否之意義〉（中）

《民國日報‧哲學週刊》第29期　1936年3月18日

48.　〈關於邏輯的幾個問題〉

《文哲月刊》第1卷第6期　1936年3月20日

49.　〈主辭存在與否之意義〉（下）

《民國日報‧哲學週刊》第30期　1936年3月25日

50.　〈數學之直覺主義〉（上）（譯）

《民國日報‧哲學週刊》第31期　1936年4月1日

51.　〈數學之直覺主義〉（下）（譯）

《民國日報‧哲學週刊》第32期　1936年4月8日

52.　〈象數義理辯〉

《北平晨報‧思辨》第33期　1936年4月8日第11版

＝《從周易方面研究中國之元學與道德哲學‧自序二》（21）

53.　〈直覺主義者論類〉（譯）

《民國日報‧哲學週刊》第33期　1936年4月15日

54. 〈直覺主義者論基數〉（譯）
《民國日報・哲學週刊》第34期　1936年4月22日

55. 〈中國人的具體感與抽象感〉（上）
《宇宙旬刊》第5卷第2期　1936年5月5日

56. 〈命題之內的意義與外的意義〉
《民國日報・哲學週刊》第36/37期　1936年5月6/13日
《北平晨報・思辨》第46/47期　1936年7月31日/8月7日
＝《邏輯典範》（91）第1卷第3章

57. 〈中國人的具體感與抽象感〉（下）
《宇宙旬刊》第5卷第3期　1936年5月15日

58. 〈論析取與絜和〉（上）
《民國日報・哲學週刊》第40期　1936年6月3日

59. 〈論析取與絜和〉（下）
《民國日報・哲學週刊》第41期　1936年6月10日

60. 〈評約翰生的邏輯系統〉
《民國日報・哲學週刊》第41期　1936年6月10日

61. 〈一年來之哲學並論本刊〉（上）
《民國日報・哲學週刊》第43期　1936年6月24日

62. 〈一年來之哲學並論本刊〉（下）
《民國日報・哲學週刊》第44期　1936年7月1日

63. 〈最近年來之中國哲學界〉
《北平晨報・思辨》第44期　1936年7月17日
包含於〈一年來之哲學並論本刊〉（61/62）

64. 〈命題之內的意義與外的意義〉（上）

《北平晨報·思辨》第46期　1936年7月31日

收入《邏輯典範》（91）第1卷第3章

65. 〈命題之內的意義與外的意義〉（下）

《北平晨報·思辨》第47期　1936年8月7日

收入《邏輯典範》（91）第1卷第3章

66. 〈政治家如何養成〉

《再生》第4卷第1期　1937年3月1日

67. 〈制度經濟學之基本出發點〉（譯）

《再生》第4卷第2期　1937年4月1日

68. 〈政治家與革命家〉

《再生》第4卷第3期　1937年4月15日

69. 〈革命家與責任〉

《再生》第4卷第4期　1937年5月1日

70. 〈覺知底因果說與知識底可能說〉

《哲學評論》第6卷第2/3合期　1937年9月

71. 〈說詩一家言——格調篇〉

《再生》第30期　1939年10月1日

72. 〈說詩一家言——唐雅篇〉

《再生》第31期　1939年10月10日

73. 〈說詩一家言——詩意篇〉

《再生》第32期　1939年11月20日

74. 〈時論之一：縱與橫〉

《再生》第33期　1939年11月30日

75. 〈時論之二：贊封建〉

《理想與文化》第8期　1946年5月

收入《認識心之批判》上冊（223）

99.　〈大難後的反省———一個骨幹：代發刊詞〉

《歷史與文化》第1期　1947年1月

100.　略案陳獨秀的根本意見〉

《歷史與文化》第1期　1947年1月

101.　〈《歷史與文化》旨趣問答〉

《歷史與文化》第1期　1947年1月

102.　〈華族活動所依據之基礎型式之首次湧現〉

《歷史與文化》第2期　1947年3月

103.　〈答敖英賢「與熊十力先生書」〉

《歷史與文化》第2期　1947年3月

104.　〈公羊義略記〉

《歷史與文化》第2期　1947年3月

105.　〈評述杜威論邏輯〉（譯述）

《學原》第1卷第4期　1947年8月

106.　〈王陽明致良知教〉（上）

《歷史與文化》第3期　1947年8月

收入《王陽明致良知教》（170）

107.　〈知覺現象之客觀化問題〉

《學原》第1卷第9期　1948年1月

108.　〈王陽明致良知教〉（下）

《理想歷史文化》第1期　1948年3月

收入《王陽明致良知教》（170）

118. 〈理想主義的實踐之函義〉

    《民主評論》第1卷第12期　1949年12月1日

    收入《道德的理想主義》（248）

119. 〈理想主義的實踐之函義〉（續）

    《民主評論》第1卷第13期　1949年12月16日

    收入《道德的理想主義》（248）

120. 〈歷史必然中的未來〉

    《明天》第1期　1949年12月20日

    收入《理性的理想主義》（121）

121. 《理性的理想主義》

    香港：人文出版社　1950年1月

    後重編爲《道德的理想主義》（248）

122. 〈生理感中心中之生起事之客觀化〉

    《理想與文化》第9期　1950年5月1日

    收入《認識心之批判》上冊（223）

123. 〈人類自救之積極精神〉

    《民主評論》第2卷第2期　1950年7月20日

    收入《生命的學問》（330）

124. 〈認識論之前題〉

    《學原》第3卷第2期　1950年10月

    收入《認識心之批判》上冊（223）

125. 〈佛老申韓與共黨〉

    《思想與革命》第1卷第1期　1951年1月20日

126. 〈平等與主體自由之三態〉（上）

《民主評論》第2卷第19期　1951年4月5日

收入《歷史哲學》增訂版（280）

127.〈平等與主體自由之三態〉（下）

《民主評論》第2卷第20期　1951年4月20日

收入《歷史哲學》增訂版（280）

128.《平等與主體自由之三態》

香港：人文出版社　1951年

收入《歷史哲學》增訂版（280）

129.〈青年人如何表現他的理想〉

《明天》第33期　1951年5月1日

130.〈論黑格爾的辯證法〉

《思想與革命》第1卷第6期　1951年6月

收入《生命的學問》（330）

131.〈領導時代之積極原理〉

《民主評論》第2卷第24期　1951年6月20日

132.〈自由中國的遠景〉（座談記錄）

《明天》第39期　1951年8月1日

133.〈論「凡存在即合理」〉

《民主評論》第3卷第1期　1951年12月16日

收入《生命的學問》（330）

134.〈一個真正的自由人〉

《自由人》第87期　1952年1月2日第2版

135.〈春秋戰國時代之政治意義〉

《民主評論》第3卷第8期　1952年4月1日

收入《歷史哲學》增訂版（280）

136. 〈要求一個嚴肅的文化運動之時代〉
《中央日報》 1952年5月25日第2版

137. 〈論文化意識〉
《台灣新生報》 1952年5月28日第2版

138. 〈闢毛澤東的「矛盾論」〉
《民主評論》第3卷第12期 1952年6月1日
收入《道德的理想主義》（248）

139. 〈哲學智慧之開發〉
《台灣新生報》 1952年6月4日第3版
收入《生命的學問》（330）

140. 〈開明的層層深入〉
《台灣新生報》 1952年6月26日第2版

141. 〈當代青年〉
《當代青年》第5卷第1期 1952年8月1日

142. 〈毛澤東的「實踐論」〉
《民主評論》第3卷第18期 1952年9月1日
收入《道德的理想主義》（248）

143. 〈祀孔與讀經〉
《中央日報》 1952年9月28日第6版
收入《生命的學問》（330）

144. 〈孟子與道德精神主體——孟荀合論（上）〉
《民主評論》第3卷第21期 1952年10月16日
收入《歷史哲學》增訂版（280）

145. 〈荀子與知性主體——孟荀合論（下）〉
　　《民主評論》第3卷第22期　1952年11月1日
　　收入《歷史哲學》增訂版（280）

146. 〈反共救國中的文化意識〉
　　《幼獅月刊》第1卷第1期　1953年1月
　　收入《道德的理想主義》（248）

147. 〈天才時代之來臨〉
　　《民主評論》第4卷第1期　1953年1月1日
　　收入《歷史哲學》增訂版（280）

148. 〈說懷鄉〉
　　《人生雜誌》第4卷第8期　1953年2月16日
　　收入《生命的學問》（330）

149. 〈秦之發展與申韓〉
　　《民主評論》第4卷第5期　1953年3月1日
　　收入《歷史哲學》增訂版（280）

150. 〈中國歷史文化形態之特質〉
　　《民主評論》第4卷第7期　1953年4月1日
　　收入《歷史哲學》增訂版（280）

151. 〈中國歷史文化形態之特質〉（續）
　　《民主評論》第4卷第8期　1953年4月16日
　　收入《歷史哲學》增訂版（280）

152. 〈理想、團結與世界國家〉
　　《中央日報》　1953年6月28日第2版

153. 〈人文主義的完成〉

《民主評論》第4卷第13期1953年7月1日

收入《道德的理想主義》（248）

154. 〈人文主義的完成〉（續）

《民主評論》第4卷第14期 1953年7月16日

收入《道德的理想主義》（248）

155. 〈介紹《中國文化之精神價值》〉

《人生雜誌》第5卷第8期 1953年7月21日

156. 〈文化途徑的抉擇〉

《中央日報》 1953年7月26日第2版

157. 〈關於文化與中國文化〉

《中國文化月刊》第1卷第5期 1953年8月

收入《道德的理想主義》（248）

158. 《理則學》簡本

收入《哲學・理則學・倫理學・心理學概要》

（臺北：臺灣東方書局） 1953年8月

159. 〈略論對於中國文化了解之過程〉

《自由青年》第9卷第7期 1953年9月上旬

160. 〈實存哲學的人文價值〉（座談記錄）

《大陸雜誌》第7卷第5期 1953年9月15日

161. 〈簡論哲學與科學〉

《幼獅月刊》第1卷第9期 1953年9月

162. 〈墨子〉

張其昀（編）：《國史上的偉大人物》第1冊（臺北：中華文化出版事業委員會） 1953年11月

《鵝湖月刊》第5卷第11期　1980年5月　（標題改爲〈墨子與墨學〉）

163. 〈人文主義的基本精神〉

　　《人文學刊》第2卷第1期　1953年11月

　　收入《道德的理想主義》（248）

164. 《荀學大略》

　　臺北：中央文物供應社　1953年12月

165. 〈論上帝隱退〉

　　《民主評論》第4卷第23期　1953年12月1日

　　收入《道德的理想主義》（248）

166. 〈上帝歸寂與人的呼喚〉

　　《人生雜誌》第6卷第11期　1953年12月21日

　　包含於〈論上帝隱退〉（165），收入《道德的理想主義》（248）

167. 〈論無人性與人無定義〉

　　《學術季刊》第2卷第2期　1953年12月31日

　　收入《道德的理想主義》（248）

168. 〈論堅定與開拓〉

　　《中央日報》　1954年1月3日第2版

169. 〈我了解康德的經過〉

　　《民主潮》第3卷第17期　1954年2月16日

170. 《王陽明致良知敎》

　　臺北：中央文物供應社　1954年4月

171. 〈世界有窮願無窮〉

《民主評論》第5卷第7期　1954年4月1日

《人生雜誌》第7卷第10期節錄　1954年4月11日

收入《道德的理想主義》（248）

172.〈答勞思光先生論學風〉

《民主潮》第4卷第2期　1954年4月1日

收入勞思光：《書簡與雜記》（臺北：時報文化出版公司）

1987年12月1日

173.〈答勞思光先生〉

《民主潮》第4卷第7期　1954年6月16日

收入勞思光：《書簡與雜記》

174.〈現時中國之宗教趨勢〉

《新思潮》第39期　1954年7月

收入《生命的學問》（330）

175.〈政道與治道〉（上）

《民主評論》第5卷第14期　1954年7月20日

收入《政道與治道》（264）

176.〈政道與治道〉（下）

《民主評論》第5卷第15期　1954年8月5日

收入《政道與治道》（264）

177.〈王船山之論佛老與申韓〉

《幼獅月刊》第2卷第8期　1954年8月

包含於〈佛老申韓與共黨〉（125）

178.〈論中國的治道〉

張其昀等：《中國政治思想與制度史論集》第1冊（臺北：中

華文化出版事業委員會） 1954年11月

收入《政道與治道》（264）

179. 〈論賈誼〉

張其昀（編）：《國史上的偉大人物》第2冊（臺北：中華文
化出版事業委員會） 1954年11月

《人生雜誌》第23卷第1期 1961年11月16日

收入《歷史哲學》增訂版（280）

180. 〈人文講座〉（一）

《人生雜誌》第9卷第1期 1954年11月16日

收入《人文講習錄》（550）

181. 〈人文講座〉（二）

《人生雜誌》第9卷第2期 1954年12月1日

收入《人文講習錄》（550）

182. 〈人文講座〉（三）

《人生雜誌》第9卷第3期 1954年12月16日

收入《人文講習錄》（550）

183. 〈中國文化之特質〉

張其昀等：《中國文化論集》第1冊（臺北：中華文化出版事
業委員會）1954年12月

184. 《歷史哲學》

高雄：強生出版社 1955年6月

185. 〈人文講習錄〉（四）

《人生雜誌》第9卷第5期 1955年1月16日

收入《人文講習錄》（550）

186. 〈張君勱《比較中日陽明學》校後記〉

收入張君勱：《比較中日陽明學》（臺北：中華文化出版事業委員會） 1955年2月

187. 〈人文講習錄〉（五）

《人生雜誌》第9卷第7期 1955年2月16日

收入《人文講習錄》（550）

188. 〈人文講習錄〉（六）

《人生雜誌》第9卷第9期 1955年3月16日

收入《人文講習錄》（550）

189. 〈王陽明學行簡述〉

《幼獅月刊》第3卷第3期 1955年3月

收入《生命的學問》（330）

190. 〈人文講習錄〉（七）

《人生雜誌》第9卷第11期 1955年4月16日

收入《人文講習錄》（550）

191. 〈黑格爾與王船山〉

《主義與國策》（後改名為《政論周刊》）第50期 1955年5月15日

《古今談》第174期 1979年11月1日

收入《生命的學問》（330）

192. 〈人文主義與宗教〉

《人生雜誌》第10卷第1期 1955年5月16日

收入《生命的學問》（330）

193. 〈人文講習錄〉（八）

《人生雜誌》第10卷第3期　1955年6月16日

收入《人文講習錄》（550）

194.〈人文講習錄〉（九）

《人生雜誌》第10卷第5期　1955年7月16日

收入《人文講習錄》（550）

195.〈尊理性〉

《祖國周刊》第11卷第3期　1955年7月25日

收入《生命的學問》（330）

196.〈人文講習錄〉（十）

《人生雜誌》第10卷第7期　1955年8月16日

收入《人文講習錄》（550）

197.〈如何堂堂正正地做人──人文講習錄之十一〉

《人生雜誌》第10卷第9期　1955年9月16日

收入《人文講習錄》（550）

198.〈與貫之先生論時事〉

《人生雜誌》第10卷第10期　1955年10月1日

199.〈理性之運用表現與架構表現〉

《民主評論》第6卷第19期　1955年10月5日

收入《政道與治道》（264）

200.〈關於簡體字〉（座談記錄）

中國文字學會（編）：《中國文字論集》（上冊）　1955年10月

201.〈時代使命與文化意識──人文講習錄之十二〉

《人生雜誌》第10卷第11期　1955年10月16日

收入《人文講習錄》（550）

202. 〈生命之途徑——保孤明以通千古，握天樞以爭剝復〉
《人生雜誌》第10卷第11期　1955年10月16日
收入《人文講習錄》（550）

203. 《理則學》
臺北：正中書局　1955年11月

204. 〈自然與文化的對立——人文講習錄之十三〉
《人生雜誌》第11卷第2期　1955年12月1日
收入《人文講習錄》（550）

205. 〈黑格爾的歷史哲學〉（譯註）
謝幼偉等：《黑格爾哲學論文集》第2冊（臺北：中華文化出
版事業委員會）　1956年1月

206. 〈中國數十年來的政治意識——壽張君勱先生七十大慶〉
沈雲龍（編）：《張君勱先生七十壽慶紀念論文集》（臺北：
文海出版社）1956年1月
收入《生命的學問》（330）

207. 〈道德心靈與人文世界——人文講習錄之十四〉
《人生雜誌》第11卷第4期　1956年1月1日
收入《人文講習錄》（550）

208. 〈論學與讀書〉
《大學生活》第1卷第9期　1956年1月5日

209. 〈從學問成長到義理承當——人文講習錄之十五〉
《人生雜誌》第11卷第5期　1956年1月16日
收入《人文講習錄》（550）

210.〈古人講學的義法——人文講習錄之十六〉
《人生雜誌》第11卷第7期　1956年2月16日
收入《人文講習錄》（550）

211.〈關於歷史哲學——酬答唐君毅先生〉
《民主評論》第7卷第4期　1956年2月20日
收入《歷史哲學》增訂版（280）

212.〈創造心與認識心——人文講習錄之十七〉
《人生雜誌》第11卷第9期　1956年3月16日
收入《人文講習錄》（550）

213.〈關於外王與實踐〉
《人生雜誌》第11卷第11期　　1956年4月16日
收入《人文講習錄》（550）

214.〈悼念韓裕文先生〉
《民主評論》第7卷第8期　1956年4月20日

215.〈中國文化的發展——人文講習錄之十八〉
《人生雜誌》第11卷第12期　1956年5月1日
收入《人文講習錄》（550）

216.〈理與事——人文講習錄之十九〉
《人生雜誌》第12卷第1期　1956年5月16日
收入《人文講習錄》（550）

217.〈存在主義底義理結構〉（譯）
《民主評論》第7卷第10期　1956年5月20日
《鵝湖月刊》第22卷第3期　1996年8月

218.〈略論儒家的工夫——人文講習錄之二十〉

《人生雜誌》第12卷第2期　1956年6月1日

收入《人文講習錄》（550）

219. 〈通向新外王的道路㈠——人文講習錄之二十一〉

《人生雜誌》第12卷第5期　1956年7月16日

收入《人文講習錄》（550）

220. 〈通向新外王的道路㈡——人文講習錄之二十二〉

《人生雜誌》第12卷第6期　1956年8月1日

收入《人文講習錄》（550）

221. 〈陸王一系之心性之學㈠〉

《自由學人》第1卷第1期　1956年8月1日

222. 〈通向新外王的道路㈢——人文講習錄之二十三〉

《人生雜誌》第12卷第7期　1956年8月16日

收入《人文講習錄》（550）

223. 《認識心之批判》（上冊）

香港：友聯出版社　1956年9月

224. 〈陸王一系之心性之學㈡——王龍溪之頓教：先天之學〉

《自由學人》第1卷第2期　1956年9月1日

225. 〈理性的運用表現與架構表現——人文講習錄之二十四〉

《人生雜誌》第12卷第9期　1956年9月16日

收入《政道與治道》（264）

226. 〈陸王一系之心性之學㈢——劉蕺山誠意之學〉

《自由學人》第1卷第3期　1956年10月1日

227. 〈民主政治與道德理性——人文講習錄之二十五〉

《人生雜誌》第12卷第11期　1956年10月16日

收入《人文講習錄》（550）

228. 〈普遍性與個體性——人文講習錄之二十六〉

《人生雜誌》第12卷第14期　1956年12月1日

收入《人文講習錄》（550）

229. 〈本體論的構造〉

《自由學人》第1卷第4期　1956年11月1日

收入《認識心之批判》下冊（232）

230. 〈宇宙論的構造〉

《自由學人》第1卷第5期　1956年12月1日

收入《認識心之批判》下冊（232）

231. 〈青年與時代〉

《中師學報》第25期　1957年1月10日

232. 《認識心之批判》（下冊）

香港：友聯出版社　1957年3月

233. 〈黑格爾哲學與存在哲學〉

《人生雜誌》第13卷第22期　1957年4月1日

收入《人文講習錄》（550）

234. 〈直覺的解悟與架構的思辨〉

《自由學人》第2卷第5期　1957年5月

《鵝湖月刊》第2卷第5/6期　1976年11/12月

收入藍吉富編：《當代中國十位哲人及其文章》（臺北：正文出版社）　1969年11月

收入《五十自述》（503）

235. 〈與貫之先生論慧命相續〉

《人生雜誌》第14卷第2期　1957年6月1日

236.〈略論道統、學統、政統〉

《人生雜誌》第14卷第4期　1957年7月1日

收入《生命的學問》（330）

237.〈勞思光著《康德知識論要義》序〉

勞思光：《康德知識論要義》（香港：友聯出版社）

1957年7月

238.〈孔子與「人文敎」〉

《人生雜誌》第14卷第8期　1957年9月1日

239.〈論政治神話之根源〉

《民主評論》第8卷第21期　1957年11月5日

收入《政道與治道》（264）

240.〈論政治神話之形態〉

《民主評論》第8卷第24期　1957年12月20日

收入《政道與治道》（264）

241.〈爲中國文化敬告世界人士宣言〉

《民主評論》第9卷第1期　1958年1月5日

東方人文學會（編）：《儒學在世界論文集》（香港：東方人

文學會）　1969年3月1日

242.〈論政治神話與命運及預言〉

《民主評論》第9卷第3期　1958年2月5日

收入《政道與治道》（264）

243.〈《人生雜誌·青年節專號》刊前語〉

《人生雜誌》第15卷第10期　1958年4月1日

244. 〈近代學術的流變〉
　　《東風》第4期　1958年6月

245. 〈政治如何能從神話轉爲理性的〉（上）
　　《民主評論》第9卷第11期　1958年6月5日
　　收入《政道與治道》（264）

246. 〈政治如何能從神話轉爲理性的〉（下）
　　《民主評論》第9卷第12期　1958年6月20日
　　收入《政道與治道》（264）

247. 〈邏輯實徵論述評〉
　　《東風》第5期　1958年11月

248. 《道德的理想主義》
　　臺中：東海大學　1959年

249. 〈魏晉名理與先秦名家〉
　　《東風》第7期　1959年3月

250. 〈從范縝的「神滅論」略談形與神的離合問題〉
　　《東風》第8期　1959年6月

251. 〈道德判斷與歷史判斷〉
　　《東海學報》第1卷第1期　1959年6月
　　收入《政道與治道》（264）

252. 〈《人物志》之系統的解析及其論人之基本原理〉
　　《民主評論》第10卷第15期　1959年8月5日
　　收入《才性與玄理》（286）

253. 〈《道德的理想主義》序言〉
　　《民主評論》第10卷第24期　1959年12月20日

收入《道德的理想主義》（248）

254. 〈作爲宗教的儒教〉

　　《人生雜誌》第20卷第1期　1960年5月16日

　　收入《中國哲學的特質》（293）

255. 〈儒教、耶教與中西文化〉

　　《人生雜誌》第20卷第3期　1960年6月16日

　　收入《生命的學問》（330）

256. 〈魏晉名理正名〉

　　《新亞書院學術年刊》第2期　1960年9月

　　收入《才性與玄理》（286）

257. 〈心靈發展之途徑〉

　　《民主評論》第11卷第18期　1960年9月20日

258. 〈魏晉名士及其玄學名理〉（上）

　　《人生雜誌》第21卷第3期　1960年12月16日

　　收入《才性與玄理》（286）

259. 〈魏晉名士及其玄學名理〉（下）

　　《人生雜誌》第21卷第4期　1961年1月1日

　　收入《才性與玄理》（286）

260. 〈蔡仁厚《家國時代與歷史文化》序〉

　　《人生雜誌》第21卷第4期　1961年1月1日

261. 〈關於「生命」的學問——論五十年來的中國思想〉

　　《中國一周》第558期　1961年1月2日

　　《自由青年》第71卷第1期　1984年1月1日

　　收入《生命的學問》（330）

262. 〈王弼玄理之易學〉
　　《民主評論》第12卷第1期　1961年1月5日
　　收入《才性與玄理》（286）

263. 〈世界有窮願無窮〉（摘錄）
　　《人生雜誌》第21卷第5期　1961年1月16日
　　收入《道德的理想主義》（248）

264. 《政道與治道》
　　臺北：廣文書局　1961年2月

265. 〈王弼易學之史迹〉
　　《人生雜誌》第21卷第7/8合期　1961年2月16日

266. 〈向、郭之注莊〉（上）
　　《民主評論》第12卷第5期　1961年3月5日
　　收入《才性與玄理》（286）

267. 〈向、郭之注莊〉（中）
　　《民主評論》第12卷第6期　1961年3月20日
　　收入《才性與玄理》（286）

268. 〈王充之性命論〉（上）
　　《人生雜誌》第21卷第10期　1961年4月1日
　　收入《才性與玄理》（286）

269. 〈向、郭之注莊〉（下）
　　《民主評論》第12卷第7期　1961年4月5日
　　收入《才性與玄理》（286）

270. 〈王充之性命論〉（下）
　　《人生雜誌》第21卷第11期　1961年4月16日

《民主評論》第13卷第6期　1962年3月20日

收入《中國哲學的特質》（293）

280.《歷史哲學》增訂版

香港：人生出版社　1962年3月

281.《魏晉玄學》

臺中：東海大學　1962年4月

282.〈觀念的災害〉

《人生雜誌》第24卷第3期　1962年6月16日

收入《時代與感受》（447）

283.〈阮籍之風格〉

《民主評論》第13卷第14期　1962年7月20日

收入《才性與玄理》（286）

284.〈自然與名教：自由與道德〉

《民主評論》第13卷第16期　1962年8月20日

收入《才性與玄理》（286）

285.〈《才性與玄理》自序〉

《人生雜誌》第24卷第9期　1962年9月16日

收入《才性與玄理》（286）

286.《才性與玄理》

香港：人生出版社　1963年

＝《魏晉玄學》（281）增訂版

287.〈公孫龍之名理〉

《民主評論》第14卷第1期　1963年1月5日

收入《名家與荀子》（385）

288. 〈公孫龍子「白馬論」篇疏解〉
　　　《民主評論》第14卷第2期　1963年1月20日
　　　收入《名家與荀子》（385）

289. 〈公孫龍子「通變論」篇疏解〉
　　　《民主評論》第14卷第3期　1963年2月5日
　　　收入《名家與荀子》（385）

290. 〈公孫龍子「堅白論」篇疏解〉
　　　《民主評論》第14卷第5期　1963年3月5日
　　　收入《名家與荀子》（385）

291. 〈宋明儒學綜述〉（一）
　　　《人生雜誌》第25卷第12期　1963年5月1日

292. 〈宋明儒學綜述〉（二）
　　　《人生雜誌》第26卷第1期　1963年5月16日

293. 《中國哲學的特質》
　　　香港：人生出版社　1963年6月

294. 〈宋明儒學綜述〉（三）
　　　《人生雜誌》第26卷第2期　1963年6月1日

295. 〈宋明儒學綜述〉（四）
　　　《人生雜誌》第26卷第3期　1963年6月16日

296. 〈宋明儒學綜述〉（五）
　　　《人生雜誌》第26卷第4期　1963年7月1日

297. 〈關於宗教的態度與立場：酬答澹思先生〉
　　　《人生雜誌》第26卷第5期　1963年7月16日
　　　收入《生命的學問》（330）

收入《心體與性體》第2冊（323）

306. 〈十年來中國的文化理想問題〉

《中國一周》第736期　1964年6月1日

307. 〈「心即理」之淵源下——胡五峰之「知言」〉（下）

《民主評論》第15卷第11期　1964年6月5日

收入《心體與性體》第2冊（323）

308. 〈對於葉水心「總述講學大旨」之衡定〉（一）

《民主評論》第15卷第22期　1964年12月5日

收入《心體與性體》第1冊（318）

309. 〈對於葉水心「總述講學大旨」之衡定〉（二）

《民主評論》第15卷第23期　1964年12月20日

收入《心體與性體》第1冊（318）

310. 〈對於葉水心「總述講學大旨」之衡定〉（三）

《民主評論》第16卷第1期　1965年1月5日

收入《心體與性體》第1冊（318）

311. 〈對於葉水心「總述講學大旨」之衡定〉（四）

《民主評論》第16卷第2期　1965年1月20日

收入《心體與性體》第1冊（318）

312. 〈陳拱《墨學研究》序〉

《人生雜誌》第29卷第11/12合期　1965年4月20日

313. 〈象山與朱子之爭辯〉（一）

《民主評論》第16卷第8期　1965年4月20日

收入《從陸象山到劉蕺山》（393）

314. 〈象山與朱子之爭辯〉（二）

《民主評論》第16卷第9期　1965年5月5日

收入《從陸象山到劉蕺山》（393）

315.〈象山與朱子之爭辯〉（三）

《民主評論》第16卷第10期　1965年5月20日

收入《從陸象山到劉蕺山》（393）

316.〈象山與朱子之爭辯〉（四）

《民主評論》第16卷第11期　1965年6月5日

收入《從陸象山到劉蕺山》（393）

317.〈爲學與爲人〉

《新亞生活雙週刊》第10卷第19期　1968年4月26日

《人生雜誌》第33卷第2期　1968年6月16日

《自由青年》第70卷第4期　1983年10月

收入《生命的學問》（330）

318.《心體與性體》第1冊

臺北：正中書局　1968年5月

319.〈陳拱《儒墨平議》序〉

《人生雜誌》第33卷第1期　1968年5月16日

320.〈美的感受〉（1986年3月27日香港中文大學藝術系學術演

講）

《新亞生活雙週刊》第11卷第2期　1968年6月7日

《鵝湖月刊》第21卷第8期　1996年2月

321.〈中華文化之發展與科學〉

《國魂》第272期　1968年7月

322.〈綜論朱子三十七歲前之大體傾向以及此後其成熟之義理系統

之型態〉

　　《新亞書院學術年刊》第10期　1968年9月

　　收入《心體與性體》第3冊（325）

323.《心體與性體》第2冊

　　臺北：正中書局　1968年10月

324.〈中華文化的理想〉

　　《國魂》第278期　1969年1月

　　＝〈十年來中國的文化理想問題〉（306）

325.《心體與性體》第3冊

　　臺北：正中書局　1969年6月

326.〈悼念張丕介先生〉

　　《新亞生活雙週刊》第13卷第5/6期合刊　1969年9月6日

327.〈我與熊十力先生〉

　　《中國學人》第1期　1970年3月

　　收入《生命的學問》（330）

　　收入《五十自述》（503）

328.〈羅素與中國知識分子——1970年2月13日於羅素紀念會〉

　　《新亞生活雙週刊》第12卷第17期　1970年3月20日

　　《鵝湖月刊》第21卷第5期　1995年11月

329.〈《生命的學問》自序〉

　　《國魂》第299期　1970年10月

　　收入《生命的學問》（330）

330.《生命的學問》

　　臺北：三民書局　1970年12月

331. 〈水滸世界〉

　　收入《生命的學問》（330）

332. 《智的直覺與中國哲學》

　　臺北：臺灣商務印書館　1971年3月

333. 〈龍樹辯破「數」與「時」〉

　　《新亞書院學術年刊》第13期　1971年9月

　　收入《佛性與般若》（374）

334. 〈存在主義入門〉

　　李達生（編）：《存在主義與人生問題》（香港：大學生活

　　社）1971年12月

　　＝〈存在主義〉（303）

335. 〈我的存在感受〉

　　李達生（編）：《存在主義與人生問題》（香港：大學生活

　　社）1971年12月

　　＝《五十自述》（503）第6章

336. 〈自覺奮鬥的當代青年〉

　　《憲政知識》第1卷第6期　1972年3月

　　＝〈當代青年〉（141）

337. 〈哲學的用處〉

　　《中國文化》第42期　1972年4月

　　收入《時代與感受》（447）

338. 〈王學的分化與發展〉

　　《新亞書院學術年刊》第14期　1972年9月

　　收入《從陸象山到劉蕺山》（393）

339． "The Immediate Successor of Wang Yang-ming： Wang Lung-hsi and His Theory of *ssu-wu* ".

Philosophy East and West , Vol. 23, No. 1/2, Jan./Apr. 1973

340.〈中國知識分子的命運〉

《新亞生活雙週刊》第15卷第12期　1973年3月2日

《仙人掌》第2卷第5期　1978年2月5日

《鵝湖月刊》第6卷第4期　1980年10月

收入《時代與感受》（447）

341.〈中國文化的問題〉

《明報月刊》第8卷第5期　1973年5月

342.〈「致知議辯」疏解〉

《新亞書院學術年刊》第15期　1973年9月

收入《從陸象山到劉蕺山》（393）

343.〈中國傳統思想與西方民主精神之匯通與相濟問題〉

《明報月刊》第9卷第4期　1974年4月

《人與社會》第3卷第2期　1975年6月

《哲學與文化》第3卷第6期　1976年6月

344.《政道與治道》修訂本

臺北：廣文書局　1974年7月

345.〈我的學思經過〉

《明報月刊》第9卷第8期　1974年8月

346.〈智者大師之位居五品〉

《新亞書院學術年刊》第16期　1974年9月

收入《佛性與般若》（374）

347. 〈《中國哲學的特質》再版自序〉
　　　《書目季刊》第8卷第2期　1974年9月16日

348. 〈關於《大乘止觀法門》〉
　　　《成功大學學報‧人文篇》第10期　1975年5月
　　　收入《佛性與般若》（374）

349. 〈陽明學是孟子學〉（上）
　　　《鵝湖月刊》第1卷第1期　1975年7月
　　　收入《從陸象山到劉蕺山》（393）

350. 〈陽明學是孟子學〉（下）
　　　《鵝湖月刊》第1卷第2期　1975年8月
　　　收入《從陸象山到劉蕺山》（393）

351. 〈《現象與物自身》序〉
　　　《鵝湖月刊》第1卷第2期　1975年8月

352. 《現象與物自身》
　　　臺北：臺灣學生書局　1975年8月

353. 〈儒家的道德的形上學〉
　　　《鵝湖月刊》第1卷第3期　1975年9月
　　　收入《寂寞的新儒家》（臺北：鵝湖出版社）　1992年8月

354. 〈中國文化之問題〉
　　　《望道便驚天地寬──中國文化講座錄》（香港：新亞研究
　　　所）1975年9月
　　　《鵝湖月刊》第1卷第5期　1975年11月
　　　收入《時代與感受》（447）

355. 〈道家的「無」底智慧與境界形態的形上學〉

《鵝湖月刊》第1卷第4期　1975年10月

356. 〈涅槃經的佛性義〉

《清華學報》第11卷第1/2合期　1975年12月

收入《佛性與般若》（374）

357. 〈佛家的存有論〉

《鵝湖月刊》第1卷第6期　1975年12月

358. 〈宋明儒學的三系〉

《鵝湖月刊》第1卷第7期　1976年1月

359. 〈如來禪與祖師禪〉（上）

《鵝湖月刊》第1卷第8期　1976年2月

包含於《佛性與般若》（374）

360. 〈如來禪與祖師禪〉（下）

《鵝湖月刊》第1卷第9期　1976年3月

包含於《佛性與般若》（374）

361. 〈天臺宗之衰微與中興〉

《佛光學報》第1期　1976年3月

收入《佛性與般若》（374）

362. 〈分別說與非分別說〉（上）

《鵝湖月刊》第1卷第11期　1976年5月

收入《佛性與般若》（374）

363. 〈分別說與非分別說〉（下）

《鵝湖月刊》第1卷第12期　1976年6月

收入《佛性與般若》（374）

364. 〈惠施與辯者之徒之怪說〉（上）

《鵝湖月刊》第2卷第1期　1976年7月
收入《名家與荀子》（385）

365.〈惠施與辯者之徒之怪說〉（中）
《鵝湖月刊》第2卷第2期　1976年8月
收入《名家與荀子》（385）

366.〈惠施與辯者之徒之怪說〉（三）
《鵝湖月刊》第2卷第3期　1976年9月
收入《名家與荀子》（385）

367.〈惠施與辯者之徒之怪說〉（四）
《鵝湖月刊》第2卷第4期　1976年10月
收入《名家與荀子》（385）

368.〈中國文化之問題〉
《哲學與文化》第4卷第1期　1977年1月1日
收入《時代與感受》（447）

369.〈公孫龍之名理〉（一）
《鵝湖月刊》第2卷第8期　1977年2月
收入《名家與荀子》（385）

370.〈公孫龍之名理〉（二）
《鵝湖月刊》第2卷第9期　1977年3月
收入《名家與荀子》（385）

371.〈公孫龍之名理〉（三）
《鵝湖月刊》第2卷第10期　1977年4月
收入《名家與荀子》（385）

372.〈海外青年應如何認識中國及自家文化〉

《香港時報》 1977年3月26日第5版（原無標題）

《鵝湖月刊》第2卷第10期 1977年4月

373. 〈訪牟宗三先生談宗教、道德與文化〉

《鵝湖月刊》第2卷第11期 1977年5月

收入《時代與感受》（447）

374. 《佛性與般若》（上／下冊）

臺北：臺灣學生書局 1977年6月

375. 〈《佛性與般若》序〉

《書目季刊》第11卷第1期 1977年6月16日

收入《佛性與般若》（374）

376. 〈公孫龍之名理〉（四）

《鵝湖月刊》第2卷第12期 1977年6月

收入《名家與荀子》（385）

377. 〈公孫龍之名理〉（五）

《鵝湖月刊》第3卷第1期 1977年7月

收入《名家與荀子》（385）

378. 〈講南北朝隋唐佛學之緣起〉

《哲學與文化》第4卷第10期 1977年10月10日

379. 〈哀悼唐君毅先生〉

《聯合報》 1978年3月15日第12版

《鵝湖月刊》第3卷第9期 1978年3月

收入《時代與感受》（447）

380. 〈象山之「心即理」〉

《鵝湖月刊》第3卷第11期 1978年5月

收入《從陸象山到劉蕺山》（393）

381.〈天臺宗在中國佛教中的地位〉

《佛光學報》第3期　1978年8月

382.《道德的理想主義》修訂3版

臺北：臺灣學生書局　1978年8月

383.〈從索忍尼辛批評美國說起〉

《聯合報》副刊　1979年1月14/15日

收入《從索忍尼辛批評美國說起》（391）（臺北：聯合報社）1979年6月

384.〈有關「美國與中共拉邦交」之談話〉

《鵝湖月刊》第4卷第7期　1979年1月

收入《時代與感受》（447）

385.《名家與荀子》

臺北：臺灣學生書局　1979年3月

386.〈李滌生《荀子集釋》序〉

《鵝湖月刊》第4卷第9期　1979年3月

387.〈關於《荀子集釋》〉

《中華日報》　1979年3月15日第9版

＝〈李滌生《荀子集釋》序〉（386）

388.〈「文化意識宇宙」一詞之釋義〉

《鵝湖月刊》第4卷第11期　1979年5月

收入《時代與感受》（447）

389.〈五四與現代化〉

《臺灣日報》　1979年5月29日至6月2日第2版連載

390. 〈肯定自由、肯定民主──聲援大陸青年人權運動〉
　　《聯合報》副刊　1979年6月2日

391. 《從索忍尼辛批評美國說起》
　　臺北：聯合報社　1979年6月

392. 〈熊十力先生追念會講話〉
　　《鵝湖月刊》第5卷第2期　1979年8月
　　收入《時代與感受》（447）

393. 《從陸象山到劉蕺山》
　　臺北：臺灣學生書局　1979年8月

394. 〈從儒家的當前使命說中國文化的現代意義〉
　　《中國文化月刊》第1期　1979年11月
　　《青年戰士報》　1979年12月7/9/11日第10版
　　收入《時代與感受》（447）

395. 〈中國哲學之簡述及其所涵蘊的問題〉
　　《中國文化月刊》第2期　1979年12月
　　收入《中國哲學十九講》（442）

396. 〈中國哲學之簡述與其所涵蘊的問題：中國哲學之重點以及先
　　秦諸子之起源問題〉
　　《中國文化月刊》第3期　1980年1月
　　收入《中國哲學十九講》（442）

397. 〈平反與平正〉
　　《鵝湖月刊》第5卷第7期　1980年1月
　　收入《時代與感受》（447）

398. 〈中國哲學之簡述與其所涵蘊的問題（第二講）：兩種眞理以

及其普遍性之不同〉

《中國文化月刊》第4期　1980年2月

收入《中國哲學十九講》（442）

399.〈康德與西方當代哲學之趨勢〉

《鵝湖月刊》第5卷第8期　1980年2月

400.〈中國哲學之簡述與其所涵蘊的問題（第四講）：儒家系統之

性格〉

《中國文化月刊》第5期　1980年3月

收入《中國哲學十九講》（442）

401.〈中國哲學之簡述與其所涵蘊的問題（第五講）：道家玄理之

性格〉

《中國文化月刊》第6期　1980年4月

收入《中國哲學十九講》（442）

402.《政道與治道》

臺北：臺灣學生書局重印　1980年4月

403.〈學生書局廿週年紀念詞〉

《書目季刊》第13卷第4期　1980年4月16日

404.〈中國哲學之簡述與其所涵蘊的問題（第六講）：玄理系統之

性格──縱貫橫講〉

《中國文化月刊》第8期　1980年6月

收入《中國哲學十九講》（442）

405.〈三十年來大陸知識分子想些什麼〉

《聯合報》副刊　1980年6月21/22日

《中國文化月刊》第9期　1980年7月

的政治格局之意義〉

《中國文化月刊》第12期　1980年10月

收入《中國哲學十九講》（442）

413.〈中國哲學之簡述與其所涵蘊的問題（第十講）：先秦名家之

性格及其內容之概述〉

《中國文化月刊》第14期　1980年12月

收入《中國哲學十九講》（442）

414.〈文化哲學之傳承與恢弘——在韓國哲學會晚餐座談會上之講

話及答問〉

《聯合報》副刊　1980年12月31日至1月2日連載

＝〈訪韓答問錄〉（411），收入《時代與感受》（447）

415.〈中國哲學之簡述與其所涵蘊的問題（第十一講）：魏晉玄學

的主題以及玄理之內容與價值〉

《中國文化月刊》第15期　1981年1月

收入《中國哲學十九講》（442）

416.〈中國哲學之簡述與其所涵蘊的問題（第十二講）：略說魏晉

梁朝非主流的思想——並略論佛教「緣起性空」一義所牽連到

諸哲學理境與問題〉

《中國文化月刊》第17期　1981年3月

收入《中國哲學十九講》（442）

417.〈中國哲學之簡述及其所涵蘊的問題（第十三講）：二諦與三

性：如何安排科學知識？〉

《中國文化月刊》第18期　1981年4月

收入《中國哲學十九講》（442）

418. 〈中國哲學之簡述及其所涵蘊的問題（第十四講）：大乘起信
　　　論之「一心開二門」〉
　　　《中國文化月刊》第19期　1981年5月
　　　收入《中國哲學十九講》（442）

419. 〈中國哲學之簡述與其所涵蘊的問題（第十五講）：佛教中圓
　　　教底意義〉
　　　《中國文化月刊》第20期　1981年6月
　　　收入《中國哲學十九講》（442）

420. 〈中國哲學的未來拓展〉
　　　《鵝湖月刊》第6卷第12期　1981年6月
　　　收入《時代與感受》（447）

421. 〈文化建設的道路——歷史的回顧〉
　　　《鵝湖月刊》第7卷第1期　1981年7月
　　　《中國文化月刊》第21期　1981年7月
　　　《聯合報》副刊　1981年7月16日
　　　收入《時代與感受》（447）

422. 〈文化建設的道路——現時代文化建設的意義〉
　　　《聯合報》副刊　1981年7月20日
　　　《鵝湖月刊》第7卷第2期　1981年8月
　　　收入《時代與感受》（447）

423. 〈中國哲學的未來拓展〉
　　　《中國文化月刊》第22期　1981年8月
　　　收入《時代與感受》（447）

424. 〈中國哲學之簡述與其所涵蘊的問題（第十六講）：分別說與

非分別說以及「表達圓教」之模式〉

《中國文化月刊》第23期　1981年9月

收入《中國哲學十九講》（442）

425.〈中國哲學之簡述與其所涵蘊的問題（第十七講）：圓教與圓善〉

《中國文化月刊》第24期　1981年10月

收入《中國哲學十九講》（442）

426.〈中國哲學之簡述與其所涵蘊的問題（第十八講）：宋明儒學概述〉

《中國文化月刊》第25期　1981年11月

收入《中國哲學十九講》（442）

427.〈僻執、理性與坦途〉

香港《百姓》第11/13期　1981年11月1日/12月1日

《鵝湖月刊》第7卷第8期　1982年2月

《中國文化月刊》第28期　1982年2月

收入《時代與感受》（447）

428.〈中國哲學之簡述與其所涵蘊的問題（第十九講）：縱貫系統的圓熟〉

《中國文化月刊》第26期　1981年12月

收入《中國哲學十九講》（442）

429.〈悼念徐復觀先生〉

《鵝湖月刊》第7卷第10期　1982年4月

《聯合報》副刊　1982年4月25日

《書目季刊》第16卷第1期　1982年6月16日

438. 《康德「純粹理性之批判」》（譯註）下冊
　　　臺北：臺灣學生書局　1983年7月

439. 〈《康德純粹理性之批判》下冊——譯者之言〉
　　　《鵝湖月刊》第9卷第2期　1983年8月
　　　收入《康德「純粹理性之批判」》下冊（438）

440. 〈中國文化大脈動之「現實關心問題」〉
　　　《聯合報》副刊　1983年9月13－15日
　　　《中國文化月刊》第47期　1983年9月
　　　收入《時代與感受》（447）

441. 〈中國文化大脈動之「終極關心問題」〉
　　　《聯合報》副刊　1983年9月28日至10月5日
　　　《中國文化月刊》第48期　1983年10月
　　　收入《時代與感受》（447）

442. 《中國哲學十九講》
　　　臺北：臺灣學生書局　1983年10月

443. 《中國文化的省察：牟宗三講演錄》
　　　臺北：聯合報社　1983年11月

444. 〈中國文化大脈動之「終極關心問題」〉
　　　《中央月刊》第16卷第1期　1983年11月
　　　收入《時代與感受》（447）

445. 〈中國文化大脈動中的現實問題與終極關心問題〉
　　　《鵝湖月刊》第9卷第6期　1983年12月
　　　收入《時代與感受》（447）

446. 〈《時代與感受》序言〉

《鵝湖月刊》第9卷第6期　1983年12月
收入《時代與感受》（447）

447. 《時代與感受》
臺北：鵝湖出版社　　1984年3月

448. 〈《認識心之批判》序言〉
《鵝湖月刊》第10卷第3期　1984年9月
收入《康德「純粹理性之批判」》上冊（436）

449. 〈孟子告子篇上第六章釋義〉
《鵝湖月刊》第10卷第8期　1985年2月

450. 《圓善論》
臺北：臺灣學生書局　1985年7月

451. 〈研究中國哲學之文獻途徑〉
《鵝湖月刊》第11卷第1期　1985年7月
《臺灣教育》第427期　1986年7月

452. 〈中西哲學之會通〉（一）
《中國文化月刊》第69期　　1985年7月
收入《中西哲學之會通十四講》（508）

453. 〈中西哲學之會通〉（二）
《中國文化月刊》第70期　　1985年8月
收入《中西哲學之會通十四講》（508）

454. 〈中西哲學之會通〉（三）
《中國文化月刊》第71期　　1985年9月
收入《中西哲學之會通十四講》（508）

455. 〈中西哲學之會通〉（四）

《中國文化月刊》第72期　　1985年10月

收入《中西哲學之會通十四講》（508）

456.〈中西哲學之會通（一）

《鵝湖月刊》第11卷第4期　1985年10月

收入《中西哲學之會通十四講》（508）

457.〈中西哲學之會通〉（五）

《中國文化月刊》第73期　1985年11月

收入《中西哲學之會通十四講》（508）

458.〈熊十力先生的智慧方向——熊十力先生百年誕辰紀念會專題

講演〉

《鵝湖月刊》第11卷第5期　1985年11月

459.〈《圓善論》序〉

《鵝湖月刊》第11卷第5期　1985年11月

收入《圓善論》（450）

460.〈中西哲學之會通〉（六）

《中國文化月刊》第74期　1985年12月

收入《中西哲學之會通十四講》（508）

461.〈中西哲學之會通〉（二）

《鵝湖月刊》第11卷第6期　1985年12月

收入《中西哲學之會通十四講》（508）

462.〈通識教育的意義〉

《聯合報》副刊　1985年12月13日

《鵝湖月刊》第11卷第6期　1985年12月

463.〈中西哲學之會通〉（七）

《中國文化月刊》第75期　1986年1月

收入《中西哲學之會通十四講》（508）

464. 〈生命的智慧與方向——從熊十力先生談起〉

《聯合報》副刊　1986年1月12日

包含於〈熊十力先生的智慧方向——熊十力先生百年誕辰紀念

會專題講演〉（458）

465. 〈中西哲學之會通〉（八）

《中國文化月刊》第76期　1986年2月

收入《中西哲學之會通十四講》（508）

466. 〈中西哲學之會通〉（三）

《鵝湖月刊》第11卷第8期　1986年2月

收入《中西哲學之會通十四講》（508）

467. 〈中西哲學之會通〉（九）

《中國文化月刊》第77期　1986年3月

收入《中西哲學之會通十四講》（508）

468. 〈中西哲學之會通〉（四）

《鵝湖月刊》第11卷第9期　1986年3月

收入《中西哲學之會通十四講》（508）

469. 〈中西哲學之會通〉（十）

《中國文化月刊》第78期　1986年4月

收入《中西哲學之會通十四講》（508）

470. 〈中西哲學之會通〉（五）

《鵝湖月刊》第11卷第10期　1986年4月

收入《中西哲學之會通十四講》（508）

471. 〈中西哲學之會通〉（十一）
　　《中國文化月刊》第79期　1986年5月
　　收入《中西哲學之會通十四講》（508）

472. 〈中西哲學之會通〉（六）
　　《鵝湖月刊》第11卷第11期　1986年5月
　　收入《中西哲學之會通十四講》（508）

473. 〈中西哲學之會通〉（十二）
　　《中國文化月刊》第80期　1986年6月
　　收入《中西哲學之會通十四講》（508）

474. 〈中西哲學之會通〉（七）
　　《鵝湖月刊》第11卷第12期　1986年6月
　　收入《中西哲學之會通十四講》（508）

475. 〈中西哲學之會通〉（十三）
　　《中國文化月刊》第81期　1986年7月
　　收入《中西哲學之會通十四講》（508）

476. 〈中西哲學之會通〉（八）
　　《鵝湖月刊》第12卷第1期　1986年7月
　　收入《中西哲學之會通十四講》（508）

477. 〈中西哲學之會通〉（十四）
　　《中國文化月刊》第82期　1986年8月
　　收入《中西哲學之會通十四講》（508）

478. 〈理解與行動〉
　　《中國文化月刊》第82期　1986年8月

479. 〈人文教養和現代教育〉

《中國時報‧人間副刊》 1986年7月16日

《鵝湖月刊》第12卷第2期 1986年8月

480. 〈中西哲學會通〉（九）

《鵝湖月刊》第12卷第2期 1986年8月

收入《中西哲學之會通十四講》（508）

481. 〈哲學研究的途徑〉

《中國文化月刊》第83期 1986年9月

482. 〈中西哲學會通〉（十）

《鵝湖月刊》第12卷第3期 1986年9月

收入《中西哲學之會通十四講》（508）

483. 〈中西哲學會通〉（十一）

《鵝湖月刊》第12卷第4期 1986年10月

收入《中西哲學之會通十四講》（508）

484. 〈人文思想與教育〉

《聯合報》副刊 1986年10月10日

485. 〈中西哲學會通〉（十二）

《鵝湖月刊》第12卷第5期 1986年11月

收入《中西哲學之會通十四講》（508）

486. 〈中西哲學之會通〉（十三）

《鵝湖月刊》第12卷第6期 1986年12月

收入《中西哲學之會通十四講》（508）

487. 〈哲學與圓教〉

《法言季刊》第4期 1986年12月

488. 〈中西哲學之會通〉（十四）

《鵝湖月刊》第12卷第7期　1987年1月

收入《中西哲學之會通十四講》（508）

489.〈中國文化發展中義理開創的十大諍辯〉

《鵝湖月刊》第12卷第11期　1987年5月

《中國時報‧人間副刊》　1987年5月15日

《國立中央大學人文學報》第5期　1987年6月

490.〈《單在理性範圍內之宗教》第2卷——善原則之統治人與惡

原則之統治人之衝突〉（上）（譯）

《鵝湖月刊》第12卷第12期　1987年6月

491.〈《單在理性範圍內之宗教》第二卷〉（下）（譯）

《鵝湖月刊》第13卷第1期　1987年7月

492.《名理論》

臺北：臺灣學生書局　1987年8月

493.《周易的自然哲學與道德函義》

臺北：文津出版社　1988年4月

＝《從周易方面研究中國之元學與道德哲學》（21）重版

494.〈「唐君毅先生逝世十週年紀念會」講辭〉

《鵝湖月刊》第13卷第10期　1988年4月

495.〈《周易的自然哲學與道德函義》重印誌言〉

《鵝湖月刊》第13卷第11期　1988年5月

收入《周易的自然哲學與道德函義》（493）

496.〈客觀的悲情〉

《鵝湖學誌》第1期　1988年5月

收入《五十自述》（503）

497. 〈我所認識的梁漱溟先生〉
《中國時報·人間副刊》 1988年6月25日
《鵝湖月刊》第14卷第1期 1988年7月
收入《中國的脊樑——梁漱溟先生紀念文集》（香港：百姓文化公司）1990年

498. 〈宋明理學演講錄〉（一）
《鵝湖月刊》第13卷第12期 1988年6月

499. 〈宋明理學演講錄〉（二）
《鵝湖月刊》第14卷第1期 1988年7月

500. 〈宋明理學演講錄〉（三）
《鵝湖月刊》第14卷第2期 1988年8月

501. 〈宋明理學演講錄〉（四）
《鵝湖月刊》第14卷第3期 1988年9月

502. 〈依通、別、圓三教看佛家的「中道」義〉
《鵝湖月刊》第14卷第4期 1988年10月

503. 《五十自述》
臺北：鵝湖出版社 1989年1月

504. 〈《五十自述》序〉
《鵝湖月刊》第14卷第7期 1989年1月
收入《五十自述》（503）

505. 〈「陽明學學術研討會」引言〉
《國文天地》第4卷第9期 1989年2月
《鵝湖月刊》第15卷第3期 1989年9月
收入《陽明學學術研討會論文集》（臺北：國立臺灣師範大學

人文教育研究中心） 1989年3月

506. 〈中國文化的過去與未來〉

《鵝湖月刊》第14卷第11期 1989年5月

507. 〈談世運、論時局〉（座談記錄）

《法言》第2期 1989年7月

508. 《中西哲學之會通十四講》

臺北：臺灣學生書局 1990年3月

509. 〈哲學之路——我的學思進程〉

《聯合報》副刊 1990年2月10/11日

《法言》第2卷第2期 1990年4月

《鵝湖月刊》第15卷第11期 1990年5月

510. 〈《圓善論》指引〉

《法言》第2卷第3期 1990年6月

《鵝湖月刊》第22卷第1期 1996年7月

511. 〈九十年來中國人的思想活動〉

《聯合報》副刊 1990年7月9/10日

《鵝湖月刊》第16卷第3期 1990年9月

512. 〈中國文化的發展與現代化〉

《聯合報》副刊 1990年11月8日

513. 〈當代新儒家——答問錄〉

《聯合報》副刊 1990年12月28日

收入《寂寞的新儒家》（臺北：鵝湖出版社） 1992年8月

514. 〈人類理性的兩重「定常之體」〉

《法言》第3卷第2期 1991年4月

515. 〈客觀的了解與中國文化之再造——「當代新儒學國際研討
會」主題講演〉

《聯合報》副刊　1991年5月5/6日

《當代新儒家論文集·總論篇》（臺北：文津出版社）　1991
年5月

《鵝湖月刊》第16卷第11期　1991年5月

《察哈爾文獻》第28/29合期　1991年12月

516. 〈《唐君毅全集》序〉

《書目季刊》第25卷第3期　　1991年12月16日

517. 〈以合目的性之原則為審美判斷力之超越的原則之疑竇與商
榷〉（上）

《鵝湖月刊》第17卷第10期　1992年4月

收入《康德判斷力之批判》上冊（521）

518. 〈以合目的性之原則為審美判斷力之超越的原則之疑竇與商
榷〉（中）

《鵝湖月刊》第17卷第11期　1992年5月

收入《康德判斷力之批判》上冊（521）

519. 〈以合目的性之原則為審美判斷力之超越的原則之疑竇與商
榷〉（下）

《鵝湖月刊》第17卷第12期　1992年6月

收入《康德判斷力之批判》上冊（521）

520. 〈《康德判斷力之批判》——譯者之言〉（上）

《鵝湖月刊》第18卷第2期　1992年8月

收入《康德判斷力之批判》上冊（521）

521. 《康德「判斷力之批判」》　上冊
　　　臺北：臺灣學生書局　1992年10月

522. 〈學思‧譯著──牟宗三先生訪談錄〉
　　　《鵝湖月刊》第18卷第6期　1992年12月

523. 〈徐復觀先生的學術思想──「徐復觀學術思想國際研討會」
　　　主題演講〉
　　　《東海大學徐復觀學術思想國際研討會論文集》（臺中：東海
　　　大學）　1992年12月

524. 〈中國人的安身立命──「第四屆法住學會學術會議」主題演
　　　講〉
　　　霍韜晦編：《安身立命與東西文化》（香港：法住出版社）
　　　1992年12月

525. 〈鵝湖之會──中國文化發展中的大綜和與中西傳統的融會〉
　　　《聯合報》副刊　1992年12月20/21日
　　　收入楊祖漢編：《儒學與當今世界》（臺北：文津出版社）
　　　1994年12月

526. 《康德「判斷力之批判」》　下冊
　　　臺北：臺灣學生書局　1993年1月

527. 〈《判斷力之批判》──譯者之言〉（下）
　　　《鵝湖月刊》第18卷第7期　1993年1月
　　　收入《康德判斷力之批判》下冊（526）

528. 〈超越的分解與辯證的綜合〉
　　　《鵝湖月刊》第19卷第4期　1993年10月

529. 〈「四因說」演講錄──第一講：亞里士多德「潛能」與「實

現」原理及「四因說」〉

《鵝湖月刊》第20卷第3期　1994年9月

收入《四因說演講錄》（553）

530. 〈「四因說」演講錄──第二講：「目的因」與「動力因」〉

《鵝湖月刊》第20卷第4期　1994年10月

收入《四因說演講錄》（553）

531. 〈「四因說」演講錄──第三講：儒家如何貫通「四因說」〉

《鵝湖月刊》第20卷第5期　1994年11月

收入《四因說演講錄》（553）

532. 〈「四因說」演講錄──第四講〉

《鵝湖月刊》第20卷第6期　1994年12月

收入《四因說演講錄》（553）

533. 〈「四因說」演講錄──第五講〉

《鵝湖月刊》第20卷第7期　1995年1月

收入《四因說演講錄》（553）

534. 〈「四因說」演講錄──第六講〉

《鵝湖月刊》第20卷第8期　1995年2月

收入《四因說演講錄》（553）

535. 〈「四因說」演講錄──第七講〉

《鵝湖月刊》第20卷第9期　1995年3月

收入《四因說演講錄》（553）

536. 〈「四因說」演講錄──第八講〉

《鵝湖月刊》第20卷第10期　　1995年4月

收入《四因說演講錄》（553）

537. 〈在中國文化危疑的時代裡〉
《聯合報》副刊　1995年4月13－15日連載

538. 〈「四因說」演講錄──第九講〉
《鵝湖月刊》第20卷第11期　1995年5月
收入《四因說演講錄》（553）

539. 〈「宋明儒學與佛老」研討會專題演講〉
《鵝湖月刊》第20卷第11期　1995年5月

540. 〈「四因說」演講錄──第十講〉
《鵝湖月刊》第20卷第12期　1995年6月
收入《四因說演講錄》（553）

541. 〈「四因說」演講錄──第十一講〉
《鵝湖月刊》第21卷第1期　1995年7月
收入《四因說演講錄》（553）

542. 〈「四因說」演講錄──第十二講〉
《鵝湖月刊》第21卷第2期　1995年8月
收入《四因說演講錄》（553）

543. 〈兩重「定常之體」〉
《鵝湖月刊》第21卷第2期　1995年8月
＝〈人類理性的兩重「定常之體」〉（514）

544. 〈「四因說」演講錄──第十三講〉
《鵝湖月刊》第21卷第3期　1995年9月
收入《四因說演講錄》（553）

545. 〈「四因說」演講錄──第十四講〉
《鵝湖月刊》第21卷第4期　1995年10月

收入《四因說演講錄》（553）

546. 〈「四因說」演講錄——第十五講〉
《鵝湖月刊》第21卷第5期　1995年11月
收入《四因說演講錄》（553）

547. 〈「四因說」演講錄——第十六講〉
《鵝湖月刊》第21卷第6期　1995年12月
收入《四因說演講錄》（553）

548. 〈「四因說」演講錄——第十七講〉
《鵝湖月刊》第21卷第7期　1996年1月
收入《四因說演講錄》（553）

549. 〈「四因說」演講錄——第十八講〉
《鵝湖月刊》第21卷第8期　1996年2月
收入《四因說演講錄》（553）

550. 《人文講習錄》
臺北：臺灣學生書局　1996年2月

551. 〈「四因說」演講錄——第十九講〉
《鵝湖月刊》第21卷第9期　1996年3月
收入《四因說演講錄》（553）

552. 〈「四因說」演講錄——第二十講〉
《鵝湖月刊》第21卷第10期　1996年4月
收入《四因說演講錄》（553）

553. 《四因說演講錄》
臺北：鵝湖出版社　1997年3月

未刊遺稿

554. 〈親喪誌哀〉　1941年12月

555. 〈父喪二周年忌辰感恩〉　1943年10月

556. 〈父喪三年述懷〉　1944年8月

557. 〈自立銘〉　1947年12月3日

558. 〈江西鉛山鵝湖書院緣起暨章則〉　1948年

559. 〈旦暮樓〉　1948年

560. 〈月華賦句〉　1948年5月

561. 〈觀生悲歌〉　1948年5月

562. 〈象山贊〉　1948年5月

563. 〈四十誌感〉　1948年6月

564. 〈聖學箴〉　1949年5月27日

565. 〈客體事與主體事〉（譯）　1956年

《牟宗三先生全集》總目

牟宗三先生全集

2003年4月初版　　　　　　　　　　　　　　　　定價：新臺幣一套精裝30000元
2020年12月二版
有著作權・翻印必究
Printed in Taiwan.

著　者	牟	宗			三
整　理	牟	宗	三	先	生
	全	集	編	委	會
出 版 者	聯	合	報		系
	文	化	基	金	會
叢書主編	沙		淑		芬
校　對	牟	宗	三	先	生
	全	集	編	委	會

出　版　者　聯經出版事業股份有限公司　　　副總編輯　陳　　逸　　華
地　　　址　新北市汐止區大同路一段369號1樓　總 編 輯　涂　　豐　　恩
叢書主編電話　(02)86925588轉5310　　　總 經 理　陳　　芝　　宇
台北聯經書房　台北市新生南路三段94號　　社　　長　羅　　國　　俊
電　　　話　(02)23620308　　　發 行 人　林　　載　　爵
台中分公司　台中市北區崇德路一段198號
暨門市電話　(04)22312023
台中電子信箱　e-mail：linking2@ms42.hinet.net
郵政劃撥帳戶第0100559-3號
郵撥電話　(02)23620308
印　刷　者　世和印製企業有限公司
總　經　銷　聯合發行股份有限公司
發　行　所　新北市新店區寶橋路235巷6弄6號2F
電　　　話　(02)29178022

出版品預行編目資料

牟宗三先生全集 / 牟宗三著 . 二版 . 新北市 .
聯經 . 2020.12 . 33冊 . 14.8×21公分 .
ISBN 978-957- 08-5625-5（全套;精裝）
[2020年12月二版]

1.牟宗三 2.學術思想 3.哲學

128.9　　　　　　　　　　　　109014771